JN021322

# わかるをつくる

## つくる

### 中学

LET'S START!

# 英語

## GAKKEN PERFECT COURSE

### ENGLISH

Gakken

# はじめに

　「わかる」経験は，今の世の中，勉強しなくても簡単に手に入ります。たいていのことは，スマホで検索すればわかります。計算もできるし，翻訳機能を使えば，英語を話せなくても海外旅行だってできます。こんなに簡単に「わかる」が手に入る社会に，人は今まで暮らしたことがありません。

　こんなにすぐに答えが「わかる」世の中で，わざわざ何かを覚えたり，勉強したりする必要なんて，あるのでしょうか？

　実はこんな便利な時代でも，知識が自分の頭の「中」にあることの大切さは，昔と何も変わっていないのです。運転のやり方を検索しながら自動車を運転するのは大変です。スポーツのルールを検索しながらプレーしても，勝てないでしょう。相手の発言を検索ばかりしながら深い議論ができるでしょうか。

　知識が頭の「中」にあるからこそ，より効率よく課題を解決できます。それは昔も今も，これからもずっと変わりません。そしてみなさんは，自分の「中」の知識と「外」の知識を上手に組み合わせて，新しいものを，より自由に生み出していくことができるすばらしい時代を生きているのです。

　この『パーフェクトコース わかるをつくる』参考書は，意欲さえあればだれでも，学校の授業をも上回る知識を身につけられる道具です。検索サイトをさがし回る必要はありません。ただページを開くだけで，わかりやすい解説にアクセスできます。知識のカタログとして，自分の好きな分野や苦手な分野を見つけるのにも役立ちます。

　そしてこの本でみなさんに経験してほしい「わかる」は，教科の知識だけではありません。ほんとうの「わかる」は，新しいことを学ぶ楽しさが「わかる」ということ。自分が何に興味があるのかが「わかる」ということ。学んだことが役に立つよろこびが「わかる」ということ。検索しても手に入らない，そんなほんとうの「わかる」をつくる一冊に，この本がなることを願っています。

学研プラス

# 本書の特長

本書は，中学生の英語の学習に必要な内容を広く網羅した参考書です。テスト対策や高校入試対策だけでなく，中学生の毎日の学びの支えとなり，どんどん力を伸ばしていけるように構成されています。本書をいつも手元に置くことで，わからないことが自分で解決できるので，自ら学びに向かう力をつけていくことができます。

## 「わかる」をつくる，ていねいな解説

基礎的なことを一から学びたい人も，難しいことを調べたい人も，どちらの人にも「わかる」と思ってもらえる解説を心がけました。図解やイラストも豊富で，理解を助けます。用語だけの短い箇条書きではなく，文章によるていねいな解説があるので，読解力・思考力も身につきます。関連事項へのリンクやさくいんも充実しているので，断片的な知識で終わることなく，興味・関心に応じて次々に新しい学びを得ることができます。

## 4技能の「使える英語」が身につく

「聞く」「話す」「読む」「書く」という英語の4つの技能を使いこなせるように，さまざまな工夫を盛り込んだ構成になっています。特に「話す」「書く」という発信を意識し，文法解説にとどまらず，表現の使い分けや，コミュニケーションに必要な情報などを大きく扱いました。また，音声対応が充実していますので，ぜひ音声を最大限に活用して学習してください。

## 高校の先取りも含む，充実の情報量

本書は学習指導要領をベースにしつつも，その枠にとらわれず，高校で学習する内容の一部や，教科書では習わないような豆知識も紹介しています。高校入試対策や将来の学習に役立つだけでなく，新たな問題や学ぶべきことを自ら発見・解決し，自立して学び続ける姿勢を身につけることができます。

# 監修者・英文校閲者紹介

## 太田洋
[おおた・ひろし]
**監修**

**プロフィール**…東京家政大学人文学部英語コミュニケーション学科教授。東京都公立中学校教諭，東京学芸大学附属世田谷中学校教諭，駒沢女子大学教授を経て現職。大学では英語教員をめざす学生たちを指導し，現職教員への研修を行っている。

**中学生へのメッセージ**…21世紀はいろいろな民族，文化を持った人たちと共生する時代です。そのために英語を身につけると世界が広がります。文法や語句の知識は覚えて終わらせるだけでは意味がありません。「自分ならどう使うかな。どの場面で使うかな」と思い，学ぶことをお勧めします。

## 久保野雅史
[くぼの・まさし]
**監修**

**プロフィール**…神奈川大学外国語学部英語英文学科教授。横浜市生まれ。神奈川県立横浜翠嵐高校，筑波大学（英語学専攻）卒業。神奈川県立外語短期大学付属高校・筑波大学附属駒場中・高等学校の教諭を経て，現職。

**中学生へのメッセージ**…文法の理解は，文の仕組みや構造を理解した上で，声に出して英語を練習するための出発点です。文や語句が表す意味や意図，場面を考えながら，音声で聞き手に内容を伝えるつもりで言ってみましょう。問題を黙々と解くだけでは，言葉としての英語は身につきません。

## Joseph Tabolt
**英文校閲**

**プロフィール**…アメリカ合衆国ニューヨーク州生まれ。博士（応用言語学）。複数の大学で英語講師として英語や言語学の指導を行う。

**中学生へのメッセージ**…A tool is useful only if we know what to use it on. English is a tool we can use to communicate our thoughts to others, but first we have to know what English connects to what thoughts. In your studies, you will find lots of new English. At these times, you must learn what to use that English on. Always think of your life and use that English to describe something from it. Make the new tool useful.

（道具は，何に使うのかがわかっている場合のみ有用です。英語は自分の考えを人に伝えることのできる道具ではありますが，その前に自分のどの考えに対してどの英語が当てはまるかわかっていないといけないのです。勉強中，新しい英語をたくさん見つけることでしょう。そういったとき，その英語を何に使えるか学ぶ必要があります。いつも自分の生活の中にあるものを，英語を使って言い表してください。新しい道具を使えるものにしてください。）

# 構成と使い方

ここでは,この本の全体の流れと各ページの構成,使い方について解説します。

## ◉本書の構成

目次 ➡ **基礎知識編** ➡ **文法編** ➡ **英語の使い分け編** ➡ **コミュニケーション編** ➡ 資料編
　　　　｜全2章　　　　｜全27章　　　｜全4章　　　　　　　｜全6章

## ◉本文ページ

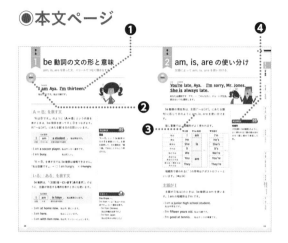

### ❶ 基本例文
このセクションで学習する内容の基本例文です。

### ❷ 音声マーク
右のアイコンがある部分は,アプリで音声を聞くことが
できます。音声は英語のみで和訳は流れません。

**listen 030**

### ❸ 赤い文字と黒い文字
特に重要な用語は赤い文字に,
それに次いで重要な用語は黒い太字にしてあります。

### ● Practice
セクションごとに学習した内容を確認する問題です。
解答と解説は巻末にあります。

### ❹ サイドコーナーについて
サイドには以下のような
コーナーがあります。

**発展**
発展的な内容について取
り上げ,解説します。

**参考**
本文に関連して参考となる
ような事項を解説します。

**用語解説**
重要用語について,詳し
く解説します。

**ミス注意**
間違えやすい内容につい
て取り上げ,解説します。

**くわしく**
本文の内容をさらに詳し
く補足します。

**会話のコツ**
会話するときのアドバイス
を紹介します。

### 章の導入 [トップページ]

各章で学習する表現がまとめられています。その章で何を学習するのかが一目でわかります。

### Common Mistakes [よくある間違い]

テストなどでよくある間違いを紹介しています。学校の先生になったつもりで，間違いを見つけて直してみましょう。

### 表現力UP [コラム]

自分が伝えたい内容を英語で話したり，書いたりするときに知っておきたいポイントを，問題形式でまとめたコラムです。

### 完成問題

章ごとに学習した内容を確認する問題です。実際に出題された入試問題にも挑戦できます。解答と解説は巻末にあります。

## ◎音声再生アプリ

この本の基本例文の音声は，専用アプリで再生することができます。

### ●アプリのご利用方法

スマートフォン，またはタブレット PC から下記の URL にアクセスしてください。

## https://gakken-ep.jp/extra/myotomo/

# 目次

学研パーフェクトコース
わかるをつくる **中学英語**

## 基礎知識編

## 文法編

# ▌コミュニケーション編

# ▌資料編

# 学習ポイント 自己診断テスト

## どからか学習すればいいのかわからない場合は、
## 次の基本問題を解いて自分の弱点を見つけましょう。

( ) 内からもっとも適切な語句を選んでください。

_____ には正しいつづりで単語を書き入れましょう。

（答えは 20 ページの下にあります。）

> 自信を持って答えられない
> 場合は，この部分を重点的
> に学習しましょう。

### レベル 1　中1範囲中心の基本問題

**1** ケンと私は仲のよい友達です。
am, is, are の使い分け
Ken and I ( am / is / are ) good friends.
参照 p.69

**2** 私は今，おなかがすいていません。
be 動詞の否定文
I ( not / am not / don't ) hungry now.
参照 p.76

**3** あなたは携帯電話を持っていますか。
一般動詞の疑問文
( Are / Is / Do ) you have a cellphone?
参照 p.87

**4** 私の両親はコーヒーを飲みません。
一般動詞の否定文
My parents ( aren't / don't / doesn't ) drink coffee.
参照 p.91

**5** 私は犬が好きです。
単数形と複数形
I like ( dog / a dog / dogs ).
参照 p.373

**6** これはおもしろい映画です。
形容詞の位置と働き
This is ( a movie interesting / an interesting movie / interesting a movie ).
参照 p.96

**7** あなたは何のスポーツが好きですか。
what の疑問文
What ( do you like sports / sports do you like / is sports do you like )?
参照 p.89, 114

**8** 今日は授業が5時間あります。
複数形のつくり方
We have five _____ today.
参照 p.373

**9** あなたには兄弟が何人いますか。
how の疑問文
How ( many brother / many brothers / much brothers ) do you have?
参照 p.123

**10** テニスをしましょう。
Let's ～ . の文
Let's ( tennis / play tennis / playing tennis ).
参照 p.106

**11** 私の父は自動車会社に勤めています。
一般動詞の3単現の s のつけ方
My father _____ for a car company.
参照 p.85

**12** この電車は上野に行きますか。
一般動詞の疑問文
( Do / Does / Is ) this train ( go / goes ) to Ueno?
参照 p.87

**13** 私は何もペットを飼っていません。
一般動詞の否定文
I ( isn't / don't / doesn't ) have any pets.
参照 p.91

**14** ケンは何時に起きますか。 — what の疑問文

What ( is time / time is / time does ) Ken ( get / gets ) up? 参照 p.115

**15** 彼はどこに住んでいますか。 — where, when, why の疑問文

Where ( he lives / does he live / is he live )? 参照 p.121

**16** 3 時 45 分です。 — 時刻の言い方

It's _____ _____ . 参照 p.31

**17** 私たちはみんな彼が好きです。 — I, my, me などの変化

( We / Our / Us ) all like ( he / his / him ). 参照 p.130

**18** 佐藤先生は私たちの音楽の先生です。 — I, my, me などの変化

Mr. Sato is _____ music teacher. 参照 p.130

**19** これはだれの自転車ですか。 — 私のです。 — mine, yours など

( Who / Who's / Whose ) bike is this? – It's ( me / my / mine ). 参照 p.132

**20** 彼は今，数学を勉強しているところです。 — ing 形のつくり方

He's _____ math now. 参照 p.141

**21** 私の妹は新しいくつをほしがっています。 — 進行形にしない動詞

My sister ( wants / is wants / is wanting ) new shoes. 参照 p.144

**22** 何の話をしているのですか。 — 現在進行形の疑問文・否定文

What ( are / do / is ) you talking about? 参照 p.142

**23** 彼女はピアノを弾けますか。 — can の文の形

Can she ( play / plays / does play ) the piano? 参照 p.110

**24** 3 月は 1 年で 3 番目の月です。 — 日付の言い方

March is the _____ month of the year. 参照 p.34

**25** 私は今朝，学校に歩いて行きました。 — 過去形のつくり方

I _____ to school this morning. 参照 p.180

**26** あなたは昨夜テレビを見ましたか。 — 一般動詞の過去の疑問文・否定文

( Do / Did / Were ) you ( watch / watched ) TV last night? 参照 p.182

**27** 私たちは日曜日には学校に行きません。 — in, on, at の働き

We don't go to school ( in / on / at ) Sundays. 参照 p.165

**28** 家に帰りましょう。 — 時・場所を表す副詞

Let's go ( home / to home / at home ). 参照 p.155

**29** 私は今から 2 週間前に京都を訪れました。 — 時・場所を表す副詞

I visited Kyoto two weeks ( before / ago / last ). 参照 p.155

**30** 彼は先月，日本に来ました。 — 時・場所を表す副詞

He came to Japan ( last month / in last month / at last month ). 参照 p.155

学習ポイント 自己診断テスト

自信を持って答えられない
場合は, この部分を重点的
に学習しましょう。

## レベル2　中2範囲中心の基本問題

**31** 外は暗いです。　　　　　　　　　　　　　　　　　　　*it のいろいろな働き*
( I'm dark / Dark is / It's dark ) outside.　　　　参照▶ p.135

**32** 私は英語の本を何冊か持っています。　　　　　　*some と any の使い分け*
I have ( some / any / much ) English ( book / books ).　参照▶ p.380

**33** 私は, 今日は宿題がたくさんあります。　　　　　　　*数えられない名詞*
I have a lot of ( homework / a homework / homeworks ) today.　参照▶ p.374

**34** 私は昨夜ハンバーガーを食べました。　　　　　　　　*過去形のつくり方*
I _____ a hamburger last night.　参照▶ p.180

**35** あなたは昨日忙しかったですか。　　　　*be 動詞の過去の疑問文・否定文*
( Did / Were / Was ) you busy yesterday?　参照▶ p.185

**36** 私の両親はそのとき家にいませんでした。　*be 動詞の過去の疑問文・否定文*
My parents ( didn't / wasn't / weren't ) home then.　参照▶ p.185

**37** 今朝, 大阪では雨が降っていましたか。　　　*過去進行形の疑問文・否定文*
( Did / Were / Was ) it raining in Osaka this morning?　参照▶ p.148

**38** 私はこの週末に美術館に行く予定です。　　　　　　　　　*be going to*
I ( going / am going ) to ( go / goes ) to the museum this weekend.　参照▶ p.192

**39** あなたはこの週末に何をするつもりですか。　　*be going to の疑問文・否定文*
What ( is / are / do ) you going ( do / doing / to do ) this weekend?　参照▶ p.194

**40** 彼は私に駅までの道順を教えてくれました。　　*give, show の文型(SVOO)*
He showed ( the way me / me the way / to me the way ) to the station.　参照▶ p.217

**41** あなたのメールアドレスを教えてください。　　　　　*「教える」の使い分け*
Please ( teach / say / tell ) me your e-mail address.　参照▶ p.395

**42** 私たちは彼をビリーと呼びます。　　　　　　*call, make の文型(SVOC)*
We call ( him Billy / Billy him / Billy to him ).　参照▶ p.221

**43** 私は食料を買うためにその店へ行きました。　　*「〜するために」を表す to 〜*
I went to the store ( buy / for buy / to buy ) food.　参照▶ p.244

**44** 祖父は公園を歩くのが好きです。　　　　　*「〜すること」を表す to 〜*
My grandfather likes ( walk / to walks / to walk ) in the park.　参照▶ p.246

**45** 何か飲み物はいかがですか。　　　　　　*「〜するための」を表す to 〜*
Would you like ( something to / to something ) drink?　参照▶ p.249

**46** そのことを心配する必要はありません。　　　　　　　　*have to, must*
You ( don't have to / have not to / must not ) worry about it.　参照▶ p.204

**47**
もっと一生懸命勉強しなければなりませんよ，ジェフ。  have to, must
You ( have / will / **must** ) study harder, Jeff.  参照 p.204

**48**
彼女はパーティーでギターを弾くでしょう。  will を使った未来の文
She ( plays will / **will play** / will plays ) the guitar at the party.  参照 p.196

**49**
ジェニーは会合には行かないでしょう。  will の疑問文・否定文
Jenny ( not will go / **will not go** / will not goes ) to the meeting.  参照 p.197

**50**
入ってもいいですか。  may, might
( Should / Must / **May** ) I come in?  参照 p.207

**51**
私は彼が忙しいと知っていました。  接続詞 that
I knew ( **that** / about / and ) he was busy.  参照 p.228

**52**
あなたの自転車は門のところにあります。  There is 〜 . の文の形
( There is your bike / **Your bike is** ) at the gate.  参照 p.242

**53**
教室に何人の女の子がいますか。  There is 〜 . の疑問文・否定文
How many ( girl there is / **girls are there** / girls there are ) in the classroom?  参照 p.240

**54**
私たちは日曜日の午前中に野球をして楽しみます。  動名詞
We enjoy ＿＿＿＿＿＿＿ baseball on Sunday mornings.  参照 p.252

**55**
私は年賀状を書き終えました。  〈to ＋動詞の原形〉と動名詞
I finished ( **writing** / to write ) New Year's cards.  参照 p.255

**56**
こっちに来て，ジャック。 ― 今，行きます。  go と come の使い分け
Come here, Jack. – I'm ( doing / going / **coming** ).  参照 p.390

**57**
私はお金を少し持っています。  数量を表す形容詞
I have ( little / **a little** / a few ) money.  参照 p.383

**58**
アンは彼女の兄弟よりも背が高い。  比較級の文
Ann is ( **taller** / more tall / more taller ) than her brothers.  参照 p.264

**59**
この建物は市内でいちばん高い。  最上級の文
This building is the ( **tallest** / most tall / most tallest ) in the city.  参照 p.267

**60**
私の祖母は家族の中でいちばん忙しい。  比較級・最上級のつくり方
My grandma is the ＿＿＿＿＿＿＿ in my family.  参照 p.262

**61**
私のかばんはあなたのほど新しくはありません。  as 〜 as … の文
My bag is not ( newer than / as newer / **as new** ) as yours.  参照 p.269

**62**
私は先月京都を訪れました。  自動詞と他動詞
I ( visited to / **visited** ) Kyoto last month.  参照 p.214

**63**
だれがこのコンピューターを使いますか。  who の疑問文
Who ( **uses** / is use / does use ) this computer?  参照 p.117

自信を持って答えられない
場合は，この部分を重点的
に学習しましょう。

## レベル3　中3範囲中心の基本問題

**64** 私は今日は何もすることがありません。
something to 〜など
I have ( not / anything / nothing ) to do today.
参照 p.250

**65** あなたが家に着いたら私に電話をください。
接続詞 when, while など
Please call me ( if you'll / when you'll / when you ) get home.　参照 p.230

**66** 別のを見せてくれませんか。
other, another の使い分け
Can you show me ( other / another / one )?
参照 p.385

**67** 私はペンをなくしました。1本買わなければなりません。
代名詞の one
I lost my pen. I have to buy ( one / it / that ).
参照 p.136

**68** 彼は1時間後に戻ってくるでしょう。
in, on, at の働き
He'll be back ( of / in / at ) an hour.
参照 p.165

**69** この本を読むのに1時間かかりました。
take のいろいろな使い方
It ＿＿＿＿＿＿ an hour to read this book.
参照 p.400

**70** 彼は泳げると言いました。
can (could, be able to)
He said he ( can / could / be able to ) swim.
参照 p.406, 407

**71** 医者に行ったほうがいい。
should
You ( can / should / will ) see a doctor.
参照 p.206

**72** お水はいかがですか。
will, would のいろいろな用法
( Do you / Can you / Would you like ) some water?
参照 p.209

**73** その知らせは私を悲しませました。
call, make の文型(SVOC)
The news ＿＿＿＿＿＿ me sad.
参照 p.221

**74** もし明日雨なら，私は家にいるつもりです。
because, as, if
I'll stay home if it ( rain / rains / will rain ) tomorrow.
参照 p.232

**75** 英語はこの国で使われています。
過去分詞の形
English ( used / is used / is using ) in this country.
参照 p.278

**76** カナダでは何語が話されていますか。
受け身の疑問文・否定文
What language is ( speaks / spoke /spoken ) in Canada?
参照 p.279

**77** 本は7月20日までに返却しなければいけません。
注意すべき受け身
The books ( must / may / have ) be returned by July 20.
参照 p.281

**78** 私は先月からずっとエミに会っていません。
現在完了形(継続)
I ( wasn't / didn't / haven't ) seen Emi since last month.
参照 p.296

**79** 私は一度も九州を訪れたことがありません。
現在完了形(経験)
I ( have ever / have never / haven't never ) been to Kyushu.　参照 p.294

**80** あなたはもう宿題を終えましたか。 現在完了形(完了)
( Did / Have ) you ( finish / finished ) your homework yet? 参照 p.292

**81** 私は以前に北海道に住んでいたことがあります。 現在完了形(経験)
I have _____ in Hokkaido before. 参照 p.294

**82** 彼女は今朝からずっと待っています。 現在完了進行形
She has _____ waiting since this morning. 参照 p.299

**83** 私は何を言ったらよいかわかりませんでした。 〈疑問詞＋ to 〜〉
I didn't know ( saying what / what say / what to say ). p.306

**84** 父は私にスキーのしかたを教えてくれました。 〈疑問詞＋ to 〜〉
My father taught ( me how skiing / me how to ski / how ski to me ). 参照 p.306

**85** ジムにとってその仕事をするのは大変でした。 It … (for 一) to 〜.
( Jim was hard / It was hard for Jim ) to do the work. 参照 p.309

**86** 私は彼に待ってもらうように頼みます。 〈tell ＋人＋ to 〜〉など
I'll ask him ( wait / waiting / to wait ). 参照 p.310

**87** 私は母が私の名前を呼ぶのを聞きました。 原形不定詞
I heard my mother ( call / calls / called ) my name. 参照 p.313

**88** 昼食を食べている女の子はユキです。 名詞を修飾する ing 形
The ( lunch eating girl / girl eating lunch / girl lunch eating ) is Yuki. 参照 p.321

**89** 私たちは約 100 年前に建てられたホテルに滞在しました。 名詞を修飾する過去分詞
We stayed at a hotel _____ about 100 years ago. 参照 p.323

**90** アヤは，自分が幸せだと私に言いました。 tell me that 〜
Aya told _____ that she was happy. 参照 p.220

**91** あなたはあの男の子がだれだか知っていますか。 間接疑問文
Do you know ( who that boy is / who is that boy / that boy is who )? 参照 p.346

**92** あれらはケンが京都で撮った写真です。 名詞を修飾する〈主語＋動詞〉
Those are ( Ken took pictures / pictures Ken took ) in Kyoto. 参照 p.325

**93** 私にはロンドンに住んでいるおじがいます。 関係代名詞(主格)
I have an uncle ( lives / who live / who lives ) in London. 参照 p.332

**94** これは私がよく訪れる公園です。 関係代名詞(目的格)
This is the park which I often ( visit / visit it ). 参照 p.335

**95** 私の背がもう少し高ければいいのに。 仮定法過去
I _____ I were a little taller. 参照 p.364

**96** もし時間があれば，あなたといっしょに行くのですが。 仮定法過去
If I _____ time, I would go with you. 参照 p.364

# Q 学習ポイント 自己診断テスト

**97** 私の父はいつも忙しいわけではありません。 　　　　　　　　not の使い方
My father ( is always not / is not always / not always is ) busy. 参照 p.158

**98** たぶん雨が降るでしょう。 　　　　　　　　「たぶん」の使い分け
It will ( almost / usually / probably ) rain. 参照 p.386

**99** 彼は歌手ではなくコメディアンです。 　　　　　　　　and, but, or, so
He is not a singer ( and / or / but ) a comedian. 参照 p.226

**100** 彼はとても疲れていたので早く寝ました。 　　　　so … that 〜 / as soon as 〜
He was so tired ( that / because / as ) he went to bed early. 参照 p.233

## 学習ポイント 自己診断テスト　解答

### レベル1

1 are
2 am not
3 Do
4 don't
5 dogs
6 an interesting movie
7 sports do you like
8 classes
9 many brothers
10 play tennis
11 works
12 Does, go
13 don't
14 time does, get
15 does he live
16 three forty-five
17 We, him
18 our
19 Whose, mine
20 studying
21 wants
22 are
23 play
24 third
25 walked
26 Did, watch
27 on
28 home
29 ago
30 last month

### レベル2

31 It's dark
32 some, books
33 homework
34 ate[had]
35 Were
36 weren't
37 Was
38 am going, go
39 are, to do
40 me the way
41 tell
42 him Billy
43 to buy
44 to walk
45 something to
46 don't have to
47 must
48 will play
49 will not go
50 May
51 that
52 Your bike is
53 girls are there
54 playing
55 writing
56 coming
57 a little
58 taller
59 tallest
60 busiest
61 as new
62 visited
63 uses

### レベル3

64 nothing
65 when you
66 another
67 one
68 in
69 took
70 could
71 should
72 Would you like
73 made
74 rains
75 is used
76 spoken
77 must
78 haven't
79 have never
80 Have, finished
81 lived
82 been
83 what to say
84 me how to ski
85 It was hard for Jim
86 to wait
87 call
88 girl eating lunch
89 built
90 me
91 who that boy is
92 pictures Ken took
93 who lives
94 visit
95 wish
96 had
97 is not always
98 probably
99 but
100 that

# 基礎知識編

# 第1章

## 小学英語の復習

この章では，小学英語で習う単語や表現のおさらいをします。
場面ごとの会話をもとに，いろいろな表現を学びます。

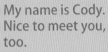

My name is Cody.
Nice to meet you,
too.
私の名前はコーディーです。
こちらこそはじめまして。

I'm Aya.
Nice to meet you.
私はアヤです。はじめまして。

I like basketball.
バスケットボールが好きです。

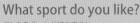

What sport do you like?
どんなスポーツが好きですか。

Let's get started.
始めましょう。

Do you like dogs?
犬は好きですか?

Yes, I do.
はい, 好きです。

What time is it?
何時ですか?

It's eight.
8時です。

この章で学ぶ表現

➡ 初対面のあいさつ
➡ 日常のあいさつ
➡ ～は好きですか。
➡ 何が好きですか。
➡ 天気・気分
➡ 曜日・教科
➡ 年齢・数
➡ 時刻
➡ １日の生活
➡ 値段
➡ 誕生日
➡ ほしいもの
➡ 行きたい国
➡ したいこと
➡ 場所をたずねる
➡ 道案内
➡ できること
➡ 人について話す
➡ 思い出
➡ 中学校でしたいこと
➡ 将来の夢
➡ 教室英語

What time do you get up, Aya?
何時に起きるのですか, アヤ。

I get up at seven thirty.
私は7時30分に起きます。

# 初対面のあいさつ

Nice to meet you.

**A** : **Nice to meet you.**

はじめまして。

**B** : **Nice to meet you, too.**

こちらこそはじめまして。

## 名前や出身を伝える

自分の名前を伝えるときは，I'm ～.(私は～です。)または My name is ～.(私の名前は～です。)を使います。

▶ **I'm Erika.**　私はエリカです。

▶ **My name is Sato Kensuke.　Sato is my family name.
Please call me Ken.**
私の名前は佐藤ケンスケです。佐藤は私の名字です。ケンと呼んでください。

「私は～の出身です。」は I'm from ～. で表します。

▶ **I'm from Japan.**　私は日本の出身です。

## はじめまして

「はじめまして」は Nice to meet you. と言います。これには Nice to meet you, too.(こちらこそはじめまして。)で応じます。

**I'm Aya.
Nice to meet you.**
私はアヤです。はじめまして。

**My name is Cody.
Nice to meet you, too.**
私の名前はコーディーです。
こちらこそはじめまして。

「はじめまして」は次のように言うこともあります。

▶ **I'm glad to meet you.** ─ **I'm glad to meet you, too.**
お会いできてうれしいです。 ─ 私もお会いできてうれしいです。〈改まった言い方〉

第 1 章
SECTION
# 2 日常のあいさつ
Good morning.

listen
002

***A*** : **Good morning. How are you?**
　　おはようございます。お元気ですか。

***B*** : **Good morning. I'm good, thank you.**
　　おはようございます。元気です，ありがとう。

## 会ったときのあいさつ

会ったときのあいさつの言葉は，時間帯によって使い分けます。

| | | |
|---|---|---|
| □ 朝～午前中 | **Good morning.** | おはようございます。 |
| □ 午後 | **Good afternoon.** | こんにちは。 |
| □ 夕方～夜 | **Good evening.** | こんばんは。 |

● **Hello.**(こんにちは。)や **Hi.**(やあ。)は時間帯に関係なく使うことができます。

● Good morning. などのあとに，**How are you?** などを続けます。

**Good morning, Aya.**
**How are you?**
おはよう，アヤ。元気？

**Good morning, Cody.**
**I'm good, thank you.**
**And you?**
おはよう，コーディー。
元気です，ありがとう。
あなたは？

**I'm fine, thank you.**
元気です，ありがとう。

## いろいろなあいさつ

別れるときやお礼などの言い方を確認しましょう。

| | | | |
|---|---|---|---|
| □ **Goodbye.** | さようなら。 | □ **Thank you.** | ありがとう。 |
| □ **Good night.** | おやすみなさい。 | □ **You're welcome.** | どういたしまして。 |
| □ **See you later.** | またあとで。 | □ **I'm sorry.** | ごめんなさい。 |

# 〜は好きですか。

Do you like dogs?

listen
003

*A* : **Do you like cats?**

あなたはねこが好きですか。

*B* : **Yes, I do.**

はい，好きです。

## 好きかどうかたずねる

「あなたは〜が好きですか。」は **Do you like 〜?** でたずねます。これに対しては **Yes, I do.**（はい，好きです。）か **No, I don't.**（いいえ，好きではありません。）で答えます。

**Do you like dogs?**
犬は好きですか。

**Yes, I do.**
はい，好きです。

## 動物などの名前

Do you like 〜? で動物など，生き物が好きかどうかを聞くことができます。Do you like のあとに動物がくるときは s がつく形にします。

| **Do you like 〜?** | | | |
| --- | --- | --- | --- |
| □ **cats** | ねこ | □ **dogs** | 犬 |
| □ **rabbits** | うさぎ | □ **hamsters** | ハムスター |
| □ **pandas** | パンダ | □ **koalas** | コアラ |
| □ **lions** | ライオン | □ **tigers** | とら |
| □ **monkeys** | さる | □ **gorillas** | ゴリラ |
| □ **birds** | 鳥 | □ **penguins** | ペンギン |
| □ **horses** | 馬 | □ **zebras** | しまうま |
| □ **frogs** | かえる | □ **spiders** | くも |

# 4 何が好きですか。

## What ~ do you like?

listen
004

**A : What color do you like?**
あなたは何色が好きですか。

**B : I like blue.**
私は青が好きです。

## 何が好きかたずねる

「あなたは何色が好きですか。」は **What color do you like?** でたずねます。これに対しては **I like red.**（私は赤が好きです。）のように答えます。

**color**（色）の部分を **animal**（動物）に変えると好きな動物を，**sport**（スポーツ）に変えると好きなスポーツを聞くことができます。

**What sport do you like?**
どんなスポーツが好きですか。

**I like basketball.**
バスケットボールが好きです。

## 色の名前

| | | | | | |
|---|---|---|---|---|---|
| □ red | 赤 | □ blue | 青 | □ yellow | 黄色 |
| □ green | 緑 | □ orange | オレンジ | □ pink | ピンク |
| □ purple | むらさき | □ black | 黒 | □ white | 白 |

## スポーツの名前

| | | | |
|---|---|---|---|
| □ soccer | サッカー | □ baseball | 野球 |
| □ tennis | テニス | □ table tennis | 卓球 |
| □ volleyball | バレーボール | □ basketball | バスケットボール |
| □ swimming | 水泳 | □ badminton | バドミントン |

# 5 天気・気分

It's sunny. / I'm happy.

**A** : **How's the weather?**

天気はどうですか。

**B** : **It's sunny.**

晴れています。

## 天気をたずねる

「天気はどうですか。」は **How's the weather?**（天気はどうですか。）でたずねます。これに対しては **It's sunny.**（晴れています。）のように答えます。

**How's the weather in London?**
ロンドンの天気はどうですか。

It's rainy today.
今日は雨です。

## 天気の言い方

天気や暑さ・寒さなどは次のように言います。

It's ~.
- □ **sunny** 晴れた
- □ **rainy** 雨の
- □ **cloudy** くもった
- □ **snowy** 雪の
- □ **hot** 暑い
- □ **cold** 寒い

## 気分の言い方

「私はうれしいです。」「おなかがすいています。」などは次のように言います。

I'm ~.
- □ **great** すごく気分がいい
- □ **happy** うれしい
- □ **sad** かなしい
- □ **hungry** おなかがすいた
- □ **tired** つかれた
- □ **sleepy** ねむい

▶ How are you today? — I'm great.
今日の調子はどうですか。 — すごく気分がいいです。

第１章
SECTION

# 6 曜日・教科

### It's Monday.

listen
006

**A : What day is today?**

今日は何曜日ですか。

**B : It's Wednesday.**

水曜日です。

## 曜日の言い方

「何曜日ですか。」は **What day is today?** でたずねます。これに対しては **It's Sunday.**（日曜日です。）のように答えます。

| | | | |
|---|---|---|---|
| ☐ **Sunday** 日曜日 | ☐ **Monday** 月曜日 | ☐ **Tuesday** 火曜日 |
| ☐ **Wednesday** 水曜日 | ☐ **Thursday** 木曜日 | ☐ **Friday** 金曜日 |
| ☐ **Saturday** 土曜日 | | |

## 教科の言い方

曜日の言い方と組み合わせて，時間割について話すことができます。

**What do you have on Fridays?**
金曜日には何がありますか。

**I have Japanese, English, math and science.**
国語・英語・数学と理科があります。

| | | | |
|---|---|---|---|
| ☐ **English** 英語 | ☐ **Japanese** 国語 |
| ☐ **math** 数学 | ☐ **science** 理科 |
| ☐ **social studies** 社会 | ☐ **P.E.** 体育 |
| ☐ **music** 音楽 | ☐ **art** 美術 |
| ☐ **technology and home economics** 技術・家庭 | |

# 7 年齢・数

I'm twelve.

**A** : **How old are you?**

あなたは何歳ですか。

**B** : **I'm thirteen.**

13歳です。

## 年齢をたずねる

「あなたは何歳ですか。」は **How old are you?** でたずねます。これに対しては **I'm thirteen.**（13歳です。）のように答えます。

How old are you?
何歳ですか。

I'm twelve.
12歳です。

## 数の言い方（0〜99）

| | | | | | |
|---|---|---|---|---|---|
| ☐ 0 | zero | | | | |
| ☐ 1 | one | ☐ 11 | eleven | ☐ 21 | twenty-one |
| ☐ 2 | two | ☐ 12 | twelve | ☐ 22 | twenty-two |
| ☐ 3 | three | ☐ 13 | thirteen | | ⋮ |
| ☐ 4 | four | ☐ 14 | fourteen | ☐ 30 | thirty |
| ☐ 5 | five | ☐ 15 | fifteen | ☐ 40 | forty |
| ☐ 6 | six | ☐ 16 | sixteen | ☐ 50 | fifty |
| ☐ 7 | seven | ☐ 17 | seventeen | ☐ 60 | sixty |
| ☐ 8 | eight | ☐ 18 | eighteen | ☐ 70 | seventy |
| ☐ 9 | nine | ☐ 19 | nineteen | ☐ 80 | eighty |
| ☐ 10 | ten | ☐ 20 | twenty | ☐ 90 | ninety |

21以降は，1の位は -one, -two …のように表します。

▸ **twenty-five** 25　　▸ **thirty-three** 33　　▸ **ninety-nine** 99

# 8 時刻

## It's eight thirty.

listen
008

**A : What time is it?**

何時ですか。

**B : It's eleven thirty.**

11時30分です。

## 時刻をたずねる

「何時ですか。」は **What time is it?** でたずねます。これに対しては **It's ten.**（10時です。）のように答えます。

**What time is it?**
何時ですか。

**It's eight.**
8時です。

## 時刻の言い方

「○時○分です。」と言うには，**It's** のあとに〈時＋分〉の形で数字をならべて言います。

▶ **It's ten fifteen.** 　　　　10時15分です。
▶ **It's eleven thirty.** 　　　11時30分です。
▶ **It's twelve forty-five.** 　12時45分です。

「○時ちょうどです。」と言うときは，**o'clock** をつけるときもあります。
▶ **It's ten o'clock.** 　　　　10時（ちょうど）です。

午前・午後をはっきりさせたいときは，数字のあとに **a.m.** または **p.m.** をつけるときもあります。
▶ **eight thirty a.m.** 　　　　午前8時30分
▶ **It's seven p.m. in Tokyo.** 　東京は午後7時です。

# 1日の生活

I get up at eight.

listen
009

**A : What time do you go to bed?**
あなたは何時に寝ますか。

**B : I go to bed at ten.**
私は10時に寝ます。

## 何時にするかたずねる

「あなたは何時に〜しますか。」のようにふだんの生活について聞きたいときは **What time do you 〜?** でたずねます。これに対しては〈at ＋時刻〉を使って答えます。

**What time do you
get up, Aya?**
何時に起きるのですか,
アヤ。

**I get up at
seven thirty.**
私は7時30分に起きます。

## 生活の中の動作

What time do you のあとに言えば,ふだん何時にそれをするかたずねることができます。

**What time do you ~? ― I ~ at ….**
- [ ] **get up**　　　　起きる
- [ ] **go to school**　学校に行く
- [ ] **go home**　　　家に帰る
- [ ] **take a bath**　　ふろに入る
- [ ] **have breakfast**　朝食を食べる
- [ ] **have lunch**　　昼食を食べる
- [ ] **have dinner**　　夕食を食べる
- [ ] **go to bed**　　寝る

**always** をつけると「いつも」,**usually** は「たいてい」,**sometimes** は「ときどき」の意味になります。
▸ **I usually get up at six.** 　私はたいてい6時に起きます。

## 第1章 SECTION 10 値段

### How much is this?

**listen 010**

**A : How much is this?**

これはいくらですか。

**B : It's 300 yen.**

300円です。

## 値段をたずねる

ものの値段をたずねるときは How much を使います。「これはいくらですか。」は How much is this? でたずねます。これに対しては It's ~. の形で答えます。

How much is this?
これはいくらですか。

It's 1000 yen.
それは1000円です。

## 数の言い方（100 ～）

| | |
|---|---|
| □ 100 | one hundred |
| □ 150 | one hundred (and) fifty |
| □ 200 | two hundred |
| □ 365 | three hundred (and) sixty-five |
| | |
| □ 1000 | one thousand |
| □ 1200 | one thousand two hundred |

hundred のあとの and はあってもなくてもかまいません。

hundred や thousand は複数形にしません。

▸ **nine hundred (and) ninety-nine** 999

▸ **three thousand seven hundred (and) seventy-six** 3776

第1章

SECTION

# 11 誕生日

My birthday is January 1st.

listen
011

## A : When is your birthday?

あなたの誕生日はいつですか。

## B : My birthday is May 5th.

私の誕生日は 5 月 5 日です。

## 誕生日をたずねる

「誕生日はいつですか。」は **When is your birthday?** でたずねます。これに対しては **My birthday is May 1st.** (私の誕生日は 5 月 1 日です。)のように答えます。

## 月の言い方

月の名前は大文字で始めます。

| | | | | | |
|---|---|---|---|---|---|
| □ 1月 | **January** | □ 5月 | **May** | □ 9月 | **September** |
| □ 2月 | **February** | □ 6月 | **June** | □ 10月 | **October** |
| □ 3月 | **March** | □ 7月 | **July** | □ 11月 | **November** |
| □ 4月 | **April** | □ 8月 | **August** | □ 12月 | **December** |

## 日付の言い方

1st(1日)，2nd(2日)，3rd(3日)のような言い方を使います。

| | | | | | |
|---|---|---|---|---|---|
| □ 1st | first | □ 11th | eleventh | □ 21st | twenty-first |
| □ 2nd | second | □ 12th | twelfth | □ 22nd | twenty-second |
| □ 3rd | third | □ 13th | thirteenth | □ 23rd | twenty-third |
| □ 4th | fourth | □ 14th | fourteenth | □ 24th | twenty-fourth |
| □ 5th | fifth | □ 15th | fifteenth | □ 25th | twenty-fifth |
| □ 6th | sixth | □ 16th | sixteenth | □ 26th | twenty-sixth |
| □ 7th | seventh | □ 17th | seventeenth | □ 27th | twenty-seventh |
| □ 8th | eighth | □ 18th | eighteenth | □ 28th | twenty-eighth |
| □ 9th | ninth | □ 19th | nineteenth | □ 29th | twenty-ninth |
| □ 10th | tenth | □ 20th | twentieth | □ 30th | thirtieth |
| | | | | □ 31st | thirty-first |

# 12 ほしいもの

I'd like a hamburger.

listen
012

**A : What do you want for your birthday?**

あなたは誕生日に何がほしいですか。

**B : I want a new bike.**

私は新しい自転車がほしいです。

## 何がほしいかたずねる

「あなたは何がほしいですか。」は **What do you want?** でたずねます。これに対しては **I want a bike.**(私は自転車がほしいです。)のように答えます。

## 注文など

**What would you like?**(何がほしいですか。)は What do you want? のていねいな言い方です。これに対しては **I'd like 〜.**(〜がほしいです。)で答えます。

**What would you like?**
何になさいますか。

**I'd like pizza.**
ピザがほしいです。

## 食べ物・飲み物

| | | | |
|---|---|---|---|
| ☐ **hamburger** | ハンバーガー | ☐ **sandwich** | サンドイッチ |
| ☐ **spaghetti** | スパゲティ | ☐ **French fries** | フライドポテト |
| ☐ **fried chicken** | フライドチキン | ☐ **pizza** | ピザ |
| ☐ **curry and rice** | カレーライス | ☐ **grilled fish** | 焼き魚 |
| ☐ **salad** | サラダ | ☐ **soup** | スープ |
| ☐ **water** | 水 | ☐ **milk** | 牛乳 |
| ☐ **coffee** | コーヒー | ☐ **tea** | 紅茶 |

# 行きたい国

I want to go to France.

**A : Where do you want to go?**
あなたはどこに行きたいですか。

**B : I want to go to France.**
フランスに行きたいです。

## 行きたい国をたずねる

「あなたはどこに行きたいですか。」は **Where do you want to go?** でたずねます。これに対しては **I want to go to 〜.**（〜に行きたいです。）で答えます。

Where do you want
to go?
どこに行きたいですか。

I want to go
to Egypt.
エジプトに行きたい
です。

## 国の名前

**I want to go to 〜.**

| | | | |
|---|---|---|---|
| ☐ **Japan** | 日本 | ☐ **America [the U.S.]** | アメリカ |
| ☐ **the U.K.** | イギリス | ☐ **Canada** | カナダ |
| ☐ **Australia** | オーストラリア | ☐ **New Zealand** | ニュージーランド |
| ☐ **China** | 中国 | ☐ **Korea** | 韓国・朝鮮 |
| ☐ **India** | インド | ☐ **Thailand** | タイ |
| ☐ **France** | フランス | ☐ **Italy** | イタリア |
| ☐ **Spain** | スペイン | ☐ **Germany** | ドイツ |
| ☐ **Russia** | ロシア | ☐ **Brazil** | ブラジル |
| ☐ **Egypt** | エジプト | ☐ **Kenya** | ケニア |

# 14 したいこと

I want to eat pizza.

listen
014

**A : What do you want to do?**
あなたは何がしたいですか。

**B : I want to eat pizza.**
私はピザが食べたいです。

## 何がしたいかたずねる

「あなたは何がしたいですか。」は **What do you want to do?** でたずねます。これに対しては **I want to 〜.** で答えます。

**What do you want
to do in Egypt?**
エジプトで何がしたいですか。

**I want to see the pyramids.**
ピラミッドが見たいです。

## したいことの例

**I want to 〜.**
☐ **see soccer games**　　　　サッカーの試合を見る
☐ **see the pyramids**　　　　ピラミッドを見る
☐ **see koalas**　　　　　　　コアラを見る
☐ **see a play**　　　　　　　劇を見る
☐ **eat pizza**　　　　　　　　ピザを食べる
☐ **eat curry**　　　　　　　　カレーを食べる
☐ **buy a watch**　　　　　　時計を買う
☐ **buy a T-shirt**　　　　　　Tシャツを買う
☐ **buy chocolate**　　　　　チョコレートを買う

# 場所をたずねる

Where is the post office?

## Excuse me.
## Where is the post office?

すみません。
郵便局はどこですか。

## どこにあるかたずねる

「〜はどこにありますか。」は **Where is 〜?** でたずねます。

Excuse me.
Where is the station?
すみません。
駅はどこですか。

## 建物などの言い方

| | | | |
|---|---|---|---|
| □ station | 駅 | □ park | 公園 |
| □ library | 図書館 | □ post office | 郵便局 |
| □ hospital | 病院 | □ school | 学校 |
| □ police station | 警察署 | □ fire station | 消防署 |
| □ restaurant | レストラン | □ supermarket | スーパーマーケット |
| □ bookstore | 書店 | □ convenience store | コンビニエンスストア |
| □ flower shop | 花店 | □ department store | デパート |
| □ zoo | 動物園 | □ aquarium | 水族館 |
| □ stadium | スタジアム | □ amusement park | 遊園地 |

第 1 章
SECTION

# 16 道案内

Go straight for two blocks.

listen
016

## Go straight for two blocks and turn left. You will see it on your right.

まっすぐ2ブロック行って，左に曲がってください。
あなたの右側に見えます。

## 道順を伝える

　道順を伝えるときは，**go straight**(まっすぐ行ってください)や**turn right/left**(右に／左に曲がってください)などの表現を組み合わせて説明します。

**Go straight for two blocks and turn right.**
まっすぐ2ブロック行って，右に曲がってください。

**You will see it on your right.**
右側に見えます。

**Thank you very much.**
ありがとうございます。

## 道案内の表現

| | |
|---|---|
| □ **go straight** | まっすぐ行く |
| □ **go straight for one block** | 1ブロックまっすぐ行く |
| □ **go straight for two blocks** | 2ブロックまっすぐ行く |
| □ **turn right/left** | 右に／左にまがる |
| □ **turn right at the first corner** | 1つ目の角を右に曲がる |
| □ **turn left at the second corner** | 2つ目の角を左に曲がる |
| □ **You will see it on your right/left.** | 右側に／左側に見えます。 |

39

SECTION

# 17 できること

I can play the piano.

listen
017

*A* : **Can you swim?**

あなたは泳げますか。

*B* : **Yes, I can.**

はい，泳げます。

## できるかどうかたずねる

「あなたは〜ができますか。」は **Can you 〜?** でたずねます。これに対しては **Yes, I can.**(はい，できます。)か **No, I can't.**(いいえ，できません。)で答えます。

**Can you play the piano?**
ピアノはひけますか。

**Yes, I can.**
はい，ひけます。

## できることの例

**Can you 〜?** に続けると「あなたは〜ができますか。」という意味になります。また，**I can 〜.** に続けると「私は〜ができます。」と言うことができます。

**Can you ~? / I can ~.**

| | | | |
|---|---|---|---|
| □ **swim** | 泳ぐ | □ **sing well** | じょうずに歌う |
| □ **dance** | おどる | □ **run fast** | 速く走る |
| □ **cook** | 料理する | □ **jump high** | 高くジャンプする |
| □ **ski** | スキーをする | □ **speak English** | 英語を話す |
| □ **skate** | スケートをする | □ **ride a bike** | 自転車に乗る |
| □ **play the piano** | ピアノをひく | □ **ride a unicycle** | 一輪車に乗る |
| □ **play shogi** | しょうぎをする | | |
| □ **play tennis** | テニスをする | | |

# 18 人について話す

Who is this?

listen
018

**A**: **Who is this?**
これはだれですか。

**B**: **It's my grandfather.**
私の祖父です。

## だれなのかをたずねる

写真などを見せながら，「これはだれですか。」は **Who is this?** でたずねます。これに対しては **It's my sister.**（それは私の姉[妹]です。）のように答えます。

そのあとに，男の人なら **He is ～.**（彼は～です。），女の人なら **She is ～.**（彼女は～です。）で，その人についての説明を加えることができます。

Who is this?
これはだれですか。

It's my sister.
私の姉です。
She is kind.
彼女は親切です。

## 家族の言い方

| | | | |
|---|---|---|---|
| □ **father** | 父 | □ **brother** | 兄, 弟 |
| □ **mother** | 母 | □ **sister** | 姉, 妹 |
| □ **grandfather** | 祖父 | □ **uncle** | おじ |
| □ **grandmother** | 祖母 | □ **aunt** | おば |

## 性格など

**He is ～. / She is ～.**

| | | | | | |
|---|---|---|---|---|---|
| □ **kind** | 親切な | □ **friendly** | 気さくな | □ **smart** | 頭がいい |
| □ **nice** | やさしい | □ **funny** | おもしろい | □ **brave** | 勇気がある |

# 19 思い出

I went to Kyoto.

## I went to Kyoto.
## I saw beautiful temples.

私は京都に行きました。
美しいお寺を見ました。

## 行った場所を伝える

「私は〜に行きました。」は **I went to 〜.** で言うことができます。

**Where did you go?**
どこに行ったのですか。

**I went to Kyoto.**
私は京都に行きました。

## したことの例

次のように，自分がしたことを伝えることができます。

**I enjoyed 〜.**（私は〜を楽しみました。）
☐ **camping** キャンプ ☐ **hiking** ハイキング
☐ **swimming** 水泳 ☐ **fishing** つり
☐ **shopping** 買い物 ☐ **skating** スケート
☐ **skiing** スキー

**I saw 〜.**（私は〜を見ました。）
☐ **fireworks** 花火 ☐ **a lot of stars** たくさんの星
☐ **temples** 寺 ☐ **animals** 動物

**I ate 〜.**（私は〜を食べました。）
☐ **ice cream** アイスクリーム ☐ **watermelon** すいか

# 20 中学校でしたいこと

I want to join the tennis team.

listen
020

**A : What do you want to do?**
あなたは何がしたいですか。

**B : I want to join the tennis team.**
私はテニス部に入りたいです。

## 中学校でしたいことを話す

「あなたは中学校で何をしたいですか。」は **What do you want to do in junior high school?** でたずねます。これに対しては **I want to ~.**(私は~したいです。)のように答えます。

**What do you want to do in junior high school?**
中学校では何をしたいですか。

I want to join
the tennis team.
テニス部に入りたいです。

## 部活動の名前

| I want to join the ~. (私は~に入りたいです。) | | |
|---|---|---|
| ☐ **tennis team** テニス部 | ☐ **soccer team** サッカー部 |
| ☐ **baseball team** 野球部 | ☐ **basketball team** バスケットボール部 |
| ☐ **brass band** 吹奏楽部 | ☐ **cooking club** 料理部 |

## したいことの例

| I want to ~. (私は~したいです。) | |
|---|---|
| ☐ **make a lot of friends** | 友達をたくさん作る |
| ☐ **study hard** | 一生懸命勉強する |
| ☐ **read a lot of books** | たくさんの本を読む |

# 将来の夢

I want to be a doctor.

**A : What do you want to be in the future?**

あなたは将来何になりたいですか。

**B : I want to be a doctor.**

私は医師になりたいです。

## なりたい職業の話をする

「あなたは将来何になりたいですか。」は **What do you want to be in the future?** でたずねます。これに対しては **I want to be ～.**（私は～になりたいです。）で答えます。

**What do you want to be in the future?**

あなたは将来何になりたいですか。

**I want to be a basketball player.**

私はバスケットボール選手になりたいです。

## 職業の名前

| | | | |
|---|---|---|---|
| ☐ **teacher** | 教師 | ☐ **vet** | 獣医師 |
| ☐ **doctor** | 医師 | ☐ **baker** | パン職人 |
| ☐ **nurse** | 看護師 | ☐ **bus driver** | バス運転手 |
| ☐ **police officer** | 警察官 | ☐ **astronaut** | 宇宙飛行士 |
| ☐ **pilot** | パイロット | ☐ **comedian** | コメディアン |
| ☐ **singer** | 歌手 | ☐ **flight attendant** | 航空機客室乗務員 |
| ☐ **artist** | 芸術家 | ☐ **soccer player** | サッカー選手 |
| ☐ **cook** | 料理人 | ☐ **zookeeper** | 動物園の飼育員 |
| ☐ **florist** | 花屋さん | ☐ **scientist** | 科学者 |

# 22

# 教室英語〈授業の前後〉

Good morning, everyone.

listen
022

## Good morning, everyone.
## How are you today?

みなさん，おはようございます。
今日の調子はどうですか。

## 授業前後の先生とのやりとり

中学校の授業は英語で行われるのが基本です。

英語でのあいさつと簡単なやりとり・指示から始まり，あいさつで終わります。

**All right!**
**Let's get started.**
よし！ 始めましょう。

**Please open your**
**textbook to page 20.**
教科書の20ページを開いてください。

## 始めるときの先生の言葉

- □ **Stand up.**　起立。　　　□ **Sit down.**　着席。
- □ **Are you all ready?**　みなさん準備はいいですか。
- □ **Let's get started.**　始めましょう。
- □ **Good morning, everyone.　How are you today?**
  みなさん，おはようございます。今日の調子はどうですか。
- □ **Open your textbook to page ～.**　教科書の～ページを開いてください。
- □ **Who's absent today?**　今日お休みの人はだれですか。

## 終わるときの先生の言葉

- □ **That's all for today.**　　　今日はここまで。
- □ **See you next time!**　　　また次回！

# 教室英語〈先生の指示〉

Listen to me.

listen
023

## Be quiet.
## Please listen to me carefully.

静かにして。
注意深く聞いてください。

## 授業中の先生の指示

中学校の授業では，先生からの指示も英語で行われます。命令文(→ p.102)が多く使われます。

Listen to me carefully.
注意深く聞いてください。

Repeat after me.
あとについて言ってください。

## 先生からの指示や質問

| | | | |
|---|---|---|---|
| ☐ **Listen to me.** | 私の話を聞いて。 | ☐ **Repeat after me.** | あとについて言って。 |
| ☐ **Look at me.** | 私を見て。 | ☐ **Be quiet.** | 静かにして。 |
| ☐ **Let's listen to the CD.** | CDを聞きましょう。 | | |
| ☐ **Raise your hands.** | 手を上げて。 | | |
| ☐ **Put your hands down.** | 手を下ろして。 | | |
| ☐ **Make pairs.** | ペアになって。 | ☐ **Please come over.** | こっちに来て。 |
| ☐ **Can you speak up?** | もっと大きな声で言える？ | | |
| ☐ **Any questions?** | 何か質問はある？ | | |
| ☐ **Any volunteers?** | だれか(自分から)やってくれる人は？ | | |
| ☐ **Who's finished?** | だれか終わった人は？ | | |

# 第1章 SECTION 24 教室英語〈生徒から〉

## I have a question.

listen
024

## I have a question.
## How do you say "ensoku" in English?

質問があります。
「遠足」は英語で何と言うのですか。

## 先生に質問する

　英語の授業中は，先生への質問もできるだけ英語でするようにしましょう。わからないことはどんどん質問しましょう。

I have a question,
Mr. Jones.
ジョーンズ先生, 質問があります。

## 生徒からの質問やお願い

☐ **I have a question.** 　質問があります。
☐ **I'm sorry? / I beg your pardon?** 　ごめんなさい／もう一度言ってもらえますか。
☐ **Could you say that again?** 　もう一度言っていただけますか。
☐ **I'm sorry I'm late.** 　すみません，遅刻しました。
☐ **May I say it in Japanese?** 　日本語で言ってもいいですか。
☐ **What's "~" in English? / How do you say "~" in English?**
　～は英語で何と言うのですか。
☐ **What does "~" mean?** 　～とはどういう意味ですか。
☐ **How do you pronounce this word?**
　この単語はどう発音するのですか。

第2章

# 中学英語の基礎

この章では，アルファベットの書き方や読み方をはじめとする
英語の基本的なルールを紹介します。

Good morning, Aya. How are you?
おはよう. アヤ。元気?

Repeat after me.
あとについて言ってください。

What do you want to do in junior high school?
中学校では何をしたいですか?

I want to join the tennis team.
テニス部に入りたいです。

48

How much is this?
これはいくらですか。

この章で学ぶ表現

→ 大文字・小文字と字体
→ アルファベットの書き方・読み方
→ 英文の書き方
→ 英語の発音の特徴
→ 英語の音と発音記号
→ 英語の文と品詞

What do you have on Fridays?
金曜日には何がありますか。

I have Japanese, English, math and science.
国語・英語・数学と理科があります。

I have a question, Mr. Jones.
ジョーンズ先生, 質問があります。

Where do you want to go?
どこに行きたいですか。

# 大文字・小文字と字体

英語のアルファベットは26文字。それぞれに大文字と小文字がある。

## 大文字・小文字

英語で使われる文字を**アルファベット**(alphabet)といいます。アルファベットは全部で26文字あり，それぞれに**大文字( A〜Z )**と**小文字( a〜z )**があります。

● 大文字は，**文の最初の文字**や，**人名・地名などを表す単語の最初の文字**として使われます。それ以外はふつう小文字で書かれます。

## アルファベットの字体

アルファベットの字体には，本などに印刷するときによく使われるものや，手で書くときに書きやすくしたものがあります。

| 印刷用の字体例 | 活字体 | ABCDEFGHIJKLMNOPQRSTUVWXYZ<br>abcdefghijklmnopqrstuvwxyz |
| | | ABCDEFGHIJKLMNOPQRSTUVWXYZ<br>abcdefghijklmnopqrstuvwxyz |
| 手書き用の字体例 | ブロック体<br>[楷書体,活字体] | ABCDEFGHIJKLMNOPQRSTUVWXYZ<br>abcdefghijklmnopqrstuvwxyz |
| | 行書体<br>(ななめにして<br>くずした書体) | ABCDEFGHIJKLMNOPQRSTUVWXYZ<br>abcdefghijklmnopqrstuvwxyz |
| | 筆記体<br>[草書体] | ABCDEFGHIJKLMNOPQRSTUVWXYZ<br>abcdefghijklmnopqrstuvwxyz |

# 2 アルファベットの書き方・読み方

ブロック体の書き方・読み方を確認しよう。

## ブロック体

ブロック体は，直線を多く用いた書き方です。読み方とあわせて，大文字・小文字の書き方を覚えましょう。

＊[ei] [bi:]などは，発音を表す記号です。(p.57 を参照)
＊番号と矢印は，書き順の一例を示しています。

listen 025

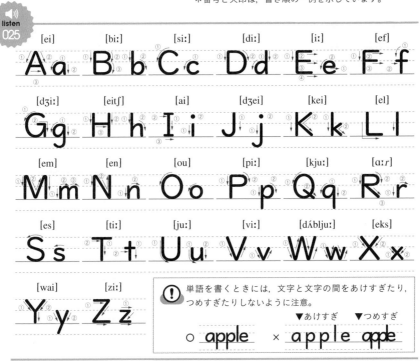

| [ei] | [bi:] | [si:] | [di:] | [i:] | [ef] |
| [dʒi:] | [eitʃ] | [ai] | [dʒei] | [kei] | [el] |
| [em] | [en] | [ou] | [pi:] | [kju:] | [ɑːr] |
| [es] | [ti:] | [ju:] | [vi:] | [dʌblju:] | [eks] |
| [wai] | [zi:] | | | | |

単語を書くときには，文字と文字の間をあけすぎたり，つめすぎたりしないように注意。

▼あけすぎ　▼つめすぎ

○ apple　× apple apple

## Questions

?

よくある質問

### アルファベットの書き順は
### 正確に覚えなければなりませんか。

書き順に注意して漢字を書いている日本人にとっては少しびっくりすることですが，実はアルファベットの書き順は1つに決まっているわけではなく，上で示している書き順は代表的な例にすぎません。例えば，E には E のほかに E E などいろいろな書き順があります。読めるように正しい形でスムーズに書くことができれば，書き順はそれほど気にする必要はないでしょう。

# 英文の書き方

英文を書くときのルールを確認しよう。

## 基本的なルール

- **文の最初は大文字**で始め，文の終わりには**ピリオド**（**.**）をつけます。
- **単語と単語の間**はくっつけずに，小文字1文字分くらいの**スペース**をあけて書きます。
- **人の名前**や**地名**の最初の文字は，文の最初でなくても，**いつも大文字**にします。

**くわしく**

**大文字にする単語**

2語以上でできている人名・地名は，**それぞれの単語**の最初の字を大文字にする。
・Sakura High School
　（さくら高校）
**曜日名・月名**の最初の文字は，いつも大文字にする。
・Sunday（日曜日）
・April（4月）

〈例〉

文の最初は大文字　文の終わりにピリオド
My name is Sato Emi.
単語と単語の間にスペース　名前の最初の文字は大文字

- **疑問文（たずねる文）**の終わりには，ピリオドではなく**クエスチョン・マーク（？）**をつけます。
- **Yes**や**No**のあとには**コンマ（,）**をつけます。（YesやNoだけで文が終わるときには，コンマではなくピリオドをつけます。）
- 「**私は**」の意味の**I**は，文の最初でなくても，**いつも大文字**で書きます。
- I'm などの**短縮形**には**アポストロフィ（'）**をつけます。

**参考**

**日本人の姓名の順序**

日本人の名前は，日本語に合わせて〈姓＋名〉の順で表すやり方と，英語を使う国に合わせて〈名＋姓〉の順で表すやり方がある。
〈**姓＋名**〉
・Sato Emi
〈**名＋姓**〉
・Emi Sato

〈例〉

Are you Lisa?　疑問文の終わりはクエスチョン・マーク

「私は」のIはいつも大文字　アポストロフィ
Yes, I am. No, I'm not.
YesやNoのあとにはコンマ

# 英語の符号

**❶ ピリオド**
  (period)

(1) 疑問文(たずねる文)や感嘆文(驚きや感嘆を表す<ruby>感嘆<rt>かんたん</rt></ruby>文)以外の**文の終わり**につけます。

  ▸ **I'm Ken.** 私はケンです。

(2) 一部の省略語の終わりにつけます。

  ▸ **Mr. Tanaka** 田中さん ─────

**参考**

**Mr Tanaka**

「〜さん」の意味の敬称である Mr.(男性)や Ms.(女性)のピリオドは，省略されて Mr や Ms と書かれる場合もある。ピリオドの省略はイギリス英語に多い。

Mr.は Misterの略

**❷ コンマ[カンマ]**
  (comma)

(1) **呼びかけの語**の前後や，**Yes や No のあと**など，文の中で軽い区切りをつけるときに使います。

  ▸ **Are you hungry, Tom? ─ Yes, I am.**
  あなたはおなかがすいていますか，トム。─ はい，すいています。

(2) 語句をいくつか並べるときや，語句が挿入されるときの区切りとして使います。

  ▸ **Kate, Mary, Jim and Sarah came.**
  ケイトとメアリーとジムとサラが来ました。

**❸ クエスチョン・マーク(疑問符)**
  (question mark)

  **疑問文(たずねる文)の終わり**につけます。

  ▸ **Are you tired?** あなたはつかれていますか。

**❹ エクスクラメーション・マーク(感嘆符)** Good!
  (exclamation mark)

  強い感情を表すときに使います。

  ▸ **It's great!** すごい！

❺ I'm   アポストロフィ
      (apostrophe)

(1) 短縮形［縮約形］で，**文字が省略されている部分**を表します。

  ▸ **I don't know.** 私は知りません。 ―――――

(2)「～の」の意味で，名詞の所有格をつくるときに使います。

  ▸ **This is Tom's cap.** これはトムの帽子です。

❻ "Yes."   引用符（クオーテーション・マーク）
      (quotation marks)

  引用するときに使います。日本語の「　」にあたります。

  ▸ **He said, "Thank you."**
    彼は「ありがとう。」と言いました。

❼ Lisa:   コロン
      (colon)

(1) 会話文や台本などで，話し手を表すときに使われます。

  ▸ *Jack* **: Hi, Emily.** ジャック：やあ，エミリー。

(2) 具体例を並べたり，説明を加えたりするときに使います。

  ▸ **He has three kinds of animals : a dog, a cat and a bird.**
    彼は3種類の動物を飼っています。犬とねこと鳥です。

❽ fifty-two   ハイフン
      (hyphen)

  21(twenty-one)以上の数(→ p.30を参照)を英字で表記するときや，合成語などに使います。ハイフンの左右にはスペースを入れません。

  ▸ **a ten-year-old boy** 10歳の少年

do not
の短縮形

参照 p.130
名詞の所有格

参考

**アメリカ・イギリスの引用符**
アメリカでは点を2つずつ打つ引用符（" "）が，イギリスでは点を1つずつ打つ引用符（' '）が使われることが多い。

参考

**イタリック体**
*abc* のようなななめの印刷用字体をイタリック体とよぶ。外国語の単語や，本のタイトルなどに使われる。
・He likes *shogi*.（彼は将棋が好きです。）

# 英語の発音の特徴

日本語にはない英語独特の音をしっかり発音できるようになろう。

## 単語のつづりと発音

英語では，単語によって異なる発音を表すことがあります。

| cat(ねこ) [kæt キャット] | cake(ケーキ) [keik ケイク] |
|---|---|

上の2つの単語で，aの文字はそれぞれ[æ ア]と[ei エイ]のように2つのちがう音を表していることがわかります。

英語ではこのように，**同じ文字でも，ちがう発音を表す**ことがあります。

## 母音と子音

英語の音おんには,大きく分けて母音ぼいんと子音しいんがあります。

**母音**とは日本語の「ア・イ・ウ・エ・オ」に近い音のことですが，日本語よりもたくさんの種類があります。

母音以外の音を**子音**と言います。日本語は，ローマ字で学習したように，「ア」「イ」「ウ」「エ」「オ」「ン」以外の音はすべて〈子音＋母音〉でできています。そのため，私たちは子音だけの発音に慣れていません。

しかし，英語には**子音だけの音**がよく出てきます。例えば desk(机)という単語の[s]と[k]のあとには何も母音を入れずに発音します。日本語で「デ・ス・ク」と言うときのように[desuku]と発音しないようにしましょう。

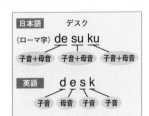

**くわしく**

**文字と発音**
日本語は，1文字で1つの音を表すのが原則。
あ →発音[ア]
英語は，1文字でもいくつかの音を表す。
a →[æ ア]
  →[ei エイ]

**くわしく**

**母音字・子音字**

**母音字**…母音を表すつづり字。a, e, i, o, u の ほ か, y も母音を表すことがある。
**子音字**…子音を表すつづり字。

# 単語のアクセント

英語の単語は，**母音のあるところ**を強く読みます。1つの単語に母音が2つ以上あるときは，**特に強く読むところ（アクセント）**が単語ごとに決まっています。

例 banana（バナナ）
[bənǽnə バナナ]　banana は1つの単語に3つの母音が入っているが，真ん中を強く読む。
　↑発音記号の強く読むところにはアクセント記号（´）がついている。

単語の発音で，アクセントは非常に大切です。強く読む位置を間違えたり，強弱をまったくつけずに発音したりすると，相手に通じないこともあるので注意しましょう。

# 文の読み方

英文を聞いたり，読んだりするときには，次の4点に特に注意するようにしましょう。

### ❶ 強弱のリズム

1つの文の中にも，強く読まれる単語（右の図の●）と弱く読まれる単語（右の図の•）があります。

● • ● •
Nice to meet you.

### ❷ イントネーション［抑揚］

調子が高くなったり，低くなったりという変化もあります。これをイントネーション（抑揚）といいます。

Nice to meet you.（↗）
Nice to meet you, too, Mika.（↘）

### ❸ 音のつながり・変化

前の単語の最後の音と，次の単語の最初の音を区切らずにつなげて発音することもあります。

Nice to meet you.
［ミーチュ］のように変化して発音される。

### ❹ 意味のまとまり

長い文などでは，意味のまとまりを意識して，区切って読まれます。

I think / that your answer is right.
私はあなたの答えが正しいと思います。

第2章

SECTION

# 5 英語の音と発音記号

## 母音と子音の発音に慣れよう。

英語の発音は，次に紹介する音の組み合わせで成り立っています。例となる単語の発音を聞いて，英語の発音に慣れましょう。

## 母音の発音

母音は日本語の「ア・イ・ウ・エ・オ」のように，声が舌やくちびるにさえぎられずに出る音です。

● 日本語の母音は「ア・イ・ウ・エ・オ」の5つですが，英語ではもっと多くの種類があります。

**くわしく**

**発音記号**
発音を表す記号。テストや入試に出ることはないので無理に覚える必要はないが，単語の発音を正確に知ることができる。

listen 026

〈**短母音**〉 短く発音する母音

| ① [i] | picture 絵,写真 [píktʃər] sister 姉,妹 [sístər] | ② [ɑ] | box 箱 [bɑks] comic マンガ [kámik] | ③ [ʌ] | bus バス [bʌs] summer 夏 [sʌ́mər] |
|---|---|---|---|---|---|
| | 日本語の「イ」よりも口をゆるめて，「エ」に近い感じで言う。 | | 口の奥を大きくあけるようにして言う。「オ」に近い「ア」の音。 | | 口をあまりあけずに，やや奥の方で 短く「ア」と発音する。 |
| ④ [e] | pen ペン [pen] tennis テニス [ténis] | ⑤ [ɔ] | song 歌 [sɔ(ː)ŋ] long 長い [lɔ(ː)ŋ] | ⑥ [ə*] | computer コンピューター [kəmpjúːtər] animal 動物 [ǽniməl] |
| | 日本語の「エ」とほぼ同じだが，はっきりと強く言う。 | | くちびるを丸め，口の奥で「オ」と言う。 | | 口を少しあけて，弱く「ア」と言う。「ウ」とも「オ」ともとれるあいまいな音。 *[ə]はあいまいな音なのでカナでは，[ア / イ / ウ / エ / オ]のいずれにも表される。 |
| ⑦ [æ] | apple リンゴ [ǽpl] cat ねこ [kæt] | ⑧ [u] | good よい [gud] woman 女性 [wúmən] | | |
| | 日本語の「ア」と「エ」の中間の音。「エ」の口の形をして「ア」と長めに言う。 | | 日本語の「ウ」より，くちびるを少し丸くして強く言う。 | | |

〈**長母音**〉　長く発音する母音

発音記号の[ː]（長音記号）は，日本語ののばす音を表す「ー」にあたるもの
です。

① [ ɑː ]　palm [pɑːm]　手のひら
father [fáːðər]　父

② [ ɔː ]　ball [bɔːl]　ボール
August [ɔ́ːgəst]　8月

③ [ iː ]　teacher [tíːtʃər]　先生
CD [sìːdíː]　CD

④ [ əː ]　girl [gəːrl]　少女
bird [bəːrd]　鳥

⑤ [ uː ]　school [skuːl]　学校
flute [fluːt]　フルート

〈**二重母音**〉　2つの母音が連続したもの

① [ ai ]　bike [baik]　自転車
rice [rais]　米

② [ ou ]　nose [nouz]　鼻
snow [snou]　雪

③ [ ei ]　name [neim]　名前
table [téibl]　テーブル

④ [ iə ]　hear [hiər]　聞く
year [jiər]　年

⑤ [ ɔi ]　boy [bɔi]　少年
coin [kɔin]　コイン

⑥ [ uə ]　sure [ʃuər]　もちろん
tour [tuər]　周遊旅行

⑦ [ au ]　house [haus]　家
town [taun]　町

⑧ [ eə ]　chair [tʃeər]　いす
there [ðeər]　そこに

〈**アメリカ・イギリスの発音**〉

単語の発音は，アメリカとイギリスで異なる場合があります。辞書では hot[ hɑt
｜ hɔt ]のように，ふつう[アメリカ発音｜イギリス発音]の順で両方表記されてい
ますが，多くの教科書の語注などでは，主にアメリカ発音が表記されています。

## 子音の発音

母音以外の音を子音といいます。子音は，声や息が，舌・歯・くちびるなどでじゃまされて出る音です。

listen
029

**参考**
**有声音・無声音**
ゆうせいおん　　むせいおん

子音には有声音(声帯をふるわせる音)と無声音(声帯をふるわせない音)がある。母音はすべて有声音。この表の圈は有声音，圏は無声音。

① [ r ] 圈
rain　雨
[rein]
room　部屋
[ru(ː)m]

② [ j ] 圈
you　あなたは
[juː]
use　使う
[juːz]

③ [ l ] 圈
lesson　授業
[lésn]
girl　少女
[gəːrl]

④ [ w ] 圈
window　窓
[wíndou]
wall　かべ
[wɔːl]

⑤ [ n ] 圈
no　いいえ
[nou]
man　男性
[mæn]

⑥ [ m ] 圈
milk　牛乳
[milk]
swim　泳ぐ
[swim]

⑦ [ ŋ ] 圈
king　王
[kiŋ]
sing　歌う
[siŋ]

⑧ [ h ] 圏
head　頭
[hed]
hat　帽子
[hæt]

● 以下は，左右のペアで発音のしかた(口の形や舌・歯の位置)が同じです。左が無声音(声帯をふるわせない音)で，右が有声音(声帯をふるわせる音)になります。

⑨ [ p ] 圏
piano　ピアノ
[piǽnou]
pencil　鉛筆
[pénsl]

⑩ [ b ] 圈
book　本
[buk]
bag　かばん
[bæg]

⑪ [ f ] 圏
family　家族
[fǽm(ə)li]
friend　友達
[frend]

⑫ [ v ] 圈
violin　バイオリン
[vaiəlín]
five　5
[faiv]

| ⑬ [ k ] 無 | key [kiː] かぎ | ⑭ [ g ] 有 | guitar [gitáːr] ギター |
|---|---|---|---|
| | kitchen [kítʃin] 台所 | | game [ɡeim] ゲーム |
| ⑮ [ s ] 無 | soccer [sákər] サッカー | ⑯ [ z ] 有 | music [mjúːzik] 音楽 |
| | speak [spiːk] 話す | | his [hiz] 彼の, 彼のもの |
| ⑰ [ ʃ ] 無 | she [ʃiː] 彼女は | ⑱ [ ʒ ] 有 | usually [júːʒ(u)əli] ふつう |
| | dish [diʃ] 深い皿 | | television [téləviʒən] テレビ |
| ⑲ [ t ] 無 | ten [ten] 10 | ⑳ [ d ] 有 | dog [dɔ(ː)g] 犬 |
| | boat [bout] ボート | | desk [desk] 机 |
| ㉑ [ ts ] 無 | its [its] それの | ㉒ [ dz ] 有 | beds [bedz] ベッド〈複数形〉 |
| | cats [kæts] ねこ〈複数形〉 | | friends [frendz] 友達〈複数形〉 |
| ㉓ [ tʃ ] 無 | beach [biːtʃ] 浜 | ㉔ [ dʒ ] 有 | juice [dʒuːs] ジュース |
| | watch [wɑtʃ] 腕時計 | | Japan [dʒəpǽn] 日本 |
| ㉕ [ θ ] 無 | three [θriː] 3 | ㉖ [ ð ] 有 | this [ðis] これ |
| | earth [əːrθ] 地球 | | brother [brʌ́ðər] 兄, 弟 |

● 〈特に注意すべき日本語にはない発音〉

[ r ]：舌先を歯ぐきにつけずに上にそらし，どこにも触れずに言う「ル」の音。

[ l ]：舌先を上の歯ぐきにつけ，舌の両側から声を出す「ル」の音。

[ f ]と[ v ]：上の歯を下くちびるに軽くあてて出す。

[ ʃ ]と[ ʒ ]：くちびるを丸くつき出し，舌先を上の歯ぐきより少し奥に近づけて出す。

[ θ ]と[ ð ]：舌先を上の前歯の先に軽くあてて出す。

60

# 英語の文と品詞

## 主語と動詞

● 1つの文には原則として，**主語**と**動詞**があります。文の主語とは「〜は」「〜が」にあたる部分です。この「**だれが・何が（主語）＋どうする（動詞）**」の部分が，英語の文の基本的な骨組みになります。

● **英語の文の基本的なしくみ**

| 主語 $\binom{だれが}{・何が}$ ＋ 動詞 $\binom{〜する・}{〜である}$ ＋ （その他の語句）． |
|---|

**Birds    fly** .                          鳥は飛びます。
鳥たちは   飛ぶ

**I    play    tennis** .                    私はテニスをします。
私は   する   テニスを

## 単語と句

● 英語の文の中では，いくつかの単語が集まって，**意味のある1つのまとまり**を作っている場合があります。このような単語のまとまりを**句**(phrase) といいます。句は，文の主語[主部]になったり，動詞のあとにきたり，ほかの語句を修飾したりします。

▶ **My mother has a new car.**
　　私の母　　持っている　　新しい車
　私の母は新しい車を持っています。

▶ **Bob lives in Tokyo.**
　ボブ　住んでいる　東京に
　ボブは東京に住んでいます。

参照 ▶ p.80
**一般動詞の文の語順**
参照 ▶ p.68
**be 動詞の文の形と意味**

**くわしく**

主語・動詞以外の語句
**動詞の目的語**…「〜を」「〜に」にあたる語句
**補語**…主語などが「どういうもの（状態）か」と説明する語句

**参考**
**節**
文の中で，主語と動詞を含んでいる単語のまとまりを「節」(clause)という。
(p.325 を参照)

# 文の種類

英語の文は，次のような種類に分類することができます。

| | 肯定文<br>「〜です」「〜します」 など | 否定文(打ち消す文)<br>「〜ではありません」「〜しません」 など |
|---|---|---|
| 平叙文(ふつうの文)<br>ピリオド(.)で終わる | He is a teacher.<br>彼は教師です。 | He is not a teacher.<br>彼は教師ではありません。 |
| 疑問文(たずねる文)<br>クエスチョン・マーク(?)<br>で終わる | Is he a teacher?<br>彼は教師ですか。 | Isn't he a teacher?<br>彼は教師ではないのですか。 |

　英語の単語は，文中での働きによっていくつかの種類にグループ分けをすることができ，その区分けを**品詞**といいます。英語の単語は，次の10品詞に分類できます。それぞれの働きを確認しましょう。

| 品詞名 | 例 | 働き |
|---|---|---|
| **名詞**<br>参照 p.372 | cat　ねこ<br>boy　男の子<br>water　水<br>music　音楽<br>Japan　日本<br>Tom　トム | **物や人の名前を表す語**です。<br>a cat, two cats のように「1つ，2つ…」と数えられる名詞(可算名詞)と，water のように数えられない名詞(不可算名詞)があります。また，Japan や Tom のような国名・人名などは固有名詞と呼びます。 |
| **冠詞**<br>参照 p.375 | a[母音の前では an]<br>the | **名詞の前におかれる a, an, the** です。<br>a, an は「不特定の1つの物」を，the は「特定の物」を表します。 |
| **代名詞**<br>参照 p.130 | I　私は<br>you　あなたは[を]<br>he　彼は<br>it　それは[を]<br>this　これ<br>something　何か　など | **名詞の代わりをする語**です。<br>このうち I, you, he などは人称代名詞と呼ばれ，文中での働きによって I(私は)—my(私の)—me(私に)のように形が変化します。 |

| 形容詞 参照 p.96 | good | よい | **人や物のようすなどを説明する語**です。 |
|---|---|---|---|
| | big | 大きな | 名詞(と一部の代名詞)を修飾します。「修飾する」とは、その名詞が「どんな」ものかを説明することです。 |
| | happy | 幸せな | |
| | new | 新しい | |
| | blue | 青い | 形容詞 名詞<br>This is a **new book**. これは新しい本です。<br>名詞を前から修飾 |
| | Japanese | | |
| | | 日本の、日本人の | |
| | some | いくつかの | また、補語として主語のようすを表します。 |
| | all | 全部の | 主語 形容詞<br>**This book** is **new**. この本は新しい。<br>主語を説明 |

| 副詞 参照 p.154 | well | よく、じょうずに | **名詞(と一部の代名詞)以外の物を修飾する語**です。 |
|---|---|---|---|
| | now | 今 | 名詞(代名詞と一部の)以外の何かを修飾する語は、すべて副詞に分類されます。 |
| | here | ここに | |
| | very | とても | 動詞 副詞<br>He **cooks well**. 彼はじょうずに料理します。<br>動詞を修飾 |
| | usually | ふつう | |
| | also | ～もまた | 副詞 形容詞<br>I'm **very happy**. 私はとても幸せです。<br>形容詞を修飾 |

| 前置詞 参照 p.164 | in | ～の中に[で] | **名詞や代名詞の前におかれる語**です。 |
|---|---|---|---|
| | on | ～の上に[で] | 〈前置詞＋名詞[代名詞]〉の形で1つのまとまりをつくり、場所を表したり、時を表したりします。 |
| | at | ～のところで | |
| | to | ～へ | |
| | from | ～から | 前置詞 名詞<br>I live **in** Tokyo. 私は東京に住んでいます。<br>東京に |
| | of | ～の | |
| | for | ～のために | |
| | before | ～の前に | 前置詞 名詞<br>I get up **at** nine. 私は9時に起きます。<br>9時に |
| | with | ～といっしょに | |

| | | |
|---|---|---|
| **動詞**<br>参照 p.68, 80 | am, is, are  be 動詞<br>go　　　行く<br>play<br>　〈スポーツなどを〉する<br>walk　　歩く<br>study　　勉強する<br>read　　読む<br>like　　好きである<br>have　　持っている<br>know　　知っている | 「〜する」「〜である」のように**動作や状態を表す語**です。英語の文の骨組みとなる大切な品詞です。<br>動詞<br>I **play** tennis.　私はテニスをします。<br>〜をする<br>be 動詞(am, is, are)と，それ以外の動詞(一般動詞)とでは，疑問文・否定文のつくり方などが異なります。 |
| **助動詞**<br>参照 p.110,<br>196, 204 | will　　〜だろう<br>can　　〜できる<br>may　　〜してもよい<br>must<br>〜しなければならない<br>should　〜すべきだ | 〈助動詞＋動詞〉の形で用いて，**話し手の判断を動詞に付け加える語**です。<br>助動詞 動詞<br>I **can play** the piano.　私はピアノを弾くことができます。<br>〜できる |
| **接続詞**<br>参照 p.226 | and　　そして<br>but　　しかし<br>or　　または<br>so　　だから<br>that　　〜ということ<br>when　　〜のとき | **単語，句，節どうしをつなぐ語**です。<br>単語 接続詞 単語<br>I like **dogs and cats**.　　私は犬とねこが好きです。<br>〜と<br><br>句　　　接続詞　　句<br>My keys are **on the desk or in my bag**.<br>〜か<br>私のカギは机の上かかばんの中にあります。<br><br>節　　　接続詞　　節<br>I **have a dog and Ai has a cat**.<br>そして<br>私は犬を飼っていて，アイはねこを飼っています。 |
| **間投詞** | oh　　おお，まあ<br>ah　　ああ<br>hi　　やあ | 驚きや喜びなどの**感情**や，**呼びかけ**などを表す語です。<br>間投詞<br>**Oh**, that's nice.　まあ，すてきね。 |

● 1つの単語が，2つ以上の品詞として使われる場合もあります。
〈例〉 ▸ Japanese 〈形容詞〉　 ▸ a Japanese student　日本人の学生
　　　　　　〈名詞〉　 ▸ speak Japanese　　　日本語を話す

# 文法編

# 第1章

# be 動詞

am, is, are をまとめて be 動詞といいます。
「私はアヤです。」のように，
名前を伝えるときなどに使う基本的な動詞です。
この章では am, is, are を使った文の形や
疑問文などについて学びます。

I am Aya.
私はアヤです。

I'm thirteen.
私は13歳です。

He is Cody.
彼はコーディーです。

この章で学ぶ表現

➡ I am 〜.
➡ You are 〜.
➡ He is 〜.
➡ Are you 〜?
➡ Is he 〜?

**Is Aya late again?**
アヤはまた遅刻ですか。

**You're late, Aya.**
あなたは遅刻です, アヤ。

**I'm not hungry now.**
私は今おなかがすいていません。

# be 動詞の文の形と意味

am, is, are を使った文。イコールでつなぐ働きをする。

listen
030

### be動詞
# I am Aya. I'm thirteen.

私はアヤです。私は13歳です。

## 「A = B」を表す文

　「A は B です。」のように「**A = B**」という内容を表すときは，**be 動詞**を使って A と B をつなぎます。A（「〜は［が］」にあたる語）を文の**主語**といいます。

| | be 動詞 | | |
|---|---|---|---|
| I | am | a student | . 私は学生です。 |
| 主語 | （イコール） | 主語を説明する語句 | |

▶ **I am a soccer player.** 私はサッカー選手です。

▶ **I am busy.** 　　　　　　私は忙しい。

　「A = B」を表す文では，be 動詞は省略できません。「私は空腹です。」→ ○ I am hungry. × ~~I hungry~~.

## 「いる」「ある」を表す文

　be 動詞は，「**(主語)は〜にいます［あります］**」のように，主語が存在する場所を表すときにも使います。

| | be 動詞 | | |
|---|---|---|---|
| I | am | in Tokyo | . 私は東京にいます。 |
| 主語 | いる | 場所を表す語句 | |

▶ **I am at home now.** 私は今，家にいます。

▶ **I am here.** 　　　　　私はここにいます。

▶ **I am with Ken now.** 私は今，ケンといっしょにいます。

---

**用語解説**

**補語**（ほご）

「A = B」という be 動詞の文の B を補語という。主語を説明して，文の意味を「補う語」であることからこう呼ばれる。

---

**くわしく**

**I'm from 〜.**

I'm from 〜. は「私は〜の出身です。」という意味を表す。

・I'm from Okinawa.
（私は沖縄の出身です。）

・I'm from Japan.
（私は日本から来ました。）

# 第1章 SECTION 2 am, is, are の使い分け

主語によって am, is, are を使い分ける。

listen
031

主語 be動詞
**You're** late, Aya. — **I'm** sorry, Mr. Jones.
**She is** always late.

あなたは遅刻です，アヤ。 ― ごめんなさい，ジョーンズ先生。
彼女はいつも遅刻します。

be 動詞の現在形は，**主語**(「〜は[が]」にあたる語句)に応じて次のように **am, is, are** を使い分けます。

話し言葉では，短縮形がよく使われます。

| | ▼主語 | ▼ be 動詞 | | ▼短縮形 | |
|---|---|---|---|---|---|
| 私は | I | am | | I'm | |
| 彼は | He | | | He's | |
| 彼女は | She | is | ~. | She's | ~. |
| それは | It | | | It's | |
| 私たちは | We | | | We're | |
| あなたは<br>あなたたちは | You | are | | You're | |
| 彼らは / 彼女らは<br>それらは | They | | | They're | |

短縮形で使われる〈ʼ〉の符号はアポストロフィーといいます。(➡p.54)

**用語解説**

**短縮形**
〈代名詞＋ be 動詞〉のように，よく使われる 2 語の組み合わせを 1 語に縮めて表記した形。

## 主語が I

主語が I(私は)のときは，be 動詞は **am** を使います。I am の短縮形は **I'm** です。

▸**I am a junior high school student.**
　私は中学生です。

▸**I'm fifteen years old.** 私は15歳です。

▸**I'm good at tennis.** 　私はテニスが得意です。

# 主語が you

主語が **you** のときは **are** を使います。you には，「あなたは」（単数）のほかに「あなたたちは」（複数）の意味もあります。you are の短縮形は **you're** です。

▸ **You are a good singer.**
あなたはよい歌手です→あなたは歌がうまい。

▸ **You are good singers.**
〈2人以上に〉あなたたちは歌がうまい。

## 主語が単数

主語が**単数**のときは **is** を使います（**I と you は例外**）。1つの物や1人の人をさす，さまざまな語句が単数の主語になります。

**用語解説**

**単数と複数**
物や人が1つ[1人]の場合を単数，2つ[2人]以上の場合を複数という。

**単数の主語の例**

| this（これ） | that（あれ） | it（それ） | he（彼） | she（彼女） |
| this book（この本） | Yuki（ユキ） | my brother（私の兄[弟]） | your dog（あなたの犬） | our teacher（私たちの先生） |

▸ **That is Kiyomizu-dera. It's a very famous temple.**
あれは清水寺です。それはとても有名なお寺です。

▸ **My brother is eighteen. He's in college.**
私の兄[弟]は18歳です。彼は大学生です。

● 「英語」「テニス」「水」のような数えられない名詞（➡p.374）が主語のときにも **is** を使います。

▸ **English is interesting.** 英語はおもしろい。

▸ **Tennis is my favorite sport.**
テニスは私の大好きなスポーツです。

▸ **This water is very cold.** この水はとても冷たい。

**くわしく**

**this, that**
this は話し手の近くにある物や人，that は話し手から離れたところにある物や人をさす。「こちらは～です」と人を紹介するときにも This is ～. を使う。this is の短縮形はないが，that is は that's となる。

**くわしく**

**he, she**
he は1人の男性，she は1人の女性をさす。2人以上なら they を使う。

第1章 be動詞

第2章 一般動詞

第3章 形容詞

第4章 命令文

第5章 can を使った文

第6章 疑問詞で始まる疑問文

第7章 代名詞

## 主語が複数

主語が**複数**のときは **are** を使います。2つ以上の物や2人以上の人をさす，さまざまな語句が複数の主語になります。

### 複数の主語の例

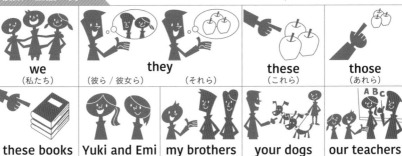

| we (私たち) | they (彼ら / 彼女ら) (それら) | these (これら) | those (あれら) |
| --- | --- | --- | --- |
| these books (これらの本) | Yuki and Emi (ユキとエミ) | my brothers (私の兄[弟]たち) | your dogs (あなたの犬たち) | our teachers (私たちの先生たち) |

▸ **We're** in the same class.
　私たちは同じクラスです。

▸ **These bags are** heavy.
　これらのかばんは重い。

▸ **The cats are** under the table.
　ねこたちはテーブルの下にいます。

▸ **Yuki and Emi are** good friends.
**They're** on the basketball team.
　ユキとエミは仲のよい友達です。
　彼女たちはバスケットボール部に入っています。

Yuki and Emi は2人なので複数の主語！

▸ **My father and I are** baseball fans.
　父と私は野球のファンです。

参照 p.460
**単数形と複数形**
英語の名詞の多くは，複数のときは語尾に s がついた形になる。
・a book
　（1冊の本）
・two books
　（2冊の本）

解答は p.475

**Practice**

次の_____に，**am, is, are** のいずれかを入れなさい。

① My mother _____ busy.

② We _____ tired.

③ Alex _____ in the kitchen.

④ Our English teacher _____ Mr. Suzuki.

⑤ That _____ Akiko.　She _____ my classmate.

⑥ Ken and I _____ members of the soccer team.

# This is 〜. か, This is a 〜. か?

ある1台のカメラについて英語で説明してみましょう。

1 これはカメラです。

2 これは私の祖父のカメラです。

3 これは古いカメラです。

✎ 名詞の前に a がつく場合とつかない場合がありますね。a は「(ある) 1つの, 1人の」という意味ですが, ふつう日本語には表されません。

1 名詞が「1つの物」または「1人の人」のとき(単数のとき)は, a をつけます。(ただし, 数えられない名詞〈→ p.374を参照〉の場合にはつけない。)

2 名詞の前に this, that, the または「〜の」を表す語(my, your, our, his, her, my grandfather's など)をつけるときは, a をつけてはいけません。

3 次の語が old のように母音(→ p.55)で始まるときは, a の代わりに an を使います。

解 答 例　 1 This is a camera.

2 This is my grandfather's camera.

3 This is an old camera.

# 第1章 SECTION 3 be 動詞の疑問文

疑問文は，be 動詞（am, is, are）を主語の前に出す。

listen 032

**be動詞**

**Is Aya late again? － Yes, she is.**
**Are you angry, Mr. Jones?**
**－ Yes, I am.**

アヤはまた遅刻ですか。　― はい，そうです。
ジョーンズ先生，怒っていますか。
― はい，怒っています。

## 疑問文の形

　疑問文ではないふつうの文（平叙文）の語順を入れかえて **be 動詞を主語の前に出す**と，「…は～ですか？」とたずねる文（疑問文）になります。

**ふつうの文 ➡** This is your bag.
　　　　　　　これはあなたのかばんです。
be 動詞を主語の前に
**疑　問　文 ➡** Is this your bag?
　　　　　　　これはあなたのかばんですか。

　疑問文も，ふつうの文と同様に，主語に応じて am, is, are を使い分けます。

▼ be 動詞　　　▼主語

| Am | I | |
|---|---|---|
| Are | you | ~? |
| Is | he / she / it など単数 | |
| Are | we / they など複数 | |

� **Am I late?** 私は遅刻ですか。

▶ **Are you from Canada?** あなたはカナダの出身ですか。

▶ **Is Mr. Ito a music teacher?**
伊藤さんは音楽の先生ですか。

▶ **Are your parents at home now?**
あなたのご両親は今，家にいますか。

**用語解説**

**平叙文と疑問文**
「～ですか」と相手に何かをたずねる文を疑問文といい，疑問文ではないふつうの文を平叙文という。平叙文では文の最後にピリオド（.）をつけるが，疑問文ではクエスチョン・マーク（?）をつける。

# 答え方

Is ～? / Are ～? の疑問文には，Yes か No を使って次のように答えます。答えの文では代名詞を主語にします。

参照 p.129
代名詞の働き

| ▼疑問文の主語 | | |
|---|---|---|
| Are | **you**(あなた) | |
| Is | **he** / 1人の男性 | ～? |
| | **she** / 1人の女性 | |
| | **it** / 1つの物 | |
| Are | **they** / 複数の人・物 | |

| | ▼「はい」の答え | | | ▼「いいえ」の答え | | |
|---|---|---|---|---|---|---|
| | I | am. | | I | am | |
| | he | | | he | | |
| Yes, | she | is. | No, | she | is | not. |
| | it | | | it | | |
| | they | are. | | they | are | |

① 「あなたは～ですか」という Are you ～? の疑問文には，**Yes, I am.** か **No, I am not.**（または **No, I'm not.**）で答えます。

▶ **Are you a high school student?** あなたは高校生ですか。
  — **Yes, I am.** はい，そうです。
  — **No, I'm not.** いいえ，ちがいます。

② 疑問文の主語が**1人の男性**の場合，答えの文では代名詞 **he** を使います。**1人の女性**の場合は **she** を使います。

▶ **Is your father there?** あなたのお父さんはそこにいますか。
  — **Yes, he is.** はい，います。

▶ **Is Ms. Johnson from the U.S.?**
  ジョンソンさんはアメリカの出身ですか。
  — **No, she isn't. She's from Canada.**
  いいえ，ちがいます。彼女はカナダの出身です。

③ 疑問文の主語が**単数の「物」**の場合，答えの文では代名詞 **it** を使います。Is this[that] ～? にも it で答えます。

▶ **Is this your bag?** これはあなたのかばんですか。
  — **Yes, it is.** はい，そうです。
  — **No, it's not. It's Ken's.**
  いいえ，ちがいます。それはケンのです。

**くわしく**

**答えの文の短縮形**
Yes の答えのときは短縮形は使わない。× Yes, I'm. とだけ答えることはないので注意。
No の答えのときは No, I'm not. のように短縮形も使われる。am not には短縮形がないことに注意。

**会話のコツ**

**No と答えるとき**
実際の会話では，疑問文に No で答えるだけで会話を終わりにせず，左の例の She's from Canada. のように相手が知りたいと思うことを付け加えるとよい。

第1章 be動詞

第2章 一般動詞

第3章 形容詞

第4章 命令文

第5章 canを使った文

第6章 疑問詞で始まる疑問文

第7章 代名詞

❹ 疑問文の主語が，自分や相手を含まない**複数**なら，代名詞 **they** を使って答え ます。they は「彼ら，彼女ら，それら」の意味で，人・物の両方に使われます。

▶ **Are these your comic books?** これらはあなたのマンガ本ですか。
　— **Yes, they are.** はい，そうです。

▶ **Are Yoko and Kumi at home?** ヨウコとクミは家にいますか。
　— **No, they aren't.　They're out.** いいえ，いません。外にいます。

## 「何ですか」とたずねる疑問文

「〜は**何**ですか」は，**what** を使った疑問文でたずねます。what は「何」とい う意味の疑問詞で，いつも**疑問文の最初**におきます。what のほか，who（だれ），where（どこ）などの疑問詞があり，どれも疑問文の最初におきます。

| Is this | 何 | ? |

疑問詞 What を文の最初に

| What | is this? | これは何ですか。

▶ **What's this?** これは何ですか。
　— **It's a new video game.** 新しいテレビゲームです。

▶ **What's that building?** あの建物は何ですか。
　— **It's a hospital.** 病院です。

▶ **What are these?** これらは何ですか。
　— **They're paper cranes.** 折り鶴です。

---

**Practice**

解答は p.475

日本文に合うように，......に適する語を書きなさい。

① ＿＿＿＿＿＿ from Canada?　あなたはカナダの出身ですか。
　—Yes, I ＿＿＿＿＿.　はい，そうです。
② ＿＿＿＿＿ your mother at home?　あなたのお母さんは家にいますか。
　—No, ＿＿＿＿＿.　いいえ，いません。
③ ＿＿＿＿＿ a hospital?　あれは病院ですか。
　—Yes, ＿＿＿＿＿.　はい，そうです。
④ ＿＿＿＿＿ your books?　これらはあなたの本ですか。
　—No, ＿＿＿＿＿.　いいえ，ちがいます。

第1章

SECTION

# 4 be 動詞の否定文

否定文は，be 動詞(am, is, are)のあとに not をおく。

listen
033

be動詞＋not

## I'm not hungry now.

私は今おなかがすいていません。

すっき食べた
ばっかりなの

be 動詞のあとに **not** を入れると，「…は〜ではありません」と打ち消す文(否定文)になります。

| 肯定文 ➡ | I am | hungry. 私は空腹です。 |

↓ be 動詞のあとに not

| 否定文 ➡ | I am | not | hungry. 私は空腹ではありません。 |

短縮形は次の(1)(2)の2種類があり，どちらを使ってもかまいません。

否定文の形

| I | am | |
|---|---|---|
| He She It | is | not ~. |
| We You They | are | |

短縮形(1)

| I'm | |
|---|---|
| He's She's It's | not ~. |
| We're You're They're | |

短縮形(2)

| | |
|---|---|
| He She It | isn't ~. |
| We You They | aren't ~. |

· **Takuya isn't my friend.**　　　　タクヤは私の友達ではありません。

· **She's not here now.**　　　　　　彼女は今，ここにはいません。

· **We're not high school students.** 私たちは高校生ではありません。

---

Practice

解答は P.475

日本文に合うように，＿＿＿に適する語を書きなさい。

① ＿＿＿＿＿＿＿ ＿＿＿＿＿＿＿ busy today.　私は今日は忙しくありません。

② ＿＿＿＿＿＿＿ ＿＿＿＿＿＿＿ my book.　　これは私の本ではありません。

③ My father ＿＿＿＿＿＿＿ a soccer fan.　私の父はサッカーファンではありません。

# 完成問題 CHECK  解答 p.475

## 1 （　）内から適するものを選びなさい。

(1) Mr. Smith is a teacher.　( He / He's / She's ) from Australia.

(2) Akiko and I ( is / are / am ) not in the same class.

(3) Do you know the new students from America?
　　－Yes.　Sam and Andy ( be / am / is / are ) in my class.　[沖縄県]

(4) これらは私の教科書です。
　　These ( am / is / are ) my textbooks.　[大阪府Ａ]

## 2 次の疑問文の答えとして適切なものを，下から選びなさい。

(1) Are Jim and Ted from Canada?　（　　　）

(2) Is that your bike?　（　　　）

(3) What's that building?　（　　　）

　ア　Yes, it is.　イ　Yes, he is.　ウ　Yes, they are.　エ　It's a school.

## 3 次の日本文に合う英文を，（　　　）内の語句を使ってつくりなさい。

(1) 京都は古い都市です。　( Kyoto / old city )

_____

(2) 佐藤先生は音楽の先生ですか。　( Mr. Sato / music teacher )

_____

(3) 彼女の両親は日本にいません。　( parents / in Japan )

_____

(4) あなたの大好きなスポーツは何ですか。　( favorite sport )

_____

(5) 私は歌がじょうずではありません。　( good singer )

_____

## 4 絵の場面に合うように，次の日本文を英語に直しなさい。

(1) こちらは私の妹のエリ (Eri) です。

_____

(2) はい，います。

_____

(3) 日本のおもちゃです。(おもちゃ：toy)

_____


## 5 絵の人物になったつもりで，次のメモの(1)〜(4)の内容を自己紹介する英文をつくりなさい。

〈メモ〉　・名前は佐々木　純です。
　　　　(1)　15歳です。
　　　　(2)　中学生です。
　　　　(3)　東京の出身です。
　　　　(4)　サッカーファンです。

・My name is Jun Sasaki.

(1) _____

(2) _____

(3) _____

(4) _____

# 一般動詞

be 動詞以外の動詞を一般動詞といいます。
この章では，walk, study, play などの動詞
を使ってふだんやっていることなどを伝えた
り，like, have などの動詞で好みや持ってい
るものを伝えたりする表現を学びます。

この章で学ぶ表現

→ I like 〜.
→ She likes 〜.
→ I don't like 〜.
→ She doesn't like 〜.
→ Do you like 〜?
→ Does she like 〜?

**I watch TV every day.**
私は毎日テレビを見ます。

**My grandpa gets up at four.**
私のおじいちゃんは4時に起きます。

**He doesn't like peppers.**
彼はピーマンが好きではありません。

79

第2章
SECTION
**1**

# 一般動詞の文の語順

語順はいつも〈主語＋動詞 ～.〉。

listen
034

## I watch TV every day.
## I like comedy shows.

私は毎日テレビを見ます。
私はお笑い番組が好きです。

## 語順は「だれが→どうする」

　一般動詞には数多くの種類がありますが、どんな動詞でもふつうの文(平叙文)の語順は同じです。

　「私はテレビを見ます」を英語で表すと、**主語** I (私は)の次に**動詞** watch(見る)がきて、動詞のあとにTV(テレビ)がきます。(この TV は、動詞 watch の**目的語**と呼ばれます。)

　英語ではいつも、このように「**だれが(主語)→どうする(動詞)→何を(目的語)**」の順番で文を組み立てる必要があります。この語順を変えて言うことはできません。

○ **I watch TV.**　× I̶ ̶T̶V̶ ̶w̶a̶t̶c̶h̶.̶　× T̶V̶ ̶I̶ ̶w̶a̶t̶c̶h̶.̶

● 「いつ」「どこで」などを表す語句の位置も日本語と異なり、何を(目的語)のあとにくるのが基本です。

「私は毎日テレビを見ます。」→ ○ **I watch TV every day.**
　　　　　　　　　　　　　　× I̶ ̶e̶v̶e̶r̶y̶ ̶d̶a̶y̶ ̶w̶a̶t̶c̶h̶ ̶T̶V̶.̶

「私は部屋でテレビを見ます。」→ ○ **I watch TV in my room.**
　　　　　　　　　　　　　　× I̶ ̶i̶n̶ ̶m̶y̶ ̶r̶o̶o̶m̶ ̶w̶a̶t̶c̶h̶ ̶T̶V̶.̶

**用語解説**

**動詞の目的語**
動詞が表す動作などの対象を表す語句。日本文の「～を」「～に」にあたる部分。

**参照** ▶ p.214
**他動詞と自動詞**
このページの例文の watch や like のように、動詞のあとに目的語がくる使い方を他動詞という。一方で、I can swim.(私は泳げます。)の swim のように、「～を」にあたる目的語がない使い方を自動詞という。他動詞と自動詞の両方に使える動詞もある。

**参考**

**usually など**
sometimes(ときどき)、usually(たいてい)、often(よく)、always(いつも)は、一般動詞の前におくのが基本。(→ p.157)
・I usually get up at 6:30.
　(私はたいてい 6 時 30 分に起きます。)

# いろいろな一般動詞

たくさんの種類があり，さまざまな動作や状態を表す。

## いろいろな動作を表す動詞

英語の**動詞**は，**動作**を表す場合と**状態**を表す場合が
あります。動作を表す動詞の現在形は，「（**ふだん習慣
的に**）**〜する，〜している**」の意味を表します。

参照 p.404
I play soccer. と I'm
playing soccer. のちが
い

**動作を表す基本的な動詞**

| go（行く） | come（来る） | speak（話す） | play（〈スポーツを〉する，〈楽器を〉演奏する） |
| walk（歩く） | run（走る） | drive（運転する） | study（勉強する） | teach（教える） |
| read（読む） | write（書く） | watch（見る） | eat（食べる） | cook（料理する） |

practice（練習する）　　help（手伝う，助ける）　　work（働く）

enjoy（楽しむ）　　make（作る）　　get（手に入れる）　　など

▸ I **go** to the movies on weekends.
　私は週末には映画に行きます。

▸ I **play** soccer after school.
　私は放課後にサッカーをします。

▸ I **play** the piano.
　私はピアノを弾きます。

「演奏する」
と言うときは
楽器名に the
をつける！

▸ I **study** English every day.
　私は毎日英語を勉強します。

**くわしく**

**現在形は習慣を表す**

例えば左の2つ目の例文 I
play soccer after school.
は「これから今日の放課後に
サッカーをします。」という
意味（未来）ではなく，ふだん
は放課後にサッカーをしてい
るという意味。

第1章 be 動詞

第2章 一般動詞

第3章 形容詞

第4章 命令文

第5章 can を使った文

第6章 疑問詞で始まる疑問文

第7章 代名詞

# いろいろな状態を表す動詞

状態を表す動詞の現在形は，「～（という状態）である」という意味になります。

## 状態を表す基本的な動詞

| like<br>(好きである) | have<br>(持っている) | know<br>(知っている) | live<br>(住んでいる) | want<br>(ほしがっている) |
|---|---|---|---|---|
| love(愛している) | | need(必要としている) | | など |

▶ I **like** sports.　私はスポーツが好きです。

▶ I **have** a sister.
私は姉[妹]を持っています→私には姉[妹]がいます。

▶ I **live** in Okinawa.　私は沖縄に住んでいます。

▶ I **want** a new cell phone.
私は新しい携帯電話がほしいです。

### ミス注意

**be 動詞を使わない**
一般動詞の文では am, is, are は使えない。
×I ~~am~~ like sports.(am は不要)

---

**Practice**

解答は p.476

次の _____ に適する語を右から選んで書きなさい。

① I _____ two sisters.

② I _____ the piano on Sundays.

③ I _____ in Tokyo with my family.

④ I usually _____ to school.

⑤ I _____ English every day.

[ live
walk
study
have
play ]

---

**Questions ?**

よくある質問

「私には兄が１人います」と言いたいのですが，兄と弟を区別するにはどうすればいいですか。

英語できょうだいについて言うときは，年上か年下かをいつも伝える必要はありません。単に **I have a brother.** と言うのがふつうです。そもそも「兄」「弟」を表す別々の単語がないくらいですから，年上・年下はあまり気にされないようです。

理由があって特に区別して伝えたいときは，**an older brother[sister]**（兄[姉]），**a younger brother[sister]**（弟[妹]）などと言います。

第1章 be動詞

第2章 一般動詞

第3章 形容詞

第4章 命令文

第5章 canを使った文

第6章 疑問詞で始まる疑問文

第7章 代名詞

第2章

SECTION

# 3 主語による一般動詞の変化

主語が3人称単数のときは，s で終わる形にする。

listen
035

主語　　　　一般動詞
# I usually get up at seven.
# My grandpa gets up at four.

私はたいてい7時に起きます。
私のおじいちゃんは4時に起きます。

　一般動詞の現在形は，主語に応じて2つの形を使い分けます。

| 主語 | | 動詞 | |
|---|---|---|---|
| I, You | | play | ～. |
| He, She, It,<br>Aki, My brother | など単数 | plays | ～. |
| We, They,<br>Aki and Emi,<br>My brothers | など複数 | play | ～. |

## 主語が I のとき

　主語が I(私は)のときは，一般動詞は**そのままの形**(語尾に s をつけない形)で使います。

▶ I sometimes go to school with Akiko.
　私はときどきアキコといっしょに学校に行きます。

## 主語が you のとき

　主語が you(あなたは，あなたたちは)のときも，一般動詞は**そのままの形**(語尾に s をつけない形)です。

▶ You speak Japanese very well.
　あなたはとてもじょうずに日本語を話します。

ミス注意

**A and B の形の主語**
Aki と Emi は2人なので複数の主語。Aki and Emi play tennis.(アキとエミはテニスをします。)という形になる。動詞の直前の Emi につられて動詞に s をつけないように注意。

くわしく

**複数の you**
you は「あなたは(単数)」だけでなく「あなたたちは(複数)」の意味でも使われる。複数であることをはっきりさせたいときは all(全員)などをつけて言うことがある。
・You all speak Japanese very well.(あなたたちはみんな，とてもじょうずに日本語を話します。)

## 主語が単数

　主語が he, she, it など**単数のときは，一般動詞は**plays のように**s で終わる形**を使います（**ただし I と you は例外**）。つまり **be 動詞の文で is を使う主語**（→ p.70）がこれにあたります。

　plays のような動詞の形を**3人称単数・現在形**といいます。

| 主語が I → | **I play tennis.** 私はテニスをします。 |

動詞に s がつく

| 主語が3人称単数 → | **Ken plays tennis.** ケンはテニスをします。 |

▸ **Becky likes Japan.**
ベッキーは日本が好きです。

▸ **Mr. Sato teaches math.**
佐藤さん[先生]は数学を教えています。

## 主語が複数

　主語が we, they など**複数のときは，一般動詞はそのままの形**（語尾に s をつけない形）で使います。**→**複数の主語の例は p.71を確認

▸ **We play soccer every day.**
私たちは毎日サッカーをします。

▸ **Tomoko and Eri always go to school together.**
トモコとエリはいつもいっしょに学校に行きます。

▸ **Lucy's parents live in Los Angeles.**
ルーシーの両親はロサンゼルスに住んでいます。

**用語解説**

**人称**
人称とは，次の3つの区別のこと。

**1人称**
自分（私・私たち）

**2人称**
相手（あなた・あなたたち）

**3人称**
自分と相手以外の人（第三者）や物

---

**Practice**

解答は p.476

**（　　）内から適する語を選びなさい。**

1 I ( live / lives ) in Yokohama.　　2 Ms.Tanaka ( speak / speaks ) English.

3 My sister ( like / likes ) cats.　　4 My parents usually ( get / gets ) up at seven.

5 Yumi and I sometimes ( play / plays ) tennis together.

# 3単現の s のつけ方 　正確に書くために

動詞の語尾によって，おもに3通りのつくり方がある。

## 基本パターン

　大部分の動詞の3人称単数・現在形は，原形の語尾にそのまま s をつけてつくります。

☐ play(スポーツ などをする) ▶ plays 　　☐ like(好きである) ▶ likes

## have

　have の3人称単数・現在形は，例外的に不規則に変化して has(発音は[hæz])になります。

☐ have(持っている) ▶ has

## es をつける語

　つづり字が -o, -s, -x, -ch, -sh で終わる動詞には es をつけます。

☐ go(行く) 　　▶ goes 　　☐ do(する) 　　▶ does
☐ teach(教える)▶ teaches 　☐ watch(見る) ▶ watches
☐ wash(洗う) ▶ washes 　　☐ finish(終える)▶ finishes
☐ pass(手渡す)▶ passes 　　☐ fix(直す) 　　▶ fixes

　catch(捕まえる)，touch(触れる)，cross(横切る)，miss(のがす)，push(押す)などもこの形です。

## y → ies にする語

　つづり字が〈子音字＋ y〉で終わる動詞は，y を i に変えて es をつけます。

☐ study(勉強する) ▶ studies 　☐ carry(運ぶ) ▶ carries
☐ cry(泣く) 　　▶ cries 　　☐ try(試してみる) ▶ tries
☐ worry(心配する)▶ worries 　☐ fly(飛ぶ) ▶ flies

---

**用語解説**

**3単現**
3人称単数・現在(形)を略して「3単現」と呼ぶことがある。

**用語解説**

**動詞の原形**
英語の動詞は，plays や played のように形が変化する。原形とは，play のように変化しないもとの形のこと。

**用語解説**

**母音字と子音字**
日本語の「ア・イ・ウ・エ・オ」に近い音を表す文字(a, i, u, e, o など)が母音字。それ以外の文字が子音字。

---

第1章 be動詞

第2章 一般動詞

第3章 形容詞

第4章 命令文

第5章 can を使った文

第6章 疑問詞で始まる疑問文

第7章 代名詞

語尾が y でも，y の前が母音字の場合(-ay, -ey, -oy, -uy)はそのまま s をつけます。

☐ **play**(スポーツなどをする) ▶ **plays**  ☐ **stay**(滞在する) ▶ **stays**
☐ **say**(言う) ▶ **says**  ☐ **enjoy**(楽しむ) ▶ **enjoys**
☐ **buy**(買う) ▶ **buys**  ☐ **pay**(支払う) ▶ **pays**

## 3単現の s, es の発音

3単現の **s** や **es** は，原形の語尾の発音によって次の3通りに発音します。 036

| 原形の語尾の発音 | s, es の発音 | 例 |
|---|---|---|
| 下に示した以外の多くの語<br>(有声音) | [z] | **comes**[kʌmz] **goes**[gouz]<br>**lives**[livz] **plays**[pleiz]<br>**reads**[riːdz] **studies**[stʌ́diz] |
| [p] [k] [f] [t]<br>(無声音) | [s] | **helps**[helps] **likes**[laiks]<br>**laughs**[læfs] **writes**[raits] |
| [s] [z] [ʃ]<br>[tʃ] [dʒ] [ʒ] | [iz] | **practices**[prǽktisiz]<br>**uses**[júːziz] **washes**[wáʃiz]<br>**teaches**[tíːtʃiz] |

**参照** p.460
**複数形のつくり方**
3単現の s のつけ方の基本ルールや発音は，名詞の複数形の s のつけ方と同じ。
・bus(バス)→ buses
・box(箱)→ boxes

**参考**

**s, es の発音の例外**
say[sei セイ]
→ says[sez セズ]
do[duː ドゥー]
→ does[dʌz ダズ]

**くわしく**

**-ts, -ds の発音**
writes の語尾は[ts ツ]，reads の語尾は[dz ヅ]という1つの子音として発音する。

**参照** p.59
[p, k, f, t, s, ʃ]のように声帯をふるわせない音を無声音，[b, g, v, d, z, ʒ]や母音のように声帯をふるわせる音を有声音と呼ぶ。

---

**Practice**

解答は p.476

### 次の語の3人称単数・現在形を書きなさい。

1 like　＿＿＿＿＿　2 do　＿＿＿＿＿　3 study　＿＿＿＿＿

4 stay　＿＿＿＿＿　5 have　＿＿＿＿＿　6 teach　＿＿＿＿＿

7 use　＿＿＿＿＿　8 try　＿＿＿＿＿　9 come　＿＿＿＿＿

10 play　＿＿＿＿＿　11 watch　＿＿＿＿＿　12 go　＿＿＿＿＿

13 cry　＿＿＿＿＿　14 wash　＿＿＿＿＿　15 carry　＿＿＿＿＿

## 第2章 SECTION 5 一般動詞の疑問文

疑問文は，文のはじめに Do か Does をおく。

listen 037

### Does your grandpa have a smartphone?
### — Yes, he does.  He has two.

主語

あなたのおじいちゃんはスマートフォンを持っていますか。
— はい，持っています。彼は2台持っています。

おじいちゃん，
何者なの？

## 疑問文の形

　一般動詞の疑問文は，文のはじめに **do** または **does** をおき，主語と動詞の原形を続けます。do と does は主語によって使い分けます。

| | I | | |
|---|---|---|---|
| **Do** | you | | |
| | we / they<br>など複数 | play<br>など動詞の原形 | ~? |
| **Does** | he / she / it<br>など3人称単数 | | |

❶ 主語が **you** または**複数**のときは **do** で疑問文を始めます。

| ふつうの文 → | **You play tennis.** | あなたはテニスをします。 |
|---|---|---|
| | ↓文の最初にDo | |
| 疑問文 → | **Do you play tennis?** | あなたはテニスをしますか。 |

▸ **Do** you have any brothers?
あなたには兄弟がいますか。

▸ **Do** your friends speak English?
あなたの友達は英語を話しますか。

**ミス注意**

**does の発音**
does は例外的に [dʌz ダズ] と発音する。

**ミス注意**

**疑問文をつくる do, does**
疑問文や否定文をつくるときに使う do と does は助動詞で，特に意味はもたない。下の文の1つ目の do は助動詞で，2つ目の do は「する」という意味の動詞。
Do you do your homework every day?(あなたは毎日宿題をしますか。)

❷ 主語が **3人称単数**のときは **does** で疑問文を始め
ます。動詞は**原形**を使います。

| ふつうの文 ➡ | He plays tennis. |
| | 彼はテニスをします。 |

最初に Does ↓　↓ 動詞は原形に

| 疑問文 ➡ | Does he play tennis? |
| | 彼はテニスをしますか。 |

▶ **Does your father like soccer?**
あなたのお父さんはサッカーが好きですか。

# 答え方

　Do ～? でたずねられたら do を，Does ～? でたず
ねられたら does を使って，Yes か No で答えます。

| Do の疑問文 ➡ | Do you play tennis? あなたはテニスをしますか。 |

↳ 答えにも do を使う

| 答えの文 ➡ | – Yes, I do . はい，します。 |
| | – No, I do not[短縮形 don't] . いいえ，しません。 |

| Does の疑問文 ➡ | Does Ken play tennis? ケンはテニスをしますか。 |

↳ 答えにも does を使う

| 答えの文 ➡ | – Yes, he does . はい，します。 |
| | – No, he does not[短縮形 doesn't] . いいえ，しません。 |

答えの文では代名詞を主語にします。

| ▼疑問文の主語 | | | ▼「はい」の答え | | | ▼「いいえ」の答え | | |
|---|---|---|---|---|---|---|---|---|
| Do | you(あなた) | ~? | Yes, | I | do. | No, | I | don't. |
| Does | he / 1人の男性 | | | he | | | he | |
| | she / 1人の女性 | | | she | does. | | she | doesn't. |
| | it / 1つの物 | | | it | | | it | |
| Do | they / 複数の人・物 | | | they | do. | | they | don't. |

▶ **Do you live near here? — Yes, I do.**
あなたはこの近くに住んでいますか。―はい，住んでいます。

▶ **Does your mother work? — Yes, she does.**
あなたのお母さんは働いていますか。―はい，働いています。

▸ **Does this computer work?**
このコンピューターは動きますか。

→ **Yes, it does.** はい，動きます。

▸ **Do your parents play any sports?**
あなたのご両親は何かスポーツをしますか。

— **No, they don't.** いいえ，しません。

## 「何〜」とたずねる疑問文

「**何を〜**」「**何の…を〜**」と具体的にたずねるときは，疑問詞 **what** を使ってたずねます。what（または〈what＋名詞〉）は，いつも**疑問文の最初**にきます。

**Do you like** 何のスポーツ **?**
文の最初に ──── what sports
**What sports** do you like?
あなたは何のスポーツが好きですか。

what（＋名詞）のあとに do や does を続けます。

| What または What ＋名詞 | do | you | like など 動詞の原形 | 〜? |
|---|---|---|---|---|
| | | they など複数 | | |
| | does | he / she / it など３人称単数 | | |

❶ what の疑問文には，ふつうは**疑問文で使われた動詞**を使って答えます。

▸ **What do you have for breakfast?**
あなたは朝食に何を食べますか。

— **I always have rice and *miso* soup.**
いつもごはんとみそ汁を食べます。

▸ **What subjects do you like at school?**
あなたは学校では何の教科が好きですか。

— **I like English.** 私は英語が好きです。

▸ **What sports does your father like?**
あなたのお父さんはどんなスポーツが好きですか。

— **He likes baseball.** 彼は野球が好きです。

haveには「食べる」という意味もある！

---

**会話のコツ**

会話では，do not，does not は短縮形の don't，doesn't を使うのが基本。短縮せずに No, I do not. のように答えると，あえて強く否定しているように聞こえることがある。

**参考**

疑問詞
what（何）
who（だれ）
which（どれ，どちら）
when（いつ）
where（どこで）
how（どう，どのように）

**ミス注意**

**what の文の語順に注意**
〈what＋名詞〉は，いつも疑問文の最初に，ひとまとまりでくることに注意。
×What do you like ~~sports~~?
（What sports do you like? が正しい）

---

第1章 be動詞

第2章 一般動詞

第3章 形容詞

第4章 命令文

第5章 canを使った文

第6章 疑問詞で始まる疑問文

第7章 代名詞

❷ What **do you do** 〜**?** の形で, ふだんしている
ことや, 職業などをたずねることができます。

▶ What **do you do** after school?
あなたは〈ふだん〉放課後は何をしますか。

— I **play** basketball.
バスケットボールをします。

▶ What **do you** usually **do** on Sundays?
あなたは日曜日はたいてい何をしていますか。

— I **see** my friends.  友達に会います。

▶ What **does** your father **do?**
あなたのお父さんは何をしている方ですか→お父さんのお仕事は
何ですか。

— He **works** for a bank.  銀行に勤めています。

**会話のコツ**

**What do you do 〜?**
What do you <u>do</u> after
school? の <u>do</u> は「する」の
意 味。 I play basketball.
のように具体的な動詞を使っ
て答える。
What do you do? とだけた
ずねると「あなたのお仕事は
何ですか。」の意味になる。
こ れ に は I'm a teacher.
(私は教師です。)やI teach
English.(私は英語を教えて
います。)のように職業を答え
る。

**Practice**

解答は p.476

( )内から適する語を選びなさい。

① ( Do / Does ) you ( like / likes ) math?

— Yes, I ( do / does ).

② ( Do / Does ) your brother ( play / plays ) the guitar?

— No, he ( don't / doesn't ).

③ ( Do / Does ) your friends ( read / reads ) comic books?

— Yes, they ( do / does ).

④ What color ( do / does ) she like?

— She ( like / likes ) green.

**Questions**

**?**

よくある質問

Do you 〜? と聞かれて,
Yes / No 以外で答えたいときはどうすればいいですか。

Yes, I do. / No, I don't. で答えるのが基本ですが, 以下にその他の簡単な答え方の例を紹介
します。

・Does she like tennis? — I think so. (好きだと思う。) / I don't think so. (好きじゃないと
思う。) / I'm not sure. (よくわからない。) / I don't know. (知らない。)

・Do you speak English? — A little. (少し。)

・Do you play baseball? — Sometimes. (ときどき。)

・Do you like this song? — Not really. (あんまり〈好きじゃない〉。)

第2章
SECTION
6

# 一般動詞の否定文

否定文は，動詞の前に **don't** または **doesn't** をおく。

第1章 be動詞

第2章 一般動詞

第3章 形容詞

第4章 命令文

第5章 canを使った文

第6章 疑問詞で始まる疑問文

第7章 代名詞

listen
038

## My grandpa doesn't like green peppers.

私のおじいちゃんはピーマンが好きではありません。

「〜しません」という一般動詞の否定文は，動詞の前に **do not** または **does not** をおき，動詞の原形を続けます。do と does は主語によって使い分けます。

| I | | | | |
|---|---|---|---|---|
| You | do | | play<br>など動詞の原形 | 〜. |
| We / They<br>など複数 | | not | | |
| He / She / It<br>など3人称単数 | does | | | |

**参照** p.76
be動詞の否定文は，am, is, are のあとに not をおく。

**参考**

**否定文をつくる do, does**
否定文をつくるときに使う do と does も疑問文のときと同様に助動詞で，特に意味はもたない。can などの助動詞（→ p.110）と同じく，あとの動詞は原形になる。

## 主語が I, you または複数

主語が I, you または**複数**のときは，動詞の前に **do not**［短縮形は don't］をおきます。

肯定文 → I play tennis.
私はテニスをします。

↓ 動詞の前に do not

否定文 → I don't play tennis.
私はテニスをしません。

▶ **I don't have any pets.**
私は何もペットを飼っていません。

anyのあとの数えられる名詞は複数形にする！

▶ **I don't like this song.**
私はこの歌が好きではありません。

▶ **They don't live here.**
彼らはここに住んでいません。

**参照** p.380
**some と any の使い方**

## 主語が3人称単数

　主語が**3人称単数**のときは，動詞の前に **does not**[短縮形は **doesn't**]をおきます。動詞は**原形**を使います。

| 肯定文 ➡ | He | | plays tennis. |

動詞の前に doesn't　　動詞は原形
彼はテニスをします。

| 否定文 ➡ | He | doesn't | play | tennis. |

彼はテニスをしません。

▸ **She doesn't drink milk.**
彼女は牛乳を飲みません。

▸ **My father doesn't speak English.**
私の父は英語を話しません。

---

**Practice**

解答は p.476

**日本文に合うように，**_____**に適する語を書きなさい。**

① 私は彼女の名前を知りません。

　I _____ _____ her name.

② タケシは朝食を食べません。

　Takeshi _____ _____ breakfast.

③ 私の祖母はテレビを見ません。

　My grandmother _____ _____ TV.

④ 私の両親はこのコンピューターを使いません。

　My parents _____ _____ this computer.

---

**Questions**

**?**

よくある質問

「**大好きです**」「**大嫌いです**」などはどう言えばいいですか。

　例えば，「私は犬が大好きです」は，動詞 like を強める語句を付け加えて，① I like dogs very much.　② I like dogs a lot.　③ I really like dogs. などと言います。(②，③は話し言葉でよく使われる表現です。)「愛している」という意味の動詞 love を使って I love dogs. と言う場合もあります。

　一方，「嫌い」と言うときは，否定文を使って I don't like ～.(私は～が好きではない)とすればよいでしょう。「憎んでいる」という意味の動詞 hate を使って I hate ～. と言うこともありますが，きわめて強い嫌悪感を表す表現になります。

# Common Mistakes

次の英文は，英作文テストで生徒が書いた「誤った英文」の例です。
先生になったつもりで，誤りを見つけて正しい英文に直しましょう。

第1章 be動詞

第2章 一般動詞

第3章 形容詞

第4章 命令文

第5章 canを使った文

第6章 疑問詞で始まる疑問文

第7章 代名詞

---

(1) 私は犬が好きです。

**I'm like dogs.**

(2) あなたはサッカーをしますか。

**Are you play soccer?**

(3) 彼は英語を話しますか。

**Does he speaks English?**

(4) あなたの友人たちはテニスが好きですか。

**Does your friends like tennis?**

(5) あなたは何のスポーツをしますか。

**What do you play sports?**

---

(1) 正しい英文 ▶ I like dogs.

like という動詞の前に，さらに am という動詞をつけるのは誤りです。一般動詞の文には，be 動詞（am, is, are）をつけてはいけません。

(2) 正しい英文 ▶ Do you play soccer?

一般動詞の疑問文は Do か Does で始めます。be 動詞の疑問文（Are you ～? など）と混同しないようにしましょう。

(3) 正しい英文 ▶ Does he speak English?

疑問文の中の動詞の形はいつも原形です。主語が 3 人称単数でも，動詞に s はつけません。

(4) 正しい英文 ▶ Do your friends like tennis?

「あなたの友人たちは」とあります。your friends は複数の主語です。主語が I, you, または複数なら，Do を使います。

(5) 正しい英文 ▶ What sports do you play?

疑問詞 what はつねに疑問文の最初におきますが，「何の～」という意味の〈what ＋名詞〉も，ひとかたまりとしてつねに疑問文の最初におきます。

# 完成問題 CHECK 解答 p.476

## 1 （　）内から適するものを選びなさい。

(1) My brother ( is likes / like / likes ) this singer.

(2) Brian ( is / do / does ) not busy.

(3) I hear that our city also ( have / has / had / having ) an earthquake *drill every year.　(drill : 訓練)　　　　　[山梨県]

## 2 日本文に合う英文になるように，＿＿＿に適する語を入れなさい。

(1) 私の父は自動車会社に勤めています。

My father ＿＿＿＿＿＿ for a car company.

(2) 私たちは放課後にバレーボールをします。

We ＿＿＿＿＿＿ volleyball after school.

(3) 私の母と姉は料理がじょうずです。

My mother and sister ＿＿＿＿＿＿ good cooks.

## 3 絵の内容に合うように，次の問いに英語で答えなさい。

(1) Keiko　(2) Mr. and Mrs. Hill　(3) Mr. Takeda　(4) Emi's mother

(1) Does Keiko ski?　＿＿＿＿＿＿＿＿＿＿＿＿＿＿

(2) Do Mr. and Mrs. Hill have children?　＿＿＿＿＿＿＿＿＿＿＿

(3) What does Mr. Takeda do on weekends?

＿＿＿＿＿＿＿＿＿＿＿＿＿＿＿＿＿＿＿＿＿＿＿＿

(4) What does Emi's mother do?

＿＿＿＿＿＿＿＿＿＿＿＿＿＿＿＿＿＿＿＿＿＿＿＿

第**3**章

# 形容詞

「新しい」「大きい」「美しい」のように，
ようすを表す言葉を形容詞といいます。
この章ではいろいろな形容詞を整理しながら，
形容詞を使って表現をゆたかにする方法を
学びます。

この章で学ぶ表現

➡ new car / old car
➡ 〜 is friendly.
➡ exciting / excited

**The new student is very friendly.**
その新入生はとてもフレンドリーです。

**That animal has long ears.**
その動物は耳が長いです。

# 形容詞の位置と働き

〈形容詞＋名詞〉と〈be 動詞＋形容詞〉の2つの使い方がある。

listen
039

## The new student is very friendly.

その新入生はとてもフレンドリーです。

## 名詞の前の形容詞（限定用法）

「新しい辞書」のように，形容詞が名詞を修飾するときは，〈**形容詞＋名詞**〉の形になります。

形容詞＋名詞 ➡ a new dictionary 新しい辞書
↑ 前から名詞を修飾

▸ an interesting book　おもしろい本

▸ my good friend　　　私の仲のよい友達

▸ that tall boy　　　　あの背の高い男の子

　冠詞（**a / an / the**）や，**my / your** などの代名詞の所有格，**this / that / these / those** は，**形容詞の前**におきます。

| a / an / the（冠詞） | 形容詞 | 名詞 |
|---|---|---|
| my / your など（代名詞の所有格） | new | book(s) |
| this / that / these / those | など | など |

　形容詞は，ふつうは名詞の前につけますが，**something** や **anything** などの代名詞を修飾するときは，そのあとにおきます。

▸ I'd like to drink something cold.
　　　　　　　　　　　　└────┘ 後ろから修飾
　私は何か冷たい物が飲みたいです。

▸ Do you see anything strange?
　　　　　　　　└──┘
　何か変な物が見えますか。

### くわしく

**very などの位置**

very（とても）や really（ほんとうに）のように形容詞を強める語は，形容詞の前におく。

・a very old bike
（とても古い自転車）

・a really interesting book
（ほんとうにおもしろい本）

参照 p.130
**代名詞と my, your /
this, that など**

### ミス注意

**all の位置**

「すべての」の意味の形容詞 all は，例外的に the, my, these などの前におく。

・all the teachers
（教師全員）

・all my friends
（私の友達全員）

参照 p.134
**something などの代名詞
の使い方**

第1章 be 動詞

第2章 一般動詞

第3章 形容詞

第4章 命令文

第5章 can を使った文

第6章 疑問詞で始まる疑問文

第7章 代名詞

## 形容詞を並べる順序

形容詞が 2 つ以上あるときは，数や量を表す語があれば最初におき，そのあとは次のような順序で並べるのが基本です。

| 数量 | 主観的な判断 | 大小 | 新旧 | 色 | |
|---|---|---|---|---|---|
| **two,**<br>**some** など | **beautiful,**<br>**nice** など | **big,**<br>**small** など | **new,**<br>**old** など | **white,**<br>**red** など | 名詞 |

- ▸ **three small boxes**　　3 つの小さな箱
- ▸ **a beautiful old temple**　美しい古い寺
- ▸ **a nice red bike**　　　すてきな赤い自転車

## be 動詞のあとの形容詞（叙述用法）

形容詞は名詞の前で使うだけでなく，**be 動詞のあと**に単独で（名詞を続けないで）おくこともあります。〈**主語＝形容詞**〉の関係で主語を説明します。

形容詞＋名詞　➡　I have a new camera.　私は新しいカメラを持っています。

be 動詞＋形容詞　➡　This camera is new.　このカメラは新しい。

- ▸ **I'm busy.**　　　　　私は忙しい。
- ▸ **This park is famous.**　この公園は有名です。
- ▸ **His English classes are interesting.**
  彼の英語の授業はおもしろい。

be 動詞だけでなく，**become, look など**の一部の一般動詞のあとにも形容詞を単独でおくことができます。

- ▸ **become famous**
  有名になる
- ▸ **She looks young.**
  彼女は若く見えます。
- ▸ **Mr. Jones sometimes gets angry.**
  ジョーンズ先生はときどき怒ります。

参照 ▶ p.68
be 動詞のあとにきて，主語をイコールの関係で説明する語句を補語という。

参照 ▶ p.215
**become, look の文型**
（**SVC**）

参照 ▶ p.221
make などの SVOC の文では，〈目的語（O）＝補語の形容詞（C）〉の関係になる。
・She always makes <u>me</u> <u>happy</u>.〈me = happy の関係〉
（彼女はいつも私を幸せにします。）

# 基本形容詞の整理

対になる基本形容詞や，国名の形容詞を整理しよう。

## That animal has long ears and a short tail.

その動物は耳が長くて，しっぽが短いです。

基本的な形容詞を整理しましょう。複数の意味をもつものや，使い分けに注意すべきものもあります。

▸ hot water 熱い水→お湯 ⇔ cold water 冷たい水
▸ a hot day 暑い日 ⇔ a cold day 寒い日

▸ an old pen 古いペン ⇔ a new pen 新しいペン
▸ an old man 年とった男 ⇔ a young man 若い男

▸ a large room 広い部屋 ⇔ a small room 狭い部屋
▸ a wide river 広い川 ⇔ a narrow river 狭い川

▸ a high temperature 高温 ⇔ a low temperature 低温
▸ an expensive pen 高いペン ⇔ a cheap pen 安いペン

国の名前からできた形容詞は，「〜の」「〜語の」「〜人の」の意味を表します。

| 国　名 | 形容詞 | 国　名 | 形容詞 |
|---|---|---|---|
| America | American アメリカの | France | French フランスの |
| Australia | Australian オーストラリアの | Italy | Italian イタリアの |
| Canada | Canadian カナダの | Japan | Japanese 日本の |
| China | Chinese 中国の | | |

▸ French words　　　　フランス語の単語
▸ I'm Japanese.　　　　私は日本人です。

### 参考

**「じょうずな」の good**

good には，「じょうずな，すぐれた」の意味もある。
・She's a good tennis player. …She plays tennis well. とほぼ同じ意味。「彼女はテニスをするのがじょうずです。」

### くわしく

**言語名を表す名詞**

国の形容詞は，多くの場合，そのままの形で「〜語」の意味の名詞としても使われる。
・He speaks Japanese.
（彼は日本語を話します。）

### 発展

**the ＋形容詞**

〈the ＋形容詞〉は複数の人を表し，「〜の人たち」の意味になる。
・the rich （お金持ち）
＝ rich people

# 動詞からできた形容詞

exciting, excited など，動詞がもとになっている形容詞がある。

listen
041

## Their shows are always <u>exciting</u>! You look <u>excited</u>, Yuki.

彼らのショーはいつも興奮するわ！－ 興奮しているようだね，ユキ。

形容詞の中には，次の exciting や excited のように感情を引き起こす動詞（他動詞）がもとになったものがあり，これらは使い分けに注意が必要です。

| もとになっている他動詞 | 形容詞 |
|---|---|
| excite<br>（人）を興奮させる，わくわくさせる | exciting<br>excited |
| interest<br>（人）に興味を起こさせる | interesting<br>interested |
| surprise<br>（人）を驚かせる | surprising<br>surprised |
| bore<br>（人）を退屈させる | boring<br>bored |

exciting のように ing 形のものは，「（人）を～させる」という意味を表します。

▸ **an exciting game** （人を）わくわくさせる試合

▸ **an interesting book**
（人に）興味を起こさせる本 → おもしろい本

▸ **surprising news**
（人を）驚かせるニュース → 驚くべきニュース

excited のように過去分詞（→ p.278）形のものは，「（物事によって）～される」という意味を表します。

▸ **I'm excited.**
私はわくわくして（＝わくわくさせられて）います。

▸ **I'm surprised.**
私は驚いて（＝驚かされて）います。

---

**会話のコツ**

**「おもしろい」の言い方**
日本語の「おもしろい」は，内容によっていろいろな英語を使い分けるとよい。

・History is interesting.
（歴史はおもしろい。）
…知的な興味を起こさせるおもしろさ

・Their boxing match is exciting. （彼らのボクシングの試合はおもしろい。）
…わくわくするおもしろさ

・Our school trip is a lot of fun. （私たちの修学旅行はとてもおもしろい。）
…楽しさ

・Ken is funny. （ケンはおもしろい。）…笑えるおもしろさ

**ミス注意**

左の excited, surprised を ing 形にしないように注意。I'm exciting. だと「私はほかの人をわくわくさせる人です。」，I'm surprising. だと「私はほかの人を驚かせる人です。」といった意味になる。

第1章 be動詞

第2章 一般動詞

第3章 形容詞

第4章 命令文

第5章 can を使った文

第6章 疑問詞で始まる疑問文

第7章 代名詞

# 完成問題 CHECK　▶解答 p.476

## 1　（　）内から適するものを選びなさい。⑸は日本語に合うものを選ぶこと。

⑴　It's very ( hot / light / cold ) today.　I want to go swimming.

⑵　This T-shirt is too ( good / white / big ) for me.　Will you show me a smaller one?

⑶　His story was ( surprising / surprises / surprised ) to me.

⑷　John, be ( famous / small / cloudy / quiet ).　Look.　That baby is sleeping. － Oh, sorry.　　　　　　　　　　　　　　　[山口県]

⑸　これは子どもたちの間でとても人気のある物語です。
This is a very ( boring / important / popular ) story among children.　　　　　　　　　　　　　　　[大阪府 A]

## 2　日本文に合う英文になるように，（　）内の語句を並べかえなさい。

⑴　3人の若い女性があなたに会いに来ました。
( women / to see / three / you / came / young ).

＿＿＿＿＿＿＿＿＿＿＿＿＿＿＿＿＿＿＿＿＿＿＿＿＿＿＿

⑵　この村は古いお寺で有名です。
( its / this village / for / old / famous / temples / is ).

＿＿＿＿＿＿＿＿＿＿＿＿＿＿＿＿＿＿＿＿＿＿＿＿＿＿＿

## 3　次の日本文を英語に直しなさい。

⑴　これはおもしろい本です。

＿＿＿＿＿＿＿＿＿＿＿＿＿＿＿＿＿＿＿＿＿＿＿＿＿＿＿

⑵　その試合はとてもわくわくさせるものでした。

＿＿＿＿＿＿＿＿＿＿＿＿＿＿＿＿＿＿＿＿＿＿＿＿＿＿＿

# 第4章

# 命令文

この章では命令文について学習します。
「立ちなさい」のように命令するときだけでなく，
「私のかさを使って」と申し出たり，
「右に曲がって」のように道案内したりする
ときにも使います。

Use my umbrella, Aya.
ぼくのかさを使って，アヤ。

Are you OK?
だいじょうぶ？

Don't worry.
心配しないで。

第4章

SECTION

1

# 命令文の形

命令文は動詞の原形で文を始める。

listen
042

動詞の原形
## Use my umbrella, Aya.
## ― Thank you, Cody.

このかさを使って，アヤ。― ありがとう，コーディー。

## 一般動詞の命令文

動詞の**原形**で文を始めると命令文になります。命令文は，主語のない特別な文です。

ふつうの文 ➡ You come here.
主語を省略　　動詞の原形で文を始める
命令文 ➡ Come here.

▸ **Stand up.** 　　　　　立ちなさい［起立］。

▸ **Close the door.** 　ドアを閉めなさい。

▸ **Click here.** 　　　　ここをクリックしてください。

▸ 〈道案内〉 **Go straight and turn left at the second corner.**
まっすぐ行って，2つ目の角を左にまがってください。

▸ 〈掲示〉 **KEEP LEFT** 　左側を保ちなさい［左側通行］

名前などを**呼びかける語**がつくこともあります。呼びかけの語は，文の最初か最後にコンマ(,)で区切ってつけます。

▸ **Nick, come here.** 　　　ニック，こっちに来なさい。

▸ **Mom, wait for me!** 　　お母さん，待って！

▸ **Wash your hands, Sue.** 手を洗いなさい，スー。

▸ **Hurry up, kids.** 　　　　急ぎなさい，子どもたち。

---

参考

**1 語の命令文**

動詞に目的語などがない場合は，1 語だけの命令文になる。

・Run!（走れ［逃げろ］！）
・Look!（見て！）
・Help!（助けて！）

参照 ▶ p.53 を確認
エクスクラメーション・マーク(!)は，強い気持ちがこもっていることを表す。

くわしく

〈**Come and ＋動詞の原形 〜.**〉
「〜しに来なさい」の意味でよく使われる。
・Come and see me tomorrow.（明日私に会いに［遊びに］来て。）

## 熟語のような命令文

熟語のように決まった形の命令文もあります。

▶ **Come on!** 〈相手をうながして〉さあ行こう！

> 応援やはげましで「がんばれ」の意味もある。

▶ **Have fun! / Have a good time!**
〈出かける人などに〉楽しんできてね[行ってらっしゃい]！

▶ **Help yourself.** 〈食べ物などを〉ご自由にどうぞ。

> 「自分で取ってどんどん食べて」の意味。

▶ **Take care!** 〈別れるときに〉じゃあ気をつけてね！

▶ **Watch out! / Look out!** 気をつけて[あぶない]！

## be 動詞の命令文

be 動詞の命令文は，原形 **be** で文を始めます。

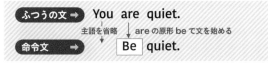

| ふつうの文 ➡ | You are quiet. |
|---|---|
| | 主語を省略 ↓ are の原形 be で文を始める |
| 命令文 ➡ | Be quiet. |

▶ **Be careful, Jane.** 注意しなさい，ジェーン。

▶ **Be a good boy, Ben.** いい子でいなさい，ベン。

## please がついた命令文

命令文の最初か最後に **please** をつけると，命令の調子をやわらげることができます。文の最後につけるときだけ，その前にコンマを打ちます。

▶ **Please close the door.** ドアを閉めてください。

▶ **Stand up, please.** 立ってください。

## 命令文への応じ方

All right. や OK. など状況に合わせた応じ方をします。

▶ **Wash your hands.** 手を洗いなさい。
— **All right, Mom. / OK, Mom.** はい，お母さん。

▶ **Please help me.** — **Sure.**
手伝ってください。— もちろん。

---

**ミス注意** !

**be 動詞の原形は be**

一般動詞の原形は，現在形（主語が I のとき）と同じ形だが，be 動詞だけは現在形（am, is, are）と原形(be)がちがう形になる。

---

**参考**

〈**名詞，please.**〉

please は動詞を伴わずに，〈名詞，please.〉の形でも使われる。店で簡潔に注文するときなどに使われる。

・A hot dog, please.
（ホットドッグを1つください。）

---

**会話のコツ** 🌐

**親切な命令文**

命令文は，命令だけでなく相手に対する親切な申し出などにも使われる。その場合はお礼の言葉で応じるとよい。

・Use my handkerchief.
— Thank you.
（私のハンカチを使って。
—ありがとう。）

# 「どうぞ」「〜してください」 は please か?

## 英語にしてみよう!

次の文を,それぞれの場面を考え,英語で表してみましょう。

1　〈トイレ借りてもいい?と聞かれて〉どうぞ。

2　〈お客さんに〉コーヒーをどうぞ。

3　〈知らない人に道を聞かれて〉
　　次の角を右にまがってください。

 日本語の「どうぞ」や「〜してください」は,please とイコールではありません。please は「お願い」をするときだけ使える表現です。

　1の「どうぞ」は,「お願い」ではないので please は使いません。「いいですよ」という意味の決まった応じ方(➡ p.198)を使います。

　2は物をすすめている場面ですね。Coffee, please. としてしまうと,「コーヒーをください」と注文する言い方になってしまいます。

　3も「お願いだから右にまがってください」と頼んでいるわけではないので,please は使いません。道案内をするときには please をつけないのがふつうです。

解答例　1　Sure. / Certainly. など
　　　　2　Have some coffee. など
　　　　3　Turn right at the next corner.

第1章 be動詞

第2章 一般動詞

第3章 形容詞

第4章 命令文

第5章 can を使った文

第6章 疑問詞で始まる疑問文

第7章 代名詞

第4章
SECTION
2

# 否定の命令文

「〜してはいけない」は Don't を使う。

listen 43

## Are you OK?
### — Don't worry. I'm OK.
動詞の原形

だいじょうぶ？ — 心配しないで。私はだいじょうぶです。

ずぶぬれじゃん…
Atchoo!

## 否定の命令文

「〜してはいけません」「〜しないでください」と言うときは，ふつうの命令文の前に **Don't** をおきます。

| 命令文 ➡ | Stand up. 立ちなさい。 |

命令文の前に Don't

| 否定の命令文 ➡ | Don't stand up. |
| | 立ってはいけません。 |

▶ **Don't take pictures here.**
ここで写真を撮ってはいけません。

▶ **Dad, don't use my pen.**
パパ，私のペンを使わないで。

be 動詞の否定の命令文は **Don't be 〜.** とします。

▶ **Don't be late again.** 二度と遅れてはいけません。

▶ **Don't be shy.** 恥ずかしがらないで。

please をつける場合は，文の最初か，コンマをつけて文の最後につけます。

▶ **Please don't be afraid.** どうかこわがらないで。

▶ **Don't open the window, please.**
窓を開けないでください。

コンマで区切る！

### 参考
**Do not 〜. の文**
Don't は Do not の短縮形。標識などでは Do not と書かれることもあるが，話し言葉ではふつう使わない。
・DO NOT ENTER
（進入禁止）

### 参考
**No 〜ing**
掲示や標識などでは No 〜ing の形で Don't 〜. と同じ意味を表すことがある。
・NO SMOKING（禁煙）
= Don't smoke.

### くわしく
**Don't 〜. への応じ方**
Don't 〜. に「はい，わかりました（しません）」と応じるときは，ふつう yes ではなく OK. や All right. が使われる。
・Don't be late.
　— OK.
（遅刻しないでね。—わかりました。）

第4章
SECTION

# 3 Let's 〜. の文

「〜しましょう」と誘う文は Let's 〜. で表す。

listen 44

動詞の原形

**Let's use this together.**
**— Thanks, Aya.**

いっしょに使いましょう。— ありがとう，アヤ。

相合いがさ
なんて
はずかしいよ

## Let's 〜. の意味と形

「〜しましょう」と相手を誘ったり，提案したりするときは，〈**Let's ＋動詞の原形 〜.**〉で表します。

▶ **Let's sing along.**　　　　いっしょに歌いましょう。

▶ **Let's walk to the station.**　駅まで歩きましょう。

▶ **Let's take a break.**　　　　休けいしましょう。

## 応じ方

OK. / All right. / Yes, let's. などと応じます。

▶ **Let's go to the library. — OK.**
図書館へ行きましょう。— いいですよ。

▶ **Let's begin. — All right.**
始めましょう。— いいですよ。

---

発展

**Let's not 〜.**
〈Let's not ＋動詞の原形 〜.〉
で，「〜しないようにしましょう」の意味を表す。

・Let's go to the park.
　— No, let's not go out.
　It's cold.
（公園に行きましょう。—
いや，外出するのはよしましょう。寒いです。）

参照 p.426
**提案や誘いに対するいろいろな応じ方**

---

Questions

?

よくある質問

### let's という語は
### 何かの短縮形なのですか？

　はい。let's は let us の短縮形です。let は「…に〜させる」という意味を表す使役動詞（→ p.314参照）で，他の動詞といっしょに使われます。例えば〈Let me ＋動詞の原形 〜.〉の形で，「私に〜させてください」という意味を表します。

　・Let me try.（私にやらせて。）

　Let us 〜. は本来，「私たちに〜させてください」という意味です。「〜しましょう」と言うときは，ふつうは短縮した Let's 〜. の形が使われます。

よくある間違い

# Common Mistakes

次の英文は，英作文テストで生徒が書いた「誤った英文」の例です。
先生になったつもりで，誤りを見つけて正しい英文に直しましょう。

第1章 be動詞

第2章 一般動詞

第3章 形容詞

第4章 命令文

第5章 canを使った文

第6章 疑問詞で始まる疑問文

第7章 代名詞

---

(1) アヤ，こっちに来て。

**Aya come here.**

(2) ドアを開けてください。

**Open the door please.**

(3) ここで泳いではいけません。

**Not swim here.**

(4) テニスをしましょう。

**Let's tennis.**

(5) 踊りましょう！

**Let's dancing!**

---

(1) 【正しい英文 ▶】 Aya, come here.

名前などを呼びかける語と命令文の間は，必ずコンマ(,)で区切ります。文末にくるときは Come here, Aya. とします。英作文で落とさないように注意しましょう。

(2) 【正しい英文 ▶】 Open the door, please.

文末に please をつけるときはコンマ(,)で区切ります。ただし，文の最初に please がくるときはふつうコンマをつけず Please open the door. で大丈夫です。

(3) 【正しい英文 ▶】 Don't swim here.

「〜してはいけません」という否定の命令文は，いつも〈Don't ＋動詞の原形 〜.〉の形で表します。

(4) 【正しい英文 ▶】 Let's play tennis.

Let's のあとには必ず動詞の原形がきます。tennis のような名詞を続けることはできません。

(5) 【正しい英文 ▶】 Let's dance!

Let's のあとには必ず動詞の原形がきます。ing 形を続けることはできません。

# 完成問題 ✓CHECK

解答 p.477

## 1 （　）内から適するものを選びなさい。

(1) Hiroki, please ( stand / stands ) up.　［栃木県］

(2) ( Do / Be / Are ) careful.

(3) Please ( not / don't / doesn't ) use my computer.

(4) ( Don't / Not be / Don't be ) afraid.

## 2 日本文に合う英文になるように，＿＿に適する語を入れなさい。

(1) 私の辞書を使ってください。

_____ my dictionary.

(2) 明日は遅れないでください。

Please _____ _____ _____ tomorrow.

(3) 話しかけないで。

_____ _____ to me.

## 3 絵の場面に合うように，次の日本文を英語に直しなさい。

(1) ドアを開けてください。

_____

(2) 静かにしてください。

_____

(3) 写真を撮らないでください。

_____

# 第5章

# can を使った文

この章では can を使って
「〜できます」と伝える表現を学びます。
「〜してくれる？」のようにお願いしたり，
「〜してもいい？」のように許可を求めたり
するときにも使えます。

**この章で学ぶ表現**

→ I can 〜.
→ He can 〜.
→ Can he 〜?
→ Can you 〜?
→ Can I 〜?

I can sing and dance.
ぼくは歌って踊れます。

I can play any sport.
ぼくはどんなスポーツもできます。

Can I have your autograph?
サインもらえますか。

第5章
SECTION

# 1 can の文の形

動詞はいつも原形を使う。

listen
045

動詞の原形

# Takeshi can play any sport.

タケシはどんなスポーツでもできます。

## can の意味と文の形

　can は助動詞で，「**〜することができる**」の意味を表します。can はいつも動詞とともに使い，**動詞の前**におきます。あとの動詞は必ず**原形**にします。

> She 　　　　plays the piano. 彼女はピアノを弾きます。
> 動詞の前に↓　↓動詞は原形に
> She can play the piano. 彼女はピアノを弾けます。

　主語が3人称単数でも，動詞は原形を使います。

　× She can ~~plays~~ the piano.

▸ Sayaka can speak three languages.
サヤカは3つの言語が話せます。

## 否定文の形

　否定文は **can't[cannot]** を使います。

> 肯定文 ➡ She 　can　 play the piano.
> 　　　　　　　　↓　彼女はピアノが弾けます。
> 否定文 ➡ She can't play the piano.
> 　　　　　　　　　　彼女はピアノが弾けません。

▸ Tomoko cannot ride a bike.
トモコは自転車に乗ることができません。

---

**くわしく**

**any＋単数形**
上の例文の any sport のように肯定文で〈any＋単数形〉を使うと，「どんな〜も」という意味を表す。

**参照** p.204
**助動詞**
助動詞は動詞といっしょに使い，話し手のいろいろな判断を動詞に付け加える働きをする。

**ミス注意**

**いつも〈can＋動詞の原形〉**
助動詞の文では，主語が何であっても，助動詞とあとの動詞は同じ形でよい。3単現のsはつけない。
○ I can swim.
○ He can swim.
○ They can swim.

**くわしく**

**can の否定形**
助動詞の否定文は助動詞のあとに not をおいてつくるが，can not という形はほとんど使われない。1語に縮めた cannot，または can't という形を使うのがふつう。

第1章 be動詞

第2章 一般動詞

第3章 形容詞

第4章 命令文

第5章 canを使った文

第6章 疑問詞で始まる疑問文

第7章 代名詞

## 第5章 SECTION 2 can の疑問文

疑問文は can を主語の前に。

listen 046

## Can Takeshi sing?
## — Yes, he can.
## He can sing and dance.

タケシは歌えますか。一はい，歌えます。彼は歌って踊れます。

### 疑問文の形

疑問文は can を主語の前に出します。答えの文でも can を使うのが基本です。

**肯定文 ➡** She can play the piano.  彼女はピアノが弾けます。

助動詞を主語の前に

**疑問文 ➡** Can she play the piano?  彼女はピアノが弾けますか。

答えでも can を使う

— Yes, she can ./No, she can't .  はい。／いいえ。

▶ **Can your sister cook? — Yes, she can.**
お姉[妹]さんは料理ができますか。 — はい，できます。

▶ **Can penguins fly? — No, they can't.**
ペンギンは飛べますか。 — いいえ，飛べません。

**ミス注意** !

**do や does は使わない**
can の疑問文では，do や does は使わない。また，動詞はいつも原形を使う。

## Questions ?

よくある質問

「あなたは日本語を話せますか」は
**Do you ～?** ですか，それとも **Can you ～?** ですか。

　本来の意味から考えると，**Do you ～?** は「ふだん日本語を話しているか」，**Can you ～?** は「日本語を話す能力があるか」とたずねるときに使うということになります。しかし，相手の「能力」の有無を直接たずねると失礼な感じを与えるので，あえて can を使わずに，**Do you speak Japanese?** とたずねるのがマナーとされます。

## SECTION 3

# can の依頼・許可の文

「〜してくれる？」「〜してもいい？」の意味を表す。

**listen 047**

## Can I have your autograph? — Sure.

サインをもらえますか。—もちろん。

## 依頼の Can you 〜?

Can you 〜? は，「（可能なら）〜してくれますか」という**依頼**も表します。「**〜してくれる？**」という程度の気軽な言い方です。

依頼の Can you 〜? に対しては Sure.(もちろん。)や OK.(いいですよ。)などで応じます。

▶ **Can you help me, Ellen?**
— **Sure. What is it?**
私を手伝ってくれる，エレン？— いいですよ。何ですか。

▶ **Can you open the door for me? — OK.**
〈私のために〉ドアを開けてくれる？— いいよ。

## 許可を求める Can I 〜?

Can I 〜? は，「私が〜してもよいですか」と相手に**許可**を求めるときにも使われます。「**〜してもいい？**」という程度の気軽な言い方です。

Can I 〜? に対しては Sure.(もちろん。)や OK.(いいですよ。)などで応じます。

▶ **Can I ask a question?**
— **Sure, go ahead.**
質問をしてもいい？— いいよ，どうぞ。

▶ **Can I use your bike, Steve? — Of course.**
あなたの自転車を使ってもいい，スティーブ。— もちろん。

### くわしく

**Can you/I 〜?への応じ方**

依頼の Can you 〜? や許可を求める Can I 〜? には，Yes, 〜 can. や No, 〜 can't. ではなく，次のような決まった表現で応じることが多い。

・Sure.(もちろん。)
・OK.(いいですよ。)
・All right.(いいですよ。)
・No problem.(問題ありません。)
・Of course.(もちろん。)

### 会話のコツ

Can you 〜? や Can I 〜? は非常によく使われるが，気軽でくだけた言い方なので，目上の人に対しては Could you 〜? や Could[May] I 〜? などのよりていねいな表現を使う。

・Could you open the door, Mr. Jones?
（ドアを開けていただけますか，ジョーンズ先生。）

第 **6** 章

# 疑問詞で始まる疑問文

この章では what(何), who(だれ)のような
疑問詞(ぎもんし)で始まる文について学びます。
疑問詞を使った疑問文を使いこなせるように
なると，いろいろなことを質問できるように
なります。

**この章で学ぶ表現**

➡ What ～?
➡ Who ～?
➡ Where ～?
➡ When ～?
➡ Why ～?
➡ How ～?

**Who's that tall girl?**
あの背の高い少女はだれですか。

**Where's my homework?**
私の宿題はどこ？

**Which is yours?**
どちらがあなたのですか。

**Whose umbrella is this?**
これはだれのかさですか。

# what の疑問文

what は「何？」とたずねるときに使う。

## <u>What</u> sports do you like?
## — I like soccer and baseball.

何のスポーツが好きですか。
— サッカーと野球が好きです。

## what の疑問文の基本形

whatは1語で「何」という意味を表すほか，〈what＋名詞〉で「何の～」という意味を表します。

whatまたは〈what＋名詞〉はつねに文の最初におきます。

❶ 「～は何ですか」というbe動詞の疑問文は，〈**What is[are] ～?**〉の形になります。（→ p.75）

▶ **What's your favorite sport?**
あなたのいちばん好きなスポーツは何ですか。

▶ **What are your hobbies?**
あなたの趣味は何ですか。

❷ 「(主語)は何を～しますか」という一般動詞の疑問文は，〈**What do[does]＋主語＋動詞～?**〉の形になります。（→ p.89）

▶ **What do you want for Christmas?**
あなたはクリスマスに何がほしいですか。

❸ whatの代わりに〈what＋名詞〉がくることもあります。

▶ **What instrument do you play?**
あなたはどんな楽器を演奏しますか。

**くわしく**

**What are ～?**
be動詞の疑問文で，主語が**複数**のときは What are ～? の形になる。
・What are these?
（これらは何ですか。）

**参考**

**What sport/sports ～?**
whatのあとの名詞は複数形になることもあり，「あなたは何のスポーツが好きですか」は次の両方とも言える。
・What sport do you like?
・What sports do you like?
これらは両方とも正しいが，聞き手がそのとき1つの答えを想定しているか，複数の答えを想定しているかが反映されている。

## 曜日をたずねる疑問文

「今日は何曜日ですか」は，**it** を主語にして **What day is it today?** でたずねます。この it は時を表す文の主語として使われます。

▸ **What day is it today?** — **It's Tuesday.**
今日は何曜日ですか。 — 火曜日です。

● it を使わずに today を主語にする場合もあります。

▸ **What day is today?** — **It's Wednesday.**
今日は何曜日ですか。 — 水曜日です。

〈曜日の言い方〉
□ 日曜日 ▸ **Sunday**　　□ 水曜日 ▸ **Wednesday**
□ 月曜日 ▸ **Monday**　　□ 木曜日 ▸ **Thursday**
□ 火曜日 ▸ **Tuesday**　　□ 金曜日 ▸ **Friday**
　　　　　　　　　　　　□ 土曜日 ▸ **Saturday**

## 時刻をたずねる疑問文

「何時ですか」は，**it** を主語にして **What time is it?** でたずねます。これには It is ～. で時刻を答えます。

▸ **What time is it now?** — **It's two twenty.**
今，何時ですか。 — 2時20分です。

● What time のあとに do you ～などを続けて，「何時に～しますか」とたずねることができます。

▸ **What time do you get up every morning?**
あなたは毎朝何時に起きますか。
— **I get up at six.** 私は6時に起きます。

## 日付をたずねる疑問文

「今日は何日ですか」は，**What is the date today?** でたずねます。

▸ **What's the date today?** — **It's August 1st.**
今日は何日ですか。 — 8月1日です。

---

**参照** p.135
**it のいろいろな働き**
it は曜日や時刻，日付，天気などを表す文の主語にもなる。

答えの文も主語は it を使う！

**参考**
**曜日のほかのたずね方**
What day of the week is it today? という言い方もある。

**会話のコツ**
**時刻のほかのたずね方**
What time is it? の言い方が一般的だが，会話では Do you have the time? などと言う場合もある。
・Do you have the time?
— It's three ten.
（何時ですか。―3時10分です。）

**参考**
**日付のほかのたずね方**
What's today's date? という言い方もある。

first と読む。日付は序数 (p.34) で。

---

第1章 be動詞

第2章 一般動詞

第3章 形容詞

第4章 命令文

第5章 can を使った文

第6章 疑問詞で始まる疑問文

第7章 代名詞

# what のいろいろな疑問文

What kind of ～? で「どんな～」と種類をたずねることができます。この kind は名詞で「種類」という意味です。

▶ **What kind of books do you read?**
あなたはどんな本を読みますか。

— **I read mysteries and science fiction.**
ミステリーと SF を読みます。

▶ **What kind of dogs does Aya have?**
アヤはどんな犬を飼っているのですか。

— **A Chihuahua and a bulldog.**
チワワとブルドッグです。

● 〈What is＋場所を表す語句など?〉で「～に何がありますか」の意味を表します。

▶ **What's in this box? — There are some books.**
この箱には何が入っていますか。 — 本が何冊か入っています。
↳「～があります」という言い方 (→ p.238)

▶ **What's on TV now? — A quiz show.**
今, テレビでは何をやっていますか。 — クイズ番組です。

**参考**

**what を使ったいろいろな表現**

・**What's new?**
（何か変わったことない？）
・**What's up?**
（どうしたの？／元気？）
・**What's wrong? /
 What's the matter?**
（どうかしましたか。）
・**What about ～?**
= How about ～?
（～はどうですか。）

**発展**

**what が主語の疑問文**
左の２つの例文は what が主語。what が主語になる場合はふつうの文と同じ語順になる。一般動詞の疑問文でも do / does などは使わない。
・**What comes next?**
（次は何が来るの？）
×What ~~does~~ come next?
とは言わないので注意。

---

**Practice**

解答は p.477

**日本文に合うように, (　　　)内の語句を並べかえなさい。**

① 彼は何色が好きですか。 ( he / what / color / like / does )?

---

② 今日は何曜日ですか。 ( today / day / what / it / is )?

---

③ あなたは何時に寝ますか。 ( you / what / time / do / go to bed )?

---

④ あなたはどんな映画が好きですか。
( you / what / movies / like / do / kind of )?

---

⑤ あなたのポケットには何が入っていますか。
( your pocket / what / in / is )?

---

第6章

SECTION

**2** # who の疑問文

who は「だれ？」とたずねるときに使う。

listen
049

## Who's that tall girl?
## ― That's Jasmine.
## She's a friend of mine.

あの背の高い少女はだれですか。
― ジャスミンです。彼女は私の友達です。

## Who is 〜? の疑問文

who は**「だれ」**と人をたずねる疑問詞で，つねに文の最初におきます。**Who is 〜?** で「〜はだれですか」の意味になります。

▸ **Who's that? ― It's Ken.**
あれはだれですか。 ― ケンです。

▸ **Who's your math teacher? ― Mr. Ito.**
あなた〈たち〉の数学の先生はだれですか。 ― 伊藤先生です。

● 〈Who is ＋名前?〉の形で，「〜とはだれ（のこと）ですか」とその人の立場や関係などをたずねる場合もあります。

▸ **Who's Michiko?**
   **― She's a friend from school.**
ミチコとはだれですか。 ― 学校の友達です。

● 2人以上についてたずねるときは Who are 〜? の形になります。

▸ **Who are the people in this picture?**
この写真に写っている人たちはだれですか。
   **― They're my teammates.**
私のチームメイトです。

**くわしく**

**Who's 〜?**
who is は短縮形の who's がよく使われる。who's の発音は，「だれの」を表す whose(→ p.120)と同じ。

**会話のコツ**

**Who is 〜? への答え方**
"Ken." や "Mr. Ito." のように簡潔に答えることも多い。文の形で答えるなら，It's 〜. や That's 〜. で，〈Who is ＋名前?〉には He[She] is 〜. で答えることが多い。

「学校の友達」は a friend from school。

# 一般動詞の who の疑問文

who を使った一般動詞の疑問文は，who が主語の場合と who が目的語の場合とで，文の形が異なります。

**くわしく**

**疑問詞が主語の疑問文**
疑問詞はふつう he や she と同じ 3 人称単数の主語として扱うので，現在の文なら一般動詞に s をつける。答えの文は〈主語 + do[does, can など].〉の形になる。

❶ 「**だれが～しますか**」とたずねる文は，who が文の**主語**になります。do や does は使わず，ふつうの文と同じ〈主語＋動詞 ～?〉の語順でたずねます。

| | |
|---|---|
| **ふつうの文 ➡** | Tom lives here. トムがここに住んでいます。 |
| | だれが lives here? ← 文の主語が不明 |
| | ↓ 疑問詞 who を文の最初に |
| **疑問文 ➡** | Who lives here? だれがここに住んでいますか。 |

▸ **Who wants ice cream?** — **I do!**
だれがアイスクリームほしい？ — 私ほしい！

▸ **Who teaches math?** — **Ms. Nakamura does.**
だれが数学を教えていますか。 — 中村先生が教えています。

❷ 「**だれを[に] ～**」とたずねる文は，疑問詞 who が動詞の**目的語**になります。この場合，who のあとに do you ～などの疑問文の語順を続けます。

| | |
|---|---|
| **ふつうの文 ➡** | You like Ayumi. あなたはアユミが好きです。 |
| | Do you like だれを ? ← like の目的語が不明 |
| | ↓ 疑問詞 who を文の最初に |
| **疑問文 ➡** | Who do you like? あなたはだれが好きですか。 |

▸ **Who did you meet?** — **I met Ken.**
あなたはだれに会ったのですか。 — ケンに会いました。

## Questions

**?**

よくある質問

「どちらさまですか」は
Who are you? でいいですか。

Who are you? は「あなたはだれ？」のような直接的な感じで，失礼に聞こえるおそれがあります。特に電話で「どちらさまですか」とたずねる場合は Who are you? は使わず，**Who's calling, please?** や **Who's this, please?** などの決まった表現を使います。ドアのノックに「どなた？」とたずねる場合などには **Who is it?** と言います。

## SECTION 3

# which の疑問文

which は「どちら？」「どれ？」とたずねるときに使う。

listen
050

## Which is yours?
## — This one is mine.

どちらがあなたのですか。 — こちらが私のです。

第1章 be動詞

第2章 一般動詞

第3章 形容詞

第4章 命令文

第5章 can を使った文

第6章 疑問詞で始まる疑問文

第7章 代名詞

which は「**どちら，どれ**」の意味の疑問詞です。what と異なり，限られたものの中から選ぶときに使います。

▸ **Which is your bike? — That one (is mine).**
どちらがあなたの自転車ですか。 — あれ〈が私の〉です。

● 〈**which ＋名詞**〉で「**どちらの〜，どの〜**」の意味を表すこともあります。

▸ **Which color is your favorite? — Red.**
あなたのいちばんのお気に入りはどの色ですか。 — 赤です。

▸ **Which train goes to Ueno?**
**— That one does.**
どの電車が上野へ行きますか。 — あの電車が行きます。

● **Which 〜, A or B?** で，「**A と B では，どちらが〜か**」の意味を表します。

▸ **Which would you like, tea or coffee?**
あなたはお茶とコーヒーではどちらがよろしいですか。
**— I'd like tea, please.** お茶をお願いします。

> **参照** p.136
> **代名詞の one**
> this one などの one は代名詞で，前に出た名詞をくり返す代わりに使われる。

### くわしく

**Which bus goes to 〜? など**
「どれ[どの…]が〜しますか」のように疑問詞 which（＋名詞）が主語になる疑問文では，do や does は使わず，ふつうの文と同じ〈主語＋動詞〜?〉の語順でたずねる。

## Questions

?

よくある質問

Which subject do you like? と
What subject 〜? ではどちらが正しいですか。

どちらも正しいですが，少し意味のちがいがあります。**which** は，ある限られた範囲の中から選ぶときに使う疑問詞なので，いくつかの特定の教科を思い浮かべて，その中でどれが好きかを聞くときに使います。それに対して **what** は，範囲を限定せずに，ただ漠然と「何の教科」と聞くときに使います。

# whose の疑問文

whose は「だれの？」とたずねるときに使う。

listen
051

## Whose umbrella is this?
## — It's mine.

これはだれのかさですか。 — それは私のです。

whose は，〈whose＋名詞〉の形で「**だれの～**」とたずねるときに使います。

▶ **Whose eraser is this?**
これはだれの消しゴムですか。

whose は1語で「**だれのもの**」の意味を表すこともあります。

▶ **Whose is this red pen?**
この赤いペンはだれのものですか。

● Whose ～？に対しては，同じ名詞のくり返しを避けるため，It's **mine**. のように答えることが多いです。

▶ **Whose idea is this?** — It's **mine**.（＝It's my idea.）
これはだれのアイディアですか。 — 私のです。

▶ **Whose house is that?**
— It's **ours**.（＝It's our house.）
あれはだれの家ですか。 — 私たちのです。

● 具体的な人名などで「ケンのもの」のように言う場合は，**Ken's** のように〈**名詞＋ 's**〉の形を使います。

▶ **Whose guitar is that?** — It's **Hiroshi's**.
あれはだれのギターですか。 — ヒロシのです。

▶ **Whose books are these?** — They are my sister's.
これらはだれの本ですか。 — 私の姉[妹]のです。

参照 p.132
**mine, yours など**
mine（私のもの）のように，1語で「～のもの」を表す代名詞を**所有代名詞**と呼ぶ。my（私の）のような代名詞の所有格とちがい，あとに名詞はこない。

mine は1語で「私のもの」の意味。

ミス注意

**who's と whose を混同しない**
whose は，who is の短縮形の who's と発音が同じなので混同しないように注意。

くわしく

〈名詞＋ 's〉の2つの働き
Ken's のような〈名詞＋ 's〉の形には，「～の」の働き（あとに名詞がくる）と，「～のもの」の働き（あとに名詞がこない）がある。
・It's Ken's pen.
（それはケンのペンです。）
・It's Ken's.
（それはケンのものです。）

# 5 where, when, why の疑問文

where は「どこ?」, when は「いつ?」, why は「なぜ?」とたずねるときに使う。

listen
052

## Where's my homework, Mom? — Why do you ask me, Aya?

私の宿題はどこ, お母さん? — どうして私に聞くの, アヤ?

## Where 〜? の疑問文

　where は「どこで」「どこに」の意味で, 場所をたずねる疑問詞です。

❶ 〈Where is[are]＋主語 ?〉で,「(主語)はどこにありますか」の意味を表します。

▸ **Where's Susan?** — **She's in the kitchen.**
　スーザンはどこにいますか。 — 台所にいます。

▸ **Where are my glasses?**
　— **They're on the table.**
　私のめがねはどこ? — テーブルの上にあります。

❷ 〈Where do[does]＋主語＋動詞〜?〉で,「(主語)はどこで〜しますか」の意味を表します。

▸ **Where do you play tennis?**
　— **I usually play in the park.**
　あなたはどこでテニスをしますか。
　— たいてい公園でします。

▸ **Where does Alex live?**
　— **He lives next to Sayaka's house.**
　アレックスはどこに住んでいますか。
　— サヤカの家の隣に住んでいます。

### くわしく

**答え方**
where の疑問文に対しては, ふつう in, on, at などの前置詞を使って場所を答える。

参照 p.165
**in, on, at の働き**

### 参考

**Where is[are] 〜 from?**
Where is[are] 〜 from? で,「〜はどこの出身ですか」の意味。
・Where are you from?
（あなたはどこの出身ですか。）
　— I'm from Tokyo.（私は東京の出身です。）

第1章 be動詞

第2章 一般動詞

第3章 形容詞

第4章 命令文

第5章 can を使った文

第6章 疑問詞で始まる疑問文

第7章 代名詞

# When 〜? の疑問文

when は「**いつ**」の意味で，時をたずねる疑問詞です。

▶ **When** is your birthday? — It's January 29th.
あなたの誕生日はいつですか。— １月29日です。

▶ **When** do you play tennis?
　 — I play every Saturday.
あなたはいつテニスをしますか。— 毎週土曜日にします。

▶ **When** does the school year begin in Japan?
　 — In April.
日本では学校の年度はいつ始まりますか。— 4月です。

# Why 〜? の疑問文

why は「**なぜ**」の意味で，理由や原因をたずねる疑問詞です。Why 〜? の疑問文には Because 〜.（なぜなら〜だから）などの形で答えます。

▶ **Why** do you like summer?
　 — Because I like swimming.
なぜあなたは夏が好きなのですか。— 泳ぐことが好きだからです。

▶ **Why** do you go to the library every day?
　 — To do my homework.
あなたはなぜ毎日図書館に行くのですか。— 宿題をするためです。

● **Why don't you 〜?** で，「なぜ〜しないのですか」「〜したらどうですか」と提案したり，誘ったりする言い方になります。

▶ **Why don't you** come with me?
私といっしょに来たらどうですか。

▶ **Why don't you** join us?
私たち〈の仲間〉に加わったらどうですか。

参照 ▶ p.34
日付の言い方

参照 ▶ p.167
時を表す前置詞（in, on, at）の使い方

参照 ▶ p.155
時・場所を表す副詞

参照 ▶ p.230
接続詞の when
when は，「〜のとき」という接続詞としても使われる。

参照 ▶ p.232
接続詞 because

参照 ▶ p.244
〈to ＋動詞の原形〉（不定詞）で目的を表すことができる。

参照 ▶ p.424
提案・誘いのいろいろな表現

Because 〜.
で答えるのが
基本！

第6章

SECTION

6

文 法

第1章 be 動詞

第2章 一般動詞

第3章 形容詞

第4章 命令文

第5章 can を使った文

第6章 疑問詞で始まる疑問文

第7章 代名詞

# how の疑問文

how は「どう?」「どのように?」「どのくらい?」などとたずねるときに使う。

listen
053

## How many dogs do you have?
## — Two. Muffin and Macaron.

犬を何匹飼っているのですか。
— 2匹。マフィンちゃんとマカロンちゃんです。

## 状態をたずねる How 〜?

how で「**どのような**」と状態をたずねることができます。よく How is[are] 〜? の形で使われます。

Is Tom  どのような ? ← fine(元気)か, sick(病気)か, busy(忙しい)かなどが不明
            疑問詞 how を文の最初に
How  is Tom?  トムはどうですか〈元気ですか〉。

▸ **How are you? — I'm fine.**
お元気ですか。 — 元気です。

▸ **How's your mother? — She's very good.**
お母さんはどうですか[お元気ですか]。— とても元気です。

● how を使って天気をたずねることができます。

▸ **How's the weather in Osaka?**
   **— It's nice today.**
大阪の天気はどうですか。 — 今日はいい天気です。

● how と be 動詞の過去形(→ p.184)を使って感想
   をたずねることもあります。

▸ **How was the trip? — It was exciting.**
旅行はどうでしたか。 — おもしろかったです。

▸ **How was the exam? — It was hard.**
テストはどうでしたか。 — 難しかったです。

**参考**

**天気を表す形容詞**
・fair, nice, beautiful
  (晴れた, 天気がよい)
・sunny
  (日が照っている)
・cloudy
  (くもった)
・rainy
  (雨降りの)
・snowy
  (雪の降る)
・windy
  (風の強い)

## 手段や方法をたずねる How ～?

　how を使って，「**どのように**」と手段や方法をたずねることができます。一般動詞とともに使われます。

Do you come to school <u>どのように</u> ? ← by bike（自転車で）か，by bus（バスで）かなどが不明

疑問詞 how を文の最初に

**How** do you come to school? あなたはどうやって学校に来ますか。

▸ **How** do you come to school?
　— I usually walk.
　あなたはどうやって学校に来ますか。 — たいてい歩きます。

▸ **How** do I get there? — Take the bus.
　そこにはどうやって行けますか。 — バスに乗ってください。

## How many ～? など

　how のあとに，many, much, long などを続けると，「**どのくらい～**」と程度をたずねる疑問文になります。

〈**how** のいろいろな疑問文〉

| | |
|---|---|
| □ **How many** ～? | ▶ 数（いくつ～） |
| □ **How much** ～? | ▶ 量・値段（いくら～） |
| □ **How long** ～? | ▶ ものの長さ・時間の長さ |
| □ **How old** ～? | ▶ 古さ・年齢 |
| □ **How far** ～? | ▶ 距離 |
| □ **How often** ～? | ▶ 頻度 |
| □ **How tall**[high]～? | ▶ 高さ・身長 |

**数** ▸ **How many** brothers do you have?
　　— I have two （brothers）.
　　あなたには兄弟が何人いますか。— 2人います。

**値段** ▸ **How much** is this?
　　— It's five thousand yen.
　　これはいくらですか。 — 5,000円です。

**長さ** ▸ **How long** is this bridge?
　　— It's sixty meters （long）.
　　この橋はどのくらいの長さですか。
　　— 60メートルです。

**くわしく**

「**（交通機関）を利用する**」の take

「（バス・電車・タクシーなどの交通機関）に乗って行く」と言うときは，動詞 take がよく使われる。
・I take the bus to school.（私はバスに乗って学校に行きます。）

**くわしく**

**How many ～?**
**How much ～?**

How many ～? は数えられる名詞に使い，あとにくる名詞は複数形になる。How much ～? は数えられない名詞（→ p.374）に使う。

参照 p.373
**単数形と複数形**

参照 p.466
**数の言い方**

▶ **How long does it take from here to your house?**
ここからあなたの家までどのくらいかかりますか。

— **It takes about thirty minutes.**
約30分かかります。

**年齢** ▶ **How old is your father?** — **He's forty.**
あなたのお父さんは何歳ですか。 — 40歳です。

**距離** ▶ **How far is it from here to the station?**
ここから駅までのどのくらい距離がありますか。

— **It's about 300 meters.**
300メートルくらいです。

**頻度** ▶ **How often do you have piano lessons?**
どのくらいピアノのレッスンがあるのですか。

— **Once a week.** 週に1回です。

**身長** ▶ **How tall are you?**

— **I'm 162 centimeters (tall).**
身長はどのくらいですか。— 162センチです。

**高さ** ▶ **How high is Mt. Fuji?**

— **It's 3,776 meters (high).**
富士山の高さはどのくらいですか。
— 3,776メートルです。

## How about ～?

How about ～? は,「～はどうですか」のように意見を求めたり, 提案したり, 誘ったりするときに使います。

▶ **I like baseball. How about you?**
私は野球が好きです。あなたはどうですか。

▶ **I don't like this color.**
— **How about this blue one?**
この色は好きではありません。— こちらの青いのはいかがですか？

▶ **How about going to the movies?**
— **Sounds nice.**
映画に行くのはどうですか。— いいですね。

---

**参照** ▶ p.135
**it のいろいろな働き**
時間や距離を言う文は it を主語にする。

**参照** ▶ p.400
**take の使い方**
It takes ～. は「(時間が)～かかる」の意味で, 所要時間を表す言い方。

**くわしく**

**物についての How old ～?**
How old ～? は人以外を主語にして,「どのくらい古いのですか」の意味でも使われる。
・How old is your school?
（あなたの学校は創立何年ですか。）

**参照** ▶ p.424
**提案・誘いのいろいろな表現**

**参考**

**how を使ったいろいろな表現**
・How do you do?
（はじめまして。）
・How's everything?
How's it going?
（調子はどう？ / 元気？）

**参照** ▶ p.252
**動名詞**

第1章 be動詞
第2章 一般動詞
第3章 形容詞
第4章 命令文
第5章 can を使った文
第6章 疑問詞で始まる疑問文
第7章 代名詞

# 文の組み立て方に注意すべき疑問文

**表現力 UP**

## 英語にしてみよう！

次の文を英語で表してみましょう。

**1** この単語はどういう意味ですか。

**2** 「うちわ」は英語で何と言うのですか。

**3** 〈知らない単語を言われて〉
それはどういうつづりですか。

 日本語と英語とで文の組み立て方の発想がちがう疑問文を紹介します。

　　**1**のように意味をたずねるときは，mean（〜を意味する）という動詞を使って，「この単語は<u>何を</u>意味しますか」という文にします。
　　**2**は「あなたは『うちわ』を英語で<u>どのように</u>言いますか」という文を組み立てましょう。もっと単純に，What's "uchiwa" in English?（英語でうちわは何ですか）とたずねることも可能です。
　　**3** spell（〜をつづる）という動詞を使って「あなたはそれを<u>どのように</u>つづりますか」と考えます。

**解答例**
**1** What does this word mean?
**2** How do you say "uchiwa" in English?
**3** How do you spell it?

126

# Common Mistakes

次の英文は，英作文テストで生徒が書いた「誤った英文」の例です。
先生になったつもりで，誤りを見つけて正しい英文に直しましょう。

---

⑴　彼はどこに住んでいますか。

**Where he lives?**

⑵　今，何時ですか。

**What time is now?**

⑶　これはだれのかばんですか。

**Who's bag is this?**

⑷　あなたはいくつＣＤを持っていますか。

**How many CD do you have?**

⑸　だれがこのコンピューターを使いますか。

**Who use this computer?**

---

⑴　**正しい英文 ▶ Where does he live?**

「何を」「どこで」「いつ」「どのように」などをたずねる一般動詞の疑問文は，疑問詞を文の最初におき，あとは **does he live?** などのふつうの疑問文の語順になります。

⑵　**正しい英文 ▶ What time is it now?**

時刻を表す文では，**it** を主語にしなければなりません。「今，〜時です」と言うときも ×**Now is 〜.** とすることはできず，**it** を主語にして **It is 〜 now.** とします。

⑶　**正しい英文 ▶ Whose bag is this?**

「だれの」の意味の疑問詞は **whose** です。同じ発音の **who's** は **who is** の短縮形であり，「だれの」という意味ではありません。

⑷　**正しい英文 ▶ How many CDs do you have?**

「いくつ〜」と数をたずねる **How many 〜?** の疑問文では，名詞はいつも複数形にします。

⑸　**正しい英文 ▶ Who uses this computer?**

「だれが〜しますか」なので，疑問詞 **who** が主語になる文です。疑問詞は **he** や **she** と同じ３人称単数の主語として扱うので，動詞の語尾に **s** が必要です。

第1章 be動詞

第2章 一般動詞

第3章 形容詞

第4章 命令文

第5章 can を使った文

第6章 疑問詞で始まる疑問文

第7章 代名詞

# 完成問題 ✓CHECK

解答 p.477

**1** 日本文に合うように，（　　）内から適するものを選びなさい。

(1) メグは一輪車に乗ることができます。

Meg can ( ride / rides / riding ) a unicycle.

(2) 私の宿題を手伝ってくれますか。

( Are / Can / Do ) you help me with my homework?

**2** （　　）に入る英文として適するものを選びなさい。

*Ken:* I'm excited to watch a basketball game at Toyama *Gym.

*Bob:* Me too. （　　　　　　　　）

*Ken:* My mother will take me to the gym by car. She can take you too.

*Bob:* Thanks. I'm happy to hear that. (gym: 体育館)

ア　How will you go there?　イ　How long will you stay there?

ウ　How often do you play basketball?

エ　How did you like basketball?

[富山県]

**3** 次のメモは，ユミがブラウン先生にインタビューするために書いたものです。これを見て，メモの内容についてたずねる英文をつくりなさい。

〈メ モ〉

(1) 出身地

(2) 年齢

(3) 好きなスポーツ

(4) 日曜日の過ごし方

(1) _____

(2) _____

(3) _____

(4) _____

# 第7章

# 代名詞

he(彼は)や it(それは)のように，
名詞の代わりに使う言葉を代名詞といいます。
代名詞は，文中の働きで形が変化したりします。
この章では，いろいろな代名詞と
それぞれの使い方の注意点について学びます。

この章で学ぶ表現

➡ I, my, me, mine
➡ this, that
➡ something
➡ It's 〜.
➡ this one

**Is this yours?**
これはあなたのですか。

**No. Mine is here.**
いいえ。私のはここです。

**Aya is nice.
We love her.**
アヤは親切です。
私たちは彼女が大好きです。

**I lost my umbrella.**
私はかさをなくしました。

**This is Alex.**
こちらはアレックスです。

第7章

SECTION

# 1 I, my, me などの変化

人称代名詞は，文中での働きによって形が変化する。

listen
054

## Aya is so nice.
## We all love her.

アヤはすごく親切です。私たちはみんな彼女が大好きです。

## 代名詞の変化

I, you, he, she, it, we, they などを人称代名詞といいます（「人称」といっても，it や they が物をさす場合もあります）。人称代名詞は，文中で形を使い分けます。

彼は → He is fifteen. 彼は15歳です。
彼の → This is his bike. これは彼の自転車です。
彼を → I don't know him. 私は彼を知りません。

| 数 格 人称 | 単数 | | | 複数 | | |
|---|---|---|---|---|---|---|
| | 主格（～は） | 所有格（～の） | 目的格（～を） | 主格（～は） | 所有格（～の） | 目的格（～を） |
| 1人称 | I（私は） | my（私の） | me（私を） | we（私たちは） | our（私たちの） | us（私たちを） |
| 2人称 | you（あなたは） | your（あなたの） | you（あなたを） | you（あなたたちは） | your（あなたたちの） | you（あなたたちを） |
| 3人称 | he（彼は） | his（彼の） | him（彼を） | they（彼らは，彼女らは，それらは） | their（彼らの，彼女らの，それらの） | them（彼らを，彼女らを，それらを） |
| | she（彼女は） | her（彼女の） | her（彼女を） | | | |
| | it（それは） | its（それの） | it（それを） | | | |

❶ 「～は」「～が」の意味で文の主語になるとき，代名詞は主格を使います。

▶ We are busy. 私たちは忙しい。

▶ Ken and I are good friends. ケンと私は仲のよい友達です。

**参考**

「私」「俺」などの区別はない
日本語では，性別や場面，相手との関係によって「私」「あたし」「ぼく」「俺」などと代名詞を使い分けるが，英語にはふつうそのような区別はない。

**会話のコツ**

and を使って代名詞を並べる場合は，you を最初におき，自分を表す I は最後におく。

❷ 名詞の前で「〜の」の意味を表すときは**所有格**を使います。形容詞がつく場合は，所有格を形容詞の前におきます。

▶ **That is her new house.** あれは彼女の新しい家です。

▶ **Emma has a cat. Its name is Bella.**
エマはねこを飼っています。それの名前はベラです。

❸ 「〜を」「〜に」の意味で**動詞の目的語**になるとき，代名詞は**目的格**を使います。

▶ **We often meet him.** 私たちはよく彼に会います。

▶ **I know her well.** 私は彼女をよく知っています。

前置詞のすぐあとにくる場合も目的格を使います。

▶ **Look at me.** 私を見なさい。

▶ **She came with us.** 彼女は私たちと来ました。

## 一般の人を表す you など

you, we, they は，特定のだれかではなく，一般の人々を表すことがあります。

**you** ▶ **You can't live without water.**
水なしでは生きられません。

**we** ▶ **We had a lot of rain last night.**
昨夜，たくさん雨が降りました。

**they** ▶ **Do they speak English in Kenya?**
ケニアでは英語を話しますか。

**参考**

**名詞の所有格**
代名詞でなく，名詞の所有格は〈名詞＋'s〉の形。
・Tom's cap
（トムの帽子）
s で終わる複数形の場合は，アポストロフィーだけをつける。
・teachers' room
（職員室）

**参考**

**目的格のいろいろな使い方**
be 動詞の補語になるときや，代名詞を単独で使う場合にも目的格が使われる。
・Who is it?
 — It's me.
（だれ？ — 私です。）
・I'm very hungry.
 — Me, too.
（とてもおなかがすいたよ。
 — 私も。）

**参考**

**一般の人を表す you, we, they**
この意味のときは，不定代名詞の one(→ p.136)と同じように，特定の人やものではなく不特定の人やものを表す。

第1章 be 動詞

第2章 一般動詞

第3章 形容詞

第4章 命令文

第5章 can を使った文

第6章 疑問詞で始まる疑問文

第7章 代名詞

---

**Practice**

解答は p.477

( )内から適するものを選びなさい。

① Do you know ( they / their / them )?

② Where are ( she / hers / her ) shoes?

③ She is ( we / our / us ) music teacher.

# SECTION 2 mine, yours など

所有代名詞は「〜のもの」という意味を表す。

listen 055

## Is this yours?
## — No. Mine is here.

これはあなたのですか。 — いいえ。私のはここです。

これ、ぼくのが。

1語で「〜のもの」と言うときは，**mine** や **yours** などの形(所有代名詞)を使います。1語で〈**所有格＋名詞**〉の働きをするので，あとに名詞は続きません。

| 人称 \ 数 | 単数 | 複数 |
|---|---|---|
| 1人称 | **mine**(私のもの) | **ours**(私たちのもの) |
| 2人称 | **yours**(あなたのもの) | **yours**(あなたたちのもの) |
| 3人称 | **his**(彼のもの) | **theirs** |
| | **hers**(彼女のもの) | (彼らのもの，彼女たちのもの) |

▸ **Whose bike is this?** これはだれの自転車ですか。
— **It's mine.**[= It's my bike.] 私のものです。

● 冠詞や this/that と my や your はいっしょには使えないので，〈名詞＋ of ＋所有代名詞〉の形で表します。

▸ **a friend of mine** 私の友達 × ~~a my friend~~

▸ **this book of hers** 彼女のこの本 × ~~this her book~~

**参考**

**名詞の「〜のもの」**
名詞の「〜のもの」の形は，所有格のときと同じ〈名詞＋'s〉の形。
・This is Tom's.
（これはトムのです。）
・That's my father's.
（あれは父のです。）

## Questions

?

よくある質問

a friend of mine と
my friend はどうちがうのですか。

a friend または a friend of mine は「ある1人の(不特定の)友達」の意味で，「あのね昨日友達がね…」などと話を始めるときに使います。my friend は「特定の友達」という感じがするので，すでに話に出てきた「(その)友達」と言うときなど，話し手と聞き手で「どの友達のことを言っているのか」が特定できるときに使われます。

# this, that / these, those

「これ」「あれ」のように，物や人を直接さす。

listen
056

## Emma, <u>this</u> is Alex.
## Alex, <u>this</u> is Emma.

よろしくね。

エマ，こちらはアレックスです。
アレックス，こちらはエマです。

第1章 be 動詞

第2章 一般動詞

第3章 形容詞

第4章 命令文

第5章 can を使った文

第6章 疑問詞で始まる疑問文

第7章 代名詞

**this, that** を**指示代名詞**といいます。this は「これ」の意味で**話し手に近い人や物**をさし，that は「あれ」の意味で**離れたところにある人や物**をさします。

▶ **This** is my bike, and **that** is my father's.
これは私の自転車で，あれは私の父のです。

複数の場合は **these**（これら），**those**（あれら）を使います。

▶ **These** are my shoes.　これは私の靴です。

● 電話で名前を名乗るときや，人を紹介して「こちらは～です」と言うときにも This is ～. を使います。

▶ **Hello.  This is Aya.**　〈電話で〉もしもし。アヤです。

● that は，前の文の内容をさすこともあります。

▶ **Today is Tom's birthday.  Do you know that?**
今日はトムの誕生日です。そのことを知っていますか。

▶ **How about going to the movies?**
**— That sounds nice.**
映画に行くのはどうですか。— それはいいですね。

● that, those は，比較の文などで前に出た名詞のくり返しを避けるときにも使われます。（→ p.264）

▶ **The population of India is larger than that**
**of America.**
インドの人口はアメリカの人口よりも多い。

### くわしく

**形容詞の this, that**
this, that, these, those は，名詞の前で「この～」「あの～」「これらの～」「あれらの～」の意味の指示形容詞としても使われる。
・This egg is old.
（このたまごは古い。）
・These eggs are old.
（これらのたまごは古い。）

### くわしく

**相手の近くにあるものも that で表す**
聞き手の近くにあるものをさして「それ」と言うときにも that が使われる。
・That's a nice jacket, Mike. Where did you get it?
（それはすてきなジャケットですね，マイク。どこで買ったのですか。）

このthatは
the population
をさす。

# something, anyone など

「何か」「だれか」などの意味を表す。

listen
057

## I didn't know <u>anyone</u> in Japan.

私は日本で知っている人はだれもいませんでした。

すみしかったね〜。

❶ **something** は「何か」，**someone**[somebody]
は「だれか」という意味を表します。形容詞をつ
けるときは，something などのあとにおきます。

▸ She has **something** special.
  └→形容詞
  彼女は何か特別な物をもっています。

❷ **疑問文・否定文**ではふつう something, someone
の代わりに **anything, anyone**[anybody]を
使います。

▸ Do you know **anything** about this country?
  あなたはこの国について何か知っていますか。

▸ I don't know **anyone** by that name.
  その名前の人はだれも知りません。

❸ **everything** は「何でも」，**everyone**[everybody]
は「だれでも」の意味で，**単数**として扱います。

▸ Dad knows **everything**.　パパは何でも知っています。

▸ **Everyone** loves peace.　だれもが平和を愛しています。

❹ **nothing** は「何も〜ない」，**no one**[nobody]は
「だれも〜ない」という意味で，**単数**として扱います。

▸ There was **nothing** interesting in his speech.
  彼の演説には何もおもしろいものがありませんでした。

▸ **Nobody** knows me.　だれも私のことを知りません。

▸ **No one** lives here.　ここにはだれも住んでいません。

**くわしく**

**肯定文での anything**
肯定文の anything は「何で
も」，anyone[anybody] は
「だれでも」の意味。
・Anything's OK.
　（何でもいいです。）
・Anybody can do it.
　（だれでもできます。）

**疑問文での something**
物をすすめるときなどは，疑
問文でも something を使う。
・Would you like something
　to drink?
　（何か飲み物はいかがですか。）

**参考**

**not 〜 anything と同意の
nothing**
・He didn't say anything.
　= He said nothing.（彼は
　何も言いませんでした。）

**ミス注意**

**nothing の文は not 不要**
nothing / nobody は否定の
意味を含んでいるので，さら
に not をつける必要はない。
×Nobody ~~didn't know~~ the
man.（knew が正しい）
（だれもその男性を知りませ
んでした。）

## SECTION 5 it のいろいろな働き

it は，時・天気・寒暖・明暗・距離などを表す文の主語になる。

第1章 be動詞

第2章 一般動詞

第3章 形容詞

第4章 命令文

第5章 can を使った文

第6章 疑問詞で始まる疑問文

第7章 代名詞

listen 058

# What time is it in Detroit?
# — It's six. It's dark outside.

デトロイトは今何時ですか。 — 6時です。外は暗いです。

アメリカの友達と電話中ね。

ふつう it は，〈**the ＋名詞**〉の代わりとして，前に出てきた単数の物をさします。

このほかに，**時・天気・寒暖・明暗・距離**などを表す文の主語としても使われます。このときの it には，「それは」と何かをさす意味はありません。

**時刻** ▶ It's ten in the morning in London.
ロンドンでは朝の10時です。

**曜日** ▶ It's Wednesday today. 今日は水曜日です。

**日付** ▶ It was November 5th yesterday.
昨日は11月5日でした。

**季節** ▶ It's spring now. 今は春です。

**時間** ▶ How long does it take?
— It takes about 10 minutes.
どのくらい時間がかかりますか。—約10分かかります。

**天気** ▶ It was rainy in London yesterday.
ロンドンでは昨日は雨でした。

**寒暖** ▶ It's hot today, isn't it? 今日は暑いですね。

**明暗** ▶ It's getting dark outside.
外は暗くなってきています。

**距離** ▶ How far is it from here to the park?
— It's just a short walk.
ここから公園までどのくらい離れていますか。
— 歩いてほんの少しです。

### くわしく

**I did it! など**

話し言葉の決まった表現の中で，特に何もささない it が使われることがある。

・I made it! / I did it!
（やった！）
・How is it going?
（元気？）
・Did you make it?
（うまくいった？）
・It's your turn.
（あなたの番です。）
・Take it easy.
（落ち着いて。/ じゃあね。）

この take は「時間がかかる」という意味。

第7章

SECTION

# 6 代名詞の one

one は特定の物をさすのではなく，前に出た不特定の名詞を受ける。

listen
059

てへへ。

## I lost my umbrella.
## I have to buy <u>one</u>.

私はかさをなくしました。1つ買わなければなりません。

one は〈**a＋名詞**〉と同じ働きをし，前に出た**不特定の数えられる名詞**を受ける代名詞です。上の例文の one は an umbrella（どれでもよい1本のかさ）の代わりに使われています。

**it** は〈**the＋名詞**〉の働きで**特定の物**をさすので，上の文で I have to buy <u>it</u>. とすると，「なくした私のかさ」を買わなければ，という文になってしまいます。

● one の前に this / that / which や形容詞がつくこともあります。〈形容詞＋one〉は，冠詞（a[an] / the）をつけたり，複数形 ones にしたりします。

▸ **I don't like this one. Please show me a black one.**
これは好きではありません。黒いのを見せてください。

▸ **I like white flowers, but she likes red ones.** ─
私は白い花が好きですが，彼女は赤い花が好きです。

### 用語解説

**不定代名詞**
「どれか」を特定せずに人や物を表す代名詞を不定代名詞という。不定代名詞には one, something, another などがある。

### 参考

〈**one of ＋複数形**〉
one of のあとに複数形の名詞がくると，「〜（のうち）の1人，1つ」という意味。
・This is one of my favorite movies.
（これは私の大好きな映画の1つです。）

この red ones は red flowers ということ。

questions
**?**

よくある質問

辞書や単語集に出てくる
one's ってどういう意味ですか。

辞書などでは do <u>one's</u> homework（宿題をする）のように書かれていることがあります。この **one's** は「人を表す語の所有格」という意味で，**my** や **your** などの代わりに使われています。同じように **oneself** は，**myself**（私自身），**himself**（彼自身）などの再帰代名詞（「〜自身」を表す語）の代わりとして辞書などで使われます。

# 完成問題 ✓CHECK ▶解答 p.478

▶解答 p.478

## 1 （　）内から適するものを選びなさい。

(1) Mike and I are in the same class.

( We / They / You ) are good friends.

(2) Some of ( they / their / them ) like the song very much.

(3) Your bike is newer than ( me / mine / my ).

(4) These are Mary's shoes.

( It's / They're / That's ) very cute.

(5) Hello.  ( This / That / It ) is Yuki speaking.

(6) I don't like this color.

Do you have a blue ( one / it / some )?

(7) These are not ( our / ours / our's ).

(8) Whose pencil is this?

－ It's not mine but I think it's ( he / his / she / her ).　　[沖縄県]

## 2 前に出た人や物をさすように，＿＿に適する代名詞を入れなさい。

(1) That tall man is Mr. Jones.

Do you know ＿＿＿＿＿＿＿?

(2) Emma lives near my house.

But I don't know anything about ＿＿＿＿＿＿.

(3) My parents have a lot of books.

I often borrow some of ＿＿＿＿＿＿ books.

(4) My uncle and aunt live in Hokkaido.

I really want to meet ＿＿＿＿＿＿.

(5) I go to Sakura Junior High School.

Our school is famous for ＿＿＿＿＿＿ big library.

第1章 be動詞

第2章 一般動詞

第3章 形容詞

第4章 命令文

第5章 canを使った文

第6章 疑問詞で始まる疑問文

第7章 代名詞

**3** 次の会話文が成り立つように，_____ に適する代名詞を入れなさい。
  (4)(5)は（　）内の語を適する形に変えて入れなさい。

(1) A: Are Yuki and Yuka sisters?
    B: Yes, _____ are.

(2) A: Is this your cellphone?
    B: Yes, it's _____.

(3) A: You have a nice pen.  Can I use _____?
    B: Sure.

(4) A: Do you know about this man?　　　　　　　　[山口県]
    B: Yes, he is a musician.  I know some of _____ songs. (he)

(5) A: Which is Naomi's new bicycle?
    B: The red one is _____. (she)　　　　　　[千葉県]

**4** 日本文に合う英文になるように，（　）内の語句を並べかえなさい。

(1) どちらの箱があなたのですか。 ― 小さいのが私のです。
    Which box is yours? ― ( one / mine / is / the / small ).

_____

(2) あなたのためにおもしろいものを持っています。
    ( have / something / I / you / for / interesting ).

_____

(3) 何か冷たい飲み物はいかがですか。
    ( you / to drink / something / would / cold / like )?

_____

**5** 次の日本文を英語に直しなさい。

(1) 今何時ですか。 ― 3時45分です。

_____

(2) 私の兄は昨日何もすることがありませんでした。

_____

# 第8章

# 進行形

「(今) ～しているところです」
と伝える言い方を進行形といいます。
この章では，進行形の文の形と注意点，
疑問文の作り方などについて学びます。

この章で学ぶ表現

➡ I am ～ing.
➡ Are you ～ing?
➡ I was ～ing.
➡ Were you ～ing?

**I'm studying right now.**
私は今, 勉強しているところです。

**Are you sleeping?**
眠っているのですか。

**I was sleeping then.**
私はそのとき眠っていました。

# 第8章

SECTION

## 1 現在進行形の文の形

〈主語＋am / is / are＋動詞の ing 形〉で表す。

listen 060

be動詞　動詞のing形

# I'm studying with friends right now.

私は今，友達と勉強しているところです。

今？　勉強中だよ。

「今，〜しています[しているところです]」のように，現在**ある動作をしている最中**であることを表すときは，現在進行形を使います。

　現在進行形の文は，主語のあとに **be 動詞**をおき，**動詞の ing 形**を続けます。

▼主語　　　　　　　　　　▼be 動詞　▼動詞の ing 形

| I | am | watching sleeping talking など | 〜. |
|---|---|---|---|
| He / She / It など3人称単数 | is | | |
| You | are | | |
| We / They など複数 | | | |

主語によって am, is, are を使い分ける！

▶ **James is taking a shower right now.**
ジェイムズは今，シャワーを浴びているところです。

▶ **It's raining outside.**　外では雨が降っています。

▶ **We are waiting for the bus.**
私たちはバスを待っています。

参照 p.135
**it のいろいろな働き**
it は，天気などについて言う文の主語としても使われる。

Practice

解答は p.478

**（　　）内の主語と動詞を使って，現在進行形の文をつくりなさい。**

① ( I / read )　　　............................................ a very interesting book.

② ( Ken and I / play )　　............................................ badminton.

③ ( We / eat )　　............................................ dinner.

④ ( George / talk )　　............................................ on the phone.

⑤ ( My parents / sleep )　　............................................ .

第8章

SECTION

# 2 ing 形のつくり方

正確に書くために

動詞の語尾によって，おもに3通りのつくり方がある。

## 基本パターン

大部分の動詞は，原形にそのまま **ing** をつけます。

□ read(読む) ▶ **reading** □ study(勉強する) ▶ **studying**
□ walk(歩く) ▶ **walking** □ do(する) ▶ **doing**

### 用語解説

**動詞の ing 形**
動詞の ing 形は「現在分詞」ともいう。
進行形だけでなく，分詞の形容詞用法(→ p.321)でも使われる。

## e で終わる語

e で終わる動詞は **e をとって ing** をつけます。

□ make(作る) ▶ **making** □ drive(運転する) ▶ **driving**
□ take(取る) ▶ **taking** □ have(食べる) ▶ **having**
□ write(書く) ▶ **writing** □ use(使う) ▶ **using**

ie で終わる動詞は **ie を y に変えて ing** をつけます。

□ die(死ぬ) ▶ **dying** □ lie(横たわる) ▶ **lying**

### 参考

**e で終わる語の例外**
see(見える)の ing 形(動名詞〈→ p.252〉などで使われる)は seeing になる。

## 語尾を重ねる語

〈**子音字＋アクセントのある母音字＋子音字**〉で終わる動詞は，**語尾の1文字を重ねて ing** をつけます。

□ run(走る) ▶ **running** □ put(置く) ▶ **putting**
□ sit(すわる) ▶ **sitting** □ swim(泳ぐ) ▶ **swimming**
□ cut(切る) ▶ **cutting** □ begin(始まる) ▶ **beginning**
□ get(得る) ▶ **getting** □ stop(止まる) ▶ **stopping**

### くわしく

**語尾を重ねない語**
次の語は語尾の1文字を重ねないので注意。
・母音字が2文字のとき
cook → cooking
・子音字が2文字のとき
help → helping
・最後の母音字にアクセントがないとき
visit[vízit]→ visiting

---

Practice

解答は p.478

次の動詞の **ing** 形を書きなさい。

① stay _____  ② write _____  ③ run _____
④ take _____  ⑤ sit _____  ⑥ have _____
⑦ swim _____  ⑧ use _____  ⑨ die _____

第8章

SECTION

# 3 現在進行形の疑問文・否定文

疑問文は be 動詞を主語の前に出す。否定文は be 動詞のあとに not。

listen
061

be動詞　　　　動詞のing形
# Are you sleeping?
# ‒ No, I'm not.

眠っているのですか。 ‒ いいえ，眠っていません。

はっ!!

## 疑問文の形と答え方

「今，〜していますか[しているところですか]」という現在進行形の疑問文は，**be 動詞を主語の前に出**します。

肯定文 ➡　She is sleeping.
彼女は眠っています。
be 動詞を主語の前に

疑問文 ➡　Is she sleeping?
彼女は眠っていますか。

答えの文でも be 動詞を使い，主語に合わせて am, is, are を使い分けます。

▸ **Is George cooking dinner?**
　**‒ Yes, he is.**
ジョージは夕食を作っているのですか。 ‒ はい，そうです。

▸ **Are they watching TV?**
　**‒ No, they're not[they aren't].**
彼らはテレビを見ているのですか。 ‒ いいえ，ちがいます。

▸ **Aya, look at me.　Are you listening to me?**
アヤ，私を見なさい。あなたは私の話を聞いているのですか。
　**‒ Yes, I am, Mr. Jones.**
　はい，聞いています，ジョーンズ先生。

参照 p.73
be 動詞の疑問文は，be 動詞を主語の前に出す。

参照 p.74, 76
否定の答えでは，be 動詞の否定の短縮形を使うこともできる。

## 「何をしているのか」などの文

「今，何をしているのですか[しているところですか]」は **What is[are] ～ doing?** でたずねます。

| What | is | he / she / it など3人称単数 | doing? |
|------|-----|---------------------------|--------|
| | are | you | |
| | | they など複数 | |

▶ **What are you doing?**
 ― **I'm looking for my glasses.**
 何をしているのですか。― めがねをさがしています。

▶ **What is Sayaka doing in her room?**
 サヤカは部屋で何をしているの？
 ― **She's reading.**　彼女は読書しています。

## 否定文の形

「～していません[しているところではありません]」という現在進行形の否定文は，be 動詞のあとに **not** をおいて，動詞の ing 形を続けます。

▶ **I'm not using this computer.**
 私はこのコンピューターを使っていません。

▶ **Aya is not studying. She's just talking with her friends.**
 アヤは勉強していません。彼女は友達とおしゃべりしているだけです。

---

**What are you ～ing?**
doing ではない一般動詞の ing 形を使うこともある。
・What are you making?
 ―I'm making cookies.
 （何を作っているのですか。
 ―クッキーを作っています。）

**参考**

**前置詞で終わる疑問文**
look at のような 2 語でひとまとまりの動詞で「何を～」とたずねる場合，前置詞が文の最後に残る。
・What are you looking at?
 （何を見ているのですか。）
・What are you waiting for?（何を待っているのですか。）
・What are you talking about?
 （何の話をしているのですか。）

**参考**

**Who is ～ing?**
「だれが～しているか」は Who is ～ing? の形。
・Who is playing the piano upstairs?（だれが 2 階でピアノを弾いているのですか。）

---

第8章 進行形
第9章 副詞 well, usually など
第10章 前置詞 in, on, at など
第11章 過去の文
第12章 未来の文
第13章 助動詞 must, have to
第14章 いろいろな文型

---

**Practice**

解答は p.478

（　　）内の主語と動詞を使い，現在進行形の疑問文をつくりなさい。

① ( you / study ) _____ English?

② ( it / rain ) _____ ?

③ ( they / play ) _____ a computer game?

④ ( your mother / do ) What _____ ?

⑤ ( you / eat ) What _____ ?

⑥ ( they / look for ) What _____ ?

# 進行形に しない 動詞

## SECTION 4

**状態を表す動詞は，ふつうは進行形にしない。**

進行形は，何かの**動作をしている最中**であることを表すための形なので，動作を表さない動詞は，ふつうは進行形にしません。

例えば know は，動作ではなく「**知っている**」という**状態**を表す動詞です。

play などの**動作**を表す動詞の場合は，進行形を使わないと「今，その動作が行われている最中である」ということを伝えることができません。（→ p.81）

でも，know などの**状態**を表す動詞は，現在形のままで「今，その状態が続いている」ということが伝わるので，× I am knowing him. と言う必要がないのです。

● 次の動詞は，**動作ではなく状態を表す**ので，ふつうは進行形にしません。

| | | | |
|---|---|---|---|
| □ **know** | (知っている) | □ **see** | (見える) |
| □ **have** | (持っている) | □ **hear** | (聞こえる) |
| □ **like** | (好きである) | □ **understand** | (理解している) |
| □ **love** | (愛している) | □ **believe** | (信じている) |
| □ **want** | (ほしがっている) | □ **remember** | (覚えている) |
| □ **need** | (必要としている) | □ **forget** | (忘れている) |
| □ **belong** | (属している) | □ **mean** | (意味している) |

▷ I **have** a cell phone.   × I am having ～.
私は携帯電話を持っています。

▷ Jun **wants** a new bike.   × Jun is wanting ～.
ジュンは新しい自転車をほしがっています。

▷ She **needs** your help.   × She is needing ～.
彼女はあなたの助けを必要としています。

▷ I **remember** his name.   × I am remembering ～.
私は彼の名前を覚えています。

**I'm having ～.**
have は「持っている」の意味では進行形にしないが，「食べる，飲む」や「過ごす」の意味のときは進行形にできる。
・I'm having lunch.(私は昼食を食べています。)

**参考**

**watch, look at ～**
see, hear は進行形にできないが，watch, look, listen は進行形にできる。
・He is watching TV.(彼はテレビを見ています。)
・He is looking at the map.(彼は地図を見ています。)

## 表現力 UP 「〜しています」を現在形で表すか, 現在進行形で表すか

### 英語にしてみよう!

メールで, 海外の相手に自己紹介しています。
次の自己紹介の文を英語で表してみましょう。

1 私は札幌に住んでいます。

2 私はめがねをかけています。

3 私は毎日自転車で学校に通っています。

4 私の母は高校で理科を教えています。

 1〜4の内容を英語で紹介するときには, 現在進行形にはしません。現在形で表すのがふつうです。

自己紹介のときに 1〜4 を現在進行形で表すと, 「今だけ, 一時的にこういう状態にあります」という特別な意味になってしまいます。「〜しています」という日本文だからといって, いつも現在進行形で表すわけではありません。「ふだんの様子」は, 進行形ではなく単純な現在形で伝えます。

解答例 

1 I <u>live</u> in Sapporo.

2 I <u>wear</u> glasses.

3 I <u>go</u> to school by bike every day.

4 My mother <u>teaches</u> science at high school.

第8章

SECTION

# 5 未来を表す現在進行形

現在進行形で未来のことを表すこともできる。

listen
062

# I'm having a party tomorrow.
# Are you coming?

明日パーティーをします。来ますか？

## 未来を表す現在進行形

　現在進行形は，「今，～しています［しているところ
です］」という意味を表すほかに，「**（明日）～します**」
のように**未来**のことを表すことがあります。

　現在ではなく未来の話だとわかるように，ふつう
tomorrow（明日）などの**未来を表す語句**といっしょに
使います。することが決まっている確実な予定を言う
ときによく使います。

▸ **I'm playing tennis with Cody tomorrow.**
　私は明日，コーディーとテニスをします。

▸ **We're going to Kyoto this weekend.**
　私たちはこの週末に京都に行きます。

## 疑問文・否定文

　未来を表す現在進行形は，疑問文・否定文でも使わ
れます。この場合も，未来の話だとわかるようにふつ
う**未来を表す語句**をつけて使います。

▸ **What are you doing tomorrow?**
　**— I'm not doing anything.**
　あなたは明日は何をするのですか。
　—何もすることがありません。

### 参考

**will などとのちがい**

未来のことは基本的には will
や be going to で 表 す が，
それぞれ意味あいが異なる
（→ p.199）。
現在進行形だけでは聞き手に
現在の話だと思われてしまう
ため，ふつう未来を表す語句
が必要になる。

### くわしく

**未来を表す語句**
・tomorrow（明日）
・next Sunday（次の日曜日）
・next week（来週）など

第8章
SECTION
**6** # 過去進行形の文の形

〈主語＋was / were＋動詞の ing 形〜.〉で表す。

listen
063

眠ってて
気づかなかったよ。

be動詞　　動詞のing形
# I was sleeping then.

私はそのとき眠っていました。

「〜していました［しているところでした］」のように，**過去のある時**に進行中だった動作を表すときは**過去進行形**を使います。主語のあとに **be 動詞の過去形**をおき，**動詞の ing 形**を続けます。

| ▼主語 | ▼be 動詞 | ▼動詞の ing 形 | |
|---|---|---|---|
| I | **was** | cleaning playing using など | 〜. |
| He / She / It など3人称単数 | | | |
| You | **were** | | |
| We / They など複数 | | | |

参照 p.184
**be 動詞の過去形**
am, is → **was**
are → **were**

was, were を
使い分ける！

▸ I **was studying** in the library then.
　私はそのとき，図書館で勉強していました。

▸ I saw Sayaka at the department store.  She **was shopping** with her mother.
　私はデパートでサヤカに会いました。彼女はお母さんと買い物をしていました。

参照 p.230
**接続詞の when**
〈A when B〉の 形 で，「B のとき A」という意味を表す。

▸ It **was raining** when we went to school.
　私たちが学校に行くとき，雨が降っていました。

**Practice**

解答は p.478

（　　）内の主語と動詞を使って，過去進行形の文をつくりなさい。

① ( I / use ) ……………………………………………… a computer.
② ( My mother / cook ) …………………………………… dinner.
③ ( We / talk ) …………………………………………… about sports.

第8章 進行形

第9章 副詞 well, usually など

第10章 前置詞 in, on, at など

第11章 過去の文

第12章 未来の文

第13章 助動詞 must, have to

第14章 いろいろな文型

147

第8章
SECTION
**7** 過去進行形の疑問文・否定文

疑問文は was/were を主語の前に。否定文は was/were のあとに not。

listen
064

be動詞　　　　動詞のing形
# Were you studying then?
# — No, I wasn't.

あなたはそのとき，勉強していましたか。
— いいえ，していませんでした。

## 疑問文の形と答え方

「～していましたか[しているところでしたか]」という過去進行形の疑問文は，**was[were]を主語の前に出します**。

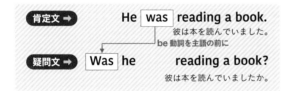

肯定文 ➡　He **was** reading a book.
彼は本を読んでいました。
be動詞を主語の前に
疑問文 ➡　**Was** he reading a book?
彼は本を読んでいましたか。

答えの文でも，主語に合わせて was, were を使い分けます。

▶ **Were** you cleaning your room? — Yes, I **was**.
あなたは部屋をそうじしていましたか。
— はい，していました。

▶ **Was** Aya studying English then?
— **No, she wasn't.**
アヤはそのとき，英語を勉強していましたか。
— いいえ，していませんでした。

▶ **Was** it raining in Kyoto this morning?
— **No, it wasn't.**
今朝，京都では雨が降っていましたか。
— いいえ，降っていませんでした。

参照 p.185
be動詞の過去の疑問文は，was[were]を主語の前に出す。

参照 p.158
**否定の短縮形**
was not → **wasn't**
were not → **weren't**

148

## 「何をしていたのか」などの文

「何をしていたのですか[しているところでしたか]」とたずねるときは，**What was[were] ~ doing?** の形になります。

▸ **What were you doing** in your room?
あなたは部屋で何をしていましたか。

― **I was listening to music.**
音楽を聞いていました。

▸ **What was Alex doing** in the gym after school?
アレックスは放課後，体育館で何をしていましたか。

― **He was playing basketball.**
彼はバスケットボールをしていました。

## 否定文の形

「~していませんでした[しているところではありませんでした]」という過去進行形の否定文は，was[were]のあとに **not** をおいて，動詞の ing 形を続けます。

▸ **I was not practicing** the piano at that time.
私はそのとき，ピアノの練習をしていませんでした。

▸ **Aya and I weren't studying** then. **We were talking.**
アヤと私はそのとき，勉強していませんでした。私たちは話していました。

**くわしく**

**What were you ~ing?**
doing ではない一般動詞の ing 形を使うこともある。

・What were you studying?
―I was studying math.
（何を勉強していたのですか。―数学を勉強していました。）

**参考**

**Who was ~ing?**
「だれが~していましたか」とたずねるときは Who was ~ing? で表す。

・Who was singing?
― Ann was.
（だれが歌っていましたか。―アンです。）

**参照** ▶ p.186
be 動詞の過去の否定文は，was[were] のあとに not をおく。

---

解答は p.479

**Practice**

（　）内の主語と動詞を使い，過去進行形の疑問文をつくりなさい。

① ( you / watch )　.................................................... TV?

② ( Tom / make )　.................................................... a chair?

③ ( they / run )　.................................................... in the park?

④ ( Yumi / read )　What .................................................... ?

---

右端（縦書き）:
第8章 進行形
第9章 副詞 well, usually など
第10章 前置詞 in, on, at など
第11章 過去の文
第12章 未来の文
第13章 助動詞 must, have to
第14章 いろいろな文型

# Common Mistakes

次の英文は，英作文テストで生徒が書いた「誤った英文」の例です。
先生になったつもりで，誤りを見つけて正しい英文に直しましょう。

(1) サラとアリスはテレビを見ています。

**Sarah and Alice watching TV.**

(2) 私は今，数学を勉強しているところです。

**I'm studing math now.**

(3) あなたは今，手紙を書いているのですか。— はい，そうです。

**Do you writing a letter? — Yes, I do.**

(4) 彼女は何をしているのですか。— ピアノを弾いています。

**What is she doing? — She plays the piano.**

(5) あなたは辞書を持っていますか。— はい，持っています。

**Are you having a dictionary? — Yes, I am.**

(1) **正しい英文 ▶** Sarah and Alice are watching TV.
現在進行形の文は，主語のあとに be 動詞をおき，動詞の ing 形を続けます。

(2) **正しい英文 ▶** I'm studying math now.
study の ing 形は，y を残したまま ing をつけて studying となります。3 単現
（➡ p.85）の S を付けるときは study → studies とするので，混同しないように
しましょう。

(3) **正しい英文 ▶** Are you writing a letter? — Yes, I am.
「(今) 〜していますか[しているところですか]」という現在進行形の疑問文は，
be 動詞を主語の前に出します。do や does は使いません。答えの文も同様です。

(4) **正しい英文 ▶** What is she doing? — She is playing the piano.
What is[are] 〜 doing? に対しては，今していることを現在進行形の文で答え
ます。

(5) **正しい英文 ▶** Do you have a dictionary? — Yes, I do.
have(持っている)，know(知っている)，like(好きである)のような状態を表す
動詞はふつう進行形にしません。現在の疑問文にします。

# 完成問題 ✓CHECK 　解答 p.479

第8章 進行形

第9章 副詞 well, usually など

第10章 前置詞 in, on, at など

第11章 過去の文

第12章 未来の文

第13章 助動詞 must, have to

第14章 いろいろな文型

**1** **日本文に合うように，（　　）内から適するものを選びなさい。**

(1) ユミとケイコは音楽を聞いています。

Yumi and Keiko ( is / are / doing ) listening to music.

(2) クミは昼食を食べているのですか。― はい，そうです。

( Is / Do / Does ) Kumi having lunch?

― Yes, she ( is / do / does ).

(3) 彼はテレビゲームをしているのではありません。

He ( not / isn't / doesn't ) playing a video game.

**2** **日本文に合うように，（　　）内の語を正しく並べかえなさい。**

(1) あなたのお姉さんは部屋で何をしているのですか。

( is / what / sister / your / doing ) in her room?

_____ in her room?

(2) 彼は今，クラスメートと野球をしています。　　　　　　　　[北海道]

He is ( with / playing / baseball ) his classmates now.

He is _____ his classmates now.

**3** **現在形と現在進行形のどちらが適切かを判断し，（　　）内から適するものを選びなさい。**

(1) Where's Bob?

― He ( watches / is watching ) TV in the living room.

(2) ( Do / Are ) you ( have / having ) a pen, Kate?

― Yes.　Here you are.

(3) What ( does / is ) your father ( do / doing )?

― My father is a police officer.

(4) My father's car is very old.　But he ( doesn't want / isn't wanting ) a new one.

## 4 日本文に合う英文になるように，＿＿に適する語を入れなさい。

(1) たくさんの子どもたちがプールで泳いでいます。

A lot of children ＿＿＿＿＿ ＿＿＿＿＿ in the pool.

(2) あなたは鈴木さんを知っていますか。— はい，知っています。

＿＿＿＿＿ you ＿＿＿＿＿ Mr. Suzuki? — Yes, I ＿＿＿＿＿.

(3) 彼らは校庭を走っています。

They ＿＿＿＿＿ ＿＿＿＿＿ in the schoolyard.

(4) ジョーイは今，勉強しているのですか。— いいえ，していません。

＿＿＿＿＿ Joey ＿＿＿＿＿ now? — No, he ＿＿＿＿＿.

(5) 彼女はそのとき，窓のそばにすわっていました。

She ＿＿＿＿＿ ＿＿＿＿＿ by the window then.


## 5 絵の3人の人物が，それぞれ今していることを英語で説明しなさい。

Mr. Sato

Miyuki

Mika

＿＿＿＿＿＿＿＿＿＿＿＿＿＿＿＿＿＿＿＿＿＿＿＿＿＿＿＿＿＿＿＿

＿＿＿＿＿＿＿＿＿＿＿＿＿＿＿＿＿＿＿＿＿＿＿＿＿＿＿＿＿＿＿＿

＿＿＿＿＿＿＿＿＿＿＿＿＿＿＿＿＿＿＿＿＿＿＿＿＿＿＿＿＿＿＿＿

＿＿＿＿＿＿＿＿＿＿＿＿＿＿＿＿＿＿＿＿＿＿＿＿＿＿＿＿＿＿＿＿


## 6 次の日本文を英語に直しなさい。

(1) あなたは何をさがしているのですか。

＿＿＿＿＿＿＿＿＿＿＿＿＿＿＿＿＿＿＿＿＿＿＿＿＿＿＿＿＿＿＿＿

(2) だれがおふろに入っているのですか。

＿＿＿＿＿＿＿＿＿＿＿＿＿＿＿＿＿＿＿＿＿＿＿＿＿＿＿＿＿＿＿＿

# 第9章

# 副詞 well, usually など

well（じょうずに），usually（ふつうは）
のように動詞や文に意味をプラスすることば
を副詞といいます。
この章では，いろいろな副詞を使って表現を
ゆたかにする方法を学びます。

この章で学ぶ表現

→ well, early, slowly
→ here, now
→ usually, sometimes
→ not

Takeshi plays the piano well.
タケシはじょうずにピアノを弾きます。

Aya is often late for school.
アヤはよく学校に遅刻します。

第9章

SECTION
**1** 様子を表す副詞

おもに動詞を修飾し，動詞のあとにおく。

listen
065

# Takeshi plays the piano well.

タケシはじょうずにピアノを弾きます。

「じょうずに〜する」「ゆっくりと〜する」のように動詞を修飾するときには**副詞**を使います。副詞には次のような形があります。

### ●形容詞と同じ形のもの

| 形容詞 | This car is fast. | この車は速い。 |
| 副詞 | Jim drives fast. | ジムは速く運転します。 |

□ **fast**（〈スピードが〉速く）　□ **early**（〈時間が〉早く）
□ **late**（〈時間が〉遅く）　□ **hard**（熱心に，一生懸命に）
□ **far**（遠く）　□ **enough**（十分に）

### ●形容詞に -ly をつけたもの

| 形容詞 | Amy is careful. | エイミーは注意深い。 |
| 副詞 | Amy drives carefully. | エイミーは注意深く運転します。 |

□ **slow** ▸ **slowly**（ゆっくりと）　□ **quick** ▸ **quickly**（すばやく）
□ **careful** ▸ **carefully**（注意深く）　□ **easy** ▸ **easily**（簡単に）
□ **happy** ▸ **happily**（幸せに）　□ **kind** ▸ **kindly**（親切に）

様子を表す副詞は，動詞よりもあとにくるのが基本です（頻度を表す副詞〈→ p.157〉は例外）。

▸ She drives slowly.　彼女はゆっくりと運転します。

▸ Emma speaks Japanese well.
エマはじょうずに日本語を話します。
× ~~Emma well speaks Japanese.~~

---

**くわしく**

**well と good**
well（よく，じょうずに）は，形容詞 good（よい，じょうずな）に対応する副詞。
・He is a good singer.
（彼はよい［じょうずな］歌い手です。）
・He sings well.
（彼はじょうずに歌を歌います。）

careful は
「注意深い」
carefully は
「注意深く」

## 第9章
### SECTION
# 2 時・場所を表す副詞

here や today, every day に前置詞はつけない。文の最後におくのが基本。

listen
066

## He came <u>here</u> <u>yesterday</u>.
場所　　時

彼は昨日ここに来ました。

昨日もピアノを
弾きに来てたよ。

## 名詞とのちがい

yesterday(昨日)や there(そこに[で])，here(こ
こに[で])などは，ふつう副詞として使われます。

| I met him | yesterday | . 私は昨日彼に会いました。 |
|---|---|---|

1語で動詞を修飾

| I went | there | 私はそこに行きました。 |
|---|---|---|

1語で動詞を修飾

Sunday(日曜日)や the park(公園)のような名詞
の場合は，on Sunday / to the park のように前置
詞が必要ですが，**副詞**には**前置詞をつけません**。

× I met him ~~on~~ yesterday.　× I went ~~to~~ there.

時・場所を表す副詞には，次のようなものがあります。

□ **now**(今)　□ **then**(そのとき)　□ **today**(今日)
□ **yesterday**(昨日)　□ **tomorrow**(明日)
□ **soon**(すぐに)　□ **before**(以前に)　□ **here**(ここに[で])
□ **there**(そこに[で])　□ **home**(家に[で])

▸ **Let's go home.**　家に帰りましょう。

▸ **She lives here with her family.**
彼女は家族といっしょにここに住んでいます。

Let's go <u>to</u>
home. とは
言わない!

第8章 進行形

第9章 副詞 well, usually など

第10章 前置詞 in, on, at など

第11章 過去の文

第12章 未来の文

第13章 助動詞 must, have to

第14章 いろいろな文型

参考

**名詞としての here など**
today や here などは，名詞
として使われる場合もある。
・Today is Sunday.
(今日は日曜日です。)
・How far is it from here?
(ここからどのくらい距離
があ:りますか。)

くわしく

**home / at home**
「帰宅する」などと言うとき
はいつも副詞の home を使
う。
○ go[come, get] home
× go[come, get] ~~to~~ home
「家にいる」「家で〜する」と
言うときは at home の形も
使われる。この home は名
詞。
・Is Jim home?
= Is Jim at home?
(ジムは家にいますか。)

# every day, last week など

every day(毎日)や last week(先週)などのように，2語以上が1つのまとまりとして副詞の働きをするもの(副詞句)もあります。

これらの語句にも**前置詞はつけません**。

○ **I go shopping every Saturday.**
私は毎週土曜日買い物に行きます。

× **I go shopping ~~on~~ every Saturday.**

## 文中での位置

時と場所を表す副詞は，文の最後におくのが基本です。

▶ **I got up late yesterday.** 私は昨日遅く起きました。

時を表す副詞は，文の最初におかれる場合もあります。

▶ **Today we're going to talk about this problem.**
今日私たちはこの問題について話し合います。

**in the morning など**
〈前置詞＋名詞〉の形で，副詞の働きをすることもよくある。
・I play soccer <u>in the park</u>.(私は公園でサッカーをします。)
・I go to bed <u>at ten</u>.
（私は10時に寝ます。）

**時・場所の順序**
時を表す副詞と場所を表す副詞を両方使う場合は，ふつう〈場所＋時〉の順序になる。
・They went there last week.(彼らは先週そこに行きました。)

よくある質問

### ago と before はどうちがうのですか？

**ago** は〈時間の長さ＋ago〉の形で「今から〜前に」の意味を表します。**before** は前置詞としても使われ，ある時点を基準に「その時より以前に」の意味を表します。
・I visited Kyoto two weeks <u>ago</u>. （私は〈今から〉2週間前に京都を訪れました。）
・I visited Kyoto two weeks <u>before the festival</u>.
（私はその祭りの2週間前に京都を訪れました。）
**before** を単独で使うと「（漠然と）以前に」の意味になります。
・I've been to Kyoto before. （私は以前に京都に行ったことがあります。）

# 第9章

## SECTION 3

### 頻度を表す副詞

位置に注意する。一般動詞の前，be動詞のあとにおくのが基本。

listen
067

## Aya is <u>often</u> late for school.

アヤはよく学校に遅刻します。

また遅れちゃった。

第8章 進行形

第9章 well, usually など 副詞

第10章 in, on, at など 前置詞

第11章 過去の文

第12章 未来の文

第13章 must, have to 助動詞

第14章 いろいろな文型

## 働きと種類

always（いつも）やsometimes（ときどき）などは動詞を修飾して頻度を表します。

| always （いつも） | 100% |
|---|---|
| usually （ふつうは，たいてい） | |
| often （しばしば，よく） | |
| sometimes （ときどき） | |
| never （けっして～ない） | 0% |

## 文中での位置

頻度を表す副詞は，一般動詞の文では**一般動詞の前**に，be動詞の文では**be動詞のあと**におくのが基本です。

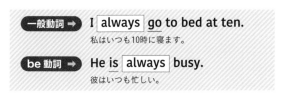

一般動詞 → I | always | go to bed at ten.
私はいつも10時に寝ます。

be動詞 → He is | always | busy.
彼はいつも忙しい。

助動詞がある場合は，**助動詞と動詞の間**におきます。

▶ You can always come here.
　　助動詞　　一般動詞
あなたはいつでもここに来ていいですよ。

---

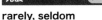

**発展**

**rarely, seldom**

「めったに～ない」の意味のrarely, seldom も頻度を表す副詞。

・I rarely watch TV.
（私はめったにテレビを見ません。）

---

**参考**

**文の最初や最後で使う場合**

usually, sometimes は，文の最初や最後にくる場合もある。

・Usually I get up at six.
（たいてい私は6時に起きます。）

・She goes to the library sometimes.
（彼女はときどき図書館に行きます。）

第9章

SECTION

# 4 not の使い方

not は否定を表すが，部分否定などに注意する。

listen
068

部分否定
# Rich people are <u>not</u> always happy.

金持ちの人が必ずしも幸せとは限りません。

## not の位置

not は否定を表し，否定文をつくります。not は，be 動詞・助動詞(do, does, will など)のあとにおきます。

| be 動詞<br>の文 | **I am** \|**not**\| **good at math.**<br>be 動詞のあと　　(私は数学が得意ではありません。) |
|---|---|
| 一般動詞<br>の文 | **I do** \|**not**\| **read comic books.**<br>do / does / did のあと (私はマンガ本を読みません。) |
| 助動詞<br>の文 | **I will** \|**not**\| **do that again.**<br>助動詞のあと　(私は二度とそんなことをしません。) |

## 部分否定

all(すべて)などの語の前で not が使われると，「**すべて〜というわけではない[とは限らない]**」という**部分否定**の意味になることがあります。

- □ **not all** 〜　　すべて〜というわけではない
- □ **not always**　いつも〜というわけではない
- □ **not every** 〜　すべて〜というわけではない
- □ **not both** 〜　　両方〜というわけではない

▸ **My father is not always busy.**
私の父はいつも忙しいわけではありません。

▸ **I don't know all of the story.**
私はその話のすべてを知っているわけではありません。

not always
の語順に
注意!

参考

**否定の短縮形**

| is not | ▸ isn't |
|---|---|
| are not | ▸ aren't |
| was not | ▸ wasn't |
| were not | ▸ weren't |

| do not | ▸ don't |
|---|---|
| does not | ▸ doesn't |
| did not | ▸ didn't |

| cannot | ▸ can't |
|---|---|
| could not | ▸ couldn't |
| will not | ▸ won't |
| would not | ▸ wouldn't |
| must not | ▸ mustn't |
| should not | ▸ shouldn't |

| have not | ▸ haven't |
|---|---|
| has not | ▸ hasn't |
| had not | ▸ hadn't |

▸ **Not all Americans speak English.**
すべてのアメリカ人が英語を話すとは限りません。

**not very** 〜はふつう，「**あまり〜ない**」の意味になります。

▸ **I don't like math very much.**
私は数学があまり好きではありません。

▸ **It's not very far from here.**
それはここからあまり遠くありません。

## 〜でないと思う

「**〜でないと思います**」と言うときは，ふつう **think を否定**して，I **don't think** (that) 〜. の形で表します。日本語とちがい，英語では否定語は文のなるべく前のほうにおきます。

▸ **I don't think he will come tomorrow.**
私は，彼は明日は来ないと思います。

# I'm afraid not. など

決まった表現の中で，相手が言った文をくり返す代わりに not が使われることがあります。

▸ **You don't get up at five, do you?**
あなたは5時に起きないですよね。
— **Of course not.** (= **Of course I don't get up at five.**)
もちろん，起きません。

▸ **Can you come to the party?**
あなたはパーティーに来ることができますか。
— **I'm afraid not.** (= **I'm afraid that I can't come to the party.**)
残念ながら行けないと思います。

▸ **Will it rain today?**　今日は雨が降るでしょうか。
— **I hope not.** (= **I hope that it will not rain today.**)
そうでないといいのですが。

---

### くわしく

**I don't think 〜. 型の動詞**
believe(信じる)，guess(思う)，expect(期待する)などはこの形になる。
・I don't believe he did this.
（私は彼がこれをしたとは信じません。）
ただし hope はこの形にならず，I hope 〜 not …. の形になるので注意。
・I hope it will not rain.
（雨が降らないといいのですが。）

### 参考

**Why not?**
Why not? は「なぜそうではないのですか。」という質問のほか，相手の誘いなどに「もちろん。」と応じるときにも使われる表現。

# Common Mistakes

次の英文は, 英作文テストで生徒が書いた「誤った英文」の例です。
先生になったつもりで, 誤りを見つけて正しい英文に直しましょう。

(1) 彼らは楽にその試合に勝ちました。

**They won the game easy.**

(2) 彼女は毎日5時に家に帰ります。

**She goes to home at five every day.**

(3) 彼はとてもじょうずにバスケットボールをします。

**He plays basketball very good.**

(4) 彼はいつも私たちに親切です。

**He always kind to us.**

(5) 彼女はそれを好きではないと思います。

**I think she doesn't like it.**

---

(1) **正しい英文** ▶ They won the game easily.

「勝った」という動詞を修飾するので, easy という形容詞ではなく, 副詞の形である easily を使うのが正式な言い方です。

(2) **正しい英文** ▶ She goes home at five every day.

「家に帰る」は go home で表します。この home は「家に, 家で」という意味の副詞なので, 前置詞 to はつけません。

(3) **正しい英文** ▶ He plays basketball very well.

good は形容詞。「じょうずに」は動詞を修飾しているので, 副詞の well を使って表します。He is very good at (playing) basketball. / He is a very good basketball player. という言い方もできます。

(4) **正しい英文** ▶ He is always kind to us.

always の前に be 動詞が必要です。always, usually などの頻度を表す副詞は, 「一般動詞の前」あるいは「be 動詞・助動詞のあと」におくのが基本です。

(5) **正しい英文** ▶ I don't think she likes it.

「～ではないと思う」は, ふつう think を否定して I don't think ～. で表します。

# 完成問題 ✓CHECK

解答 p.479

第8章 進行形

第9章 副詞 well, usually など

第10章 前置詞 in, on, at など

第11章 過去の文

第12章 未来の文

第13章 助動詞 must, have to

第14章 いろいろな文型

**1** 日本文に合うように，（　　）内から適するものを選びなさい。

(1) メグは速く走ることができます。

Meg can run ( fast / slowly / early ).

(2) 彼女は2日前に日本に来ました。

She came to Japan two days ( before / last / ago ).

(3) 私たちはよく図書館へ行きます。

We ( sometimes / often / always ) go to the library.

(4) 彼女は8時前には決して起きません。

She ( always / not / never ) gets up before 8：00.

(5) 私の話を注意深く聞いてください。

Please listen to me ( care / careful / carefully ).

(6) ジョーはじょうずに日本語を話します。

Joe speaks Japanese ( good / well / nice ).

**2** 日本文に合う英文になるように，＿＿に適する語を入れなさい。

(1) 私はふつう日曜日の朝は遅く起きます。

I ＿＿＿＿＿ get up ＿＿＿＿＿ on Sunday morning.

(2) 彼はここに来たことが一度もありません。

He has ＿＿＿＿＿ been ＿＿＿＿＿.

(3) 彼女は毎日テニスをします。

She plays tennis ＿＿＿＿＿ ＿＿＿＿＿.

(4) 私は魚があまり好きではありません。

I ＿＿＿＿＿ like fish ＿＿＿＿＿ ＿＿＿＿＿.

(5) ゆっくり話してください。

Please speak ＿＿＿＿＿.

**日本文に合う英文になるように，（　）内の語句を並べかえなさい。**

⑴ 私の兄はいつも早く起きます。

( early / always / my brother / gets up ).

_____ .

⑵ 鈴木先生はいつも忙しいというわけではありません。

Mr. Suzuki ( busy / always / is / not ).

Mr. Suzuki _____ .

⑶ すべての生徒がスマートフォンを持っているわけではありません。

( have / all / students / not ) smartphones.

_____ smartphones.

⑷ 私にはそれはできないと思います。

I ( I / can / think / do / don't / it ).

I _____ .


**会話の内容に合うように，次の（　）内の日本文を英語に直しなさい。**

⑴ *A:* What time do you get up in the morning?

　*B:* （私はいつも6時に起きます。）

_____

⑵ *A:* Did you see Aya?

　*B:* Oh, yes. （彼女は1時間前にここにいました。）

_____


**次の日本文を英語に直しなさい。**

⑴ 彼女はいつもとても忙しい。

_____

⑵ 昨日，私の父は早く家に帰ってきました。

_____

# 第10章

# 前置詞 in, on, at など

in, on, at のように名詞の前に置く言葉を
前置詞といいます。
この章ではいろいろな前置詞を整理しながら,
それぞれの使い方のポイントを学びます。

この章で学ぶ表現

→ in, on, at
→ before, after
→ from, to
→ of, for, with

**I leave home at 8:15.**
私は8:15に家を出ます。

**Aya sat between
Cody and Jasmine.**
アヤはコーディーとジャスミンの間にすわりました。

**This is for you.**
これはあなたへのプレゼントです。

# 前置詞の働き

〈前置詞＋名詞〉の形で，名詞や動詞を修飾する。

listen
069

前置詞 名詞

# My handbag is on the desk.

私のハンドバッグは机の上にあります。

## 〈前置詞＋語句〉

　前置詞は，あとの名詞などと１つになって，〈前置詞＋語句〉の形のかたまりをつくります。

　このかたまりが，前の名詞を修飾したり，動詞を修飾したりします。

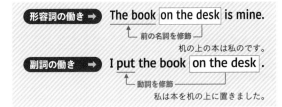

形容詞の働き ➡ The book on the desk is mine.
　　　　　　　　　　前の名詞を修飾
　　　　　　　　　　　　　　　　　机の上の本は私のです。
副詞の働き ➡ I put the book on the desk.
　　　　　　　　　　動詞を修飾
　　　　　　　　　　　　　私は本を机の上に置きました。

### 用語解説

**形容詞句，副詞句**
on the desk のような単語のかたまりを句という。
名詞や代名詞を修飾して，形容詞の働きをする句を形容詞句という。動詞や形容詞などを修飾して，副詞の働きをする句を副詞句という。

## 前置詞のあとの語の形

　前置詞のあとにくる名詞などを前置詞の目的語といいます。代名詞が前置詞の目的語になるときは，必ず**目的格**になります。

▶ I went shopping with him.
　私は彼といっしょに買い物に行きました。

with heとは
言わない！

　動名詞(→ p.252)も前置詞の目的語になります。

▶ Emi is good at playing the piano.
　エミはピアノを弾くのが得意です。
　✕ Emi is good at play the piano.

playing the
pianoがat
の目的語。

第10章
SECTION
## 2 in, on, at の働き

in は空間，on は接触，at は地点を表す。

listen
070

## I leave home <u>at</u> 8:15 <u>in</u> the morning.

私は朝8時15分に家を出ます。

あと5分だけ
見たら出るよ。

## in の意味と働き

**in** は，ある**空間**について「**～の中に，～の中で**」と言うときに使います。

▸ **What's in the box?**
箱の中に何が入っているのですか。

▸ **Mary is in the classroom.**
メアリーは教室にいます。

▸ **A friend in Australia called me.**
オーストラリアにいる友達が電話をくれました。

▸ **Mt. Everest is the highest mountain in the world.**
エベレスト山は世界でいちばん高い山です。

● in は，年・季節・月のように**範囲のある時間**にも使います。

▸ **She came to Japan in June.**
彼女は6月に日本に来ました。

▸ **I often go skiing in winter.**
私は冬によくスキーに行きます。

▸ **He gets up early in the morning.**
彼は朝早くに起きます。

● in は時間の経過を表し，「**（今から）～たったら，～後に**」の意味も表します。

▸ **I'll be back in an hour.** 私は1時間後に戻ります。

**in the box**
箱の中に[で]

**in Australia**
オーストラリアに[で]

**in June**
6月に

## on の意味と働き

**on** は「〜の上に」などの意味で，**表面に接触していることを表します。**

▸ **What's on the table?**
テーブルの上には何がありますか。

▸ **There were a lot of students on the bus.**
バスにはたくさんの生徒が乗っていました。

▸ **Look at the picture on page 51.**
51ページに載っている写真を見なさい。

● 「上」だけでなく，側面や下の面に接触しているときにも on を使います。

▸ **There is a picture on the wall.**
壁に1枚の絵がかかっています。

▸ **There's a bug on the ceiling.**
天井に虫がいます。

▸ **The ticket office is on your left.**
切符売り場は〈あなたの〉左側です。

▸ **I met Sandy on my way to school.**
私は学校へ行く途中でサンディーに会いました。

● 日付・曜日にも on を使います。

▸ **They got married on April 6th.**
彼らは4月6日に結婚しました。

▸ **We don't go to school on Saturdays.**
私たちは土曜日には学校に行きません。

on the table
テーブルの上に[で]

on the wall
壁に（くっついて）

on the ceiling
天井に（くっついて）

on Monday
月曜日に

## at の意味と働き

**at** は「〜のところで[に]」の意味を表します。in が場所を「広がりのある空間」としてとらえるのに対して，at は場所を「点」としてとらえる前置詞です。

▸ **There's someone at the door.**
ドアのところにだれかいます。

▸ **She bought the book at that store.**
彼女はあの店でその本を買いました。

at the door
ドアのところに[で]

▸ **She will stay at a hotel tomorrow.**
　彼女は明日ホテルに滞在します。

▸ **We had a good time at the party.**
　私たちはパーティーで楽しい時を過ごしました。

● 「〜時に」と時刻を言うときにも at を使います。

▸ **Let's meet at the station at ten thirty.**
　10時30分に駅で会いましょう。

▸ **The movie begins at four.**
　映画は4時から始まります。

▸ **I always have lunch at noon.**
　私はいつも正午に昼食を食べます。

● at は「(ある一点)**に向かって，めがけて**」の意味
　で，狙いや目標物を表す働きもあります。

▸ **Look at me.**　私を見なさい。

▸ **He threw a snowball at his friend.**
　彼は友達をめがけて雪玉を投げました。

## 時を表す in, on, at の使い方

　時を表して「〜に」と言うときの in, on, at の使い
分けを整理しましょう。

● **in を使うもの**

| 世紀 | **in the twenty-first century**<br>21世紀に |

| 年代 | **in the 1990s**　1990年代に |

| 年 | **in 2020**　2020年に |

| 季節 | **in (the) summer**　夏に |

| 月 | **in January**　1月に |

| 午前・午後 | **in the morning / the afternoon**<br>朝・午前中／午後に |

● **on を使うもの**

| 日付 | **on May 15th [(the) fifteenth]**<br>5月15日に<br>**on my birthday**　私の誕生日に |

| 曜日 | **on Thursday**　木曜日に |

**at the station**
駅(のところ)で

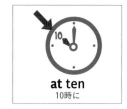

**at ten**
10時に

広がりがある時間

**in**

**on**

**at**

時の一点

**ミス注意**

**特定の日の朝には on**
「朝に，午前中に」は in the morning だが，ある特定の日の「朝に」と言うときは on を使う。
「日曜日の朝に」
× ~~in~~ Sunday morning
○ on Sunday morning

第8章 進行形

第9章 副詞 well, usually など

第10章 前置詞 in, on, at など

第11章 過去の文

第12章 未来の文

第13章 助動詞 must, have to

第14章 いろいろな文型

**特定の日の午前・午後・夜**

▸ **on** Sunday morning /
  afternoon / night
  日曜日の朝[午前中]／午後／夜に

▸ **on** the morning of May 1st
  5月1日の朝[午前中]に

● **at** を使うもの

| 時刻 | **at** six o'clock  6時に |
|---|---|
| | **at** noon / midnight  正午／深夜0時に |

| 時の一点 | She went to Kenya **at** the age of ten. |
|---|---|
| | 彼女は10歳のときにケニアに行きました。 |
| | **at** Christmas  クリスマスの季節に |

| 夜 | **at** night  夜に |

---

**ミス注意** !

**at night**
nightのときはatを使う。
×at morning
×at afternoon
と は 言 わ な い。in the
morning(朝に，午前中に)，
in the afternoon(午後に)
とする。

---

解答は P.480

**Practice**

次の_____に，in, on, at のうち適する前置詞を入れなさい。

① What language do you speak _____ your country?

② She walks in the park _____ Sunday morning.

③ She saw those boys _____ the party.

④ I usually get up _____ seven.

⑤ We enjoy swimming _____ summer.

**Questions**

よくある質問

「駅で」は **in the station** ですか，
それとも **at the station** ですか。

　前置詞は，あとの名詞によって何を使うかが決まるわけではありません。「駅で」と言うときに **in** を使うか，**at** を使うかは話し手の判断によって決まります。その場所を，広がりのある「空間」としてとらえて「～の中で[に]」と言う場合には **in** を使い，地図上のある「一点」としてとらえて「～のところで[に]」と言う場合には **at** を使います。

・There are a lot of people **in** the station. （駅にはたくさんの人がいます。）

・Change trains **at** the next station. （次の駅で電車を乗りかえてください。）

# 3 時を表すそのほかの前置詞

時の前後関係や期間などを表す。

listen
071

## Wash your hands <u>before</u> dinner.

夕食の前に手を洗いなさい。

おやつの前
にもね。

### 〜の前に／あとに

時間や順序について，「〜の前に」は **before**，「〜のあとに」は **after** を使います。

▶ I got up before six.　私は6時前に起きました。

▶ Let's meet after school.　放課後会いましょう。

### 〜の間

**時間や期間の長さ**について，「(〜分)間」「(〜日)間」などと言うときには **for** を使います。

▶ He stayed there for two weeks.
彼は２週間そこに滞在しました。

### 〜から／まで

「〜から…まで」は **from 〜 to** …で表します。

▶ We're open from 7 a.m. to 11 p.m.
私たち(の店)は午前７時から午後11時まで開いています。

● 「〜までずっと」のように，続いていることを表すときには **until** を，「〜までに」のように，しめ切りや期限を表すときには **by** を使います。

▶ He waited for her until one o'clock.
彼は１時まで彼女を待ちました。

▶ I'll be back by one o'clock.
私は１時までには戻ってきます。

参考

**in と within**

「今から〜後に，〜たったら」と言う場合はinを使う。
(→ p.165)

・I'll be back in an hour.
(１時間したら戻ります。)

「〜以内に」は within で表す。

・I'll be back within an hour.
(１時間以内に戻ります。)

くわしく

**during**

「夏」「夏休み」などの特定の期間について，「〜の間(ずっと)」と言うときは during を使う。

・He stayed there during the summer.(彼は夏の間そこに滞在しました。)

# 場所を表すそのほかの前置詞

位置関係，方向などを表す。

## Aya sat between Cody and Jasmine.

アヤはコーディーとジャスミンの間にすわりました。

まん中が好き。

## ～から／に

出発地点(～から)は **from** で，到着地点(～に[まで])は **to** で表します。

▶ **We walked from his house to the park.**
私たちは彼の家から公園まで歩いて行きました。

● 行き先・方向(～に向かって)は for で表します。

▶ **This train is bound for Ueno.**
この電車は上野行きです。

▶ **She left for Italy yesterday.**
彼女は昨日イタリアへ〈向けて〉出発しました。

bound for ～
は電車や飛行機
が「～行きの」
の意味。

## ～の間に／まわりに

2つの「間に」は **between** を，3つ以上の 「間に」は **among** を使って表すのが基本です。

▶ **The bank is between the park and the hospital.**
銀行は公園と病院の間にあります。

▶ **He is popular among young people.**
彼は若い人々の間で人気があります。

●「～のまわりに」は **around** を使います。

▶ **The earth moves around the sun.**
地球は太陽のまわりを回ります。

> **くわしく**
>
> **from のそのほかの用法**
> from は出身や所属を言うときにも使われる。
> ・I'm from Canada.(私はカナダの出身です。)
> ・Mike is a friend from school.(マイクは学校の友達です。)

between 2つの間に

among 3つ以上の間に

around ～のまわりに

## 〜の前に／後ろに／そばに

「〜の前に」は **in front of**（まれに before），「〜の後ろに」は **behind** を使います。「〜のそばに」は **by** や **beside**，「〜の近くに」は **near** を使います。

| in front of 前に | behind 後ろに | near / by 近くに，そばに | beside 横に，そばに |

- ▶ The salesman stood **in front of** my door.  セールスマンが家のドアの前に立ちました。
- ▶ Your coat is hanging **behind** the door.  あなたのコートはドアの後ろにかかっています。
- ▶ We live **near** the post office.  私たちは郵便局の近くに住んでいます。
- ▶ Why don't you come and sit **beside** me?  私のそばに来てすわりませんか。

## 〜の上に／下に

接触して「〜の上に」は on で表しますが，接触せずに離れて「上に」と言うときは **over** や **above** を使います。「下に」は **under** や **below** などを使います。

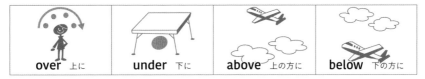

| over 上に | under 下に | above 上の方に | below 下の方に |

- ▶ Birds were flying **over** our house.  鳥が私たちの家の上を飛んでいました。
- ▶ A cat is sleeping **under** the table.  ねこがテーブルの下で眠っています。
- ▶ The plane was **above**[**below**] the clouds.  飛行機は雲の上[下]を飛んでいました。

## 〜の中へ／外へなど

「〜の中へ」は **into**，「〜から外へ」は **out of** を使います。**along** は「〜に沿って」，**across** は「〜を横切って」，**through** は「〜を通り抜けて」の意味です。

| into 中へ in 中で[に] out of から外へ | along 沿って | across 横切って | through 通り抜けて |

- ▶ He came **into**[**out of**] the room.  彼は部屋に入って[から出て]きました。
- ▶ She ran **along**[**across**] the street.  彼女は通りに沿って[を横切って]走りました。
- ▶ The train went **through** the tunnel.  電車はトンネルを通り抜けました。

第8章 進行形

第9章 副詞 well, usually など

第10章 前置詞 in, on, at など

第11章 過去の文

第12章 未来の文

第13章 助動詞 must, have to

第14章 いろいろな文型

# 5 いろいろな前置詞

前置詞には，「所属」「目的」「手段」などさまざまな意味を表すものがある。

listen
073

## Happy birthday, Aya. This is for you.

誕生日おめでとう，アヤ。
これはあなたへ（のプレゼント）です。

Here.

## of

of は「〜の」の意味を表します。

▶ **the name of this flower**　この花の名前

▶ **the top of the mountain**　山の頂上

最上級の文（→ p.267）で，数の前などでも使います。

▶ **He's the tallest of the three.**
彼は 3 人の中でいちばん背が高い。

## for

for は「〜のために」や「〜にとって」などの意味
を表します。

▶ **I bought this book for him.**
私は彼のためにこの本を買いました。

▶ **This is important for me.**　これは私にとって大切なことです。

▶ **I eat bread for breakfast.**　私は朝食にパンを食べます。

## by

by は「〜によって」「〜で」などの意味を表します。

▶ *Mon* **was written by Soseki.**
「門」は漱石によって書かれました。

▶ **I traveled by bus.**　私はバスで旅行しました。

---

### くわしく

**made of 〜, made from 〜**

「〜からできている」と言う
とき，材料が見てわかるとき
は of を，原料がもとの形を
とどめていないときは from
を使うのがふつう。

・This desk is made of
wood.（この机は木ででき
ています。）

・Butter is made from
milk.（バターは牛乳から作
られます。）

### くわしく

**for のそのほかの用法**

for には「〜に賛成して」と
いう意味もある。「〜に反対
して」は against で表す。

・Are you for or against
my plan?（あなたは私の
計画に賛成ですか，反対で
すか。）

参照 p.276
受け身の文で行為者を表すと
きには by を使う。

# with, without

with は「～といっしょに」「～を身につけて」のほか，「～で」の意味で道具などを表します。

▶ **I live with my grandparents.**
私は祖父母と住んでいます。

▶ **She's the girl with long hair.**
彼女は髪の長い少女です。

▶ **Write your answers with a pen.**
答えをペンで書きなさい。

without は「～なしで」の意味を表します。

▶ **We cannot live without water.**
私たちは水なしでは生きられません。

# about

about は「～について」の意味を表します。

▶ **I know nothing about him.**
私は彼について何も知りません。

▶ **This is a story about a famous doctor.**
これはある有名な医師についての物語です。

# like

前置詞の like は「～のような[に]」の意味を表します。

▶ **That cloud looks like a rabbit.**
あの雲はウサギのように見えます。

▶ **He is just like his brother.**
彼は彼の兄[弟]にそっくりです。

▶ **What is Bill like?** ビルはどんな人ですか。

# as

前置詞の as は「～として」の意味を表します。

▶ **My mother works as an English teacher.**
私の母は英語の教師として働いています。

---

**発展**

〈with＋目的語＋補語〉
〈with＋名詞＋形容詞〉などの形で「…を～しながら」の意味を表す。

・Don't speak with your mouth full.
（食べ物を口にほおばって話をしてはいけません。）

**参考**

**副詞 about**
副詞 about は「約，およそ」という意味を表す。
(at) about five（5時ごろに）では at は省略されることもある。

**ミス注意**

**動詞の like と混同しない**
動詞の like と混同して likes などの形にしないこと。
× He is likes his brother.
○ He is like his brother.
（彼は兄[弟]に似ています。）

**参照** p.232
接続詞 as は「～のように」「～と同じように」の意味。
比較の文（→ p.269）でも使う。

---

第8章 進行形

第9章 副詞 well, usually など

第10章 前置詞 in, on, at など

第11章 過去の文

第12章 未来の文

第13章 助動詞 must, have to

第14章 いろいろな文型

# Common Mistakes

次の英文は，英作文テストで生徒が書いた「誤った英文」の例です。
先生になったつもりで，誤りを見つけて正しい英文に直しましょう。

---

(1)　私はこの本を先月読みました。

**I read this book in last month.**

(2)　私は2005年11月3日に生まれました。

**I was born in November 3rd, 2005.**

(3)　彼は1時間後に戻ってくるでしょう。

**He will be back after an hour.**

(4)　学校は8時30分から始まります。

**School begins from eight thirty.**

(5)　彼女はお母さんにそっくりです。

**She is just likes her mother.**

---

(1)　**正しい英文 ▶** I read this book last month.

last ～ や，this ～，next ～，every ～ の形の時を表す語句は，そのままで副詞の働きをするので，前置詞はつけません。

(2)　**正しい英文 ▶** I was born on November 3rd, 2005.

生まれた「日付」を言っている文なので，前置詞は on を使います。直後の November につられて in としないように注意します。

(3)　**正しい英文 ▶** He will be back in an hour.

時の経過を表して「(今から) ～後に，～たったら」と言うときは，in を使うのがもっともふつうの言い方です。

(4)　**正しい英文 ▶** School begins at eight thirty.

「8時30分から始まる」は「8時30分に始まる」ということなので，from ではなく時の一点を表す at を使います。

(5)　**正しい英文 ▶** She is just like her mother.

「～のような」の意味で使われる like は動詞ではなく前置詞なので，3単現の s はつきません。

# 完成問題 CHECK 解答 p.480

第8章 進行形

第9章 副詞 well, usually など

第10章 前置詞 in, on, at など

第11章 過去の文

第12章 未来の文

第13章 助動詞 must, have to

第14章 いろいろな文型

**1** 日本文に合うように，（　　）内から適するものを選びなさい。

(1) 彼らは5月に日本に来ました。

They came ( for / to / from ) Japan ( on / in / at ) May.

(2) 私は2008年に生まれました。

I was born ( on / in / at ) 2008.

(3) あなたは朝何時に起きますか。

What time do you get up ( on / in / at ) the morning?

(4) 彼女は日曜日に夫とテニスをします。

She plays tennis ( about / for / with ) her husband ( on / in / at ) Sundays.

(5) 私たちは2時まで修学旅行について話をしていました。

We were talking ( about / for / with ) our school trip ( by / beside / until ) two.

(6) この歌手は若者たちの間で人気があります。

This singer is popular ( between / for / among ) young people.

(7) ワインはブドウからできています。

Wine is made ( after / from / by ) grapes.

(8) 机の下にあなたのかばんを置いてください。

Please put your bag ( in / on / under ) the desk.　　　　[大阪府A]

(9) その店は郵便局とスーパーマーケットの間にあります。

The store is ( between / from / to ) the post office and the supermarket.　　　　[大阪府A]

(10) 私の言ったことをくり返しなさい。

Repeat ( after / before / under / in ) me.　　　　[北海道]

## 2 日本文に合う英文になるように，＿＿＿に適する語を入れなさい。

(1) 彼女は15分間英語でスピーチをしました。

She gave a speech _____ English _____ fifteen minutes.

(2) ここから博物館へ行くのにどのくらい時間がかかりましたか。

How long did it take _____ here _____ the museum?

(3) 彼らのほとんどはその考えに賛成でした。

Most _____ them were _____ the idea.

(4) 私は朝食前にその川に沿って犬と歩きました。

I walked _____ the river _____ my dog _____ breakfast.

## 3 次の日本文を英語に直しなさい。

(1) 明日10時に図書館の前で会いましょう。

_____

(2) 彼はマイク(Mike)とジム(Jim)の間にすわりました。

_____

## 4 次のようにたずねられたとき，あなたはどのように答えますか。主語と動詞を含む英語１文で書きなさい。 [北海道]

How long do you usually take a bath?

_____

# 第11章

# 過去の文

この章では played や was といった
動詞の過去形を使って，
「〜しました」「〜でした」のように
過去のことを伝えたり，たずねたりする
表現を学びます。

**I talked with Sayaka yesterday.**
私は昨日サヤカとおしゃべりしました。

**I was busy yesterday.**
私は昨日，忙しかった。

**Did you have breakfast?**
朝ごはんは食べた？

177

# 一般動詞の過去の文

一般動詞の過去の文では，動詞を過去形にする。

listen
074

## I talked with Sayaka yesterday.

私は昨日サヤカとおしゃべりしました。

## 過去の文の形

「〜しました」と過去のことを表すときは，動詞を**過去形**にします。

多くの一般動詞は，原形の語尾に **ed** をつけて過去形をつくりますが，不規則に変化する動詞もあります。

| 現在の文 | I | play | tennis. | I | get | up at six. |

過去形に　　　　　　　　　　過去形に

| 過去の文 | I | played | tennis. | I | got | up at six. |

私はテニスをしました。　　　私は6時に起きました。

一般動詞の過去形は，主語が何であっても形は変化せず，すべて同じ形になります。

| ▼主語 | ▼動詞の過去形 | |
| --- | --- | --- |
| I | | |
| He / She / It など3人称単数 | **played** など | 〜. |
| You | | |
| We / They など複数 | | |

## 過去を表す語句

動詞の過去形は，「いつのことなのか」を表す語句とともによく使われます。

● 次の語句は特に過去を表し，過去形とともによく使われます。

### 用語解説

**規則動詞と不規則動詞**

play → played のように，語尾を -ed の形にすると過去形になる動詞を規則動詞という。これに対して，get → got のように不規則に変化して過去形になる動詞を不規則動詞という。

参照 p.83

一般動詞の現在形は，主語によって動詞の形が変化する。

| □ yesterday | 昨日 |
|---|---|
| □ yesterday morning | 昨日の朝[午前中] |
| □ yesterday afternoon | 昨日の午後 |

**last ~**：「この前の~」「昨~」

| □ last night | 昨夜 | □ last year | 去年 |
|---|---|---|---|
| □ last week | 先週 | □ last Sunday | この前の日曜日 |
| □ last month | 先月 | □ last summer | この前の夏 |

**~ ago**：「(今から)~前に」

| □ five days ago | 5日前に | □ an hour ago | 1時間前に |
|---|---|---|---|
| □ many years ago | 何年も前に | □ a week ago | 1週間前に |

▸ **I studied English last night.**
　私は昨夜英語を勉強しました。

▸ **Tom came to Japan three years ago.**
　トムは3年前に日本に来ました。

● 話している時点よりも過去をさすのであれば、**today**(今日)、**this morning**(今朝)や、前置詞で始まる **on Monday**(月曜日に)、**in May**(5月に)などの語句も過去の文でよく使われます。

▸ **I had baseball practice today.**
　私は今日野球の練習をしました。

▸ **He got up late this morning.**
　彼は今朝遅く起きました。

▸ **I met Kate on Monday.**
　私は月曜日にケイトに会いました。

**くわしく**

**過去を表す語句の位置**
yesterday などの過去を表す語句はふつうは文の最後におくが、文の最初にくることもある。

・Yesterday I played tennis.
　昨日私はテニスをしました。

参照 p.155
**時を表す副詞**

**参考**

**last ~**
last は本来、「現在にいちばん近い過去の~」という意味。last Tuesday は、例えば今が月曜日であれば「<u>先週の火曜日</u>( = on Tuesday last week)」の意味になるが、今が土曜日であれば「<u>今週の火曜日</u>( = on Tuesday this week)」の意味にもなる。

Questions

**?**

よくある質問

**「おととい」はどう言えばよいのですか。**

　「おととい」を表す**(the) day before yesterday** という決まった表現がありますが、この表現を使わずに、具体的な曜日を使って過去の日を表すこともできます。例えば今が月曜日であれば、「(この前の)土曜日に」と考えて **last Saturday** または **on Saturday** と言うこともできます。

(右端縦書き)
第8章 進行形
第9章 副詞 well, usually など
第10章 前置詞 in, on, at など
第11章 過去の文
第12章 未来の文
第13章 助動詞 must, have to
第14章 いろいろな文型

第11章

SECTION

## 2 過去形のつくり方

正確に書くために

語尾に(e)d をつけるものと，不規則に変化するものがある。

## 基本パターン

大部分の動詞は，原形の語尾にそのまま ed をつけてつくります。

- □ play スポーツなどをする ▶ played
- □ visit 訪れる ▶ visited
- □ talk 話す ▶ talked
- □ look 見る ▶ looked
- □ want ほしい ▶ wanted
- □ ask たずねる ▶ asked
- □ help 手伝う ▶ helped
- □ watch 見る ▶ watched
- □ walk 歩く ▶ walked
- □ cook 料理する ▶ cooked
- □ call 電話する ▶ called
- □ finish 終える ▶ finished

## d だけをつける語

原形が e で終わる動詞には，d だけをつけます。

- □ live 住んでいる ▶ lived
- □ like 好きだ ▶ liked
- □ close 閉じる ▶ closed
- □ use 使う ▶ used
- □ arrive 到着する ▶ arrived
- □ receive 受け取る ▶ received

## y → ied にする語

つづり字が〈子音字＋y〉で終わる動詞は，語尾の y を i に変えて ed をつけます。

- □ study 勉強する ▶ studied
- □ cry 泣く ▶ cried
- □ worry 心配する ▶ worried
- □ carry 運ぶ ▶ carried
- □ try 試してみる ▶ tried

語尾が y でも，y の前が母音字の場合(-ay, -ey, -oy, -uy)はそのまま ed をつけます。

- □ play スポーツなどをする ▶ played
- □ enjoy 楽しむ ▶ enjoyed
- □ stay 滞在する ▶ stayed

### くわしく

**語尾の ed の発音**

ed の発音は，原形の語尾の発音によって，次の3通りある。

- ・語尾の発音が有声音のとき … [d ド]
 played[pleid]
 called[kɔːld]
- ・語尾の発音が無声音のとき … [t ト]
 liked[laikt]
 helped[helpt]
- ・語尾の発音が [t, d]のとき … [id イド]
 wanted[wántid]
 needed[níːdid]

参照 p.59

[p, k, f, s, ʃ, tʃ] のように声帯をふるわせない音を無声音，[b, g, v, d, z, ʒ] や母音のように声帯をふるわせる音を有声音と呼ぶ。

## 語尾の文字を重ねる語

〈**子音字＋アクセントのある母音字＋子音字**〉で終わる動詞は，**語尾の1文字を重ねて ed** をつけます。

□ **stop** 止まる ▶ **stopped** □ **drop** 落ちる ▶ **dropped**

## 不規則に変化する語

次の動詞は**不規則動詞**です。ed をつけるのではなく，多くの語は**母音の部分が変化**します。

### おもな不規則動詞の変化

listen 075

〈母音の部分が変化するパターン〉

| | | | | |
|---|---|---|---|---|
| □ **come** 来る | ▶ **came** | □ **meet** 会う | ▶ **met** | |
| □ **give** 与える | ▶ **gave** | □ **read** 読む | ▶ **read**[red] | |
| □ **eat** 食べる | ▶ **ate** | □ **get** 手に入れる | ▶ **got** | |
| □ **speak** 話す | ▶ **spoke** | □ **run** 走る | ▶ **ran** | |
| □ **write** 書く | ▶ **wrote** | □ **sit** すわる | ▶ **sat** | |
| □ **find** 見つける | ▶ **found** | □ **begin** 始める | ▶ **began** | |
| □ **see** 見える | ▶ **saw** | □ **take** 取る | ▶ **took** | |

〈母音が変化し，語尾が[d, t]になるパターン〉

| | | | | |
|---|---|---|---|---|
| □ **do** する | ▶ **did** | □ **say** 言う | ▶ **said**[sed] | |
| □ **tell** 話す | ▶ **told** | □ **hear** 聞こえる | ▶ **heard**[hə:rd] | |
| □ **lose** 失う | ▶ **lost** | □ **think** 思う | ▶ **thought**[θɔ:t] | |
| □ **leave** 出発する | ▶ **left** | □ **buy** 買う | ▶ **bought**[bɔ:t] | |
| □ **keep** 保つ | ▶ **kept** | □ **bring** 持ってくる | ▶ **brought**[brɔ:t] | |

〈語尾の子音が変化するパターン〉

| | | | | |
|---|---|---|---|---|
| □ **have** 持っている | ▶ **had** | □ **build** 建てる | ▶ **built** | |
| □ **make** 作る | ▶ **made** | □ **spend** 過ごす | ▶ **spent** | |

〈その他のパターン〉

| | | | | |
|---|---|---|---|---|
| □ **go** 行く | ▶ **went** | □ **put** 置く | ▶ **put** | |

**参照** p.141

語尾を重ねる語のルールは，ing 形のつくり方と同じ。ただし run, put, sit などは不規則動詞。

**参照** p.462

**不規則動詞の変化形一覧**

**ミス注意**

**read の過去形**

read は，原形と過去形のつづりが同じだが，原形は[ri:d リード]，過去形は[red レッド]と発音する。

**参考**

**原形と過去形が同じ形の動詞**
**read**(読む)，**put**(置く)，**cut**(切る)，**hit**(打つ)，**set**(置く)，**spread**(広げる)，**shut**(閉じる)などは，原形と過去形のつづりが同じ。
主語が3人称単数なのに3単現の s がついていなければ，過去の文だと判断できる。

・He **read** the book.
　└過去形

※現在の文なら reads となる。

第8章 進行形 ／ 第9章 副詞 well, usually など ／ 第10章 前置詞 in, on, at など ／ 第11章 過去の文 ／ 第12章 未来の文 ／ 第13章 助動詞 must, have to ／ 第14章 いろいろな文型

---

**Practice**

解答は p.480

### 次の動詞の過去形を書きなさい。

① help _____  ② use _____  ③ study _____

④ stay _____  ⑤ live _____  ⑥ enjoy _____

⑦ go _____  ⑧ get _____  ⑨ see _____

# 一般動詞の過去の疑問文・否定文

疑問文は主語の前に did。否定文は動詞の前に didn't。

動詞の原形

## Did you have breakfast this morning? — No, I didn't.

今朝，朝食を食べましたか。 — いいえ，食べませんでした。

グ～ッ

## 疑問文の形

一般動詞を使って「～しましたか」とたずねる過去の疑問文は，主語の前に **did** をおきます。疑問文の中では，動詞は過去形ではなく**原形**を使います。

肯定文 ➡ **You** played **tennis.**
あなたはテニスをしました。

主語の前に did｜動詞は原形に

疑問文 ➡ **Did** you play **tennis?**
あなたはテニスをしましたか。

▸ **Did** you talk **with Ken yesterday?**
あなたは昨日ケンと話しましたか。

▸ **Did** Mary come **to Japan last month?**
メアリーは先月日本に来たのですか。

▸ **Did** they go **to Kyoto by train?**
彼らは電車で京都へ行きましたか。

疑問文の中の
動詞は原形！

## 答え方

Did ～? の疑問文には，**did** を使い，Yes か No で答えます。答えの文の主語は代名詞にします。

▸ **Did Mr. Sato go to America last summer?**
佐藤さんはこの前の夏にアメリカに行きましたか。
— **Yes, he did.** はい，行きました。

くわしく

**主語が何でも Did ～? の形**
現在の疑問文では主語によって do と does を使い分けるが，過去の疑問文では，主語に関係なくつねに Did ～? の形になる。
〈現在の疑問文〉
・**Do** you ～?
・**Does** he ～?
〈過去の疑問文〉
・**Did** you ～?
・**Did** he ～?

▶ **Did you and Nick play tennis together?**
あなたとニックはいっしょにテニスをしましたか。
— **No, we didn't.** いいえ，しませんでした。

## 疑問詞で始まる疑問文

what などの疑問詞を疑問文の最初におき，「**何を**
**しましたか**」などとたずねることができます。

▶ **What did you do last night?**
— **I studied math.**
あなたは昨夜何をしましたか。— 私は数学を勉強しました。

▶ **When did Jim come? — He came yesterday.**
ジムはいつ来ましたか。— 彼は昨日来ました。

▶ **Where did they live ten years ago?**
— **They lived in Osaka.**
彼らは10年前はどこに住んでいましたか。
— 大阪に住んでいました。

## 否定文の形

「**〜しませんでした**」という否定文は，動詞の前に
**did not**（短縮形は **didn't**）をおきます。動詞は**原形**
を使います。

▶ **I didn't go to school yesterday.**
私は昨日学校に行きませんでした。

▶ **It didn't rain this morning.**
今朝は雨が降りませんでした。

---

**参考**

**did の用法**
did は do, does の過去形。一般動詞の過去の疑問文や答えの文で使うほか，「する」の意味の動詞の過去形としても使う。
・I did my homework.
（私は宿題をしました。）

**参照** ▶ p.113
**疑問詞で始まる疑問文**

**参照** ▶ p.118
「だれが〜しますか」など疑問詞が主語になる疑問文は，語順が〈疑問詞＋動詞 〜?〉になる。
・Who cleaned this room?
（だれがこの部屋をそうじしましたか。）

---

第8章 進行形

第9章 副詞 well, usually など

第10章 前置詞 in, on, at など

第11章 過去の文

第12章 未来の文

第13章 助動詞 must, have to

第14章 いろいろな文型

---

**Practice**

解答は p.480

**（　）の主語と動詞を使い，①〜③は過去の疑問文を，④は否定文をつくりなさい。**

① ( you / play )　＿＿＿＿＿＿＿＿＿ soccer last Sunday?

② ( Jiro / clean )　＿＿＿＿＿＿＿＿＿ his room yesterday?

③ ( Yuki / go )　When ＿＿＿＿＿＿＿＿＿ to Kyoto?

④ ( she / cook )　＿＿＿＿＿＿＿＿＿ dinner last night.

# be 動詞の過去の文

am, is の過去形は was。are の過去形は were。

listen
077

### 過去形
# I <u>was</u> busy yesterday.

私は昨日，忙しかった。

家にいたからね！

「〜でした」「〜にいました[ありました]」という **be 動詞の過去形**は，主語に応じて次のように **was** と **were** を使い分けます。

| ▼主語 | ▼現在形 | ▼過去形 | |
|---|---|---|---|
| **I** | **am** | **was** | ~. |
| **He** / **She** / **It** など3人称単数 | **is** | | |
| **You** | **are** | **were** | |
| **We** / **They** など複数 | | | |

❶ 主語が **I** または**3人称単数**のときは **was** を使います。am と is の過去形が was です。

▶ **I was a student last year.**　　私は，去年は学生でした。

▶ **Ken was at my house then.**　ケンはそのとき私の家にいました。

❷ 主語が **you** または**複数**(we, they, the boys など)のときは **were** を使います。are の過去形が were です。

▶ **You were tired last night.**　　あなたは昨夜疲れていました。

▶ **We were in Canada last week.**　私たちは先週カナダにいました。

---

**Practice**

解答は p.480

次の_____に，**was** か **were** のいずれかを入れなさい。

①　I _____ sick at that time.

②　Yuki and I _____ in the library an hour ago.

③　My mother _____ very busy yesterday.

第11章
SECTION

# 5 be 動詞の過去の疑問文・否定文

疑問文は was[were]を主語の前に，否定文は was[were]のあとに not。

listen
078

第8章 進行形

第9章 副詞 well, usually など

第10章 前置詞 in, on, at など

第11章 過去の文

第12章 未来の文

第13章 助動詞 must, have to

第14章 いろいろな文型

## How was the movie? — It was boring.

その映画はどうでしたか。— 退屈でした。

期待していた
ほどじゃなかったのね。

## 疑問文の形

「〜でしたか」「〜にいましたか」という be 動詞の過去の疑問文は，was[were]を主語の前に出します。

参照 ▶ p.73
be 動詞の疑問文は，be 動詞を主語の前に出す。

| 肯定文 ➡ | You | were | tired yesterday. | あなたは昨日疲れていました。 |

be 動詞を主語の前に

| 疑問文 ➡ | Were | you | tired yesterday? | あなたは昨日疲れていましたか。 |

答えの文では，主語に合った be 動詞を使います。

▶ Were you free yesterday? — Yes, I was.
あなたは昨日暇でしたか。— はい，暇でした。

▶ Was Mike home last night? — No, he wasn't.
マイクは昨夜家にいましたか。— いいえ，いませんでした。

▶ Was it rainy yesterday? 昨日は雨でしたか。
— Yes, it was. はい，雨でした。

▶ Were Ken and Jiro in the classroom then?
ケンとジロウはそのとき教室にいましたか。
— No, they weren't. いいえ，いませんでした。

参照 ▶ p.74
be 動詞の現在の疑問文と答え方

くわしく

否定の短縮形
was not → wasn't
were not → weren't

## 疑問詞で始まる疑問文

疑問詞がある場合は，〈疑問詞＋was[were]＋主語 〜?〉の形になります。

▶ How was the weather in New York?
ニューヨークの天気はどうでしたか。

— **It was cloudy every day.** 毎日くもっていました。

▸ **Where were you around ten this morning?**
あなたは今朝の10時ごろはどこにいましたか。

— **I was in my room.** 私は自分の部屋にいました。

参照 p.114
疑問詞で始まる疑問文

▸ **Why were you absent yesterday?**
あなたは昨日なぜ休んだのですか。

— **Because I was sick.** 具合が悪かったからです。

## 否定文の形

「〜ではありませんでした」「〜にいませんでした[ありませんでした]」という否定文は，was[were]のあとに **not** をおきます。短縮形は，**wasn't**[**weren't**]になります。

▸ **I wasn't at the party last night.**
私は昨夜のパーティーにはいませんでした。

▸ **It wasn't sunny in Kyoto yesterday.**
京都は昨日晴れていませんでした。

▸ **We weren't in the classroom then.**
私たちはそのとき教室にいませんでした。

---

**Practice**

解答は p.480

**日本語に合うように，_____ に適する語を書きなさい。**

① _____ you at home last Sunday? あなたはこの前の日曜日，家にいましたか。
— No, I _____. いいえ，いませんでした。

② _____ they kind to you? 彼らはあなたに親切でしたか。
— Yes, they _____. はい，親切でした。

③ _____ _____ Tom this morning? トムは今朝どこにいましたか。
— He _____ in the park. 彼は公園にいました。

④ Emi _____ with us then.
エミはそのとき私たちといっしょにいませんでした。

# 第11章

**SECTION 6**

# used to ～

「以前は～した」「以前は～だった」の意味を表す。

**listen 079**

# I <u>used to</u> have long hair.

私は以前，髪が長かったのです。

今はショートヘア
だもんね。

〈used to＋動詞の原形〉で，「**以前は（よく）～した**」「**以前は～だった**」という意味を表します。

過去のいつなのかをはっきり言わずに，「**以前はこうだったが今はちがう**」という意味あいで使います。

used to とそのあとの動詞は，主語が何であっても形は変化せず，いつも同じ形になります。

| ▼主語 | | ▼動詞の原形 | |
|---|---|---|---|
| I | **used to** | **play** など | ～. |
| He / She / It など3人称単数 | | | |
| You | | | |
| We / They など複数 | | | |

▶ **I used to play the piano.**
　私は以前ピアノを弾いていました。（今は弾いていない）

▶ **My father used to work here.**
　私の父は以前ここで働いていました。（今は働いていない）

▶ **My parents used to live in France.**
　私の両親は以前フランスに住んでいました。（今は住んでいない）

be 動詞の場合は **used to be** の形になります。

▶ **My mother used to be a nurse.**
　私の母は以前，看護師でした。（今はそうではない）

### くわしく

**used to の発音**

used to は［ユーストゥ］のように発音される。一般動詞 use［ユーズ］とは異なるので注意。

### くわしく

**過去形と used to**

ふつうの過去形は，過去のいつのことなのかを示しながら使うのがふつう。現在の状態についての情報はふくまない。

・I walked to school this morning.（私は今朝，学校に歩いて行きました。）

一方で used to は以前の習慣・状態について，いつのことなのかを示さずに使い，「しかし現在はちがう」という意味合いをもつ。

・I used to walk to school.（私は以前は学校に歩いて行っていました〈しかし今は歩いていません〉。）

第8章　進行形

第9章　副詞 well, usually など

第10章　前置詞 in, on, at など

第11章　過去の文

第12章　未来の文

第13章　助動詞 must, have to

第14章　いろいろな文型

# Common Mistakes

次の英文は，英作文テストで生徒が書いた「誤った英文」の例です。
先生になったつもりで，誤りを見つけて正しい英文に直しましょう。

⑴ 私は昨日サッカーをしました。

**I plaied soccer yesterday.**

⑵ 彼は２週間前に横浜に行きました。

**He was go to Yokohama two weeks ago.**

⑶ あなたは昨夜，理科を勉強しましたか。

**Did you studied science last night?**

⑷ あなたのお母さんはこの前の日曜日にここに来ましたか。

**Was your mother come here last Sunday?**

⑸ 私は今朝，早起きしませんでした。

**I didn't got up early this morning.**

⑴ **正しい英文** ▶ I played soccer yesterday.

y を i に変えて ed をつけるのは，study のように y の前が子音字の場合だけです。play は語尾が〈母音字＋y〉なので，そのまま ed をつけます。

⑵ **正しい英文** ▶ He went to Yokohama two weeks ago.

一般動詞の過去の文に be 動詞は使いません。「〜に行きました」は，go の過去形 went を使って表します。

⑶ **正しい英文** ▶ Did you study science last night?

一般動詞の過去の疑問文の中では，動詞は過去形ではなく原形を使います。主語が何であっても動詞の形は原形です。

⑷ **正しい英文** ▶ Did your mother come here last Sunday?

一般動詞の過去の疑問文に be 動詞は使いません。主語が何であっても，〈Did＋主語＋動詞の原形 〜?〉の形になります。

⑸ **正しい英文** ▶ I didn't get up early this morning.

一般動詞の過去の否定文の中では，動詞は過去形ではなく原形を使います。

# 完成問題 CHECK　　解答▶p.481

第8章 進行形

第9章 副詞 well, usually など

第10章 前置詞 in, on, at など

第11章 過去の文

第12章 未来の文

第13章 助動詞 must, have to

第14章 いろいろな文型

**1　現在形と過去形のどちらが適切かを判断し，日本文に合うように，（　　）内から適するものを選びなさい。**

(1) 私は今日，図書館に行きました。
I ( go / went ) to the library today.

(2) 夕食の準備ができましたよ，ボブ。 ― 今，行くよ，お母さん。
Dinner ( is / was ) ready, Bob. ― I'm coming, Mom.

(3) 私は毎朝6時に起きます。
I ( get / got ) up at six every morning.

(4) おなかがすきましたか。 ― はい。
( Are / Were ) you hungry? ― Yes, I am.

(5) 私は昔，髪が長かった。
I used to ( have / had ) long hair.

(6) 私は昨夜，テレビで古い映画を見ました。　　　　　　［大阪府A］
I ( watch / watched / watching ) an old movie on TV last night.

(7) 私は彼の意見を注意深く聞きました。　　　　　　　　［大阪府A］
I ( listen / listened / listening ) to his opinion carefully.

**2　日本文に合う英文になるように，＿＿に適する語を入れなさい。**

(1) 私たちはパーティーで楽しい時を過ごしました。
We ＿＿＿＿ a good time at the party.

(2) 私はそこで写真を何枚か撮りました。
I ＿＿＿＿ some pictures there.

(3) 私の兄は昨日，部屋をそうじしませんでした。
My brother ＿＿＿＿ clean his room yesterday.

(4) あなたは昨夜どこにいましたか。
Where ＿＿＿＿ you last night?

**3** 次の会話文が成り立つように，＿＿＿に適する語を入れなさい。

(1) A : Were you a student at this school?
B : Yes, I ＿＿＿＿＿．  I studied here for three years.

(2) A : Did you go out yesterday?
B : No, I ＿＿＿＿＿．  I stayed home all day.

**4** 次の絵は昨日のアキラの行動を表しています。絵の内容に合うように，(1)～(3)に適切な英語を書き，アキラの日記文を完成させなさい。

午前中：部屋で音楽を聞く　　　午後：友達とサッカー　　　夕食後：テレビを見る

Sunday, April 20

I got up at seven and had breakfast at eight. (1)＿＿＿＿＿＿＿＿＿

＿＿＿＿＿＿＿＿＿＿＿＿＿＿＿＿＿＿ in the morning.

In the afternoon, (2)＿＿＿＿＿＿＿＿＿＿＿＿＿．

After dinner, (3)＿＿＿＿＿＿＿＿＿＿＿＿＿＿＿＿．

新傾向

**5** 次の質問に対する答えを英語で書きなさい。ただし，それぞれ6語以上の1文で書くこと。(「,」「.」などの符号は語として数えない。)　　　　　　[愛媛県]

(1) あなたは，英語を使って，今までにどのようなことをしましたか。

＿＿＿＿＿＿＿＿＿＿＿＿＿＿＿＿＿＿＿＿＿＿＿＿＿＿＿＿＿

(2) また，そのとき，どのように思いましたか。

＿＿＿＿＿＿＿＿＿＿＿＿＿＿＿＿＿＿＿＿＿＿＿＿＿＿＿＿＿

# 第12章

# 未来の文

この章ではおもに be going to と will
の2つの表現を使って,
未来のことについて伝えたり,
たずねたりする言い方を学びます。

この章で学ぶ表現

→ I'm going to ～.
→ Are you going to ～?
→ I will ～.
→ Will you ～?

**I'll call you tonight.**
今夜電話するね。

**I'm going to get a haircut.**
髪を切りに行くつもりです。

**Will you read
this page aloud?**
このページを音読してくれるかい。

# be going to ～

be going to ～ で「～するつもりです」という意味。

be going to　　　動詞の原形
## I'm going to go to the museum with Alex this weekend.

私はこの週末にアレックスと美術館に行く予定です。

## 文の形

〈**be 動詞＋going to＋動詞の原形**〉で未来のことを表すことができます。be 動詞は，主語によって am, is, are を使い分けます。

| ▼主語 | ▼ be 動詞 | | ▼動詞の原形 | |
|---|---|---|---|---|
| I | **am** | | | |
| **He / She / It** など3人称単数 | **is** | **going to** | **play**<br>など | **～.** |
| **You** | **are** | | | |
| **We / They** など複数 | **are** | | | |

## be going to ～の意味

未来を表す be going to ～ は，おもに次の２つの場合に使います。

❶ 「～するつもりです」のように，**すでに心に決めている予定**を言うとき。

▸ **I'm going to** take a vacation in August.
私は８月に休暇を取る予定です。

心に決めた予定（～するつもりです）

### くわしく

**未来を表す語句**
・tomorrow（明日）
　tomorrow morning(明日の朝)
・next ～
　(次の～，今度の～)
　next Sunday
　(今度の日曜日)
　next week（来週）
　next month(来月)
・その他
　someday(いつか)
　in 2050(2050 年に)

▸ **Do you have any plans for the weekend?**
週末の予定は何かありますか。

— **I'm going to visit my uncle in Tokyo.**
東京のおじを訪ねる予定です。

▸ **They are going to get married in June.**
彼らは6月に結婚する予定です。

▸ **We are going to stay in London for a week.**
私たちはロンドンに1週間滞在する予定です。

❷ **今の状況をもとに判断して，将来起こる出来事を予想するとき。**

▸ **Look at the sky. It's going to rain.**
空を見て。雨が降りますよ。

起こりそうなこと（〜しそうです）

▸ **Watch out! Your glass is going to fall.**
気をつけて！ コップが落ちそうです。

**発展**

**was[were] going to 〜**
was[were] going to 〜 の形で，「〜するつもりだった」と過去の時点の予定を表すことができる。
・I was going to play tennis today.（私は今日，テニスをするつもりでした〈が，しませんでした〉。）

---

Questions
?

よくある質問

**I'm playing tennis tomorrow. という英文を見たことがありますが，どういう意味ですか。**

　すでに心に決めていることを言うときには be going to 〜 を使いますが，現在進行形で未来のことを表す場合もあります。（→ p.146）
　現在進行形は，具体的に決まっていて，もう準備が整っているような確実な予定や計画について，「〜することになっている」と言うときに使われます。
　例えば I'm going to meet Kumi tomorrow. は，「久美に会うことをすでに心に決めている（＝会うつもりである）」ことを表します。これに対して現在進行形の I'm meeting Kumi tomorrow. は，「久美と会う約束があって，会う時間や場所まですでに決まっている／向かっている途中である」と言うときに使われます。

第8章 進行形
第9章 副詞 well, usually など
第10章 前置詞 in, on, at など
第11章 過去の文
第12章 未来の文
第13章 助動詞 must, have to
第14章 いろいろな文型

# be going to の疑問文・否定文

疑問文は be 動詞を主語の前に，否定文は be 動詞のあとに not。

listen
081

be動詞　　　　　　　　　　　　動詞の原形

# What are you going to do this weekend, Sayaka?
# — I'm going to get a haircut.

今週末は何をするのですか，サヤカ。
— 髪を切りに行くつもりです。

## 疑問文の形

「〜するつもりですか」とたずねる be going to 〜 の疑問文は，**be 動詞を主語の前に**出します。

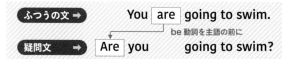

| ふつうの文 ➡ | You | are | going to swim. | あなたは泳ぐつもりです。 |

be 動詞を主語の前に

| 疑問文 ➡ | Are | you | going to swim? | あなたは泳ぐつもりですか。 |

▶ **Is Nancy going to visit Osaka this weekend?**
　ナンシーはこの週末に大阪を訪れるつもりですか。

## 答え方

be going to 〜の疑問文には，ふつうの be 動詞の疑問文と同じように，be 動詞を使い，Yes か No で答えます。

▶ **Are you going to cook dinner? — Yes, I am.**
　あなたは夕食を作るつもりですか。— はい，そのつもりです。

▶ **Is he going to buy a new car?**
　彼は新しい車を買うつもりですか。

　— **Yes, he is.　He is going to buy a hybrid.**
　　はい。彼はハイブリッド車を買うつもりです。

be動詞の疑問
文と，答え方は
同じ！

**ミス注意**

**to のあとはいつも原形**
be going to の 文 で は，to のあとの動詞は主語にかかわらずいつも原形を使う。
× Is she going to ~~visits~~ Osaka?（visit が正しい）
　（彼女は大阪を訪れるつもりですか。）

## 疑問詞で始まる疑問文

what などの疑問詞を疑問文の最初におき，「何をするつもりですか」などとたずねることができます。

▸ **What** are you going to do tomorrow?
あなたは明日何をするつもりですか。

— **I'm going to go shopping.**
私は買い物に行くつもりです。

▸ **When** are you going to visit Hokkaido?
あなたはいつ北海道を訪れるつもりですか。

— **Next summer.** 今度の夏です。

▸ **How long** are you going to stay?
あなたはどのくらい滞在するつもりですか。

— **For a week.** 1週間です。

## 否定文の形

「〜するつもりはありません」という be going to 〜 の否定文は，be 動詞のあとに not をおきます。

▸ **I'm not** going to watch TV tonight.
私は今夜はテレビを見るつもりはありません。

▸ **Jack isn't** going to play soccer after school.
ジャックは放課後にサッカーをするつもりはありません。

参照 ▶ p.113
疑問詞で始まる疑問文

参照 ▶ p.76
be 動詞の否定の短縮形

第8章 進行形

第9章 副詞 well, usually など

第10章 前置詞 in, on, at など

第11章 過去の文

第12章 未来の文

第13章 助動詞 must, have to

第14章 いろいろな文型

---

**Practice**

解答は p.481

日本語に合うように，_____ に適する語を書きなさい。

① Emi _____ going to _____ tennis next Sunday.
エミは今度の日曜日にテニスをするつもりです。

② _____ you _____ to meet Tom tomorrow?
—Yes, I _____.
あなたは明日トムに会うつもりですか。 — はい，そのつもりです。

③ I'm _____ _____ to go by train.
私は電車で行くつもりはありません。

# 第12章

## SECTION 3

# will を使った未来の文

助動詞の will を使って未来のことを表すこともある。

listen
082

**Oh, Mr. Jones will be here** ← 動詞の原形
**any minute.**
**I'll call you tonight.**

あ，ジョーンズ先生がもう来ちゃう。今夜電話するね。

## 文の形

〈**will＋動詞の原形**〉で未来のことを表すことができます。will は助動詞で，形は変わりません。

| ▼主語 | | ▼動詞の原形 | |
|---|---|---|---|
| **I** | **will** | **play** など | **〜.** |
| **He** / **She** / **It** など3人称単数 | | | |
| **You** | | | |
| **We** / **They** など複数 | | | |

## will の文の意味

未来を表す will は，おもに次の2つの場合に使います。

❶ **今その場で決めたことを言うとき。**

▶ **I'll answer the phone.**
私が電話に出ます。

▶ **I'm hungry.**
— **OK, I'll get some food.**
おなかがすいた。— わかった。何か食べ物を買ってくる。

❷ **未来の予測・予想を言うとき。**

▶ **Hurry up. You'll be late.** 急いで。遅刻しますよ。

▶ **She'll be a good teacher.**
彼女はよい教師になるでしょう。

**くわしく**

**will の短縮形**

| I will | → | **I'll** |
|---|---|---|
| you will | → | **you'll** |
| he will | → | **he'll** |
| she will | → | **she'll** |
| it will | → | **it'll** |
| we will | → | **we'll** |
| they will | → | **they'll** |

# will の疑問文・否定文

疑問文は will を主語の前に出し，否定文は will のあとに not をおく。

第8章 進行形

第9章 副詞 well, usually など

第10章 前置詞 in, on, at など

第11章 過去の文

第12章 未来の文

第13章 助動詞 must, have to

第14章 いろいろな文型

listen
083

動詞の原形

## Will you be home around 8:00?
## — Yes, I will.

8時ごろは家にいますか。 — はい，います。

## 疑問文と答え方

疑問文は，**will を主語の前**に出します。ふつう Yes, 〜 will. / No, 〜 will not[won't]. で答えます。

| ふつうの文 ➡ | He will come. |
| --- | --- |
| | 彼は来るでしょう。 |

will を主語の前に

| 疑問文 ➡ | Will he come? |
| --- | --- |
| | 彼は来るでしょうか。 |

**参照** p.110, 111
**can の疑問文・否定文の形**

▶ **Will Jane come to the party today?**
ジェーンは今日，パーティーに来るでしょうか。

— **No, she won't.**  いいえ，来ないでしょう。

will not の
短縮形は
won't

● what などの疑問詞は, 疑問文の最初におきます。

▶ **How will the weather be tomorrow?**
明日の天気はどうなるでしょうか。

is / am / are
の原形はbe

## 否定文の形

will の否定文は，**will のあとに not** をおきます。
短縮形の won't がよく使われます。

くわしく

**will not の短縮形**
will not の 短 縮 形 won't は
[wount ウォウント]と発音する。

▶ **Jenny won't be at the meeting.**
ジェニーは会合に出席しないでしょう。

▶ **I'm sorry, Mom.  I won't do that again.**
ごめんなさい，お母さん。もうあんなことしません。

## 5 依頼の Will you ～?

Will you ～? で「～してくれますか」という意味を表す。

listen
084

### Will you read this page aloud?
### — Yes, Mr. Jones.

このページを音読してくれるかい。
— はい，ジョーンズ先生。

## 依頼の Will you ～?

助動詞 will は未来を表す文で使われるほか，**Will you ～?** の形で「～**してくれますか**」と依頼するときにも使われます。

▸ **Will you shut the door, please?** — **OK.**
ドアを閉めてくれますか。— はい。

▸ **Will you turn off the TV?**
— **All right, Mom.**
テレビを消してくれる？ — わかった，お母さん。

## 応じ方

依頼の Will you ～? に「はい」と応じるときは，次のような言い方も使われます。

□ **Sure.**(もちろん。)  □ **Certainly.**(もちろんです。)
□ **OK.[Okay.]** (いいですよ。)
□ **All right.** (いいですよ。)
□ **No problem.** (かまいません。)

▸ **Will you carry this for me?**
— **No problem.**
私のためにこれを運んでもらえますか。
— かまいません。

---

### くわしく

**Will you ～?**
will は意志を表す。Will you ～? は「～するつもりはありますか」の意味で，相手の意志をたずねる形で依頼する言い方。言い方によっては命令している感じを与えることもある。「～できますか」という意味の Can you ～? のほうが，気軽でフレンドリーな依頼になる。
例えば左の Will you turn off the TV? は場合によっては「テレビを消すつもりはあるの？（消しなさい。）」という命令のようにも聞こえるので注意。

参照 p.209
**依頼を表す Would you ～?**

## 表現力 UP｜be going to 〜 と will の使い分け

### 英語にしてみよう！

次の文を英語で表してみましょう。

1. 〈今日の放課後は暇？と聞かれて〉
   いいえ。ヒロミと買い物に行くつもりです。

2. 〈このパソコンの使い方がわからない，
   と言う相手に〉
   私が教えてあげましょう。

3. 〈別れ際に〉あとで電話するね。

 「すでに決まっている予定」には be going to 〜 を，「今その場で決めたこと」には will を使うのが基本です。

1 は「すでに決まっている予定」を伝える文なので，be going to 〜 を使って表すのが適切です（現在進行形で表すこともできます）。

これに対して 2 と 3 は，どちらも「今その場で決めたこと」を申し出ている文なので，will を使って表すのが適切です。

解答例

1. No. I'm going to go shopping with Hiromi.
   [I'm going shopping 〜.]
2. I'll show[tell, teach] you.
3. I'll call you later.

# Common Mistakes

次の英文は，英作文テストで生徒が書いた「誤った英文」の例です。
先生になったつもりで，誤りを見つけて正しい英文に直しましょう。

(1) 彼女は明日，早く起きるつもりです。

**She is going to gets up early tomorrow.**

(2) 私たちは明日野球をするつもりです。

**We going to play baseball tomorrow.**

(3) 彼女はパーティーでギターを弾くでしょう。

**She wills play the guitar at the party.**

(4) 彼はもうすぐ来るでしょう。

**He will comes soon.**

(5) 明日はくもりでしょう。

**It will cloudy tomorrow.**

---

(1) **正しい英文 ▶** She is going to get up early tomorrow.

be going to ～ の文では，to のあとの動詞はいつも原形です。主語が３人称単数であっても，to のあとの動詞に s をつけたりはしません。

(2) **正しい英文 ▶** We are going to play baseball tomorrow.

be going to ～ の文では，going の前に be 動詞を入れるのを忘れないようにしましょう。この文では，主語が we なので are を使います。

(3) **正しい英文 ▶** She will play the guitar at the party.

will は，can などと同じ助動詞です。助動詞には，主語が３人称単数でも s をつけたりはしません。

(4) **正しい英文 ▶** He will come soon.

助動詞 will のあとの動詞はいつも原形です。

(5) **正しい英文 ▶** It will be cloudy tomorrow.

cloudy（くもった）は形容詞なので，前に be 動詞が必要です。will のあとの動詞は原形にするので，be 動詞の原形の be を will のあとにおきます。

# 完成問題 CHECK

解答 p.481

第8章 進行形

第9章 副詞 well, usually など

第10章 前置詞 in, on, at など

第11章 過去の文

第12章 未来の文

第13章 助動詞 must, have to

第14章 いろいろな文型

## 1　（　）内から適するものを選びなさい。

(1) My father and I ( am / are / is ) going to America next month.

(2) I forgot to call Jack.　I will ( call / calls / calling ) him now.

(3) Emi ( will / going / is going ) to clean her room next Saturday.

(4) ( Do / Are / Is ) your sister going to play tennis tomorrow?

(5) My father ( isn't / doesn't / didn't ) going to buy a car.

(6) ( Do / Are / Will ) you close the window, Bob?
　 − Sure.　Wait a minute.

## 2　日本文に合う英文になるように，＿＿に適する語を入れなさい。

(1) 明日は晴れるでしょう。

It ＿＿＿＿＿ ＿＿＿＿＿ sunny tomorrow.

(2) 私たちはカナダに2週間滞在するつもりです。

We ＿＿＿＿＿ ＿＿＿＿＿ ＿＿＿＿＿ stay in Canada for two weeks.

(3) 彼はパーティーには来ないでしょう。

He ＿＿＿＿＿ come to the party.

(4) 私は彼に会うつもりはありません。

I'm ＿＿＿＿＿ ＿＿＿＿＿ ＿＿＿＿＿ see him.

(5) あなたのお兄さんはいつ沖縄を訪れるつもりですか。

＿＿＿＿＿ ＿＿＿＿＿ your brother ＿＿＿＿＿ to visit Okinawa?

(6) じゃあね，テッド。あとで電話するよ。

Bye, Ted.　＿＿＿＿＿ ＿＿＿＿＿ you later.

## 3 次の会話文が成り立つように，____に適する語を入れなさい。

(1) *A* : Are you going to play soccer tomorrow?

    *B* : _____, I'm _____.  I'm going to play baseball tomorrow.

(2) *A* : Will your mother be at home next Saturday?

    *B* : Yes, _____ _____.

(3) *A* : _____ _____ _____ Tom going to stay?

    *B* : For a week.

(4) *A* : _____ _____ _____ going to get there?

    *B* : I'm going to take the train.

## 4 次の会話文を読んで，あとの問いに答えなさい。

*Jane* : Do you have any plans for Sunday?

*Yuki* : No, I don't.  Why?

*Jane* : I'm going to see a movie.  Do you want to come?

*Yuki* : Sounds nice.  (1)( you / movie / to / are / what / going ) see?

*Jane* : Wonderful Family.

*Yuki* : What time does the movie start?

*Jane* : Ten o'clock.  Let's meet at the station at nine thirty.

*Yuki* : OK.  See you on Sunday.

(1) 会話が成り立つように下線部の（　　）内の語を並べかえなさい。

_____ see?

(2) 次の問いに英語で答えなさい。

  ① What are Jane and Yuki going to do on Sunday?

_____

  ② Where are they going to meet?

_____

# 助動詞 must, have to など

must(〜しなければならない)などを
助動詞といい，動詞といっしょに使うことで
話し手の気持ちを表すことができます。
この章では，いろいろな助動詞の意味と
使い方について学びます。

この章で学ぶ表現

➡ I must 〜.
➡ I have to 〜.
➡ You should 〜.
➡ May I 〜?
➡ Could you 〜?

You should go to bed early tonight.
今夜は早く寝たほうがいいよ。

I have to go back to the U.S.
アメリカに戻らなければならないんだ。

Shall I carry them for you?
私が運びましょうか。

# 1 have to, must

have to は「〜しなければならない」。must は義務・推量を表す。

listen
085

動詞の原形
# I have to go back to the U.S. with my family next year.

来年，家族とアメリカに戻らなければならないんだ。

## have to 〜の文

「〜しなければならない」は〈have[has] to＋動詞の原形〉で表します。主語によって have, has を使い分けます。

▷ I have to leave home at seven tomorrow.
　私は明日7時に家を出なければなりません。

▷ He has to study English before going abroad.
　彼は外国へ行く前に英語を勉強しなければなりません。

● 疑問文は Do[Does]… have to 〜? の形で，「〜しなければなりませんか」という意味になります。

▷ Do I have to be here? — Yes, you do.
　私はここにいなければなりませんか。— はい, そうです。

▷ Does he have to go to bed now?
　— No, he doesn't (have to).
　彼はもう寝なければなりませんか。
　— いいえ, その必要はありません。

● 否定文は don't[doesn't] have to 〜で「〜する必要はない」という意味になります。

have[has] to の否定は don't[doesn't] have to

▷ You don't have to come tomorrow.
　明日はあなたは来る必要はありません。

▷ We don't have to clean the classroom today.
　私たちは今日は教室をそうじする必要はありません。

参考

**have[has] to 〜の読み方**
have to の発音は [hǽftu(ː) ハフトゥ(ー)] または [hǽftə ハフタ], has to は [hǽstu(ː) ハストゥ(ー)] または [hǽstə ハスタ]と読むことが多い。

● 「〜しなければならなかった」は had to, 「〜しなければならないでしょう」は will have to で表します。

▶ **We had to walk for about an hour.**
私たちは約1時間歩かなければなりませんでした。

▶ **She will have to pay a lot of money.**
彼女はたくさんのお金を払わなければならないでしょう。

## 「〜しなければならない」の must

助動詞 must は, 「〜**しなければならない**」の意味で義務を表します。

▶ **I must go to the hospital.**
私は病院に行かなければなりません。

▶ **Must I do my homework now?**
私は今, 宿題をやらなければなりませんか。

● must の否定文は, 「〜**してはならない**」という強い禁止を表します。

▶ **You must not drink the water in this bottle.**
このびんの水を飲んではいけません。

## 「〜にちがいない」の must

must は「〜**にちがいない**」の意味で推量を表すこともあります。may や might よりも確信度が高くなります。

▶ **It must be true.** それは本当にちがいない。

▶ **She must be the new English teacher.**
彼女が新しい英語の先生にちがいありません。

**ミス注意**

**must not と don't have to**
must not は「〜してはいけない」という強い禁止を表すが, don't have to は「〜する必要はない」という不必要を表す。

**くわしく**

**mustn't**
must not の短縮形は mustn't で, [mʌsnt マスント] と発音する。

**くわしく**

**Must 〜? への答え方**
Must 〜? に no で答えるときは, must は使わず, don't [doesn't] have to を使う。
・Must he stay here?
(彼はここにいなければなりませんか。)
– Yes, he must.
(はい, いなければなりません。)
– No, he doesn't have to.
(いいえ, その必要はありません。)

Questions
?

よくある質問

**must と have to は
同じ意味ですか？**

意味にはちがいがあります。must は, 話し手自身が「しなければならない」と思っているときに使う言い方で, 主観的な判断を表します。これに対して have to は, 自分の気持ちからではなく, 周りの客観的な状況のせいで「しなければならない」と言うときに使われます。日常の会話では, must よりも have to を使う機会のほうが多いようです。

# 第13章

SECTION
## 2 should

should は「〜したほうがよい」の意味。

listen
086

# Are you okay, Aya? You should go to bed early tonight.

大丈夫，アヤ？　今夜は早く寝たほうがいいよ。

## should

助動詞 should は「**〜したほうがよい**」という提案・アドバイスや，「**〜すべきだ**」という義務を表します。

▶ **You should see a doctor.**
あなたは医者に行ったほうがいい。

▶ **I think he should be more careful.**
彼はもっと注意深くするべきだと私は思います。

否定形の should not（短縮形は shouldn't）は「**〜しないほうがよい**」「**〜すべきでない**」という意味を表します。

▶ **You shouldn't go there alone.**
あなたはそこに一人で行かないほうがいい。

Should I 〜? は「（私は）〜したほうがいいですか」という意味ですが，「（私が）**〜しましょうか**」と相手に申し出るときにも使われます。

▶ **Should I stay home today?**
私は今日，家にいたほうがいいですか。

▶ **Should I open the window?**
窓を開けましょうか。

  参考

**had better**

〈had better＋動詞の原形〉も「〜すべきだ」の意味で義務を表す。You had better 〜. は「そうしたほうが身のためだ」という警告的な意味を含むため，目上の人などに対しては使わないこと。

・You had better go to bed now.（きみはもう寝ないとだめだよ。）

「〜しましょうか」という申し出にもなる！

# may, might

許可(〜してもよろしい)や推量(〜かもしれない)を表す。

listen
087

## May I come in? – Sure.

(部屋に)入ってもいいですか。 ― どうぞ。

先生に相談が
あるんです。

## 許可を求める May I 〜?

助動詞 may は「**〜してもよろしい**」の意味を表します。May I 〜?(〜してもよろしいですか。)の形で,**許可を求める**ときによく使われます。

▶ **You may go now.**
〈目下の人に対して〉あなたはもう行ってもよろしい。

▶ **May I use your telephone? — Sure.**
あなたの電話を使ってもよろしいですか。― どうぞ。

● May I 〜? は,ていねいに申し出るときにも使われます。

▶ **May I help you? — Yes. How much is this?**
〈店員〉手伝ってもよろしいですか→お手伝いしましょうか。
― はい。これはいくらですか。

## 「〜かもしれない」の may, might

助動詞 may は,物事の**可能性**について「**〜かもしれない**」と言うときにも使われます。過去形 might も同じ意味で,may よりもよく使われます。

▶ **It may[might] be true.**
それは本当かもしれません。

▶ **He may[might] not come.**
彼は来ないかもしれません。

### くわしく

**You may 〜.**
You may 〜. は,子どもや目下の人に対してだけ使われる。May I 〜? に Yes, you may./No, you may not. と答えるのも偉そうに聞こえるため,ふつうは Sure. などの表現で応じる。

参照 p.198
**依頼の Will you 〜?**
参照 p.419
**許可を求める言い方と応じ方**

### くわしく

**might**
might は形の上では助動詞 may の過去形だが,may と同じく「〜かもしれない」という現在の時点での推量を表す。確信度は may よりも少し低い。
また,might は時制の一致(→ p.229)で may を過去形にする必要がある場合に使われる。

第8章 進行形

第9章 副詞 well, usually など

第10章 前置詞 in, on, at など

第11章 過去の文

第12章 未来の文

第13章 助動詞 must, have to

第14章 いろいろな文型

# 4 shall

Shall I 〜？で「(私が) 〜しましょうか」の意味。

listen
088

## Shall I carry them for you?
## — Yes, please.

私が運びましょうか？ — はい，お願いします。

## Shall I 〜？

助動詞 shall は，Shall I 〜？の形で「(私が) 〜し
ましょうか」と申し出るときに使います。

▸ **Shall I** open the window?
  — **Yes, please.**
  窓を開けましょうか。— はい, お願いします。

▸ **Shall I** carry your luggage?
  — **No, thank you.**
  荷物を運びましょうか。— いいえ, けっこうです。

## Shall we 〜？

Shall we 〜？ は，「(いっしょに) 〜**しましょうか**」
と誘ったり，提案したりする言い方になります。

▸ **Shall we** go to the movies? — **Yes, let's.**
  映画に行きましょうか。— ええ, そうしましょう。

参照 p.422
いろいろな申し出の表現と応
じ方

参照 p.424
誘う表現と応じ方

参考

**shall はあまり使われない**
助動詞の shall は少し古風で
気取った言い方だと感じる人
も多いため，日常の会話では
shall はそれほど使われない。
日常の会話で「(私が) 〜し
ましょうか」と申し出るとき
は，Shall I 〜？ のかわりに
次の表現がよく使われる。
・Do you want me to 〜？
・Would you like me to
　〜？
　(私に〜してほしいですか。)
また，「(いっしょに) 〜しま
しょうか」は，Shall we 〜?
のかわりに次の表現がよく使
われる。
・Do you want to 〜？
・Would you like to 〜？

# 5 could, would

Could you 〜?, Would you 〜? は「〜していただけますか」の意味。

listen
089

## Could you open the door, please?
— Sure.

ドアを開けていただけますか。 — もちろん。

両手が
ふさがっちゃってて。

### 「〜できた」の could

can の過去形 could は「**〜できた**」という意味で，否定文でよく使われます。

▶ I could not[couldn't] enjoy the party.
私はパーティーを楽しめませんでした。

### Could you 〜?

助動詞 could は，Could you 〜? の形で「**〜していただけますか**」というていねいな依頼を表します。

Can you 〜?(〜してくれますか。)よりもていねいな表現で，目上の人などにも使えます。

▶ Could you give me a hand? — Of course.
手を貸していただけますか。— もちろんです。

▶ Excuse me, could you tell me the way to the station?— Sure.
すみません，駅までの道を教えていただけますか。— もちろん。

### Would you 〜?

助動詞 would は，Would you 〜? の形で「**〜していただけますか**」という依頼を表します。Will you 〜?(〜してくれますか。)よりもていねいな表現です。

▶ Would you come with me? — Certainly.
私といっしょに来ていただけますか。— かしこまりました。

参照 p.416
依頼する・許可を求める表現と応じ方

**参考**
助動詞の過去形
could は can の過去形で，would は will の過去形。助動詞の過去形は，時制の一致（→ p.229）で使われるほか，依頼の文で使うと，「もしよろしかったら」のような遠回しな感じが加わり，ていねいな言い方になる。

**参考**
Would you like 〜?
Would you like 〜? は Do you want 〜? のていねいな言い方で，「〜がほしいですか」という意味を表す。また，Would you like to 〜? は Do you want to 〜? のていねいな言い方で，「〜したいですか」という意味。
・Would you like some tea?
（お茶はいかがですか。）
・Would you like to come?
（来たいですか。）

# Common Mistakes

次の英文は，英作文テストで生徒が書いた「誤った英文」の例です。
先生になったつもりで，誤りを見つけて正しい英文に直しましょう。

---

(1) ダイスケは部屋をそうじしなければなりません。

**Daisuke have to clean his room.**

(2) あなたは行かなければなりませんか。

**Are you have to go?**

(3) 私は数学を勉強しなければなりませんでした。

**I had to studied math.**

(4) 私は明日は歩いて学校へ行かなければならないでしょう。

**I will must walk to school tomorrow.**

(5) アヤは早く起きるべきです。

**Aya should gets up early.**

---

(1) 　**正しい英文** ▶ Daisuke has to clean his room.

主語(**Daisuke**)が３人称単数なので，**have** ではなく **has** を使います。疑問文でも，**Do … have to ～?** と **Does … have to ～?** の使い分けに注意しましょう。

(2) 　**正しい英文** ▶ Do you have to go?

**have to ～** の疑問文は **Do you have to ～?** の形になります。主語が３人称単数の場合は **do** のかわりに **does** を使います。

(3) 　**正しい英文** ▶ I had to study math.

「～しなければならなかった」は **had to ～** で表せますが，**to** のあとの動詞は必ず原形にします。

(4) 　**正しい英文** ▶ I will have to walk to school tomorrow.

助動詞の **will** と **must** をいっしょに使うことはできません。ですから，**must** を **have to** にかえて，**will** のあとに続けます。

(5) 　**正しい英文** ▶ Aya should get up early.

**should** は助動詞です。助動詞のあとの動詞は，主語が何であってもいつも原形を使うので，**gets** ではなく **get** にします。

# 完成問題 ✓CHECK ▸解答 p.482

第8章 進行形

第9章 副詞 well, usually など

第10章 前置詞 in, on, at など

第11章 過去の文

第12章 未来の文

第13章 助動詞 must, have to

第14章 いろいろな文型

**1** 日本文に合うように，（　）内から適するものを選びなさい。

(1) ヘレンは明日は来ないかもしれません。

Helen ( can / may / must ) not come tomorrow.

(2) 彼は宿題をしなければなりません。

He has to ( do / does / doing ) his homework.

(3) あなたはもう寝たほうがいいですよ。

You ( should / would / might ) go to bed now.

(4) あなたのお名前をうかがってもよろしいですか。

( Will / May / Shall ) I have your name, please?

(5) あなたはおなかがすいているにちがいありません。

You ( must / shall / can't ) be hungry.

(6) 彼は今日，ここを出発するかもしれません。　　　　　[大阪府A]

He may ( leave / leaves / leaving ) here today.

(7) 私は今日，たくさんの宿題をしなければなりません。　[大阪府A]

I must ( do / doing / to do) a lot of homework today.

**2** （　）内の指示にしたがって書きかえるとき，＿＿に適する語を入れなさい。

(1) We have to get up at six.

（文の最後に yesterday morning を加えて）

We ＿＿＿＿＿ ＿＿＿＿＿ get up at six yesterday morning.

(2) Do I have to go there?　（I を he に変えて）

＿＿＿＿＿ he have to go there?

(3) You should stay at home all day. （否定文に）

You ＿＿＿＿＿ stay at home all day.

**3** 次の疑問文の答えとして適する文を，あとのア〜ウから選び，記号で答えなさい。ただし，同じものは２回選べません。

(1) Would you like some orange juice?　　（　　）

(2) Do I have to go to bed now?　　（　　）

(3) May I come in?　　（　　）

　ア　Yes, please.

　イ　Sure.

　ウ　No, you don't have to.

**4** 日本文に合う英文になるように，＿＿＿に適する語を入れなさい。

(1) あなたは今夜彼に電話をする必要はありません。

　You ＿＿＿＿＿＿ ＿＿＿＿＿＿ to call him tonight.

(2) 私は鍵を見つけることができませんでした。

　I ＿＿＿＿＿＿ ＿＿＿＿＿＿ the key.

(3) 明日もう一度ここに来ていただけますか。

　＿＿＿＿＿＿ ＿＿＿＿＿＿ come here again tomorrow?

**5** 次のような場合，相手にどう言えばよいですか。（　　）内の語を使って英文をつくりなさい。

(1) 相手の辞書を使ってもいいかと許可を求めるとき。（may）

(2) 相手に，急ぐ必要はありませんと言うとき。（have）　　〈急ぐ：hurry〉

(3) あなたを手伝いましょうか，と相手に申し出るとき。（shall）

(4) 水がいくらかほしいのですが，とていねいに伝えるとき。（like）

# 第14章
# いろいろな文型

この章では英語の文のパターンを整理しながら，
「AにBをあげる」「AをBと呼ぶ」のように
特別なパターンをつくる動詞や，
その語順について学びます。

**この章で学ぶ表現**

➡ You look 〜.
➡ He gave me 〜.
➡ He told me that 〜.
➡ He made me 〜.

**You look happy today, Aya.**
今日は幸せそうに見えるわね，アヤ。

**Cody gave me this letter.**
コーディーは私にこの手紙をくれました。

**He told me that he will love me forever.**
彼はずっと私のことを大好きだと言ってくれました。

**His letter made me happy.**
彼の手紙が私を幸せにしてくれました。

213

第14章

SECTION

**1**

# 英語の文のつくり

〈主語＋動詞〉が基本。

## SV と SVO の文型

　英語の頭文字をとって，主語は **S**(=subject)，動詞は **V**(=verb)，目的語は **O**(=object)で表すことがあります。それらの組み合わせをもとに，英語の文のつくりを 5 つのパターンに整理する考え方があります。

　一般動詞の文では，**主語**(I, he など)のあとに **動詞**がくるだけの SV の文型と，そのあとに「～を」にあたる**目的語**がくる SVO の文型が基本になります。

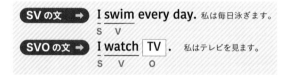

| | |
|---|---|
| **SV の文 →** | **I swim every day.** 私は毎日泳ぎます。<br> S　V |
| **SVO の文 →** | **I watch** TV . 私はテレビを見ます。<br> S　V　　O |

## 5つの文型

　SV の文型・SVO の文型をふくめ，下の 5 種類があります。次のページからくわしく見ていきましょう。

| 文型 | 例文 | | よく使われる動詞 |
|---|---|---|---|
| **SV** | **Bill swims fast.**<br>S　V　修飾語 | ビルは速く泳ぎます。 | **swim, run, go** など多数 |
| **SVC** | **You look happy.**<br>S　V　C | あなたは楽しそうに見えます。 | **be** 動詞のほか<br>**become, look, feel** など |
| **SVO** | **We like baseball.**<br>S　V　O | 私たちは野球が好きです。 | **like, have, play** など多数 |
| **SVOO** | **I gave him a CD.**<br>S　V　O　O | 私は彼に CD をあげました。 | **give, tell, show** など |
| **SVOC** | **We call her Beth.**<br>S　V　O　C | 私たちは彼女をベスと呼びます。 | **call, make** など |

**参考**

**自動詞と他動詞**
目的語をもたずに文をつくる動詞を自動詞という。それに対して，目的語をもって SVO の文をつくる動詞を他動詞という。

**くわしく**

**いろいろな目的語**
名詞だけでなく，〈to ＋動詞の原形〉や that 節も動詞の目的語になる。
左の例文 I swim every day. の every day は目的語ではなく，意味をつけ加える修飾語句。

# 2 become, look の文型 (SVC)

「〜である」「〜になる」「〜に見える」など。S = C の関係。

listen
090

## You look happy today, Aya.

今日は幸せそうに見えるわね，アヤ。

何かいいことが
あったの？

## be 動詞・become

I am Aya.（私はアヤです。）などの文の **be 動詞**は，主語（I）と Aya をイコールの関係で結びます。

この Aya のように，主語とイコールの関係になる語句は**補語**と呼ばれ，頭文字は **C**（=complement）で表します。

be 動詞と **become**（〜になる）は，SVC の文型をつくります。

| be 動詞 | Mark is a student. | マークは学生です。 |
|---|---|---|
| | S　V　　　C | Mark = a student |
| become | He became famous. | 彼は有名になりました。 |
| | S　　V　　　C | He = famous |

**くわしく**

**目的語 (O) と補語 (C) のちがい**

目的語は，I play tennis.（私はテニスをします。）の tennis のように「何を」にあたる語句で，名詞か代名詞。補語は I am busy.（私は忙しい。）の busy のように主語とイコールの関係にある語句で，名詞か形容詞。

S=Cの
関係になる！

## look

look at 〜は「〜を見る」の意味ですが，〈**look +形容詞**〉は「**〜に見える**」という意味を表します。SVC の文型になります。

▶ **You look tired.**
あなたは疲れているように見えます。（**You = tired**）

▶ **This apple looks delicious.**
このりんごはおいしそうに見えます。（**This apple = delicious**）

**くわしく**

**look like 〜**

look like 〜 は「〜のように見える」という意味。この like は前置詞で，like のあとには名詞がくる。

・She looks like a teacher.（彼女は先生のように見えます。）

第8章 進行形

第9章 副詞 well, usually など

第10章 前置詞 in, on, at など

第11章 過去の文

第12章 未来の文

第13章 助動詞 must, have to

第14章 いろいろな文型

## get

get は「〜を手に入れる」という意味ですが，〈**get ＋形容詞**〉の形で，become と同じように「〜**になる**」という意味を表すこともあります。天候や体調の変化を言うときによく使われます。

▸ **The sky is getting dark.**
空が暗くなってきています。

▸ **You will get well soon.**
あなたはすぐによくなるでしょう。

## いろいろな SVC の文

SVC の文型をつくる動詞には，ほかにも次のようなものがあります。

| | |
|---|---|
| **feel**<br>（感じる） | ·**I feel sick today.**<br>（私は今日気分が悪い。） |
| **sound**<br>（聞こえる） | ·**That sounds interesting.**<br>（それはおもしろそうですね。） |
| **taste**<br>（味がする） | ·**This soup tastes good.**<br>（このスープはおいしいです。） |
| **smell**<br>（においがする） | ·**This rose smells wonderful.**<br>（このバラはすばらしいにおいがします。） |
| **keep**<br>（ずっと〜である） | ·**I kept still for a while.**<br>（私はしばらくじっとしていました。） |

**参考**

**turn**

turn もあとに形容詞がきて「〜になる」の意味を表す。turn は色などの変化を言うときによく使われる。

・The leaves will soon turn red.（まもなく紅葉するでしょう。）

**参考**

**get ＋形容詞**

get のあとには天候や体調のほか，感情を表す形容詞がくることもよくある。

・He got angry.（彼は怒りました。）

S＝Cの関係。すべて形容詞がCになる。

解答は p.482

Practice

**日本語を参考にして，SVC の文をつくりなさい。**

① Jack's brother _____ ． （医者になった）

② Your father _____ ． （若く見える）

③ It's _____ this week. （寒くなってきている）

④ I _____ today. （暖かく感じる）

⑤ Your plan _____ ． （難しく聞こえる）

第8章 進行形

第9章 副詞 well, usually など

第10章 前置詞 in, on, at など

第11章 過去の文

第12章 未来の文

第13章 助動詞 must, have to

第14章 いろいろな文型

第14章

SECTION

# 3 give, show の文型 (SVOO)

give や show などは，〈(人)に＋(物)を〉の順で目的語を2つとる。

listen 091

## Cody gave me this letter.
## He told me his feelings.

コーディーは私にこの手紙をくれました。
彼は私に，彼の気持を教えてくれました。

## give

動詞 give は，〈**give ＋「〜に」＋「〜を」**〉の語順で，「**〜に〜を与える**」という意味を表します。

**I gave him a present.** 私は彼にプレゼントをあげました。
S  V    O     O

「〜に」にあたる語も，「〜を」にあたる語も，どちらも give の目的語です。give のつくる文型は SVOO の文型と呼ばれます。

give のあとの2つの目的語は，「〜に」→「〜を」の語順で言います。英語は語順で意味が決まるので，✕ I gave a present him. のように言うことはできません。

## show

動詞 show も SVOO の文をつくり，〈**show ＋「〜に」＋「〜を」**〉の語順で，「**〜に〜を見せる**」という意味を表します。

**I showed her my diary.** 私は彼女に日記を見せました。
S  V     O    O

▸ **Please show me your ID.** 身分証を見せてください。

---

### 用語解説 📖

**直接目的語と間接目的語**

「〜を」にあたる目的語を直接目的語という。主語がする動作の直接の対象となるもの。

「…に」にあたる目的語は間接目的語で，おもに動作を受ける人を表す。

SVOO の文型では，〈間接目的語＋直接目的語〉の順になる。

# tell

動詞 tell も SVOO の文をつくり,〈**tell** +「～に」+「～を」〉の語順で,「**～に～を教える・伝える**」という意味を表します。

She told me her name. 彼女は私に名前を教えてくれました。
 S  V  O  O

▸ He **told** me an interesting story.
彼は私におもしろい話をしてくれました。

## そのほかの SVOO の文

SVOO の文型をつくる動詞には,次のようなものもあります。

| teach<br>（教える） | · He **teaches** us English.<br>彼は私たちに英語を教えます。 |
| send<br>（送る） | · I'll **send** you a photo.<br>あなたに写真を送ります。 |
| lend<br>（貸す） | · Can you **lend** me this book?<br>私にこの本を貸してくれますか。 |
| make<br>（作る） | · He **made** me a nice dinner.<br>彼は私にすてきな夕食を作ってくれました。 |
| ask<br>（たずねる） | · Can I **ask** you some questions?<br>あなたにいくつか質問をしてもいいですか。 |

## give ～ to … などの文

SVOO の文は,**to** か **for** を使って,別な語順で同じような内容を表すことができます。to を使うか for を使うかは,動詞によって決まっています。

SVOO ➡ He gave me a pen.

SVO+to … ➡ He gave a pen to me.
 S  V  O  修飾語句
彼は私にペンをくれました。

参照 p.395

「教える」の使い分け
・teach…知識や技術などを教える
・show…具体例を示したり,実際に案内したりして教える
・tell…情報を言葉で説明して教える

**くわしく**

**SVOO の文型をつくる動詞**
ほかに,pass(手渡す),buy(買う),find(見つける),get(手に入れる),bring(持ってくる),cook(料理する)などがある。

**くわしく**

**SVOO と SVO + to …**
to …を使うほうが,「…（人）に」の部分の意味が強調される。

## ❶ to を使う動詞（SVO＋to …）

| give | teach | show | tell | send | lend | pass |
|------|-------|------|------|------|------|------|
| （与える） | （教える） | （見せる） | （話す） | （送る） | （貸す） | （手渡す） |

▶ She **teaches** us math.
　She **teaches** math **to** us.
　彼女は私たちに数学を教えます。

▶ I **sent** her some cards.
　I **sent** some cards **to** her.
　私は彼女にはがきを何枚か送りました。

## ❷ for を使う動詞（SVO＋for …）

| make | buy | cook | find | get |
|------|-----|------|------|-----|
| （作る） | （買う） | （料理する） | （見つける） | （手に入れる） |

▶ She **made** me some cookies.
　She **made** some cookies **for** me.
　彼女は私のためにクッキーを作ってくれました。

---

### くわしく

**bring 〜 to[for] …**
bring（持ってくる）のように，意味によって to と for を両方使う動詞もある。
・Bring the suitcase to me.（スーツケースを私のところに持ってきて。）
・Bring some water for Roy.（ロイのために水を持ってきて。）

「…のために〜してあげる」の意味！

---

第8章 進行形

第9章 副詞 well, usually など

第10章 前置詞 in, on, at など

第11章 過去の文

第12章 未来の文

第13章 助動詞 must, have to

第14章 いろいろな文型

---

**Practice**

解答は p.482

日本語を参考にして，SVOO の文をつくりなさい。

① I'll ＿＿＿＿＿＿＿＿＿＿＿＿＿＿＿＿. （あなたにこの本をあげる）

② Please ＿＿＿＿＿＿＿＿＿＿＿＿＿＿. （私にあなたのノートを見せて）

③ I sometimes ＿＿＿＿＿＿＿＿＿＿＿＿. （妹に数学を教える）

④ Can I ＿＿＿＿＿＿＿＿＿＿＿？ （あなたに彼の住所をたずねる）

⑤ I ＿＿＿＿＿＿＿＿＿＿＿＿. （彼らにその話をした）

---

**Questions**

？

よくある質問

**代名詞 it を使って**
**I gave Tom it. と言えますか。**

　前に話に出てきたものをさして「私がそれをトムにあげました。」と言いたいときは，×I gave Tom it. ではなく I gave it to Tom. と言います。「〜を」にあたる目的語（直接目的語）が it などの代名詞のときは，SVOO の文型は使いません。

　英語は，聞き手にとって新しい情報を文の最後のほうにもっていく傾向があります。it はすでに話に出てきたものをさすので，新しい情報ではないため，×I gave Tom it. という語順は使われません。

# tell me that 〜 などの文型

接続詞 that などを使って「私に〜だと言う」などを表せる。

listen
092

## He told me (that) he'll love me forever.

彼は，ずっと私のことを大好きだと言ってくれました。

## tell/show me that 〜

　SVOO の後ろの目的語（「〜を」にあたる語）に，接続詞 **that の節**がくることがあります。

▶ Aya told me that she was happy.
　 S　　V　　O　　O =〈that ＋主語＋動詞…〉
アヤは，自分が幸せだと私に言いました。

▶ He showed me that it was true.
　 S　　V　　O　　O =〈that ＋主語＋動詞…〉
彼は，それが真実であることを私に示してくれました。

## tell/show me how 〜

　SVOO の後ろの目的語（「〜を」にあたる語）に，**疑問詞で始まる節**や，〈**疑問詞＋ to 〜**〉がくることもあります。

▶ Could you tell me where you live?
　 S　　V　　O　　O =〈疑問詞＋主語＋動詞…〉
あなたがどこに住んでいるか，私に教えていただけますか。

▶ She told me what I should do now.
　 S　　V　　O　　O =〈疑問詞＋主語＋助動詞＋動詞…〉
彼女は私に，私が今何をすべきか教えてくれました。

▶ He taught me how to play chess.
　 S　　V　　O　　O =〈疑問詞＋ to ＋動詞の原形…〉
彼はチェスのやり方を私に教えてくれました。

---

参照 ▶ p.228
**接続詞 that の使い方**
that のあとに〈主語＋動詞…〉がきて，「〜ということ」の意味を表す。この that は省略されることが多い。

参照 ▶ p.361
**話法・時制の一致**

参照 ▶ p.306
〈**疑問詞＋ to 〜**〉
how to 〜で「〜のしかた」の意味。

疑問詞＋S＋V
の語順になる！
（→p.346）

# call, make の文型(SVOC)

call A B で「A を B と呼ぶ」, make A B で「A を B にする」の意味。

listen 093

## I was sad, but his letter made me happy.

私は悲しかったですが, 彼の手紙が
私を幸せにしてくれました。

コーディーやるじゃん!

## call, name

　動詞 call は, **call A B** の語順で, 「**A を B と呼ぶ**」という意味を表します。

**We call him Billy.** 私たちは彼をビリーと呼びます。
S　V　O　C　　him = Billy の関係

　上の文の him は call の目的語, Billy は補語で, O = C の関係です。これは SVOC の文型と呼ばれます。

　call のほかに動詞 **name**(名づける)も同じ SVOC の文型をつくります。name A B で, 「**A を B と名づける**」の意味になります。

▶ **She named the dog Macaron.**
　彼女はその犬をマカロンと名づけました。

## make など

　**make** も SVOC の文型をつくり, **make A B** で, 「**A を B にする**」の意味になります。

**The news made me sad.** その知らせは私を悲しくさせました。
S　V　O　C　　me = sad の関係

▶ **Her smile always makes me happy.**
　彼女の笑顔はいつも私を幸せにします。

### くわしく

**補語が what の文**
補語が疑問詞 what になり, 文頭にくる場合がある。
・What do you call this flower in Japanese?
（この花を日本語で何と呼びますか。）
— *Asagao.*(アサガオです。)

### 参考

**〈make A B〉の補語**
make A B の B にあたる補語は, 左の例文のように形容詞がくるほか, 名詞がくる場合もある。
・They made her the leader.
（彼らは彼女をリーダーにしました。）

第8章 進行形
第9章 副詞 well, usually など
第10章 前置詞 in, on, at など
第11章 過去の文
第12章 未来の文
第13章 助動詞 must, have to
第14章 いろいろな文型

keep, find, leave なども SVOC の文型をつくります。

▸ **We must keep the river clean.**
私たちはその川をきれいに保たなければなりません。

▸ **You'll find the book interesting.**
あなたはその本がおもしろいとわかるでしょう。

▸ **Don't leave the window open.**
窓を開けっ放しにしておいてはいけません。

**くわしく**

**補語が名詞の文**
keep や find は，補語に名詞をとることもある。
・Let's keep it a secret.（それは秘密にしておこう。）
・I found Nancy an honest person.（私はナンシーが正直な人だとわかった。）

---

**Practice**

解答は p.482

**日本語を参考にして，SVOC の文をつくりなさい。**

① Hisako's parents ＿＿＿＿＿＿＿＿＿＿＿＿＿＿＿＿＿＿＿＿. （彼女をチャコと呼ぶ）

② Mr. Johnson ＿＿＿＿＿＿＿＿＿＿＿＿＿＿. （息子をマイクと名づけた）

③ Rain ＿＿＿＿＿＿＿＿＿＿＿＿＿. （私を悲しくする）

④ Please ＿＿＿＿＿＿＿＿＿＿＿. （その部屋を暖かいままにしておく）

⑤ The people ＿＿＿＿＿＿＿＿＿＿ then. （科学が重要だとわかった）

---

**英語にしてみよう！**

**make[made]を使って次の文を英語で表してみましょう。**

**１** その手紙を読んで私はうれしくなりました。

**２** なぜ，あのとき怒っていたの。

 日本語ではまず「人」を主語にした文で考えますが，英語では「人」ではなく「物」を主語にして表現することがよくあります。**１**は I was happy after reading the letter. **２**は Why were you angry then? でもよいのですが，それぞれ「その手紙は私を喜ばせました」，「あのとき何があなたを怒らせたのですか」と考えてみましょう。

**解答例** **１** The letter made me happy.
**２** What made you angry then?

# 完成問題 CHECK ▶解答 p.483

第8章 進行形

第9章 副詞 well, usually など

第10章 前置詞 in, on, at など

第11章 過去の文

第12章 未来の文

第13章 助動詞 must, have to

第14章 いろいろな文型

**1** （　）内から適するものを選びなさい。

(1) You ( look / see / show ) a little tired.　[栃木県]

(2) I'm going to ( speak / talk / tell ) her my idea.

(3) I have to get some medicine ( to / for / as ) my sick mother.

(4) When did you ( be / come / become ) an actor?

(5) I had a nice pen.　I gave ( Ann it / it Ann / it to Ann ).

**2** 各組の文がほぼ同じ内容を表すように，____に適する語を入れなさい。

(1) Your mother will be happy when she gets your present.

Your present will _____ your mother _____.

(2) Helen sent Bob an e-mail last night.

Helen sent an e-mail _____ _____ last night.

(3) Ms. Aoki is our music teacher.

Ms. Aoki _____ _____ music.

(4) What's the name of this fish in English?

What _____ you _____ this fish in English?

**3** （　）内の語句を正しく並べかえなさい。

(1) Can you ( money / lend / some / me )?

Can you _____?

(2) Everybody ( exciting / find / will / the movie ).

Everybody _____.

(3) Please ( your / me / bike / show / new ).

Please _____.

**4** 会話の内容に合うように，（　　）内の語を並べかえなさい。

ただし(3)は適切な4語を選んで並べかえること。

(1) A: Did you hear that Tom saved a child?

　　B: Yes.  That ( happy / me / made / news ). [愛媛県]

　　That _____ .

(2) （放課後の教室で）

Tom: I hear next Sunday is Ken's birthday.

Kumi: You're right.  Taro and I are going to have a birthday party for him.  Can you join us?

Tom: Of course.  Do you have any ( him / make / to / ideas / happy )?

Kumi: Yes.  We will make a special cake for him.

Tom: That sounds great! [岐阜県]

　　Do you have any _____ ?

(3) A: What are you doing?

　　B: I'm writing a birthday card to Ms. Green.  Last year, ( English / studied / she / I / me / taught ). I enjoyed her classes very much. （※適切な4語を選んで並べかえること）

　　A: Good!  She'll be happy to receive your card. [山口県]

　　Last year, _____ .


**5** 次の日本文を，（　　）内の語を使って英語に直しなさい。

(1) ヒロコは父親似です。（ like ）

_____

(2) 私は彼に名前をたずねました。（ his ）

_____

(3) 彼女の言葉に私は怒りました。（ made ）

_____

# 第15章

## 接続詞

and(そして)や but(しかし)のように
単語と単語，文と文をつなぐ言葉を
接続詞といいます。
この章ではいろいろな接続詞の使い方を学び，
複雑な内容も英語で伝えられるようにします。

**この章で学ぶ表現**

→ and, but
→ I think that ～.
→ when ～
→ because ～
→ so ～ that ...

**I think that Sayaka is a genius.**
私は，サヤカは天才だと思う。

**Sayaka wanted to be a princess when she was a child.**
サヤカは子どものとき，王女さまになりたかった。

# 第15章 SECTION 1 and, but, or, so

「そして」「しかし」などの意味で語句や文をつなぐ。

listen 094

## Sayaka and I are good friends, but I don't know her phone number.

サヤカと私は仲のいい友だちですが，
私は彼女の電話番号を知りません。

## and の意味と使い方

A and B で「A と B」の意味を表します。2つ以上の名詞をつなげたものは**複数**としてあつかいます。

▶ I have a dog and a cat.
私は犬とねこを飼っています。

▶ My brother and I are at home right now.
兄[弟]と私はいま，家にいます。

「**そして**」の意味で，主語と動詞のある文どうしを結ぶこともできます。そのとき，同じ主語はくり返さずに省略されることがあります。

▶ He got up and washed his face.
彼は起きて，顔を洗いました。

〈**命令文 , and … .**〉の形で，「～しなさい，**そうすれば…**」の意味を表します。

▶ Get up early, and you won't be late.
早く起きなさい，そうすれば遅れないでしょう。

both A and B で「両方」であることを強調します。

▶ He speaks both English and French.
彼は英語とフランス語の両方を話します。

**用語解説**
**等位接続詞**
and, but, or などのように，語，句，文を対等の関係で結ぶ接続詞を等位接続詞という。

**参考**
**go and ～**
〈go[come] and＋動詞の原形〉で，「～しに行く[来る]」の意味を表す。この and はよく省略される。
・Come (and) see me tomorrow.(明日私に会いに[遊びに]来て。)

**参考**
〈**命令文，and … .**〉の書きかえ
左の例文を if を使って書きかえると次のようになる。
・If you get up early, you won't be late.

## but の意味と使い方

but は「**しかし**」の意味を表します。

▶ He likes dogs, but his wife doesn't.

彼は犬が好きですが, 彼の妻は好きではありません。

doesn'tの
あとにlike
dogsが省略
されている!

not *A* but *B* は「**A ではなくて B**」の意味を表します。

▶ He is not a teacher but a doctor.

彼は教師ではなくて医者です。

not only *A* but (also) *B* で「**A だけでなく B も**」の意味を表します。

▶ He speaks not only English but (also) French.

彼は英語だけでなくフランス語も話します。

## or の意味と使い方

*A* or *B* は「**A か B**」「**A または B**」の意味で, 2つのうちの「どちらか」と言うときに使います。

▶ Do you like tea or coffee?

あなたは紅茶が好きですか, それともコーヒーが好きですか。

〈命令文 , **or** … .〉の形で,「**〜しなさい, そうしないと…**」の意味を表します。

▶ Hurry up, or you'll miss the train.

急ぎなさい, そうしないと電車に乗り遅れますよ。

or が否定文で使われると,「**…も…も〜ない**」の意味になります。

▶ I don't like tennis or baseball.

私はテニスも野球も好きではありません。

## so の意味と使い方

so は「**それで**」「**だから**」の意味で, 文と文を結びます。

▶ I was hungry, so I made some sandwiches.

私は空腹だったので, サンドイッチを作りました。

**ミス注意**

**日本語の「が」= but とは限らない**

「私はスポーツが好きだが, 音楽も好きだ」は, 前半の文と反対の内容ではなく, 追加することを述べているので, and で結ぶ。

・I like sports, and I like music, too.

**くわしく**

**or の文の読み方**

Do you like tea or coffee? のように, どちらかを選ばせる場合は, tea(↗)or coffee (↘)のように読む。

**参考**

**either A or B**

either A or B で「A か B かどちらか」の意味を表す。主語が either *A* or *B* の形のとき, 動詞の形は B の語の人称・数と一致させる。

・Either you or I am right.
（あなたか私のどちらかが正しい。）

**参照** p.233
so … that 〜

第15章 接続詞

第16章 There is 〜 の文

第17章 不定詞の基本3用法・動名詞

第18章 比較

第19章 受動態

第20章 現在完了形

第21章 不定詞のいろいろな文型

# 接続詞 that

「〜ということ」の意味。I think などのあとで使う。

listen
095

### I think **that Sayaka is a genius.**
接続詞

私は，サヤカは天才だと思う。

## 接続詞 that の働き

**that** は，I think や I know などにほかの〈主語＋動詞〉をつなげて，**think や know などの目的語**にします。

I think ☐ ． 私は〜だと思う。
↑He can swim well. 彼はじょうずに泳げる。
└ that で埋めこむ
I think that he can swim well ．
主節　　　従属節（think の目的語）
　　　　　　　私は彼がじょうずに泳げると思います。

接続詞の **that はよく省略**されます。

▸ I think he can swim well.
私は彼がじょうずに泳げると思います。

接続詞 that は次の動詞のあとでよく使われます。

☐ **think** （〜と思う）　☐ **say** （〜と言う）
☐ **know** （〜と知っている）☐ **hear** （〜と聞いている）
☐ **hope** （〜と願う）　☐ **believe** （〜と信じている）

▸ I know (**that**) he is kind.
私は彼が親切だと知っています。

▸ I hope (**that**) you will succeed.
あなたが成功することを望みます。

---

### 用語解説
**主節と従属節**
文の中の〈主語＋動詞〜〉のかたまりのことを節というが，その文のメインの節（主節）に対して，それに従うサブの節を従属節という。接続詞 that が導く節は従属節。

### ミス注意

**I don't think 〜.**
「〜ではないと思う」は，think を否定して I don't think 〜. で表す。
・I don't think that he can swim well.（私は彼はじょうずに泳げないと思います。）
ふつう，×I think that he can't swim well. とは言わない。

文 法

第15章 接続詞

第16章 There is ～. の文

第17章 不定詞の基本3用法・動名詞

第18章 比較

第19章 受動態

第20章 現在完了形

第21章 不定詞のいろいろな文型

# be 動詞＋形容詞＋ that

次のような〈be 動詞＋形容詞〉のあとにも that の節が続きます。

□ **be happy[glad]** （～ということがうれしい）
□ **be afraid** （～を恐れる，残念ながら～）
□ **be sorry** （～を残念に思う）
□ **be sure** （きっと～だと思う）

▸ **I'm glad (that) we can see each other again.**
私たちがまた会うことができてうれしい。

▸ **I'm afraid (that) I can't help you.**
残念ながらあなたを手伝う〈助ける〉ことはできません。

# 時制の一致

I know that ～. などの**主節の動詞が過去形**になると，**that 以下の動詞[助動詞]も過去形**になります。これを時制の一致といいます。

I know that he **is** a teacher.
私は彼が先生だと知っています。

過去形 過去形
I knew that he **was** a teacher.
私は彼が先生だと知っていました。

▸ **I thought (that) he was sick.**
私は彼が病気だと思いました。

▸ **She said (that) this book was interesting.**
彼女はこの本はおもしろいと言いました。

参考

**if, whether**

if と whether には，「～かどうか」という意味で，I don't know などのあとに節を導く働きがある。
・I don't know + Will he come?
→I don't know if [whether] he will come.（私は彼が来るかどうかは知りません。）

● **比較しよう** いろいろな that の用法を確かめましょう。

**指示代名詞** **That is my computer.**
あれは私のコンピューターです。

**接続詞** **I think (that) she bought a computer yesterday.**
私は彼女が昨日コンピューターを買ったと思います。

**関係代名詞** **This is the computer (that) my father bought last week.**
(p.331) これは私の父が先週買ったコンピューターです。

第15章

SECTION
**3** 接続詞 when, while など

「〜のとき」などの意味を表す。

listen
096

## Sayaka wanted to be a princess
接続詞
## when she was a child.

サヤカは子どものとき，王女さまになりたかった。

## 接続詞の when の働き

接続詞の **when** は，〈*A* when *B*.〉の形で「**B の とき** A」という意味を表します。when のあとには〈主語＋動詞 〜〉を続けます。また，〈**When** *B*, *A*.〉のように，when の節が先にくる場合もあります。

| *A* when *B*. | He was sleeping when I called him. |
| | 主節 　　　　when 〜が主節を修飾 |
| When *B*, *A*. | When I called him, he was sleeping. |
| | 　　　　　　　　　　　　主節 |

私が彼に電話したとき，彼は眠っていました。

▸ I take the bus to school <u>when it rains.</u>
雨が降るときは，私はバスで学校へ行きます。

▸ <u>When my aunt was young</u>, she was rich.
私のおばは若いころ金持ちでした。

## 接続詞 while の働き

**while** は「**〜する間に**」という意味を表します。while のあとには〈主語＋動詞 〜〉を続けます。while の節も，主節のあとにも前にもくることができます。

▸ I often sing <u>while I'm taking a shower.</u>
私はシャワーを浴びながらよく歌います。

▸ <u>While you were out</u>, Mr. Sato came to see you.
あなたが外出している間に，佐藤さんがあなたに会いに来ました。

---

### 用語解説

**副詞節**
when 〜などのように，副詞の働きで主節を修飾する節を副詞節という。

### ミス注意

**when の節とコンマ**
when の節が先にくるときは〈When A, B.〉のようにコンマで区切るが，〈B when A.〉のように when の節があとにくるときにはコンマはつけない。

### 参考

**while に続く文**
while は「〜する間に」の意味なので，あとには進行形の文や，状態を表す be 動詞の文がくることが多い。

# before / after / since / until

**before**, **after** は前置詞として使われるほか、「**〜する前に**」「**〜したあとで**」の意味の接続詞として、あとに〈主語＋動詞〉を続けることができます。

▶ Take a bath <u>before you go to bed.</u>
 = Take a bath <u>before going to bed.</u>
　寝る前におふろに入りなさい。

▶ I went to bed <u>after I took a bath.</u>
 = I went to bed <u>after taking a bath.</u>
　私はおふろに入ったあとで寝ました。

**since** は「**〜してから（ずっと）**」の意味で現在完了形（→ p.296）とともによく使われます。**until** は「**〜するまで（ずっと）**」を表します。

▶ He has played baseball <u>since he was a boy.</u>
　彼は少年のころからずっと野球をしています。

▶ I waited <u>until she came.</u>
　私は彼女が来るまで待ちました。

## 時や条件を表す場合

「**〜のときに**」を表す接続詞 when の節や、「**もし〜ならば**」を表す接続詞 if（→ p.232）の節の中では、**未来のことでも現在形**で表します。

> I'll give my father a present when | comes | home.
> 主節の動詞は未来　　　　　　　　　　　現在形
> 私は父が帰宅したら、プレゼントをあげるつもりです。

when や if のほかに、接続詞の before や after、until の節の中でも同様に現在形を使います。

▶ She can't go out <u>until she finishes the work.</u>
　彼女はその仕事を終えるまで外出できません。
× She can't go out until she ~~will finish~~ the work.

---

参照 p.169
**前置詞の before, after**

前置詞のあとは名詞や動名詞がくる!

**参考**

**till と until**
till も until と同じ意味を表す。

**くわしく**

**時を表す副詞節**
未来のことでも現在形を使うのは、時・条件を表す副詞節の中だけ。
・Tell me <u>when he comes.</u>
　（彼が来たら教えて。）
次の文は、疑問詞 when の節が tell の目的語になっている名詞節なので現在形にしない。
・Tell me <u>when he will come.</u>（彼がいつ来るか教えて。）

**参考**

**条件を表す副詞節の動詞**
if（もし〜ならば）が導く副詞節の中でも、未来のことは現在形で表す。
・We will play tennis <u>if it is sunny tomorrow.</u>
　（明日晴れれば、私たちはテニスをするつもりです。）

第15章

SECTION

## 4 because, as, if

理由や条件などを表す。

listen
097

接続詞
## Sayaka was late <u>because</u> it was too windy.

サヤカは風が強すぎたので遅刻しました。

## because の意味と用法

**because** は「**（なぜなら）〜なので**」「**〜だから**」という意味で，理由を表します。because の節は，**文の後半**にくるのが基本です。

▶ We stopped playing tennis <u>because it began to rain</u>.
雨が降り始めたので，私たちはテニスをやめました。

## as の意味と用法

**as** は比較の文（→ p.269）で使われるほか，「**〜するように**」「**〜のとおりに**」などの意味を表します。

▶ <u>As</u> you know, she studies very hard.
あなたが知っているように，彼女はとても一生懸命勉強します。

▶ Put them back <u>as</u> they were.
もともとあったようにそれらを元に戻しなさい。

## if の意味と用法

**if** は「**もし〜ならば**」という意味で条件を表します。

▶ <u>If</u> it rains tomorrow, I'll stay home.
もし明日雨なら，私は家にいるつもりです。

▶ I'll go <u>if</u> you go.
もしあなたが行くのなら，私は行きます。

---

参考

**Why …? – Because 〜.**

Why …?（なぜ）に答えるときも，よく because を使う。

・Why did you stay home? — Because I had a cold.
（なぜ家にいたの？ – かぜをひいていたからです。）

上の答えの文は I stayed home because I had a cold. の下線部が省略されていると考える。

参考

**理由を表す since**

since は，聞き手も知っている理由を示すときによく使われ，文頭にくることが多い。

・Since it's raining, we shouldn't go.
（雨が降っているから，行かないほうがいい。）

参照▶ p.364
仮定法の文

参考

**「〜だけれども」の though**

・Though I live near the sea, I'm not good at swimming.（私は海の近くに住んでいるけれども，水泳が得意ではありません。）

# 5 so … that 〜 / as soon as 〜

「とても…なので〜」,「〜するとすぐに」の意味を表す。

第15章 接続詞

第16章 There is 〜 の文

第17章 不定詞の基本3用法・動名詞

第18章 比較

第19章 受動態

第20章 現在完了形

第21章 不定詞のいろいろな文型

listen
098

## Sayaka was so tired that she went to bed early.

サヤカはとても疲れたので早く寝ました。

## so … that 〜

〈**so＋形容詞[副詞]＋that 〜**〉の形で,「**とても …なので〜**」という意味を表します。くだけた言い方 では that が省略されることもあります。

▶ **Aya is so kind (that) everybody likes her.**
アヤはとても親切なので,みんな彼女が好きです。

▶ **The weather was so nice (that) we took a walk in the park.**
天気がとてもよかったので,私たちは公園を散歩しました。

〈**so … that — can't 〜**〉の形で,「**とても…なの で—は〜できない**」という意味を表します。

▶ **He is so tired (that) he can't walk anymore.**
= **He is too tired to walk anymore.**
彼はとても疲れているので,これ以上歩けません。

## as soon as 〜

**as soon as** は「**〜するとすぐに**」「**〜したとた んに**」という意味を表します。as のあとは時を表す 副詞節なので,未来のことでも現在形で表します。

▶ **I'll call you as soon as he gets back.**
彼が戻ってきたらすぐにあなたに電話します。

▶ **As soon as class was over, he left the room.**
授業が終わるとすぐに,彼は部屋を出ました。

参考

**too … to 〜 への書きかえ**
so … that — can't 〜 の文 を too … to 〜に書きかえる とき,文の最後の目的語は, 文全体の主語と同じならつけ ない。

・This bag is so heavy that I can't carry it.
= This bag is too heavy for me to carry.(このか ばんは重すぎて私には運べ ません。)

参考

**as long as 〜**
「〜する限りは」の意味を表 す。
・You can do anything as long as you stay in this room.(あなたはこの部屋 にいる限り,何をしてもか まいません。)

## 表現力 UP — and を使って たくさん言いたいときは？

---

### 英語にしてみよう！

3つ以上のものを英語で並べて言ってみましょう。

1 私はテニスと野球とサッカーが好きです。

2 あなたはそこでサラダやピザ，スパゲッティなどを
食べることができます。

---

 語句をつなげるときは and を使います。

3つ以上の語句を並べるときは，A and B and C and ... のようにすべて
を and でつなげて言うと，子どもっぽく聞こえます。A, B(,) and C のよ
うにコンマ( , )を使い，最後の語句の前にだけ and をおくのが正しい表し
方です。

1 and は最後の語句の前にだけつけるので，tennis, baseball, and
soccer のように表します。and の前のコンマはあってもなくてもかまい
ません。

2 salad, pizza, spaghetti と並べて言ったあとで，最後に「～など，そ
の他」という意味の and so on をつけると，ほかにも同じようなものが
いろいろ食べられるということを表すことができます。

---

解 答 例  1 I like tennis, baseball, and soccer.

2 You can eat salad, pizza, spaghetti, and so on there.

第15章 接続詞

第16章 There is ～. の文

第17章 不定詞の基本3用法・動名詞

第18章 比較

第19章 受動態

第20章 現在完了形

第21章 不定詞のいろいろな文型

## Common Mistakes

よくある間違い

次の英文は，英作文テストで生徒が書いた「誤った英文」の例です。
先生になったつもりで，誤りを見つけて正しい英文に直しましょう。

(1) ジェイムズとトムはカナダの出身です。

**James and Tom is from Canada.**

(2) 私は犬1匹とねこ1匹を飼っています。

**I have a dog and cat.**

(3) 私は子どものとき，ここに住んでいました。

**I lived here, when I was a child.**

(4) 私は彼が忙しいと知っていました。

**I knew he is busy.**

(5) あなたが家に着いたら私に電話をください。

**Please call me when you will get home.**

(1) **正しい英文** ▶ James and Tom are from Canada.

主語が James and Tom（ジェイムズとトム）の2人で複数なので，動詞は is ではなくて are にします。

(2) **正しい英文** ▶ I have a dog and a cat.

1匹の犬（a dog）と1匹のねこ（a cat）を and でつなぐので，cat の前にも a をつけます。

(3) **正しい英文** ▶ I lived here when I was a child. （here のあとのコンマをとる）

when ～ が文の後半にくるとき，コンマはつけないのがふつうです。when ～ を前半において，When I was a child, I lived here. と表すこともできます。

(4) **正しい英文** ▶ I knew he was busy.

I knew のあとに接続詞 that が省略されている文。主節が過去形のときは，時制の一致で，that 以下の動詞も過去形にします。

(5) **正しい英文** ▶ Please call me when you get home.

時や条件を表す副詞節の中では，未来のことも現在形で表すというルールがあるので，when に続く動詞は現在形にします。

# 完成問題 ✓CHECK ▶解答 p.483

## 1 （　）内から適するものを選びなさい。

⑴ Both Jane ( or / and / so ) Ben like dogs.

⑵ A man visited Ms. White ( that / if / while ) she was out.

⑶ I'll practice tennis ( while / until / during ) six o'clock.

⑷ Get up right now, ( and / if / or ) you'll be late for school.

## 2 日本文に合う英文になるように，＿＿＿に適する語を入れなさい。

⑴ 彼はかっこいいだけでなく親切でもあります。

He is not ＿＿＿＿＿＿ handsome ＿＿＿＿＿＿ also kind.

⑵ 明日は雨は降らないと思います。

I ＿＿＿＿＿＿ think it ＿＿＿＿＿＿ rain tomorrow.

⑶ とても寒かったので私たちは泳げませんでした。

It was ＿＿＿＿＿＿ cold that we ＿＿＿＿＿＿ swim.

## 3 （　）内の語を並べかえなさい。

⑴ Masao ( study / wants / says / to / he / painting ) in Paris.

Masao ＿＿＿＿＿＿＿＿＿＿＿＿＿＿＿＿＿＿＿＿＿＿＿＿＿ in Paris.

⑵ A: I'm worried about my new school life.

B: Don't worry.　We ( when / other / can / each / help ) we have trouble. 【千葉県】

We ＿＿＿＿＿＿＿＿＿＿＿＿＿＿＿＿＿＿＿＿ we have trouble.

⑶ A: How was your summer vacation?

B: It was not so good.　I was so ( I / visit / busy / couldn't / that ) my grandmother.

I was so ＿＿＿＿＿＿＿＿＿＿＿＿＿＿＿＿＿＿＿＿ my grandmother.

# 第16章

# There is 〜. の文

この章では There is 〜. という表現を使って，
「…に〜があります」と伝えたり，
「…に〜はありますか」とたずねたりする
言い方を学びます。

There is a planetarium
in our school.
私たちの学校にはプラネタリウムがあります。

第16章
SECTION
**1**

# There is ～. の文の形

There is ～. で「～がある」の意味を表す。

listen
099

Wow!

## There is a planetarium in our school.

私たちの学校にはプラネタリウムがあります。

## 現在の文

「**(場所)に～がある**」と言うときは，**There is [are]** ～ のあとに**場所を表す語句**を続けます。

　　There is[are]のあとにくる名詞が意味上の主語で，その名詞が単数なら **There is ～.** で，複数なら **There are ～.** で表します。

**主語が単数** ➡ There | is | a book | on the desk.　机の上に本が1冊あります。
　　　　　　　　　　　　単数　　場所を表す語句

**主語が複数** ➡ There | are | some pens | on the desk.
　　　　　　　　　　　　　複数　　場所を表す語句

　　　　　　　　　　　　　　　　　机の上に何本かペンがあります。

▸ **There is** a bookstore near our school.
　私たちの学校の近くに書店があります。

▸ **There are** a lot of old temples in Kyoto.
　京都にはたくさんの古い寺院があります。

　「**(場所)に(人)がいる**」という意味でも **There is [are]** ～. を使います。

▸ **There is** a man over there.
　あそこに男の人がいます。

▸ **There are** a lot of people in the stadium.
　スタジアムにはたくさんの人がいます。

---

**参考**

**文頭の there**
There is ～. の文頭の there は形式上の主語で，特に「そこに」などの意味はない。ふつう[ðər ザァ]と弱く発音される。

**くわしく**

**短縮形**
there is の短縮形は there's。短縮されることも多い。
・There's a book on the desk.(机の上に本が1冊あります。)

**くわしく**

**場所を表す語句**
in ～ （～の中に）
on ～ （～の上に）
under ～ （～の下に）
near ～ （～の近くに）
here （ここに）
there （そこに）

## 過去の文

**過去の文**は，be 動詞を過去形にします。主語が単数なら There **was** 〜. で，複数なら There **were** 〜. で表します。

▶ **There was** a strong earthquake in Tokyo last night.
昨夜，東京で強い地震がありました。

▶ **There were** ten students in the gym.
体育館には10人の生徒がいました。

## 助動詞の文

will や can などの助動詞は there のあとに置きます。**There will be** 〜.（〜があるだろう。），**There can be** 〜.（〜がありえる。）などの形で使います。

▶ **There will be** another test next week.
来週テストがもう1つあるでしょう。

▶ **There can be** only one answer.
ただ1つの答えだけがありえます。

▶ **There may be** a fire drill today.
今日，火災避難訓練があるかもしれません。

▶ **There must be** someone in this room.
だれかがこの部屋にいるにちがいありません。

---

**くわしく**

「そこに」の意味の表し方
「そこに〜がある」は文尾に there をおく。
・There's an egg there.
（そこに卵があります。）

参照 ▶ p.196
〜 will の短縮形
there will の短縮形は there'll となる。

**くわしく**

〈There ＋助動詞＋ be 〜.〉の文の意味
・There will be 〜.
（〜があるだろう。）
・There can be 〜.
（〜がありえる。）
・There may be 〜.
（〜があるかもしれない。）
・There must be 〜.
（〜があるにちがいない。
〜がなければならない。）

---

**Practice**

解答は p.483

（　　）内から適する語を選びなさい。

① There ( is, are ) an apple on the table.
② There ( is, are ) two boys in front of the house.
③ There ( is, are ) some milk in the cup.
④ There ( was, were ) a dog by the door a few minutes ago.
⑤ There ( are, were ) some trees here last year.
⑥ There ( are, will be ) some hot days next week.

# There is 〜. の疑問文・否定文

疑問文は be 動詞を前に。否定文は be 動詞のあとに not。

listen
100

## How many students are there in your school? − There are about a thousand.

あなたの学校には何人生徒がいますか。― 約1000人です。

## There is 〜. の疑問文と答え方

疑問文は be 動詞を there の前に出して，**Is［Are］there 〜?** や **Was［Were］there 〜?** とします。

肯定文 ➡ There is a post office near here.
　　　　　　　この近くに郵便局があります。
　　　　be 動詞を there の前に出す
疑問文 ➡ Is there a post office near here?
　　　　　　　この近くに郵便局はありますか。

▶ **Is** there anyone at the gate?
門のところにだれかいますか。
— **Yes, there is.**　はい，います。

▶ **Are** there any shoes in the box?
その箱に靴が入っていますか。
— **No, there aren't.**　いいえ，入っていません。

## How many 〜 are there …?

「いくつの〜がありますか」「何人の〜がいますか」は **How many 〜 are there …?** で表します。How many のあとの名詞は複数形にします。

▶ **How many teachers** are there in your school?
あなたの学校には何人の先生がいますか。
— **There are about twenty (teachers).**
約20人います。

参考

**There is 〜. の付加疑問**
付加疑問は次のようになる。
・There is a bike in the yard, isn't there?
（庭に自転車がありますよね。）

参照 ▶ p.349
付加疑問

くわしく

**助動詞の疑問文**
助動詞がある疑問文は〈助動詞 + there be 〜?〉の形になる。
・Will there be another tennis match soon?
（すぐに別のテニスの試合がありますか。）
— Yes, there will.
（はい，あります。）

参考

**「1つ」のときの答え方**
・How many pens are there? — There is (only) one.
（何本のペンがありますか。
―1本〈だけ〉です。）

## 「何がありますか」の文

「…に何がありますか」は〈**What is ＋場所を表す語句？**〉で表します。答えは，the や my などがつかない場合は There is[are] 〜. を使います。

▶ **What is in your bag?** — **There's a laptop.**
かばんに何が入っていますか。— ノートパソコンです。

## There is 〜. の否定文

否定文はふつうの be 動詞の文と同じで，be 動詞のあとに not を入れて，**There is[are] not 〜.** または **There was[were] not 〜.** とします。

参照 ▶ p.76, 186
**be 動詞の否定文**
be 動詞のあとに not をおく。

肯定文 ➡ There is　　a cat on the bed.
ベッドの上にネコがいます。
↓ be 動詞のあとに not をおく
否定文 ➡ There is not a cat on the bed.
ベッドの上にネコはいません。

▶ **There weren't any people in the park.**
公園にはまったく人がいませんでした。

▶ **There isn't enough money for this plan.**
この計画のための十分なお金はありません。

### くわしく

**not any と〈no ＋名詞〉**
not any 〜 は〈no ＋名詞〉の形で表すこともできる。
・There weren't any people in the park. ＝ There were no people in the park.

---

**Practice**

解答は p.483

日本文に合うように，＿＿に適する語を書きなさい。

① ＿＿＿＿＿＿ a post office near here?
この近くに郵便局がありますか。
— Yes, ＿＿＿＿＿. はい，あります。

② ＿＿＿＿＿ any snow on the ground?
地面に雪がありましたか。
— No, ＿＿＿＿＿. いいえ，ありませんでした。

③ How ＿＿＿＿ were there on the table?
テーブルの上にはいくつのカップがありましたか。

# Common Mistakes

次の英文は，英作文テストで生徒が書いた「誤った英文」の例です。
先生になったつもりで，誤りを見つけて正しい英文に直しましょう。

(1) テーブルの上に本が1冊あります。

**There is book on the table.**

(2) 箱の中に卵が2つあります。

**There is two egg in the box.**

(3) あなたの自転車は門のところにあります。

**There is your bike at the gate.**

(4) アヤは今，図書館にいます。

**There is Aya in the library now.**

(5) 教室に何人の人がいますか。

**How many people there are in the classroom?**

---

(1) 正しい英文 ▶ There is a book on the table.

数えられる名詞が1つ「ある」と言うときは a（母音の前では an）を忘れないようにしましょう。

(2) 正しい英文 ▶ There are two eggs in the box.

「～がある」の文は，複数のものが主語なら There are ～. の形です。「卵が2つ」なので，この英文は egg を複数形にし，is を are にかえる必要があります。

(3) 正しい英文 ▶ Your bike is at the gate.

(4) 正しい英文 ▶ Aya is in the library now.

There is[are] ～. は，「相手が知らない物や人（＝新情報）」の存在を述べる文です。一方，the などがついた名詞や your などの代名詞がついた名詞は「特定の物や人」なので，ふつうは There is[are]のあとにくることはできません。その場合は〈主語＋ be 動詞＋場所を表す語句.〉の文で表します。

(5) 正しい英文 ▶ How many people are there in the classroom?

不特定の物や人が「いくつあるか[何人いるか]」とたずねるには，〈How many ＋複数名詞＋ are there ～?〉で表します。形の上では there が主語なので，疑問文は be 動詞を there の前に出します。

# 第17章
# 不定詞の基本3用法・動名詞

〈to＋動詞の原形〉を不定詞といい，この章では
「〜するために」「〜すること」「〜するための」
という3つの意味を表す基本的な使い方を
学びます。
また，動詞の ing 形が名詞のはたらきをする
動名詞についても学習します。

**この章で学ぶ表現**

➡ I came … to do 〜.
➡ I like to do 〜.
➡ homework to do
➡ I like doing 〜.

**Emma went to Nara to see deer.**
エマは鹿を見に奈良に行った。

**Please stop talking, Aya!**
おしゃべりをやめてください，アヤ。

**Alex enjoys taking pictures.**
アレックスは写真を撮るのが楽しい。

SECTION

# 1

# 「〜するために」を表す to 〜

〈to ＋動詞の原形〉で「〜するために」などの意味を表す。

listen
101

Oh, are you hungry?

## Emma went to Nara to see deer.

エマは鹿を見に奈良に行った。

## 目的を表す〈to ＋動詞の原形〉

「〜するために」のように目的を伝えるときは〈to
＋動詞の原形〉（不定詞）で表します。

▶ Aya ran to catch the bus.
アヤはバスに間に合うために走りました。

> 過去の文でも
> toのあとの
> 動詞は原形!

▶ He came to Japan to learn Japanese.
彼は日本語を学ぶために日本に来ました。

▶ Alex practiced a lot to be a star player.
アレックスはスター選手になるためにたくさん練習しました。

この〈to ＋動詞の原形〉は，前の動詞に「〜するために」の意味をつけ加えます。

動詞に意味をつけ加える働きが副詞と同じなので，これを**不定詞の副詞的用法**といいます。

> I | went | to the store | to buy food |.
> to buy 以下が後ろから went を修飾する

私は食料を買うためにその店へ行きました。

〈to ＋動詞の原形〉は，**Why 〜?**（なぜ〜か）の問いに目的を答えるときにも使われます。

▶ Why did you get up so early?
どうしてそんなに早く起きたのですか。

— **To make** breakfast. 朝食を作るためです。

参考

**不定詞**
〈to ＋動詞の原形〉のことを不定詞という。英語の動詞は主語の人称と単複，現在か過去かによって形が「定まる」が，これらに影響されない形なので「不定」詞と呼ばれる。

**くわしく**

**Why 〜? — To 〜.**
左の答えの文は I got up early to make breakfast. の下線部が省略された文。

## 感情の原因を表す〈to ＋動詞の原形〉

glad（うれしい）などの**感情を表す形容詞**のあとに〈to ＋動詞の原形〉がくると，「〜して（うれしい）」のように感情の**原因**を表します。

I'm glad to meet you . 私はあなたに会えてうれしい。
to meet 以下が形容詞の glad を修飾する

be glad to 〜のほかに，次のようなものがよく使われます。

| □ be happy to 〜 | ▶ ～してうれしい |
| □ be sad to 〜 | ▶ ～して悲しい |
| □ be sorry to 〜 | ▶ ～して申し訳ない，残念だ |
| □ be surprised to 〜 | ▶ ～して驚く |

▶ **I was very happy to hear the news.**
私はその知らせを聞いてとてもうれしかった。

▶ **We are sad to know that you are leaving.**
あなたが去ると知って私たちは悲しい。

▶ **Jasmine was surprised to see so many people in Tokyo.**
ジャスミンは東京でとても多くの人々を見て驚きました。

**くわしく**

**副詞の働き**
副詞は，動詞や形容詞に意味をつけくわえる（修飾する）。感情の原因を表す〈to ＋動詞の原形〉も，形容詞を修飾するので副詞的用法と呼ばれる。

**くわしく**

**glad to meet 〜**
I'm glad to meet you. は初対面のあいさつで使われる。Nice to meet you. よりもややかしこまった言い方。

**参考**

**形容詞を修飾する不定詞**
〈to ＋動詞の原形〉が形容詞を修飾することもある。
・The water is not good to drink. （その水は飲むのに適していません。）

第15章 接続詞

第16章 There is 〜 の文

第17章 不定詞の基本3用法・動名詞

第18章 比較

第19章 受動態

第20章 現在完了形

第21章 不定詞のいろいろな文型

---

**Practice**

解答は p.484

**日本語を参考にして英文を完成しなさい。**

① Yuki went to London _____. （英語を勉強するために）

② Jim often visits the park _____. （テニスをしに）

③ Why did you go home? — _____. （宿題をするために）

④ I felt really sad _____. （その手紙を読んで）

⑤ Judy will be happy _____. （そのことを知ると）

# 「〜すること」を表す to 〜

〈to＋動詞の原形〉で「〜すること」の意味を表す。

listen
102

## Alex wants to travel around the world.

アレックスは世界中を旅したい。

## 「〜すること」を表す〈to＋動詞の原形〉

〈**to ＋動詞の原形**〉は「〜すること」の意味を表すことができます。

▸ I like to watch TV.
　私はテレビを見ることが好きです。

この〈to ＋動詞の原形〉は，ひとまとまりで名詞と同じ働きをしているので，これを**不定詞の名詞的用法**といいます。

名詞 ➡ I like baseball . 私は野球が好きです。
　　　（好む）（野球）
to 〜 ➡ I like to watch TV .
　　　（好む）（テレビを見ること）
　　　　　　　　私はテレビを見ることが好きです。

## want to 〜

want は「〜をほしがる，〜をほっする」という意味ですが，〈**want to ＋動詞の原形**〉で「〜することをほっする」→「〜したい」という意味になります。

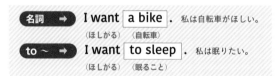

名詞 ➡ I want a bike . 私は自転車がほしい。
　　　（ほしがる）（自転車）
to 〜 ➡ I want to sleep . 私は眠りたい。
　　　（ほしがる）（眠ること）

**ミス注意**

**動詞の形**
like to watch の like は主語や現在・過去によって形が変化するが，watch は原形のまま変わらない。
・I like to watch TV.
・He likes to watch TV.

**参考**

**wanna**
want to はくだけた話し言葉で [ ワナ ] のように発音されるため，仲の良い友だち同士のメールや洋楽の歌詞・マンガなどでは want to が wanna と書かれることがある。正式な場面では使えない。

▶ **I want to go to Hawaii.**
私はハワイに行きたい。

▶ **What do you want to do?**
あなたは何をしたいですか。

▶ **Everyone in the class wants to see you.**
クラスのみんながあなたに会いたがっています。

 **want to be** ～ は「～になりたい」という意味に
なります。

▶ **What do you want to be in the future?**
あなたは将来、何になりたいですか。

 ― **I want to be an English teacher.**
 私は英語の先生になりたい。

## 〈to ＋動詞の原形〉があとにくる動詞

 あとに目的語として〈to ＋動詞の原形〉がくる動詞
は，want や like をはじめ次のようなものがあります。

| | | |
|---|---|---|
| □ **want to** ～ | ▶ | ～したい（←することをほっする） |
| □ **like to** ～ | ▶ | ～するのが好きだ（←することを好む） |
| □ **try to** ～ | ▶ | ～しようとする（←することを試みる） |
| □ **begin[start] to** ～ | ▶ | ～し始める（←することを始める） |
| □ **need to** ～ | ▶ | ～する必要がある（←することを必要とする） |
| □ **hope to** ～ | ▶ | ～したいと思う（←することを望む） |
| □ **decide to** ～ | ▶ | ～しようと決める（←することを決心する） |
| □ **promise to** ～ | ▶ | ～すると約束する（←することを約束する） |

▶ **What do you like to do in your free time?**
あなたは暇なとき何をするのが好きですか。

▶ **We tried to understand each other.**
私たちはお互いに理解しようとしました。

▶ **It began to rain suddenly.**
突然, 雨が降り出しました。

▶ **You don't need to hurry.**
あなたは急ぐ必要はありません。

参考

**would like to ～**
would like to ～ は「～した
い」の 意味で，want to ～
よりも控えめでていねいな言
い方。
・I'd[I would] like to visit
your town someday.( 私
はいつかあなたの町を訪れ
たいです。)

くわしく

**want to be ～**
「(将来) ～になりたい」など
と言うときは，「～になる」と
いう意味の動詞 become を
使って I want to become
～. としてもよいが，I want
to be ～. と言うほうがふつ
う。

参考

**like to ～と love to ～**
love to ～ は「～することが
大好きだ」の意味で，like to
～よりも強い気持ちを表す。
また，「～したい」のていねい
な言い方である would like
to ～ を強調して would love
to ～と言うこともある。

趣味をたず
ねるときによく
使う文。

第15章 接続詞

第16章 There is ～. の文

第17章 不定詞の基本3用法・動名詞

第18章 比較

第19章 受動態

第20章 現在完了形

第21章 不定詞のいろいろな文型

# be動詞のあとの〈to ＋動詞の原形〉

be動詞のあとに〈to ＋動詞の原形〉がきて,「…は〜することです」の意味を表すことがあります。

▸ **My dream is <u>to be</u> a musician.**
私の夢は音楽家になることです。

▸ **My job is <u>to report</u> the news.**
私の仕事はニュースを報道することです。

# 〈to ＋動詞の原形〉が主語の文

〈to ＋動詞の原形〉が「〜することは…」の意味で文の主語になることがあります。

▸ **<u>To study</u> English is important.**
英語を勉強することは大切です。

**参考**

**補語**
be動詞やbecomeなどのSVCの文で,主語とイコールの関係になる語を補語という。ふつう名詞か形容詞が補語になる。(→ p.215)

**くわしく**

**主語の〈to ＋動詞の原形〉**
〈to ＋動詞の原形〉の主語はあまり使われず,左の例文は次の言い方のほうがふつう。
・<u>Studying English</u> is important.(→ p.253)
・It is important <u>to study English.</u>(→ p.308)

---

解答は p.484

**Practice**

**日本語を参考にして英文を完成しなさい。**

① We ＿＿＿＿＿＿＿＿＿＿＿＿＿ basketball after school. （練習したい）

② My grandfather ＿＿＿＿＿＿＿＿＿＿＿ in the park. （歩くのが好きだ）

③ The turtle ＿＿＿＿＿＿＿＿＿＿＿ slowly. （動き始めた）

④ He ＿＿＿＿＿＿＿＿＿＿＿ the door. （開けようとした）

⑤ My wish is ＿＿＿＿＿＿＿＿＿＿＿ in Canada. （住むこと）

---

## 発展 advanced

**主語と補語が不定詞の文**

● 名詞的用法の不定詞が1つの文の中で主語と補語の両方に用いられることもあります。その場合,「〜すれば(必ず)…することになる」という意味合いになり,格言などによく使われます。

▸ **To teach is to learn.** 教えることは学ぶことだ。

▸ **To do good is to be happy.** 善い行いをすれば幸福になる。

▸ **To love someone is to believe in that person.**
だれかを愛するということはその人を信じるということだ。

第15章 接続詞

第16章 There is 〜. の文

第17章 不定詞の基本3用法・動名詞

第18章 比較

第19章 受動態

第20章 現在完了形

第21章 不定詞のいろいろな文型

# 第17章 SECTION 3 「〜するための」を表す to 〜

〈to ＋動詞の原形〉で「〜するための」などの意味を表す。

listen 103

Aya has a lot of **homework**
（代）名詞

**to do** today.
to＋動詞の原形

アヤは今日やらなければならない宿題がたくさんあります。

## 「〜するための」を表す〈to＋動詞の原形〉

名詞のあとに〈to ＋動詞の原形〉がきて、「〜するための」「〜すべき」「〜しなければならない」といった意味を表すことがあります。

▶ It's time **to go** to bed now.
もう寝る時間ですよ。

> It's time to 〜. で「〜する時間です」の意味。

▶ I have a funny video **to show you.**
あなたに見せたいおもしろい動画があります。

名詞に意味をつけ加える働きが形容詞と同じなので、これを**不定詞の形容詞的用法**といいます。

参照 ▶ p.96
**形容詞の働き**
形容詞は、名詞のすぐ前におかれ、その名詞を修飾する。

形容詞 ➡ a [funny] [video] おもしろい動画
　　　　　　　 名詞を前から修飾

to 〜 ➡ a video [to show you] あなたに見せる動画
　　　　　　　　　　 名詞を後ろから修飾

## Questions

よくある質問

① I have a friend to help. と② I have a friend to help me. はどうちがうのでしょうか。

①は「私には助けなければならない友達がいます」、②は「私には私を助けてくれる友達がいます」という意味です。意味の上では、①の a friend は help の目的語であるのに対して、②の a friend は help の主語になっています。

# something to 〜 など

〈**something to ＋動詞の原形**〉で,「〜するための何か」「何か〜する物[こと]」という意味になります。

▸ **You should take** something **to wear**.
　何か着る物を持っていったほうがいいですよ。

▸ **Would you like** something **to drink**?
　何か飲み物はいかがですか。

**anything** も **something** と同じように使われます。**someone**[**anyone**] **to** 〜 は,「だれか〜する人という意味になります。」

▸ **Is there** anything **to eat** in the fridge?
　冷蔵庫に何か食べる物はありますか。

▸ **You need** someone **to help** you.
　あなたにはだれか手伝ってくれる人が必要です。

**nothing to** 〜 は,「何も〜する物[こと]が…ない」という意味になります。

▸ **I have** nothing **to do** this afternoon.
　= **I don't have** anything **to do** this afternoon.
　私は今日の午後, 何もすることがありません。

# something cold to drink など

something to 〜 などに形容詞がつく場合は, 形容詞は something などのすぐ後ろ,〈to ＋動詞の原形〉の前にきます。

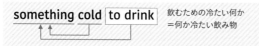

something cold │ to drink 　飲むための冷たい何か
　　　　　　　　　　　　　　＝何か冷たい飲み物

▸ **I have** something **important to tell** you.
　私はあなたに話す大切なことがあります。

---

**くわしく**

**〈to ＋動詞の原形〉が後ろにくる代名詞**
something to 〜 のように, あとに〈to ＋動詞の原形〉がくる代名詞には次のようなものがある。
・something(何か)
・anything(何か)
・everything(すべて)
・nothing
　(何も〜ない)
・someone(だれか)
・anyone(だれか)
・everyone(みんな)
・no one
　(だれも〜ない)

**参照** p.381
**something と anything**
基本的にふつうの文では something, 疑問文・否定文では anything を使うが, 相手に何かをすすめるときなどは疑問文でも something を使う。

語順に注意
しよう!

## ●〈to ＋動詞の原形〉の基本のまとめ

ここで，基本的な３つの意味と使い方をまとめておきましょう。

**1.「～するために」「～して」** ➡ 副詞的用法（動詞・形容詞を修飾）

▶ **Emma went to Nara <u>to see</u> deer.** エマは鹿を見に奈良に行きました。

▶ **I'm glad <u>to meet</u> you.** 私はあなたに会えてうれしい。

**2.「～すること」** ➡ 名詞的用法（動詞の目的語など）

▶ **Alex wants <u>to travel</u> around the world.** アレックスは世界中を旅したい。

**3.「～するための」「～すべき」** ➡ 形容詞的用法（名詞や代名詞を修飾）

▶ **Aya has a lot of homework <u>to do</u> today.**
アヤは今日やらなければならない宿題がたくさんあります。

---

**Practice**

解答は p.484

日本語を参考にして英文を完成しなさい。

① I have a lot of ＿＿＿＿＿＿＿＿＿ today. （するべきこと）

② There are many ＿＿＿＿＿＿＿＿＿ in this city. （訪れる場所）

③ This is the book ＿＿＿＿＿＿＿＿＿. （あなたにあげる本）

④ It's ＿＿＿＿＿＿＿＿＿. （家を出る時間）

⑤ I'd like ＿＿＿＿＿＿＿＿＿. （何か食べる物）

⑥ Do you have ＿＿＿＿＿＿＿＿＿? （何かおもしろい読み物）

---

## 発展 advanced

**前置詞を伴う
形容詞的用法
の不定詞**

●文末の〈to ＋動詞の原形〉のあとに，前置詞だけが単独でくることが
あります。

▶ **I'm looking for a house <u>to live in</u>.** 私は住む家をさがしています。

**live a house** とは言わずに **live <u>in</u> a house** と言うために，上の文
では **in** は省略されず，文末にきています。

また，使う前置詞によって意味が異なる場合もあります。

▶ **Do you have anything <u>to write with</u>?**
何か書くもの（筆記用具）を持っていますか。

▶ **Do you have anything <u>to write on</u>?**
何か書くもの（紙など）を持っていますか。

▶ **Do you have anything <u>to write about</u>?**
何か書くこと（書く内容，テーマなど）がありますか。

第15章 接続詞
第16章 There is ～. の文
第17章 不定詞の基本3用法・動名詞
第18章 比較
第19章 受動態
第20章 現在完了形
第21章 不定詞のいろいろな文型

# 動名詞

動詞の ing 形が「～すること」の意味を表す。

## Please stop talking, Aya!

おしゃべりをやめてください，アヤ！

## 動名詞とは

動詞の ing 形は「～すること」の意味を表すことができます。

▶ I like watching TV.

私はテレビを見ることが好きです。

> I like to watch TV. とほぼ同じ意味になる。

この ing 形は名詞と同じ働きをしているので，これを**動名詞**といいます。

名詞 → I like baseball . 私は野球が好きです。
（好む）　（野球）

ing 形 → I like watching TV .
（好む）　（テレビを見ること）
私はテレビを見ることが好きです。

## 動詞のあとにくる動名詞

動名詞は，次のような動詞の**目的語**になります。〈動詞＋動名詞〉の形で覚えておきましょう。

□ enjoy ～ing　　▶ ～することを楽しむ
□ like ～ing　　▶ ～するのが好きだ
□ finish ～ing　　▶ ～し終える
□ begin[start] ～ing　▶ ～し始める
□ stop ～ing　　▶ ～するのをやめる
□ love ～ing　　▶ ～するのが大好きだ

参照 ▶ p.140

動詞の ing 形は, be 動詞と結びついて進行形にもなる。意味は異なるが，形は ing 形で同じなので，つくり方を確認しておこう。

参考

**go shopping など**

shopping や fishing など, おもにレジャーに関連したいくつかの動詞は, go ～ing で「～しに行く」という意味になる。

・go shopping
　（買い物に行く）
・go fishing
　（釣りに行く）
・go camping
　（キャンプに行く）
・go hiking
　（ハイキングに行く）
・go skiing
　（スキーに行く）

- **Emma enjoyed visiting temples in Kyoto.**
  エマは京都でお寺を訪ねるのを楽しみました。

- **I must finish writing this report by tomorrow.**
  私は明日までにこのレポートを書き終えなければなりません。

- **The baby stopped crying at last.**
  その赤ちゃんはようやく泣きやみました。

## 動名詞が主語の文

　動名詞は名詞と同じように,「～することは」の意味で文の主語になることがあります。
　動名詞の主語は3人称単数として扱います。

- **Helping old people is important.**
  お年寄りを助けることは大切です。

- **Walking every day makes us healthy.**
  毎日歩くことは私たちを健康にします。

## be 動詞のあとの動名詞

　動名詞は名詞と同じように, be 動詞のあとにくることもあります。

- **His hobby is collecting stamps.**
  彼の趣味は切手を集めることです。

- **The most important thing is staying healthy.**
  いちばん大切なことは健康でいることです。

## 前置詞のあとの動名詞

　動名詞は名詞と同じように, at や in などの前置詞のあとにくることもあります。

**Alex is good at | playing basketball |.**
前置詞　　動名詞
アレックスはバスケットボールをすることが得意です。

at のあとに
動詞はこない
ので動名詞
にする!

---

参照　p.255

**目的語になる不定詞と動名詞の使い分け**

名詞的用法の不定詞も動詞の目的語になるが, 不定詞と動名詞のどちらをとるかは, 動詞によって決まっている。like や begin などはどちらも目的語にとることができる。

**ミス注意**

**動名詞は3人称単数扱い**

動名詞に続く複数名詞につられないこと。
× Helping old people are very important.

**参考**

**動名詞が主語の文**

主語になる動名詞のあとには, 助動詞が続くこともある。

・Taking a hot bath will relax you.(熱いふろに入ることはあなたをくつろがせるでしょう。＝熱いふろに入るとくつろげるでしょう。)

---

第15章 接続詞

第16章 There is ～. の文

第17章 不定詞の基本3用法・動名詞

第18章 比較

第19章 受動態

第20章 現在完了形

第21章 不定詞のいろいろな文型

次のような熟語でよく〈前置詞＋動名詞〉の形が使われます。

□ **be good at ～ing** ▶ ～するのが得意だ, じょうずだ
□ **be interested in ～ing** ▶ ～することに興味がある
□ **be fond of ～ing** ▶ ～するのが好きだ
□ **think of ～ing** ▶ ～しようかと思う(←することを考える)
□ **look forward to ～ing** ▶ ～するのを楽しみに待つ
□ **How about ～ing?** ▶ ～するのはどうですか。
□ **Thank you for ～ing.** ▶ ～してくれてありがとう。

▶ **I'm looking forward to seeing you again.**
またお会いできることを楽しみに待っています。

▶ **Thank you for inviting us.**
お招きいただいてありがとう。

上のような熟語以外でも,〈前置詞＋動名詞〉の形になることがあります。

▶ **Aya hurried to school without eating breakfast.**
アヤは朝食も食べずに学校へ急ぎました。

▶ **This dictionary is useful for learning English grammar.**
この辞書は英文法を覚えるのに役立ちます。

参照 ▶ p.164
**前置詞の目的語**
前置詞のあとにくる名詞・代名詞などを前置詞の目的語という。動名詞も名詞と同じ働きをするので, 前置詞の目的語になる。

**くわしく**

**think of ～ing**
think of に動名詞が続く場合, think は進行形でよく使われる。
・I'm thinking of visiting him.(私は彼を訪ねようかと思っています。)

**参考**

**その他の〈前置詞＋動名詞〉**
・after ～ing
　(～したあとに)
・before ～ing
　(～する前に)
・by ～ing
　(～することで)
・about ～ing
　(～することについて)
・through ～ing
　(～することを通じて)

---

**Practice**

解答は p.484

日本語を参考にして動名詞を使った英文を完成しなさい。

① I _____ all the boxes. （運び終えた）
② Mike _____. （スキーが好きだ）
③ _____ is not easy for John. （早起きすること）
④ Masami's hobby is _____. （テニスをすること）
⑤ He's interested _____ history. （勉強することに）

第
17
章

SECTION

# 5 〈to ＋動詞の原形〉と動名詞

〈to ＋動詞の原形〉と動名詞では，使い方にちがいがある。

listen
105

## Alex enjoys taking pictures, so he decided to be a photographer.

アレックスは写真を撮るのが楽しいので，
写真家になることを決めました。

## 動詞による使い分け

〈to ＋動詞の原形〉と動名詞は，どちらも「～する
こと」の意味で動詞のあとにくることができますが，
目的語に〈to ＋動詞の原形〉をとるか，動名詞をとる
かは**動詞によって決まって**います。

⑴ **目的語に〈to ＋動詞の原形〉だけをとる動詞**

| want | hope | wish | decide | promise |
|---|---|---|---|---|
| ほっする | 望む | 願う | 決める | 約束する |

▶私は走りたい。
　○ I want to run.　× I want running.

⑵ **目的語に動名詞だけをとる動詞**

| enjoy | finish | stop | practice | mind | give up |
|---|---|---|---|---|---|
| 楽しむ | 終える | やめる | 練習する | 気にする | あきらめる |

▶おしゃべりをやめなさい。
　○ Stop talking.　× Stop to talk.

⑶ **目的語に〈to ＋動詞の原形〉も動名詞もとる動詞**
　① **意味がほとんど同じもの**

| like | love | begin | start | continue |
|---|---|---|---|---|
| 好む | 愛する | 始める | 始める | 続ける |

**くわしく**

**前置詞の目的語**

前置詞の目的語になるのは動
名詞で，〈to ＋動詞の原形〉
がくることはない。

・I'm good at playing
　tennis.
　（私はテニスをするのが得
　意です。）
　× I'm good at to play
　tennis.

▸ 私は踊ることが好きです。
- ○ I like <u>to dance</u>.
- ○ I like <u>dancing</u>.

▸ アヤはまたおしゃべりを始めました。
- ○ Aya started <u>to talk</u> again.
- ○ Aya started <u>talking</u> again.

② 〈to ＋動詞の原形〉と動名詞で意味が変わるもの

{
 **try to ~**   ~しようと努力する
 **try ~ing**   試しに~してみる
}
{
 **forget to ~**  ~するのを忘れる
 **forget ~ing**  ~したことを忘れる
}
{
 **remember to ~**  忘れずに~する
 **remember ~ing**  ~したことを覚えている
}

{
**I tried <u>to get</u> up early.**  私は早く起きようとしました。
**I tried <u>getting</u> up early.**  私は早起きしてみました。
}

{
**Remember to call me.**
忘れずに私に電話してください。
**Do you remember calling me?**
あなたは私に電話したことを覚えていますか。
}

Don't forget
to ~. とほぼ
同じ意味。

{
**I often forget to feed the fish.**
私はよく魚にえさをやるのを忘れます。
**I'll never forget seeing you here.**
あなたにここで会ったことを決して忘れません。
}

**不定詞と動名詞**
不定詞はこれからのことを表す性質があるのに対し，動名詞は体験済みのことを表す性質がある。例えば，目的語が不定詞の場合と動名詞の場合で，意味が異なる動詞を見るとわかりやすい。
・remember to ~
（忘れずに~する）
・remember ~ing
（〈以前〉~したことを覚えている）

---

**Practice**

解答は p.484

**日本語を参考にして英文を完成しなさい。**

1 Mari _____ in Okinawa. （泳いで楽しんだ）

2 We _____ again. （再び会うことを約束した）

3 I _____ the computer. （使うことをやめた）

4 Lisa _____ the dog. （さわろうとした）

5 I'll always _____ with you. （遊んだことを覚えている）

# 「～すること」は to ～か，～ing か

## 英語にしてみよう！

次の内容を英語で表してみましょう。

1 友達を作るのは簡単だ。

2 音楽を演奏するのは楽しい。

「～すること」は，〈to ＋動詞の原形〉の名詞的用法を使った言い方と，動名詞を使った言い方の2通りを学習しました。

どちらを使っても間違いではありませんが，上の問題のように文の主語になるときは，動名詞で表すほうがふつうです。

また，It is … to ～. (→ p.308)で表すこともできます。

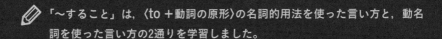

1 「友達を作ること」は making friends で表します。

2 「音楽を演奏すること」は playing music で表します。「楽しい」はここでは fun で表しましょう。

**解答例**　1 Making friends is easy. /
It is easy to make friends.
2 Playing music is fun. /
It is fun to play music.

# Common Mistakes

次の英文は，英作文テストで生徒が書いた「誤った英文」の例です。
先生になったつもりで，誤りを見つけて正しい英文に直しましょう。

---

(1) 私は母を手伝うために台所に入りました。

**I went into the kitchen for help my mother.**

(2) ケンジはテレビゲームをするのが好きです。

**Kenji likes to video games.**

(3) 何か温かい飲み物がほしい。

**I want hot something to drink.**

(4) アンは昨晩その物語を読み終えました。

**Ann finished to read the story yesterday evening.**

(5) 空き缶を集めるのは大変な作業でした。

**Collecting empty cans were hard work.**

---

(1) **正しい英文** ▶ I went into the kitchen **to** help my mother.
「～するために」と目的を表すときは，〈**to** ＋動詞の原形〉を使います。動詞の原形の前に **for** は使えません。なお，help を動名詞にして *for helping* とするのは不自然な表現です。

(2) **正しい英文** ▶ Kenji likes to **play** video games.
**to** のあとに，「(ゲームなどを)する」という意味を表す動詞の **play** が抜けています。「～するのが好きだ」と言うとき，主語が3人称単数なら like に s がつきますが，**to** のあとの動詞には s はつかず，原形のままです。

(3) **正しい英文** ▶ I want **something hot** to drink.
hot の位置がちがいます。～thing などの代名詞を形容詞が修飾するときは，そのあとに形容詞をおきます。「何か温かい飲み物(＝飲むための温かい何か)」は，〈代名詞＋形容詞＋ **to** ＋動詞の原形〉の語順になります。

(4) **正しい英文** ▶ Ann finished **reading** the story yesterday evening.
目的語に不定詞をとるか動名詞をとるかは，動詞によって決まっています。finish は目的語に不定詞はとりません。finish のあとに動詞を続けるときは動名詞にします。

(5) **正しい英文** ▶ Collecting empty cans **was** hard work.
動名詞が主語になる場合は，3人称単数として扱います。したがって，be 動詞は **is** か **was** を用います。すぐ前の cans に惑わされてはいけません。

# 完成問題 CHECK

解答 p.484

第15章 接続詞

第16章 There is 〜. の文

第17章 不定詞の基本3用法・動名詞

第18章 比較

第19章 受動態

第20章 現在完了形

第21章 不定詞のいろいろな文型

**1** ( ) 内から適するものを選びなさい。⑸は日本語に合うものを選ぶこと。

⑴ My brother got the computer ( play / playing / to play ) games.

⑵ "Reusing" is ( to / for / of ) use things many times.

⑶ Making cookies ( are / is / were ) fun.

⑷ My grandma enjoyed ( talk / talking / to talk ) with her old friends.

⑸ 外国の文化について学ぶことは興味深いです。 【大阪府】

( Learn / Learned / Learning ) about foreign cultures is interesting.

**2** ( ) 内の語を1語で適する形に変えて，＿＿＿に入れなさい。変える必要がなければ，そのまま書きなさい。

⑴ ＿＿＿＿＿＿ science is difficult but interesting. ( study )

⑵ I was very happy to ＿＿＿＿＿＿ your e-mail. ( receive )

⑶ Hiroshi ＿＿＿＿＿＿ to see me last night. ( come )

⑷ Thanks a lot for ＿＿＿＿＿＿ me the nice postcard. ( send )

⑸ *A:* Lucy and Sam dance well, don't they?

*B:* They do!  But we can't dance like them without ＿＿＿＿＿＿ many times. ( practice ) 【千葉県】

**3** 次の会話文が成り立つように，＿＿＿に適する語を入れなさい。

⑴ *A:* ＿＿＿＿＿＿ did you visit Kenta's house?

*B:* To help him with his homework.

⑵ *A:* Would you like ＿＿＿＿＿＿ ＿＿＿＿＿＿ drink?

*B:* Oh, thanks.  I'd like some tea with milk, please.

## 4 （　）内の語句を正しく並べかえなさい。

(1) ( mistakes / afraid of / don't / making / be ). 【栃木県】

_____

(2) *A:* I ( to / something / give / have ) you.  Here you are. 【愛媛県】

*B:* Wow, thank you.  Can I open it?

*A:* Sure.

I _____ you.

(3) *A:* I walk with my dogs every morning. 【富山県】

*B:* How many dogs do you have?

*A:* Three.  ( them / care / easy / of / isn't / taking ), but I enjoy living with them.

_____, but I enjoy living with them.

(4) *A:* How was school today? 【沖縄県】

*B:* P.E. class was so fun.  But it was too cold outside.  I still feel cold now.

*A:* Do you ( hot / drink / something / want / to )?

*B:* Yes!  Thank you.

Do you _____?

## 5

次の文は，英語の授業で出された課題です。あなたは，この課題に対してどのように答えますか，24 語以上の英語で自由に書きなさい。ただし，英文は 2 文以上になってもよいものとします。 【北海道】

職場体験をするとしたら，あなたはどのような体験をしたいですか。下にあげた職場体験先から行きたいところを一つ選び，選んだ職場体験先とそこで体験したいことについて書きなさい。

**職場体験先**

| 幼稚園 | 動物園 | 新聞社 | 病院 | 市役所 |

_____

_____

_____

# 第18章
# 比較

この章では「〜よりも大きい」のように
2つのものを比べたり，
「いちばん大きい」「同じくらい大きい」
などと伝えたりする言い方を学びます。

この章で学ぶ表現

→ bigger than 〜
→ the biggest 〜
→ as big as 〜

**Alex is taller than his father.**
アレックスはお父さんよりも背が高い。

**Alex is the best basketball player in school.**
アレックスは学校でいちばん
バスケが上手だ。

261

# 比較級・最上級のつくり方

比較級は -er か more 〜 の形。最上級は -est か most 〜 の形。

「**A は B より大きい**」「**A はいちばん大きい**」など
と言うとき，英語では「大きい」にあたる形容詞（ま
たは副詞）の形を変化させます。

「より大きい」にあたる形を**比較級**，「いちばん大き
い」にあたる形を**最上級**といいます。

## 規則変化

❶ **基本パターン**…大部分の語は語尾に **er** をつける
と比較級，**est** をつけると最上級になります。

| 原級 | | 比較級 | 最上級 |
|---|---|---|---|
| □ long | 長い | longer | longest |
| □ old | 古い | older | oldest |

*大部分の語が
このパターン。*

❷ **e で終わる語**…比較級は **r** だけ，最上級は **st** だ
けをつけます。

| 原級 | | 比較級 | 最上級 |
|---|---|---|---|
| □ large | 大きい | larger | largest |
| □ nice | すてきな | nicer | nicest |

*fine, wide も
このパターン。*

❸ 〈**子音字＋y**〉**で終わる語**…y を i に変えて er, est
をつけます。

| 原級 | | 比較級 | 最上級 |
|---|---|---|---|
| □ easy | 簡単な | easier | easiest |
| □ busy | 忙しい | busier | busiest |
| □ happy | 幸せな | happier | happiest |

*early,
pretty, heavy
も同じ。*

❹ **語尾の文字を重ねる語**…〈子音字＋アクセントの
ある母音字＋子音字〉なら，**語尾の1文字を重ねて**
er, est をつけます。

| 原級 | | 比較級 | 最上級 |
|---|---|---|---|
| □ big | 大きい | bigger | biggest |
| □ hot | 熱い，暑い | hotter | hottest |

*thin, sad も
このパターン。*

---

**用語解説**

**原級**
比較級・最上級に対して，変
化しないもとの形を原級とい
う。

**参照** p.180
比較級・最上級の er, est の
つけ方は，動詞の過去形の
ed のつけ方と考え方は同じ。

**くわしく**

〈**子音字＋y**〉
子音を表すつづり字を子音字
と い う。-sy, -py, -ly, -ty
などが〈子音字＋y〉で終わる
語。-ay などは〈母音字＋y〉
なのであてはまらない。
・gray（灰色の）- grayer -
  grayest

**参考**

**語尾を重ねない場合**
・母音字が 2 文字の場合
  sweet（甘い）-
  sweeter - sweetest
・子音字が 2 文字の場合
  rich（裕福な）-
  richer - richest

❺ **長めの語**… 2音節の語の大部分と3音節以上の語，〈形容詞 + ly〉の副詞は，前に **more** をおいて比較級，**most** をおいて最上級にします。

| 原級 | 比較級 | 最上級 |
|---|---|---|
| □ beautiful 美しい | more beautiful | most beautiful |
| □ famous 有名な | more famous | most famous |
| □ slowly ゆっくりと | more slowly | most slowly |

ほかにも次のような語があります。

| | | | |
|---|---|---|---|
| □ **important** 重要な | | □ **interesting** おもしろい | |
| □ **difficult** 難しい | | □ **exciting** 興奮させる | |
| □ **popular** 人気のある | | □ **useful** 役に立つ | |
| □ **wonderful** すばらしい | | □ **expensive** 高価な | |
| □ **careful** 注意深い | | □ **quickly** すばやく | |

## 不規則変化

次の語は不規則変化します。このまま覚えましょう。

| 原 級 | 比較級 | 最上級 |
|---|---|---|
| □ **good** よい<br>□ **well** じょうずに | better | best |
| □ **many** 多数の<br>□ **much** 多量の | more | most |
| □ **bad** 悪い<br>□ **badly** ひどく<br>□ **ill** 病気の，悪く | worse | worst |
| □ **little** 少量の | less | least |

解答は p.485

**Practice**

**次の語の比較級と最上級を順に書きなさい。**

1 young　　　　　............................................　............................................

2 large　　　　　............................................　............................................

3 early　　　　　............................................　............................................

4 hot　　　　　　............................................　............................................

5 beautiful　　　............................................　............................................

6 good　　　　　............................................　............................................

---

**用語解説**

**音節**
単語をつくっている音の区切り。1音節に1母音が原則。

**くわしく**

**変化形が2通りある語**
2音節の語の中には，er, est をつけても，more, most を使ってもよい語がある。
・angry（怒った）
－ angrier － angriest
でもよいし，
－ more angry － most angry
でもよい。
・friendly（親しい）
－ friendlier － friendliest
でもよいし，
－ more friendly － most friendly
でもよい。

**参考**

**little の比較変化**
「小さい」という意味では smaller, smallest を代用する。「少量の」という意味では，比較級には less を，最上級には least を使う。

第15章 接続詞

第16章 There is ～. の文

第17章 不定詞の基本3用法・動名詞

第18章 比較

第19章 受動態

第20章 現在完了形

第21章 不定詞のいろいろな文型

# 比較級の文

〈比較級＋than …〉で「…よりも～」の意味を表す。

listen
106

## Alex is taller than his father.

アレックスはお父さんよりも背が高い。

## 「～よりも高い」などの文

「A は B よりも～です」は，**A is 比較級 than B.** で表します。

→ tall の比較級
Alex is | taller | than his father.
～よりも　アレックスはお父さんよりも背が高い。

比較級の作り方は，単語によって異なるので注意しましょう。**than** は「**～よりも**」の意味で，あとには比べる相手がきます。

▸ **My cellphone is bigger than my old one.**
私の携帯電話は古いのよりも大きい。

▸ **Cellphones are more popular among children than before.**
携帯電話は以前よりも子どもたちに普及しています。

〈look ＋形容詞〉（→ p.215）の形容詞も，比較級になることがあります。また，必要がない場合は，than ～を言わずに比較級を使うこともあります。

▸ **You look younger in jeans.**
あなたはジーンズをはくと（いつもよりも）より若く見えます。

比較級のあとに名詞が続くこともあります。

▸ **We need a larger tent than this one for camping.**
キャンプにはこれよりも大きなテントが必要です。

---

### ミス注意

**比較の対象**

比較級では同類のものを比べるので，「東京の気温はロンドンよりも高い」と言いたいときは「ロンドンの気温」と比べて次のように言う。

・The temperature of Tokyo is higher than that of London.

上の英文の that of は the temperature of を表す。

### 参考

**than のあとの代名詞の形**

「私[彼女]よりも背が高い」のように，than のあとに代名詞がくるときは次のように表すことが多い。

・Alex is taller than I am.
・Alex is taller than she is.

また，話し言葉では次の言い方も使われる。

・Alex is taller than me.
・Alex is taller than her.

参照 p.136
**代名詞 one の使い方**
名詞のくり返しを避けるために用いる。

「差の大きさ」を強調したいときは，very は使わずに **much** を使います。「少し」は **a little** を使います。

▸ **This picture is much more beautiful than mine.**
この絵は私のよりもずっと美しい。

▸ **Today is a little colder than yesterday.**
今日は昨日よりも少し寒い。

## 「どちらがより〜か」とたずねる文

「A と B でどちらがより〜ですか」とたずねるときは，**Which is 比較級, A or B?** の形になります。

▸ **Which is stronger, the tiger or the lion?**
トラとライオンでは，どちらのほうが強いですか。

—**I think the lion is.** ライオンだと思います。

## 「〜よりも早く」などの文

「A は B よりも早く〜します」のように副詞を使った比較の文は，一般動詞のあとに〈比較級 + than 〜〉を続けます。

I got up ┌→ early の比較級 ┐ **earlier** than my mother.
└ 〜よりも ┘ 私は母よりも早く起きました。

▸ **Toshio can run faster than me.**
トシオは私よりも速く走れます。

▸ **You should drive more carefully.**
あなたはもっと気をつけて運転するべきです。

▸ **Can you speak a little more slowly?**
もう少しゆっくりと話してくれますか。

---

### くわしく

**「とても」を表す語句**
much の代わりに a lot や far も使われる。
・He looks a lot better.(彼はずいぶんよくなったように見えます。)
また，数量を表す語句がつくこともある。
・I'm two years older than you are.(私はあなたより2歳年上です。)

### くわしく

**人を比べる場合**
who を使って，〈Who is＋比較級，A or B? 〉の形で表す。

### 参考

**early と fast**
early と fast には，それぞれ形容詞と副詞の働きがある。early は時間や時期が「早い，早く」，fast はスピードや動作が「速い，速く」ということ。
・an early breakfast
（早い朝食）
・get up early
（早く起きる）
・a fast runner
（速い走者）
・drive fast
（速く運転する）

# 「BよりもAが好き」という文

「BよりもAのほうが好きです」と言うときは，betterを使って，**like A better than B**で表します。

▸ **I like winter better than summer.**
私は夏よりも冬のほうが好きです。

▸ **Which color do you like better, blue or red?**
あなたは青と赤では，どちらの色が好きですか。

— **I like red better.** 私は赤のほうが好きです。

**くわしく**

**人についてたずねる文**
人について「どちらのほうが好きですか」とたずねるときはwhoを使い，whichはふつう使わない。

・Who do you like better, Tom or his brother?
（トムと彼の兄[弟]ではどちらが好きですか。）

---

解答は p.485

**Practice**

（　）内の形容詞[副詞]を使って，比較級の文をつくりなさい。

① January is ＿＿＿＿＿＿＿＿＿＿＿ February. （ long ）

② This video is ＿＿＿＿＿＿＿＿＿＿＿＿ that one. （ interesting ）

③ You're a ＿＿＿＿＿ singer ＿＿＿＿＿ I am. （ good ）

④ Please walk ＿＿＿＿＿＿＿＿＿＿ . （ slowly ）

⑤ Which is ＿＿＿＿＿＿ , Mt. Fuji ＿＿＿＿ Mont Blanc? （ high ）

⑥ I can cook ＿＿＿＿＿＿＿＿ my mother. （ well ）

## Questions

**?**

よくある質問

***A* is not bigger than *B*. と *A* is smaller than *B*. は同じ内容と考えていいでしょうか。**

前の文は，「AはBよりも大きい」を否定していて，「AはBよりも大きいということはない」の意味です。つまり，AはBよりも小さいか，同じ大きさということになり，A ≦ Bを表します。あとの文は「AはBよりも小さい」の意味で，A < Bを表します。

第18章
SECTION
# 3 最上級の文

〈the＋最上級＋of［in］ …〉で「…の中でいちばん〜」の意味を表す。

listen
107

## Alex is the best basketball player in school.

アレックスは学校でいちばん上手なバスケットボールの選手です。

第15章 接続詞
第16章 There is 〜. の文
第17章 不定詞の基本3用法・動名詞
第18章 比較
第19章 受動態
第20章 現在完了形
第21章 不定詞のいろいろな文型

## 「いちばん古い」などの文

3つ［3人］以上を比べて，「…の中でいちばん〜」と言うときは，〈**the＋最上級＋of［in］ …**〉の形を使います。

This hotel is the oldest in town. このホテルは町で
the をつける ←　　　→ old の最上級　　いちばん古い。

形容詞の最上級のあとに名詞が続くこともあります。上の文は次のように言うこともできます。

▶ This is the **oldest** hotel in town.
これは町でいちばん古いホテルです。

### ● of と in の使い分け

最上級の文で「…の中で」，「…のうちで」と比較する範囲や対象を示すときは，**of** か **in** を使います。

| **of** ＋複数を表す語句 | **in** ＋場所や範囲を表す語句 |
|---|---|
| **of the three** 3つ[3人]の中で | **in Japan** 日本で |
| **of all** すべて［みんな］の中で | **in the class** クラスで |
| **of us** 私たちの中で | **in my family** 私の家族で |

▶ Miki is the youngest of us all.
ミキは私たちみんなの中でいちばん年下です。

▶ This place is the most famous in our town.
この場所は私たちの町でもっとも有名です。

**くわしく**

**最上級の前の the**
あとに名詞がなくても，形容詞の最上級の前には，ふつう the をつける。ただし，my などがつくときには the はつけない。
・Kenta is my best friend in my class.（ケンタはクラスで私のいちばん仲のよい友達です。）

**くわしく**

**of 〜 や in 〜の省略**
範囲や対象が明らかな場合や特に言う必要がない場合は，of 〜 や in 〜 は省略される。
・Love is the most important thing.（愛はもっとも大切なものです。）

**参考**

**(that) I have ever 〜**
最上級のあとに，経験を表す現在完了形(→ p.294)の節が続くことがある。
・This is the biggest dog (that) I have ever seen.（これは私がこれまで見た中でいちばん大きな犬です。）

# 「どれがいちばん～」とたずねる文

　3つ［3人］以上の中で「どれ［何 / だれ］がいちばん
～ですか」とたずねるときは，〈Which［What /
Who］ is the＋最上級…?〉の形で表します。

▸ **Which is the lightest of these cellphones?**
これらの携帯電話の中でどれがいちばん軽いですか。
— **This one is.** これです。

# 「いちばん速く」などの文

　「いちばん速く～します」のように副詞を使った最
上級の文は，一般動詞のあとに最上級を続けます。
　副詞の最上級には，the をつけないこともあります。

**Ken swims the** | **fastest** | **in his class.**
ケンはクラスでいちばん速く泳ぎます。
つけないこともある ← → fast の最上級

# 「いちばん好き」という文

　3つ以上の中で「～がいちばん好きです」と言うと
きは **like ～（the）best** の形を使います。

▸ **I like math (the) best of all subjects.**
私はすべての教科の中で数学がいちばん好きです。

▸ **What sport do you like (the) best?**
あなたは何のスポーツがいちばん好きですか。
— **I like skiing (the) best.**
私はスキーがいちばん好きです。

**くわしく**

**which と what の使い分け**
一定数の限定された範囲の中
から選ぶときは which を使
い，不特定の数の中から選ぶ
ときは what を使う。

**参考**

**副詞の最上級と形容詞の最上
級**
左の文は, Ken is the fastest
swimmer in his class.（ケン
はクラスでいちばん速い泳ぎ
手です。）と形容詞の最上級を
使って表すこともできる。

---

解答は p.485

**Practice**

（　　）内の形容詞［副詞］を使って，最上級の文をつくりなさい。

1 February is _____ all the months. （ short ）

2 Kyohei is _____ the three. （ young ）

3 This story is _____ the four. （ interesting ）

4 Which after-school activity is _____ your
school? （ popular ）

5 Who gets up _____ your family? （ early ）

SECTION

# 4 as 〜 as … の文

「同じくらい」は as 〜 as … で表す。

listen
108

## Takeshi is as athletic as Alex.

タケシはアレックスと同じくらい運動神経がいい。

## as 〜 as …

2つ[2人]を比べて同じくらいであることを表すときは **as 〜 as** …の形を使います。as と as の間には,形容詞や副詞の原級(変化しないもとの形)がきます。

I'm as old as Jim. 私はジムと同い年です。
　　　原級

▶ **My brother is as tall as my father.**
私の兄は私の父と同じくらいの身長です。

▶ **Meg sings as well as you do.**
メグはあなたと同じくらいじょうずに歌います。

▶ **Can you swim as fast as Hiroshi?**
あなたはヒロシと同じくらい速く泳げますか。

### ● 注意すべき as 〜 as … の文

as と as の間の形容詞に名詞が続くこともあります。

▶ **Yuka reads as many books as her teacher (does).**
ユカは先生と同じくらい多くの本を読みます。

「ちょうど(ぴったり)同じくらい〜」は just as 〜 で表します。

▶ **This street is just as wide as that one.**
この通りはあの通りとちょうど同じ幅です。

参考

**as のあとの代名詞の形**
「私[彼女]と同じくらいの身長だ」のように, as のあとに代名詞がくるときは, than の場合(→ p.264)と同じく次のように表すことが多い。
・Alex is as tall as I am.
・Alex is as tall as she is.
また, 話し言葉では次の言い方も使われる。
・Alex is as tall as me.
・Alex is as tall as her.

参考

**almost as 〜**
almost as 〜で「ほとんど同じくらい〜」という意味を表す。
・Seoul is almost as hot as Tokyo in July.(7月にはソウルは東京とほとんど同じくらい暑い。)

第15章 接続詞

第16章 There is 〜. の文

第17章 不定詞の基本3用法・動名詞

第18章 比較

第19章 受動態

第20章 現在完了形

第21章 不定詞のいろいろな文型

# not as ～ as …

not as ～ as … は「…**ほど～ではない**」という意味になります。

〈not as＋原級＋as …〉＝「…ほど～ではない」

The Kiso River is not as long as the Tone River.
木曽川は利根川ほど長くはありません。

上の文は，木曽川は利根川よりも短いことを表しています。そのため次のように，比較級を使っても同じ内容を表すことができます。

▸ The Kiso River is **shorter** than the Tone River.
木曽川は利根川よりも短い。

▸ The Tone River is **longer** than the Kiso River.
利根川は木曽川よりも長い。

▸ My bag is **not as** old **as** yours.
私のかばんはあなたのほど古くはありません。

▸ I can't cook **as** well **as** my sister.
私は姉[妹]ほどじょうずに料理できません。

**ミス注意**

**as ～ as …の否定文の意味**
as ～ as … は「…と同じくらい～」の意味だが，not as ～ as … は「…と同じくらい～ではない」という意味ではない。

**参考**

**not so ～ as …**
as ～ as … の否定文では，前の as の代わりに so を使うこともある。
・Summer here isn't so hot as summer in Tokyo.（ここの夏は東京の夏ほど暑くはありません。）

解答は p.485

**Practice**

（　　）内の形容詞[副詞]を使って，as ～ as …の文をつくりなさい。

① Mike is ＿＿＿＿＿＿＿＿＿＿ my brother. （ old ）

② Playing is ＿＿＿＿＿＿＿＿＿ studying. （ important ）

③ That bird flies ＿＿＿＿＿＿＿ a falcon. （ fast ）

④ He has ＿＿＿＿＿＿ money ＿＿＿＿ you do. （ much ）

⑤ Australia isn't ＿＿＿＿＿＿ Canada. （ large ）

⑥ I can't speak English ＿＿＿＿＿＿ Mika. （ well ）

第15章 接続詞

第16章 There is ～. の文

第17章 不定詞の基本3用法・動名詞

第18章 比較

第19章 受動態

第20章 現在完了形

第21章 不定詞のいろいろな文型

# 第18章 SECTION 5 注意すべき比較の文

〈one of the＋最上級＋複数名詞〉と〈比較級＋than any other＋単数名詞〉に注意。

listen 109

# Lake Biwa is larger than any other lake in Japan.

琵琶湖は日本のほかのどの湖よりも大きい。

## 比較級＋than any other …

〈比較級＋than any other …〉は,「ほかのどの…よりも～」という意味を表します。any other のあとの名詞はふつう**単数形**にします。

▶ **Soccer is more exciting than any other sport.**
サッカーはほかのどのスポーツよりもわくわくします。

上の文は,最上級を使った次の文とほぼ同じ内容を表しています。

▶ **Soccer is the most exciting sport.**
サッカーはいちばんわくわくするスポーツです。

## one of the ＋最上級 …

「もっとも～な…の1つ[1人]」と言うときは,〈one of the ＋最上級＋複数名詞〉の形で表します。名詞は**複数形**にすることに注意しましょう。

▶ **Helsinki is one of the cleanest cities in Europe.**
ヘルシンキはヨーロッパでもっともきれいな都市の1つです。

▶ **He's one of the most popular comedians in New York.**
彼はニューヨークでもっとも人気のあるコメディアンの1人です。

### くわしく

**肯定文の any**
any を肯定文で,「どんな～でも,だれでも」の意味で使うときは,あとの名詞はふつう単数形にする。

### 参考

**no other ～**
左の文の内容は, no other ～（ほかのどの～）を使って次のように表すこともできる。
・No (other) sport is more exciting than soccer.（ほかのどのスポーツもサッカーよりわくわくしません。）
・No (other) sport is as exciting as soccer.（ほかのどのスポーツもサッカーほどわくわくしません。）

### 参考

**one of のあとの名詞**
one of のあとには, my や the などで特定された複数名詞がくる。
・one of my friends
（私の友達の1人）

## ⟨the ＋序数＋最上級⟩

参照 p.34
序数

「2番目に」や「3番目に」などと言うときは，second や third などの序数を使います。

▸ **The Mississippi is the fourth longest river in the world.**
ミシシッピ川は世界で4番目に長い川です。

## ― times as ～ as …

「…の ― 倍～」と言うときは，as ～ as …の前に ― times をおきます。「2倍」のときは twice を使います。また，「半分」なら half を使います。

▸ **Angel Falls is about three times as high as Tokyo Tower.**
エンジェルの滝は東京タワーの約3倍の高さです。

▸ **This room is half as large as our living room.**
この部屋は私たちの居間の半分の広さです。

## 発展 advanced

| | |
|---|---|
| ⟨比較級＋ and ＋比較級⟩ | ●比較級と比較級を and で結ぶと，「**ますます～**」「**だんだん～**」という意味を表します。more を使う語は，more だけをくり返します。<br>▸ It's getting **colder and colder** these days.<br>　最近ますます寒くなってきています。<br>▸ Recycling is becoming **more and more important**.<br>　リサイクルはますます重要になってきています。 |
| ⟨The ＋比較級 ～，the ＋比較級 ….⟩ | ●⟨The ＋比較級 ～，the ＋比較級 ….⟩は，「**～すればするほど（ますます）…**」という意味を表します。<br>▸ **The sooner** we leave, **the earlier** we'll arrive.<br>　早く出れば出るほど，私たちは早く着きます。 |
| as ～ as … can[like] | ●「**できるだけ～**」と言うときは，⟨as ＋副詞の原級＋ as … can⟩を使います。… can の代わりに possible も使えます。また，as ～ as … like を使えば，「好きなだけ～」の意味になります。<br>▸ We came **as soon as we could**.　※時制の一致で can も過去形に。<br>　私たちはできるだけ早く来ました。　we could は possible でもよい。<br>▸ Eat **as much as you like**.　好きなだけ食べなさい。 |

# 完成問題 CHECK

解答 p.485

**1** ( ) 内から適するものを選びなさい。

⑴ Horyu-ji is ( a / an / the ) oldest wooden building in the world.

⑵ Please do the work ( more / better / best ) quickly.

⑶ China is as ( large / larger / largest ) as the United States.

⑷ Ann was the smartest ( in / of / at ) all the students.

**2** ( ) 内の語を適する形に変えて，____ に入れなさい。変える必要がなければ，そのまま書きなさい。

⑴ Your dog is _____ than mine. ( big )

⑵ My grandma is the _____ in my family. ( busy )

⑶ Lisa can dance _____ than anyone else in her school. ( well )

⑷ Singapore is one of the cleanest _____ in the world. ( country )

⑸ I have two older brothers.  I am the _____ of the three.
  ( young )
  【兵庫県】

**3** 右のグラフを見て，次の問いに英語で答えなさい。

⑴ Is the Kiso longer than the Ishikari?

  _____

| 日本のおもな河川の長さ | |
|---|---|
| 石狩川 | 268 (km) |
| 信濃川 | 367 |
| 利根川 | 322 |
| 木曽川 | 229 |

⑵ Which is longer, the Tone or the Ishikari?

  _____

⑶ Which river is the longest of the four?

  _____

第15章 接続詞

第16章 There is ～ の文

第17章 不定詞の基本3用法・動名詞

第18章 比較

第19章 受動態

第20章 現在完了形

第21章 不定詞のいろいろな文型

**（　）内の語を正しく並べかえなさい。**

(1) *A:* I think Mary said a very good thing.　　　　　　　【千葉県】

*B:* I don't think so.　Her ( not / good / is / as / idea ) as mine.

Her _____ as mine.

(2) *A:* Who runs the fastest in your soccer club?　　　　【沖縄県】

*B:* Keisuke does.

*A:* What about Yuto?

*B:* He runs fast, too.　But he ( run / fast / not / can / as ) as Keisuke.

But he _____ as Keisuke.

(3) *A:* I want a cat as a pet.　Cats are so cute, aren't they?　【富山県】

*B:* Yes, but ( more / dogs / than / popular / are ) cats in Japan.

*A:* I know that, but a lot of my friends have a cat in their house.

Yes, but _____ cats in Japan.

5 **日本文に合う英文になるように，＿＿＿に適する語を３語ずつ入れなさい。**

(1) ブラウンさんはいつもより遅く家を出ました。

Mr. Brown left home _____.

(2) 富士山はこの山の２倍の高さです。

Mt. Fuji is _____ as this mountain.

6 **次のような場合，英語でどう言えばよいですか。（　　）内の語を使って英文をつくりなさい。**

(1) 相手のいちばん好きな季節をたずねるとき。( like )

_____

(2) 英語と数学のどちらがよりおもしろいかを相手にたずねるとき。( to you )

_____

(3) 相手の家族でだれがいちばん早起きかをたずねるとき。( gets up )

_____

# 第19章

# 受動態

「～される」「～された」という言い方を
受動態(受け身)といいます。
この章では，いろいろな受動態の文の
作り方について学びます。

**Is this seat taken?**
この席は取られていますか。

**No, it's not.**
いいえ, 取られていません。

**This temple was built 1300 years ago.**
この寺は1300年前に建てられました。

第19章

SECTION

1

# 受け身の文

〈be 動詞＋過去分詞〉で「～される」「～された」の意味。

listen
110

## This temple was built 1300 years ago.

この寺は1300年前に建てられました。

Wow!

## 現在の受け身の文

　「(主語)が～される」という言い方を**受け身**といい，〈**be 動詞＋過去分詞**〉で表します。過去分詞とは動詞の変化形の1つで，多くは過去形と同じ形です。(→ p.278)

| I | am | | ～. |
|---|---|---|---|
| **He, She, It** など3人称単数 | **is** | 過去分詞 | |
| **You** とすべての複数 | **are** | | |

▸ **This room is cleaned** every day.
　この部屋は毎日そうじされます。

▸ **I am invited** to his birthday party every year.
　私は毎年，彼の誕生日パーティーに招待されています。

▸ **The library is closed** on Mondays.
　図書館は月曜日は閉館です。

　「だれによって」されるのかを表すには **by** を使います。

▸ **This room is cleaned by my father.**
　この部屋は父によってそうじされます。

▸ **I am often invited** to dinner **by Aya.**
　私はよくアヤから夕食に招待されます。

▸ **Kyoto is visited by a lot of people** every day.
　京都には毎日たくさんの人々が訪れます。(←京都は毎日たくさんの人々に訪問されます。)

---

**用語解説**

**受け身**

「受動態」ともいう。これに対し，「(主語)が～する」というふつうの形は「能動態」と呼ばれる。

・能動態の文
　My father cleans this room.
　(父がこの部屋をそうじします。)

・受動態の文
　This room is cleaned by my father.
　(この部屋は父によってそうじされます。)

参照 ▶ p.278
**過去分詞のつくり方**

参考

**by**

by は「～によって」「～で」などの意味を表す前置詞。受け身の文以外でも使われる。

・I came here by bus.
　(私はバスでここに来ました。)

第15章 接続詞

第16章 There is ～ の文

第17章 不定詞の基本3用法・動名詞

第18章 比較

第19章 受動態

第20章 現在完了形

第21章 不定詞のいろいろな文型

# 過去の受け身の文

「(主語)が～された」という過去の受け身は、be動詞を過去形にします。

| I | | | |
|---|---|---|---|
| **He, She, It** など3人称単数 | **was** | 過去分詞 | ～. |
| **You** とすべての複数 | **were** | | |

be動詞だけが変化する!

過去分詞はいつも同じ形です。

▸ **This picture was painted 300 years ago.**
この絵は300年前に描かれました。

▸ **A lot of people were injured.**
たくさんの人がけがをしました(←けがをさせられました)。

▸ **More than 100 people were invited to their wedding.**
100人以上の人々が彼らの結婚式に招待されました。

▸ **Karaoke was invented by a Japanese person.**
カラオケは、ある日本人によって発明されました。

▸ **The children were found by the police before dark.**
子どもたちは暗くなる前に警察によって発見されました。

**参照** p.184
**be動詞の過去形**
am・is の過去形は was で、are の過去形が were。

**参考**

**受け身の多用は避ける**
日本語では主語を明らかにしないことが多い。そのため日本語の発想で英作文をすると、受け身が多くなりやすい。しかし英語では、必要がない場合にはできるだけ受け身を使わないほうが読みやすい文章とされる。

---

**Practice**

解答は p.486

**( )内から適する語を選びなさい。**

1. These computers are ( making, made ) in China.
2. Basketball is ( playing, played ) by ten players.
3. English and French ( is, are ) used in Canada.
4. The bus ( was, is ) washed last week.
5. I was ( love, loved ) by my grandparents.
6. Our school lunch is ( cooking, cooked ) by a professional cook.

# 過去分詞の形

大部分の動詞は，過去分詞は過去形と同じ形。

## 規則動詞の場合

過去分詞は，過去形と同じ形です。

| 原形 | | 過去形 | | 過去分詞 |
|---|---|---|---|---|
| □ **play**(スポーツなどをする) | — | **played** | — | **played** |
| □ **use**(使う) | — | **used** | — | **used** |
| □ **carry**(運ぶ) | — | **carried** | — | **carried** |
| □ **plan**(計画する) | — | **planned** | — | **planned** |

## 不規則動詞の場合

次のように4つのパターンがありますが，大部分の動詞は過去形と同じ形です。

| 変化のパターン | 原　形 | 過去形 | 過去分詞 |
|---|---|---|---|
| 過去形と過去分詞が同じ | **build**(建てる)<br>**hear**(聞こえる)<br>**make**(作る) | built<br>heard<br>made | built<br>heard<br>made |
| 3つともちがう | **give**(与える)<br>**speak**(話す)<br>**see**(見える) | gave<br>spoke<br>saw | given<br>spoken<br>seen |
| 原形と過去分詞が同じ | **run**(走る)<br>**come**(来る) | ran<br>came | run<br>come |
| 形が変わらない | **put**(置く)<br>**cut**(切る) | put<br>cut | put<br>cut |

＊ read(読む)は read[riːd]−read[red]−read[red]で，発音だけが変化する。

### 用語解説 📖📖

**過去分詞**

「過去」分詞という名前だが，過去を表すわけではない。次の3つで使われる。
①受け身
②現在完了形(→ p.291)
③名詞を修飾(→ p.323)

**参照** p.180

**規則動詞の変化**

過去分詞と過去形のつくり方は同じなので，過去形のつくり方を確認しよう。

過去形とちがう動詞を覚えておこう！

---

解答は p.486

**Practice**

### 次の語の過去分詞を書きなさい。

1 open ............................　　2 speak ............................　　3 visit ............................

4 give ............................　　5 run ............................　　6 build ............................

7 put ............................　　8 study ............................　　9 make ............................

10 come ............................　　11 hear ............................　　12 break ............................

## 第19章

### SECTION 3

# 受け身の疑問文・否定文

ふつうの be 動詞の文と基本的には同じ。

第15章 接続詞

第16章 There is 〜. の文

第17章 不定詞の基本3用法・動名詞

第18章 比較

第19章 受動態

第20章 現在完了形

第21章 不定詞のいろいろな文型

listen 111

be動詞 ───  過去分詞

# Is this seat taken?
# — No, it's not.

わっ!

この席は(だれかに)取られていますか。
— いいえ, 取られていません。

## 受け身の疑問文と答え方

受け身の疑問文はふつうの be 動詞の文と同じように, **be 動詞を主語の前**に出して,〈**be 動詞+主語+過去分詞 …?**〉の形で表します。

肯定文 ➡ The river was cleaned.
川はきれいにされました。

be 動詞を主語の前に出す

疑問文 ➡ Was the river cleaned?
川はきれいにされましたか。

答え方はふつうの be 動詞の疑問文の場合と同じです。

▸ **Is** this book read in the U.S.? — Yes, it **is**.
この本はアメリカで読まれていますか。
— はい, 読まれています。

## 疑問詞で始まる疑問文

疑問詞は文の最初におき,〈be 動詞+主語+過去分詞 …?〉を続けます。

▸ **Where** was the World Cup held in 2018?
— **In Russia.**
2018年にワールドカップはどこで開かれましたか。
— ロシアです。

参考

**be 動詞の疑問文**
be 動詞を含む疑問文のつくり方はみな同じ。
· Is this a desk?
  (これは机ですか。)
· Is he cooking?
  (彼は料理していますか。)
· Are you going to run?
  (あなたは走るつもりですか。)
· Are there any pens?
  (ペンはありますか。)
· Is the car used now?
  (その車は今, 使われていますか。)

「だれが〜されますか。」「何が〜されますか。」のように疑問詞が主語になる場合は，〈疑問詞＋be動詞＋過去分詞 …？〉の形になります。

▸ **Who was hit by a car?**
だれが車にひかれましたか。

▸ **What's left in the box?**
箱には何が残されているのですか。

▸ **What language is spoken in Canada?**
カナダでは何語が話されていますか。

― **English and French (are spoken there).**
(そこでは)英語とフランス語(が話されています。)

## 受け身の否定文

受け身の否定文は，ふつうの be 動詞の文と同じように，**be 動詞のあとに not** をおいてつくります。

| 肯定文 ➡ | Tickets are | | sold here. |

切符はここで売られています。
be 動詞のあとに not

| 否定文 ➡ | Tickets are | not | sold here. |

切符はここで売られていません。

▸ **This computer is not used anymore.**
このコンピューターはもう使われていません。

▸ **I was not invited to his party.**
私は彼のパーティーに招かれませんでした。

参考

**be 動詞の否定文**
be 動詞を含む否定文のつくり方はみな同じ。

・This isn't a desk.
(これは机ではありません。)

・He isn't cooking.
(彼は料理していません。)

このほかに，be going to 〜の文，There is 〜. の文，受け身の文がある。

---

解答は p.486

**Practice**

**(　　)内から適する語を選びなさい。**

① ( Is, Does ) handball played by fourteen players?
　― Yes, it ( is, does ).

② ( Were, Did ) the e-mails written in English?
　― No, they ( didn't, weren't ).

③ When ( was, is ) this tower built? ― In 1950.

④ ( What, Where ) language is spoken in your country?

⑤ His car ( wasn't, didn't ) parked here yesterday.

第19章
SECTION
**4**

# 注意すべき受け身

未来などの受け身の文や，受け身と前置詞との関係に注意。

listen
112

## It's snowing.
## The flight will be cancelled.

雪が降っています。
フライトはキャンセルされるでしょう。

## 未来の受け身の文

未来の受け身の文は〈**will be＋過去分詞**〉の形になります。

▸ **The work will be finished soon.**
その仕事はすぐに終わるでしょう。

▸ **Some people are missing, but they will be found soon.**
何人かが行方不明ですが，彼らはすぐに見つかるでしょう。

**be going to** を使って未来の受け身を表すこともできます。

▸ **The next meeting is going to be held in May.**
次の会議は5月に開催される予定です。

▸ **This game is going to be sold in five countries.**
このゲームは5か国で発売される予定です。

## 助動詞の受け身の文

will 以外の助動詞についても，〈**助動詞＋ be ＋過去分詞**〉で受け身の文になります。

▸ **The books must be returned by July 20.**
本は7月20日までに返却しなければいけません。

▸ **Nothing can be done about it.**
それについてはどうしようもありません。

---

参照 p.196
**will の文の形**
will はあとには必ず動詞の原形が続く。受け身の場合は be 動詞の原形 be が続く。

going to の
あとの be を
忘れない！

参考

**have to の受け身の文**
have to の受け身の文は〈have to be ＋過去分詞〉になる。
・The report has to be written in English.
（そのレポートは英語で書かれていなければいけません。）

---

第15章 接続詞

第16章 There is 〜 の文

第17章 不定詞の基本3用法・動名詞

第18章 比較

第19章 受動態

第20章 現在完了形

第21章 不定詞のいろいろな文型

## 受け身の進行形

「～されているところだ」という受け身の進行形は
〈**be 動詞＋ being ＋過去分詞**〉で表します。

▶ **Dinner is being prepared.**
夕食が準備されているところです。

▶ **Our car is being washed right now.**
私たちの車は今, 洗車されているところです。

# look after などの受け身

look after ～（～の世話をする）や speak to ～（～
に話しかける）などは,〈動詞＋前置詞〉などのまとま
りをそのまま1つの動詞のように考えて受け身にしま
す。

能動態 ➡ His sister looks after him.
姉が彼の世話をします。

look after は切り離さず, 1語の他動詞のように扱う

受動態 ➡ He is looked after by his sister.
彼は姉に世話をされています。

〈能動態〉 ▶ **An old man spoke to me.**
お年寄りの男性が私に話しかけてきました。

〈受動態〉 ▶ **I was spoken to by an old man.**
私はお年寄りの男性に話しかけられました。

〈能動態〉 ▶ **They cut down a lot of trees every day.**
彼らは毎日多くの木を切り倒しています。

〈受動態〉 ▶ **A lot of trees are cut down every day.**
毎日多くの木が切り倒されています。

〈能動態〉 ▶ **Our neighbors took care of our dogs.**
隣人は私たちの犬の世話をしてくれました。

〈受動態〉 ▶ **Our dogs were taken care of by our neighbors.**
私たちの犬は, 隣人によって世話をされました。

参考

**being**
being は be 動詞の ing 形で,
受け身の進行形や分詞構文
（→ p.328）で使われる。

ミス注意

**動詞の熟語の受け身**
look after や take care of
などの動詞の熟語の受け身
は, 左に示したほかにも次の
ようなものがある。up や at
などはそのまま残すことに注
意。
・wake up(～を起こす)
　→ be woken up by ～
　(～に起こされる)
・laugh at(～を笑う)
　→ be laughed at by ～
　(～に笑われる)

## いろいろな前置詞を使う受け身

be made from ～（〈原料が〉～からできている）のように，by 以外の前置詞と組み合わせていろいろな意味を表す受け身があります。熟語のように覚えましょう。

▸ **Paper is made from wood.**
紙は木から作られます。

▸ **This doll is made of paper.**
この人形は紙でできています。

▸ **The mountain was covered with snow.**
山は雪でおおわれていました。

▸ **I'm pleased with my grade.**
私は自分の成績に満足しています。

▸ **This song is known to everyone.**
この歌はみんなに知られています。

# be born

be born で「生まれる」という意味を表します。

▸ **My grandfather was born in 1950.**
私の祖父は1950年に生まれました。

▸ **Where were you born?**
あなたはどこで生まれたのですか。

― **I was born in England.**
私はイングランドで生まれました。

**くわしく**

**by 以外の前置詞の受動態**
・be surprised at[by] ～
（～に驚く）
・be interested in ～
（～に興味がある）
・be filled with ～
（～でいっぱいである）
・be worried about ～
（～を心配している）
・be shocked at[by] ～
（～にショックを受ける）
参照 p.172
**made of と made from**

**くわしく**

**born**
born は bear（生む）という動詞の過去分詞。受け身でない bear はかたい言い方であまり使われない。

---

---

**Practice**

解答は p.486

**日本文に合うように，_____ に適する語を書きなさい。**

① 新しいホテルがそこに建てられるでしょう。
　　A new hotel _____ _____ built there.

② そのねこはエミによって世話をされました。
　　The cats were _____ _____ of by Emi.

③ 私はそのニュースに驚きました。
　　I was _____ _____ the news.

# 「驚いた」「興味がある」などの言い方

次の文を英語で表してみましょう。

1 私たちは彼の言葉に大変驚きました。

2 私は日本の歴史に興味があります。

人の感情や心理は，日本語では受け身でなくても，英語では受け身の文で表すことがあります。

1 の「〜に驚く」は，「〜を驚かせる」という意味の動詞 surprise を使って，受け身の文にするとうまく表せます。be surprised at[by] 〜で「〜に驚く」の意味です。be surprised to 〜, be surprised that 〜 にも注意しましょう。

I was surprised to hear the news.
（私はその知らせを聞いて驚きました。）

I was surprised that he failed the exam.
（彼が試験に失敗したのには驚きました。）

2 の「〜に興味[関心]がある」は be interested in 〜で表します。熟語として暗記しましょう。

解答例 1 We were very surprised at[by] his words.
2 I am[I'm] interested in Japanese history.

# Common Mistakes

次の英文は，英作文テストで生徒が書いた「誤った英文」の例です。
先生になったつもりで，誤りを見つけて正しい英文に直しましょう。

---

(1) この国では英語が使われています。

 **English is using in this country.**

(2) この手紙は1か月前に書かれました。

 **This letter was wrote one month ago.**

(3) あなたはアンの両親に紹介されましたか。— はい，されました。

 **Did you introduced to Ann's parents? — Yes, I did.**

(4) その犬（1匹）は私の弟によって世話をされています。

 **The dog is taken care by my brother.**

---

(1) **正しい英文 ▶** English is used in this country.

「英語が使われている」と，動作を受ける物（**English**）が主語になるので，受け身で表します。**use** の過去分詞 **used** を使って，**is used** とします。進行形の **is using** では，「英語が（何かを）使っている」ことになってしまいます。英語を使っている動作主は「（この国の）人々」ですが，**by them** などをつける必要はありません。能動態で表すと，**They use English in this country.** となります。

(2) **正しい英文 ▶** This letter was written one month ago.

過去の受け身は，過去分詞はそのままで **be** 動詞だけを過去形に変えます。過去形の **wrote** ではなく，過去分詞 **written** を使えば正しい英文になります。

(3) **正しい英文 ▶** Were you introduced to Ann's parents? — Yes, I was.

「～されましたか」は過去の受け身の疑問文で，**be** 動詞の過去形を主語の前に出して表します。過去分詞はそのまま主語のあとに残します。答えにも **did** は使わず，**be** 動詞の過去形を使います。

(4) **正しい英文 ▶** The dog is taken care of by my brother.

「～の世話をする」は **take care of ～** で表します。これは，ひとまとまりで他動詞の働きをしている動詞の熟語（句動詞）です。受け身にするときも，過去分詞 **taken** のあとから **care of** を離すことはできません。

第15章 接続詞

第16章 There is ～. の文

第17章 不定詞の基本3用法・動名詞

第18章 比較

第19章 受動態

第20章 現在完了形

第21章 不定詞のいろいろな文型

## ■ SVOO の受け身

◉ Alex gave me this pen.（アレックスは私にこのペンをくれました。）のような SVOO の文の受け身は，「人」を主語にする場合と，「物」を主語にする場合との2通りの文ができます。

▶ Alex gave **me this pen.**　アレックスは私にこのペンをくれました。
　▶ **I** was given this pen by Alex.　私はアレックスにこのペンをもらいました。
　　▶ **This pen** was given (to) me by Alex.　このペンはアレックスにもらいました。

▶ My mother told **me this story**.　母が私にこの話をしてくれました。
　▶ **I** was told this story by my mother.　私は母にこの話をしてもらいました。
　　▶ **This story** was told (to) me by my mother.
　　この話は母にしてもらいました。

▶ Someone sent **him an e-mail.**　だれかが彼にメールを送りました。
　▶ **He** was sent an e-mail.　彼は1通のメールを送られました。
　　▶ **An e-mail** was sent (to) him.　1通のメールが彼に送られました。

## ■ SVOC の受け身

◉ We call her Mimi.（私たちは彼女をミミと呼びます。）のような SVOC の文の受け身は，次のような語順になります。

▶ We call **her** Mimi.　私たちは彼女をミミと呼びます。
　▶ **She** is called Mimi (by us).　彼女は〈私たちに〉ミミと呼ばれています。

▶ They call **this mountain** Nambu-Fuji.　彼らはこの山を南部富士と呼びます。
　▶ **This mountain** is called Nambu-Fuji.　この山は南部富士と呼ばれています。

▶ She always keeps **her room** clean.　彼女はいつも部屋をきれいにしています。
　▶ **Her room** is always kept clean.　彼女の部屋はいつもきれいにしてあります。

## ■ 受け身の現在完了形

◉ 受け身の現在完了形は〈have[has] been＋過去分詞〉で表します。
　▶ The job **has** just **been** done.
　　仕事はちょうど終わったところです。

# 完成問題 ✓CHECK 　解答▶ p.486

第15章 接続詞

第16章 There is ～. の文

第17章 不定詞の基本3用法・動名詞

第18章 比較

第19章 受動態

第20章 現在完了形

第21章 不定詞のいろいろな文型

## 1 （　）内から適するものを選びなさい。

⑴ The glass was ( broke / broken / breaking ) by accident.

⑵ ( Were / Did / Have ) the windows closed at ten last night?

⑶ He is known ( at / with / to ) everybody in our school.

⑷ This computer ( isn't / hasn't / doesn't ) used anymore.

⑸ What is she ( talks / talked / talking ) about?

⑹ Was the dog ( leaves / leaving / left ) at your house?
　　－ No, we took him with us.

⑺ He said, "Hanako, maple syrup is ( make / makes / made / to make ) from the sap of maple trees." I didn't know that until then. （maple syrup: メープルシロップ（カエデ糖みつ）, sap: 樹液）　　【大阪府】

## 2 絵に示されているものを説明する英文になるように，____に適する語を入れなさい。

⑴ 　⑵

⑴ This is a Japanese drum.

It _____ _____ *taiko* in Japanese.

It _____ _____ at Japanese festivals.

⑵ This game is *go*.

It _____ _____ to Japan from China a long time ago.

It's _____ _____ two players.

## 3 （　）内の語句を並べかえなさい。⑶⑷は日本語に合うようにすること。

⑴　A: What ( is / your / spoken / language / in ) country?　

　　B: English and French.

　　What ＿＿＿＿＿＿＿＿＿＿＿＿＿＿＿＿＿＿＿ country?

⑵　A: This temple is really beautiful.  It looks very old.

　　B: ( about / it / built / 500 years / was / ago ).

　　＿＿＿＿＿＿＿＿＿＿＿＿＿＿＿＿＿＿＿＿＿＿＿

⑶　この歌は，世界中で多くの人々に愛されています。　

　　This song ( many / is / by / loved ) people around the world.

　　This song ＿＿＿＿＿＿＿＿＿＿＿ people around the world.

⑷　アンは祖母に世話されています。

　　Ann ( care / of / is / by / taken ) her grandmother.

　　Ann ＿＿＿＿＿＿＿＿＿＿＿＿＿＿＿ her grandmother.


## 4 次の日本文を英語に直しなさい。ただし，受け身の文を使うこと。

⑴　だれがあなたの新しい家に招待されましたか。

　　＿＿＿＿＿＿＿＿＿＿＿＿＿＿＿＿＿＿＿＿＿＿＿

⑵　私たちの計画は先生たちに理解されませんでした。

　　＿＿＿＿＿＿＿＿＿＿＿＿＿＿＿＿＿＿＿＿＿＿＿

# 第20章

# 現在完了形

この章では現在完了形について学びます。
「〜したところだ」「〜したことがある」
「ずっと〜している」のように,
過去とつながりのある現在の状態を表します。

**この章で学ぶ表現**

→ I have done 〜.
→ Have you done 〜?
→ I have been
   doing 〜.

I haven't finished my homework yet.
私はまだ宿題を終わらせていません。

Aya has been watching TV for four hours.
アヤは4時間ずっとテレビを見ています。

I have been in Japan for three years.
私は今まで3年間日本にいます。

# 現在完了形とは

現在と過去，両方の情報を一度に伝える形。

listen
113

### The train has arrived.
過去分詞

電車が到着しています。

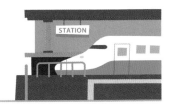

STATION

## 現在完了形の意味

現在完了形は現在形の一種で，**過去とつながりのある現在の状態**を伝える形です。

**過去形** The train arrived ten minutes ago.
電車は10分前に到着しました。

**現在完了形** The train has arrived .
電車は到着しています。

上の過去形の文は，今電車がどうなっているのか（すでに出発してしまったのか）はわかりません。

一方で現在完了形の文は，次の**過去と現在の2つの情報**を同時に伝えています。

▶ **The train arrived.** 電車は到着しました。（過去）

▶ **The train is here now.** 電車は今ここにあります。（現在）

## 現在完了形の3つの働き

現在完了形には次の3つの働きがあり，どれも，過去とつながりのある現在の状態を伝えます。

①**完了**…「〜したところだ，〜してしまった」（→ p.292）
②**経験**…「(今までに) 〜したことがある」（→ p.294）
③**継続**…「ずっと〜している，ずっと〜だ」（→ p.296）

---

**参考**

**現在の文・過去の文**

現在の文と過去の文それぞれに，ふつうの形と進行形・完了形がある。

・現在の文（現在時制）
　・現在形
　・現在進行形
　・現在完了形
・過去の文（過去時制）
　・過去形
　・過去進行形
　・過去完了形

**参考**

**現在完了形の have**

現在完了形の have[has] は助動詞なので，疑問文や否定文で do や does は使わない。

**ミス注意**

**現在完了形は現在形**

現在完了形は現在形の一種なので，yesterday や last year，two weeks ago などの過去の一点について言うときには使わない。

**完了** The train | has arrived |.

　　　　　　　　　　　電車は到着しています。

**到着して，今もまだそこにいる。**

　完了は「**～したところだ**」「**～してしまっている**」という意味です。上の文は，「到着した」という過去の情報だけでなく，話している**現在もまだそこにある**ことを伝えています。

**経験** I | have | never | played | baseball.

　　　　私はこれまで一度も野球をしたことがありません。

**野球をしなかった，今もしていない。**

　経験は「**～したことがある**」という意味です。上の文は，「野球をしなかった」という過去の情報だけでなく，話している**現在までまだ一度もしていない**ことを伝えています。

**継続** I | have been | here since yesterday.

　　　　　　　　　私は昨日からここにいます。

**昨日来て，今もまだここにいる。**

　継続は「**ずっと～している**」という意味です。上の文は，「昨日ここに来た」という過去の情報だけでなく，話している**現在もまだここにいる**ことを伝えています。

## 現在完了形の文の形

　現在完了形は〈**have[has]＋過去分詞**〉で表します。have と has は**主語に合わせて使い分け**ます。

| I, You と複数 | **have** | **arrived** など |
|---|---|---|
| **He / She / It** など3人称単数 | **has** | **過去分詞** |

〈主語＋ have[has]〉の短縮形もよく使われます。

I have 　　→ **I've**　　　 we have 　→ **we've**
you have → **you've**　　 they have → **they've**
he has 　→ **he's**　　　 she has 　→ **she's**

**参照** p.278
**過去分詞の形**
大部分の動詞は，過去形と過去分詞は同じ形。

**くわしく**

**he's, she's**
he has の短縮形 he's は，he is の短縮形と同じ形。どちらなのかは，あとに続く動詞の形で判断する。she's も同様。

# 現在完了形（完了）

「～したところだ」「～してしまっている」などの意味を表す。

listen
114

## I haven't finished
## my homework yet.

私はまだ宿題を終わらせていません。

## 「完了」を表す言い方

〈**have[has]＋過去分詞**〉は，「**～したところだ**」「**～してしまっている**」の意味で，過去に始まった動作や状態の**完了**を表すことがあります。

**just**（ちょうど）や **already**（すでに，もう）とよくいっしょに使われます。

▶ **I've just washed** my hands.
私はちょうど手を洗ったところです。

▶ **The movie has already started.**
映画はすでに始まっています。

次の動詞は「完了」の意味でよく使われます。

| finish 終える | ▶ **They've finished** their homework.<br>彼らは宿題を終えてしまいました。 |
| leave 去る | ▶ **Sam has left** home.<br>サムは家を出ました。 |
| arrive 着く | ▶ **She's arrived** at Kagoshima.<br>彼女は鹿児島に着いたところです。 |
| do する | ▶ **We've done** a lot of work together.<br>私たちはいっしょにたくさんの仕事をしました。 |

**ミス注意**

**When で始まる疑問文**
when（いつ）は現在完了形では使わない。
× When has he finished his work?
○ When did he finish his work?
（彼はいつ仕事を終えましたか。）
現在完了形が表すのは「今」の状態であるため。過去のいつなのかをたずねるときには過去形を使う。

**参考**

**have[has] gone**
have[has] gone は「～へ行ってしまった（今もいない）」という意味を表す。
・Jim has gone to London.
（ジムはロンドンに行ってしまいました。）
アメリカ英語では，「～へ行ったことがある」という経験を表すこともある。

## 「完了」の疑問文

**have[has]を主語の前**に出します。「完了」の疑問文では，よく **yet**（もう）といっしょに使います。答えの文でも have[has] を使います。

▶ **Have you seen Ken yet?**
あなたはもうケンに会いましたか。
— **Yes, I have.** はい，会いました。

▶ **Has Kate arrived yet?**
ケイトはもう到着しましたか。
— **No, she hasn't. / No, not yet.**
いいえ，到着していません。／いいえ，まだです。

## 「完了」の否定文

**have[has]のあとにnot**をおいて表します。よく **yet**（まだ）といっしょに使います。

**肯定文 →** I have　　　had lunch.
私は昼食を食べてしまいました。
↓ have[has]のあとに not
**否定文 →** I have not had lunch yet.
私は昼食をまだ食べていません。

▶ **They have not heard the news yet.**
彼らはまだその知らせを聞いていません。

▶ **The baseball game has not started yet.**
野球の試合はまだ始まっていません。

▶ **I haven't seen a single movie this year.**
私は今年は1本の映画も見ていません。

---

**くわしく**
**yet**
文末で使う。疑問文では「もう」，否定文では「まだ」という意味になる。
・Have you finished your homework yet?
（もう宿題を終わらせましたか。）
・I haven't finished my homework yet.
（まだ宿題を終わらせていません。）

**くわしく**
**否定の短縮形**
have not → **haven't**
has not → **hasn't**

---

解答は p.487

**Practice**
日本語を参考にして，現在完了形の完了の文をつくりなさい。
① I _____ just sent him an e-mail. （ちょうどメールを送ったところだ）
② I've just _____ my room. （ちょうど部屋をそうじしたところだ）
③ Emi has _____ her job. （自分の仕事を終えたところだ）

# 現在完了形（経験）

「〜したことがある」などの意味を表す。

listen
115

# Have you ever been to Mexico?
## — No, I haven't.

メキシコに行ったことがありますか。
—いいえ，ありません。

## 「経験」を表す言い方

〈**have**[**has**]＋**過去分詞**〉は，「（今までに）〜したことがある」の意味で，過去から現在までの**経験**を表すことがあります。

次のような語句とよくいっしょに使われます。

| 文尾にくるもの | **before**(以前に)，**once**(1度[回])，**twice**(2度[回])，**〜 times**(〜度[回])，**many times**(何度[回]も)　など |
|---|---|
| ふつう 文中にくるもの | **sometimes**(ときどき)，**often**(しばしば)　など |

▶ **We have lived in New York before.**
　　私たちは以前ニューヨークに住んだことがあります。

## have[has] been to 〜

**have**[**has**] **been to** 〜で「**〜へ行ったことがある**」という意味を表します。

▶ **I have been to Sendai three times.**
　　(私は仙台へ3回行ったことがあります。)〈経験〉

## 「経験」の疑問文と答え方

**have**[**has**]を**主語の前**に出します。「経験」の疑問文では，よく **ever**(今までに)を過去分詞の前において使います。

---

**くわしく**

**「今までに〜した中でいちばん…」**

最上級のついた名詞を経験を表す現在完了形の文が修飾し，「今までに〜した中でいちばん…」の意味を表す。

・This is the highest mountain (that) I've ever climbed.
（これは私が今まで登った中でいちばん高い山です。）

---

**くわしく**

**have been to 〜**

been は be 動詞の過去分詞。have been to 〜は「〜へ行ったことがある」のほかに，「〜へ行ってきたところだ」という完了も表す。

・I've just been to the station.
（私はちょうど駅へ行ってきたところです。）

**参照** p.292

アメリカ英語では have gone to 〜 が経験を表すことがある。

▸ **Have you ever played the trumpet?**
あなたは今までにトランペットを吹いたことがありますか。

— **Yes, I have.** はい，あります。

▸ **Has Tom ever been to Paris?**
トムは今までにパリへ行ったことがありますか。

— **No, he hasn't.** いいえ，ありません。

## 「経験」の否定文

「**1度も〜したことがない**」という「経験」の否定文は，ふつう **never** を have[has]のあとにおいて表します。

肯定文 → I've　　read the book once.
私は1度その本を読みました。
have[has]のあとに never
否定文 → I've never read the book.
私は1度もその本を読んだことがありません。

▸ **I have never eaten** *natto*.
私は1度も納豆を食べたことがありません。

▸ **Ann has never studied Japanese before.**
アンは今までに1度も日本語を勉強したことがありません。

never の代わりに not を使うこともあります。

▸ **I have not seen Mr. Smith.**
私はスミスさんに会ったことがありません。

### 参考

**回数をたずねる文**
**How many times**
How many times 〜? のあとに，現在完了形の疑問文を続ける。ever はふつう使われない。

・How many times have you visited Kyoto?（あなたは何回京都を訪れたことがありますか。）

### くわしく

**never の使い方**
「経験」の疑問文に never を使って答えるときは，have[has]の前に never をおく。

・Has he ever been to your home? — No, he never has.（彼はあなたの家に来たことがありますか。— いいえ，1度もありません。）

---

Practice

解答は p.487

**日本語を参考にして，現在完了形の経験の文をつくりなさい。**

① I have _____ in Kyoto twice. （2度滞在したことがある）

② He _____ read this book before. （前に読んだことがある）

③ We've _____ to Kobe many times. （何度も行ったことがある）

④ Have you ever _____ her? （彼女に会ったことがあるか）

　— Yes, I _____ . I've seen her _____ . （はい／1度ある）

⑤ _____ she helped you before? （前に手伝ってくれたことがあるか）

　— No, she _____ . （手伝ってくれたことはない）

⑥ I have _____ heard of him. （彼のことを1度も聞いたことがない）

# 現在完了形（継続）

「ずっと〜している」の意味を表す。

have[has]　過去分詞
# I have been in Japan for three years.

私は3年間ずっと日本にいます。

## 「継続」を表す言い方

　〈**have[has]＋過去分詞**〉は，「**（ずっと）〜してい る**」の意味で，過去から現在までの**継続**を表すことが あります。

　**for 〜**（〜の間）や **since 〜**（〜から）などの語句 とよくいっしょに使われます。

| **for** ＋期間▶〜の間 | **since** ＋起点▶〜から[以来] |
|---|---|
| **for a year**(1年間)<br>**for two months**(2か月間) | **since last week**(先週から)<br>**since 2004**(2004年から) |

▶ **I have lived** in Osaka **for** a long time.
　私は長い間ずっと大阪に住んでいます。

▶ **Ken has been** sick **since** last Friday.
　ケンはこの前の金曜日からずっとぐあいが悪い。

▶ **He has been** busy **for** a week.
　彼は1週間ずっと忙しい。

　〈have[has] been ＋場所〉は「ずっと〜にいる」の 意味を表します。

▶ **I've been here for** an hour.
　私は1時間ずっとここにいます。

▶ **We've been in this park since** ten o'clock.
　私たちは10時からずっとこの公園にいます。

**くわしく**

**過去を表す語句**

現在完了形の文では last week などの過去の一時点に ついて言うことはできない が，since で「〜から」と言 うときは，since のあとに過 去を表す語句を使う。

**くわしく**

**接続詞の since**

since に過去の文が続くこと もある。

・I've been busy since I came home.（私は家に帰 ってからずっと忙しい。）

**参考**

**継続で使われる語句**

all day(1日中)，today(今日)， tonight(今夜)，this week(今 週)なども「継続」の文で使 われる。

## 「継続」の疑問文と答え方

疑問文は，**have[has]を主語の前に出して，〈Have [Has]＋主語＋過去分詞 …?〉**の形で表します。疑問文には **Yes, 〜 have[has]. / No, 〜 have[has] not.** の形で答えます。

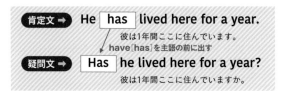

**肯定文 ➡** He has lived here for a year.
彼は1年間ここに住んでいます。
have[has]を主語の前に出す
**疑問文 ➡** Has he lived here for a year?
彼は1年間ここに住んでいますか。

▸ **Have you had** this computer for many years?
あなたはこのコンピューターを何年も持っているのですか。

— **Yes, I have.   For about six years.**
はい。約6年間です。

▸ **Has she lived** in this town for long?
彼女はこの町に長い間住んでいるのですか。

— **No, she hasn't.   Only since this year.**
いいえ。まだ今年からです。

● 継続の期間をたずねる疑問文

「どのくらい長く（→いつから）〜していますか」と現在までの**継続の期間**をたずねるときには，**How long** を疑問文の最初において表します。

▸ **How long have you known Tom?**
あなたはいつからトムを知っているのですか。

How long 〜? には Yes / No は使わず，**期間**を答えます。

▸ **How long have you been busy?**
あなたはいつから忙しいのですか。

— **I've been busy for about a week.**
1週間くらい忙しいです。

— **I've been busy since yesterday.**
昨日から忙しいです。

**くわしく**

**否定の短縮形**
have not → **haven't**
has not → **hasn't**

第15章 接続詞

第16章 There is 〜. の文

第17章 不定詞の基本3用法・動名詞

第18章 比較

第19章 受動態

第20章 現在完了形

第21章 不定詞のいろいろな文型

## 「継続」の否定文

　否定文は have[has]のあとに not をおき，〈**have[has] not ＋過去分詞**〉の形で表します。次の否定文はふつう，動詞部分を否定して「ずっと〜していない」の意味になります。

▸**I have not slept** for over twenty-four hours.
　私は24時間以上眠っていません。

▸**Emi has not been** well since you left.
　エミはあなたが去ってからずっと元気がありません。

● **not が否定する部分**…英文によっては，not が副詞語句の部分を否定して「ずっと〜しているわけではありません」の意味になる場合があります。すぐ下の例がどちらの意味になるかは文脈によります。

▸**We haven't worked** all day.
　動詞を否定　▸ 私たちは1日中ずっと働いていません。
　副詞句を否定▸ 私たちは1日中働いているわけではありません。

▸**Sam hasn't been** in London for long.
　サムはロンドンに長くいるわけではありません。
　※上の英文の場合，not は for long を否定すると考えるのがふつう。

**くわしく**

**動作動詞と「継続」の否定文**
継続を表す現在完了形の文では，ふつう be 動詞や live，know などの状態を表す動詞が使われる。動作動詞の継続は現在完了進行形（→ p.299）を使って表すが，否定文では，現在完了形で表せる場合がある。

・He hasn't caught any fish all week.
　（彼は1週間ずっと1匹の魚も釣れていません。）

この場合は for 〜などの期間を示す語句が必要になる。

解答は p.487

**Practice**

**（　　）内から適する語を選びなさい。**

① We have( were, been )hungry all day.

② I have( knew, known )them for ten years.

③ Ken has( lived, living )in Nara since 2002.

④ He's( worked, working )for a bank since last year.

⑤ ( Were, Have )you been here long?

　—Yes, I( was, have ). Since early morning.

⑥ How( long, much )have they known each other?

　—( When, Since )they were seven years old.

⑦ I have( no, not )slept for two days.

第20章

SECTION
**5**

# 現在完了進行形

「ずっと〜し続けている」「今まで〜していた」という意味を表す。

listen
117

## Aya has been watching TV for four hours.

アヤは4時間ずっとテレビを見ています。

## 現在完了進行形とは

watch, play, walk, run のような**動作**について「**ずっと〜している**」と言う場合は，ふつう現在完了形ではなく**現在完了進行形**を使います。現在完了進行形は〈**have**［**has**］**been + ing 形**〉で表します。

▶ **They've been swimming** for an hour.
彼らは今まで1時間ずっと泳いでいます。

▶ **She has been waiting** since this morning.
彼女は今朝から今までずっと待っています。

「**（直前まで）ずっと〜していた**」という意味を表すこともあります。

▶ I'm tired. **I've been working** very hard.
私は疲れています。私は今までとても一生懸命働いていました。

▶ **Someone has been using** this computer.
だれかが今までこのコンピューターを使っていました。

疑問文は **have**［**has**］を主語の前に出し，否定文は **have**［**has**］のあとに **not** をおきます。

▶ **Have you been waiting** for a long time?
今まで長い間待っているのですか。

▶ **I haven't been feeling** well recently.
最近はずっと気分がよくありません。

### くわしく

**進行形にせずに使える動詞**
live, stay, study, teach, work, rain, sleep などは現在完了形（継続）で，進行形にせずに使うことができる。短い時間のときは進行形がよく使われ，今もずっとその動作が行われているという意味合いが強くなる。
・It has rained for five days.（5日間雨が降っています。）
・It has been raining for five hours.（5時間ずっと雨が降っています。）

### ミス注意

**進行形にしない動詞**
know や have（持っている），like などの進行形にしない動詞は，現在完了進行形では使えない。
○ I've known him for ten years.
（私は10年前から彼を知っています。）
× I've been knowing him for ten years.

第15章 接続詞

第16章 There is 〜. の文

第17章 不定詞の基本3用法・動名詞

第18章 比較

第19章 受動態

第20章 現在完了形

第21章 不定詞のいろいろな文型

## 表現力 UP 現在完了形か過去形か, 現在完了形か進行形か?

---

### 英語にしてみよう!

次の表現を英語で表してみましょう。

**1** おじは作家です。これまで数冊の本を書きました。

**2** 私は何回も奈良を訪れたので,その市をよく知っています。

**3** 彼女は20歳からそこで働いています。

---

**1**「これまで…書いた」は過去の動作ですが,今も作家でありこれから
も本を書くことが予想されるので,現在完了形を使うとより適切です。
My uncle <u>was</u> a writer. He <u>wrote</u> several books.(おじは作家だ
った。数冊本を書いた。)という英文だと,「今はもう作家ではない」という
感じになります。

**2** あとに「(その結果)その市を…知っている」と現在の状態が述べられ
ているので,「訪れた」は現在完了形がより適切です。

**3**「20歳から…働いています」は,過去から現在までの継続を表す現在
完了形か,現在完了進行形を使います。

---

**解答例** **1** My uncle is a writer. He <u>has written</u> several books (so far).

**2** Since I've visited Nara many times, I know the city well.

**3** She <u>has worked</u> there since she was twenty (years old). / She <u>has been working</u> there since she was twenty (years old).

よくある間違い

# Common Mistakes

次の英文は，英作文テストで生徒が書いた「誤った英文」の例です。
先生になったつもりで，誤りを見つけて正しい英文に直しましょう。

(1) タロウはもう家を出発しました。

**Taro have left home yet.**

(2) あなたはいつ宿題を終えましたか。

**When have you finished your homework?**

(3) 私たちは10年前から知り合いです。

**We knew each other since ten years ago.**

(4) あなたは今までに釣りに行ったことがありますか。

— はい，あります。

**Did you go fishing before? — Yes, I did.**

(1) 正しい英文 ▶ Taro has already left home.

「もう〜し（てしまっ）た」は現在完了形で表します。主語は3人称単数なので，〈has ＋ 過去分詞〉の形です。また，肯定文では「もう」は yet ではなく，already をふつう使います。

(2) 正しい英文 ▶ When did you finish your homework?

when（いつ）はある一時点をたずねるときに使うので，yesterday などの過去を表す語句と同様に現在完了形といっしょには使いません。現在完了形ではなく過去形を使って表します。

(3) 正しい英文 ▶ We have known each other for ten years.

「10年前から知り合いだ」とは，つまり「10年間ずっとお互いを知っている」ということです。「…前から（ずっと）〜だ」は過去形ではなく，現在完了形（継続）で表します。「10年前から」はふつう for を使って，for ten years（10年間）とします。

(4) 正しい英文 ▶ Have you ever gone[been] fishing? — Yes, I have.

「今までに〜したことがあるか」は現在完了形（経験）の疑問文です。疑問文で「今までに」は ever を過去分詞（ここは gone[been]）の前におきます。答えでも have を使います。

## 発展 *advanced*

### 過去完了形

◉過去完了形は，過去のある時点を基準にして，さらにその前のことを言うときに使います。

◉過去完了形は〈had ＋過去分詞〉で表します。

▶ **I had lived** in Nara for two years <u>before I came to Osaka</u>.

私は<u>大阪に来る前</u>に，奈良に2年間住んでいました。

次の現在完了形の文と比べてみましょう。

▶ **I have lived** in Nara for two years.

私は2年間奈良に住んでいます。

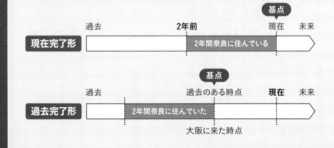

### 意味と働き

◉過去完了形は，現在完了形と同様に「完了」「経験」「継続」を表します。上の「継続」のほかに次のような使い方があります。

▶ **I had** just **finished** lunch <u>when he called</u>.

彼が電話してきたとき，私はちょうど昼食を終えたところでした。〈完了〉

▶ I didn't buy the book because I **had read** it <u>before</u>.

私は<u>以前</u>に読んだことがあったのでその本を買いませんでした。〈経験〉

### 疑問文・否定文

◉疑問文・否定文のつくり方は現在完了形と同じです。

▶ **Had** he **left** before she arrived? — Yes, he **had**.

彼女が着く前に彼は出発していましたか。—はい，していました。

▶ **I had never seen** the man until an hour ago.

私は1時間前までその男の人に1度も会ったことがありませんでした。

# 完成問題 ✓CHECK ▶解答 p.487

## 1 （　）内から適するものを選びなさい。

⑴ I have ( take / took / taken ) Andy to school twice.

⑵ When ( were / did / have ) you become a teacher? ― Last April.

⑶ She's been in her room ( for / since / during ) two hours.

⑷ We haven't left home ( still / yet / ago ).

⑸ Have you ever ( works / worked / working ) part-time?
　― Yes, I ( am / do / have ). A lot of times.

## 2 絵の内容に合う英文になるように，＿＿に適する語を入れなさい。

⑴ 　⑵

⑴ Emi moved to Kyoto in 2015. She ＿＿＿＿＿ ＿＿＿＿＿ there ＿＿＿＿＿ then. She likes Kyoto very much.

⑵ Ken began washing his car an hour ago. He ＿＿＿＿＿ just ＿＿＿＿＿ washing it. It almost looks new.

## 3 （　）内の指示にしたがって書きかえるとき，＿＿に適する語を入れなさい。

⑴ John has lived here for many years. （疑問文に）
＿＿＿＿＿ John ＿＿＿＿＿ here for many years?

⑵ We have tried *natto*. （「1度も～したことがない」の否定文に）
We ＿＿＿＿＿ ＿＿＿＿＿ ＿＿＿＿＿ *natto*.

⑶ They have heard from Ms. Sato. （「まだ～していない」の否定文に）
They ＿＿＿＿＿ ＿＿＿＿＿ from Ms. Sato ＿＿＿＿＿.

次の会話文が成り立つように，____に適する語を入れなさい。

(1) *A* : Has Bob finished his homework yet?

   *B* : _____, not _____.  He's still doing it.

(2) *A* : Have you ever seen this movie?

   *B* : _____, I _____.  I've never seen it.

日本文に合う英文になるように，（　　）内の語を並べかえなさい。

(1) 私はケンを 2 年前から知っています。

   ( known / two / Ken / years / for / I've ).

_____

(2) 彼はこれまでにあなたを手伝ってくれたことがありますか。

   ( ever / he / you / has / helped )?

_____

(3) 私たちは，子どものときから友達です。　　　　　　　　　【北海道】

   We ( been / friends / since / have ) we were children.

   We _____ we were children.

次の日本文を英語に直しなさい。

(1) 彼は 1 度も東京へ行ったことがありません。

_____

(2) 彼らはすでに私の質問に答えてしまいました。

_____

新
傾向

次の____において，（　　）内に示されていることを伝える場合，どのように
言えばよいか。____に適切な英語を補いなさい。　　　　　　　【静岡県】

*Yuri:* Hey, John!  A new student will come to our school from Tokyo!

*John:* Oh, really?  _____ （それは初耳だよ。）

# 第21章 不定詞のいろいろな文型

この章では〈to ＋動詞の原形〉の不定詞を
使った発展的な表現を学びます。
「〜させる」などと言うときに使う
to のない不定詞についても学習します。

この章で学ぶ表現

➡ how to 〜
➡ It is important to 〜.
➡ He told me to 〜.
➡ Let me 〜.

I don't know how to cook tempura.
私は天ぷらの作り方がわかりません。

Aya promised not to be late again.
アヤはもう遅刻しないと
約束してくれました。

305

第
21
章

SECTION

# 1 〈疑問詞＋ to 〜〉

「どう〜したらよいか」「何を〜したらよいか」などの意味を表す。

listen
118

## I don't know <u>how</u> <u>to cook</u> tempura.

It's not crispy....

私は天ぷらの作り方がわかりません。

## how to 〜 など

〈**how to ＋動詞の原形**〉で「**どう〜したらよいか**」「**どのように〜するか**」「**〜のしかた**」「**〜する方法**」などの意味を表します。

I know | how to use this machine . 私はこの機械の使い方を知っています。

S　V　　O ＝ how to 〜（どのように〜するか）
　　　　　　　　　　　　→「〜のしかた，〜する方法」

how のほかに，what などの疑問詞も〈疑問詞＋ to ＋動詞の原形〉の形で使われます。

**what to 〜 ▶ 何を〜したらよいか**
▶ **I didn't know what to say.**
　私は何を言ったらよいかわかりませんでした。

**when to 〜 ▶ いつ〜したらよいか**
▶ **Do you know when to start?**
　あなたはいつ始めたらよいか知っていますか。

**where to 〜 ▶ どこで[に, へ]〜したらよいか**
▶ **I asked where to buy tickets.**
　私はどこで切符を買えばよいかたずねました。

**which to 〜 ▶ どちら[どれ]を〜したらよいか**
▶ **I can't decide which to choose.**
　私はどちらを選べばよいか決められません。

to のあとの動詞はいつも原形！

---

**ミス注意**

**to のあとの動詞は原形**

過去の文でも，〈疑問詞＋to〉のあとの動詞はいつも原形を使う。

「私は天ぷらの作り方がわかりませんでした。」

× I didn't know how to ~~cooked~~ tempura.
（○ cook が正しい）

**参考**

**who to 〜**

who to 〜 は「だれを[に]〜したらよいか」の意味。

・We discussed who to invite to dinner.
（私たちはだれをディナーに招待するか話し合いました。）

whatやwhichのあとに名詞がきて，〈**what＋名詞＋to ～**〉や〈**which＋名詞＋to ～**〉の形で使うこともあります。

▶ **I was told what book to read.**
私はどんな本を読めばよいのか教えられました。

▶ **Do you know which bus to take?**
あなたはどのバスに乗ればよいか知っていますか。

## tell me how to ～ など

tell A B(AにBを伝える)，teach A B(AにBを教える)などの文のBの部分に〈**疑問詞＋to ～**〉がくることもあります。

He taught me English . 彼は私に英語を教えてくれました。
 S    V    O   O＝名詞
He taught me how to swim . 彼は私に泳ぎ方を
 S    V    O   O＝〈疑問詞＋to ～〉 教えてくれました。

▶ **Could you tell me how to get to the station?**
どうやって駅へ行けばよいか教えていただけますか。

▶ **Yuki showed them how to make a paper crane.**
ユキは彼らに折り鶴の作り方を教えました。

▶ **I asked the instructor what to do next.**
私は教官に次に何をすればよいかたずねました。

参照 ▶ p.114, 119
**what[which]＋名詞**
〈what + 名詞〉で「何の[どんな] ～」，〈which + 名詞〉で「どの[どちらの] ～」の意味。

参照 ▶ p.217
**SVOO の文**
動詞のあとに，「～に」＋「～を」の順で目的語を2つとる文型。

道案内でよく使われる言い方。

右側タブ：
第15章 接続詞
第16章 There is ～. の文
第17章 不定詞の基本3用法・動名詞
第18章 比較
第19章 受動態
第20章 現在完了形
第21章 不定詞のいろいろな文型

---

Practice

解答は p.488

日本語を参考にして，〈疑問詞＋to～〉の文をつくりなさい。

① Do you know _____ this washing machine? （使い方）
② I don't know _____ her as a present. （何をあげればよいか）
③ Tell me _____ you. （いつ訪ねればよいか）
④ He taught us _____ a letter in English. （書き方）
⑤ I asked the teacher _____. （どこにすわればよいか）

SECTION

# 2　It is … to 〜.

「〜することは…だ」という意味を表す。

listen
119

## It's important to learn about other cultures.

ほかの文化について学ぶことは大切です。

---

## It is … to 〜.

　**It is … to 〜.** で，「**〜することは…だ**」という意味を表します。

　この文の **It** は形式上の主語で，「**それは**」という意味はありません。

> **It** is good **to get up early**. 　早起きすることはよい。
> └ It は to 以下の内容を表す

▸ **It** isn't easy **to understand** this theory.
この理論を理解することは簡単ではありません。

▸ Was **it** difficult **to solve** the problem?
その問題を解決するのは難しかったですか。

● 〈**It is+名詞+to 〜.**〉の文

　**It is** のあとにはふつう形容詞がきますが，形容詞の代わりに **fun**(おもしろさ，楽しさ)のような名詞がくることもあります。

▸ **It's** a lot of **fun** to play video games.
テレビゲームをすることはとてもおもしろい。

▸ **It** is a great **honor** to receive this award.
この賞を受賞することは大変な名誉です。

---

**参考**

**It … to 〜.** でよく使われる
**形容詞**
・important(重要な)
・interesting(興味深い)
・hard(難しい)
・difficult(難しい)
・easy(簡単な)
・good(よい)
・necessary(必要な)
・possible(可能な)
・impossible(不可能な)

**参照** p.135
**it** のいろいろな使い方
時刻・天候・明暗・距離などを表す文の主語にも it を使う。
・It's 10:30.(10 時 30 分です。)
・It's raining.(雨が降っています。)

a lot of fun
で「とてもおも
しろいこと」の
意味。

---

# It … for – to 〜.

It … to 〜. の文で，to 〜の動作をするのがだれなのかをはっきりさせたいときは，〈**for ＋人**〉を to 〜の前において表します。

→ to do the work の意味上の主語になる

**It was hard** **for Jim** **to do the work.**
ジムにとってその仕事をするのは大変でした。

「人」を表す語が代名詞のときは，**目的格**を使います。

▸**It's interesting for us to learn about American culture.**
私たちにとってアメリカ文化について学ぶことは興味深い。

▸ **It was a mistake for him to go alone.**
彼が1人で行ったのは間違いでした。

**kind**（親切な）のように人の性質を表す形容詞（You are kind. のように言える語）がくるときは，for ではなく **of** を使うことがあります。

▸ **It's kind of you to help me.**
あなたが私を手伝ってくれるのは親切なことです。
＝私を手伝ってくれてありがとうございます。

## 参考

**物が主語になる文**
It … to 〜. の文は，動詞の目的語を主語にしてほぼ同じ内容を表せることがある。
・It is difficult (for me) to read this book. = This book is difficult (for me) to read.（この本は〈私が〉読むには難しい。）

## 参考

**It … of-to 〜. で使われる形容詞**
kind のほかに，次のような形容詞が使われる。
・honest（正直な）
・nice（親切な）
・clever（りこうな）
・wise（賢い）
・polite（礼儀正しい）
・careless（不注意な）
・rude（無礼な）

**Practice**

解答は p.488

日本文に合うように，It … (for —) to 〜. の文をつくりなさい。

1. ＿＿＿＿＿＿＿ English.
（英語を勉強することはおもしろい。）
2. ＿＿＿＿＿＿＿ kind to others.
（他人に親切にすることは大切です。）
3. It isn't ＿＿＿＿＿＿＿ in this river.
（私がこの川で泳ぐのは簡単ではありません。）
4. ＿＿＿＿＿＿＿ speak Japanese.
（マイクにとって日本語を話すのは難しかった。）
5. ＿＿＿＿＿＿＿ the piano?
（あなたにとってピアノを弾くことは楽しいですか。）

# 〈tell ＋人＋ to 〜〉など

〈tell など＋人＋ to 〜〉で「(人)に〜するように言う」などの意味になる。

**listen 120**

## My friend told me to learn about other cultures.

友達が私に，ほかの文化について学ぶように言いました。

## tell[ask]＋人＋ to 〜

〈tell ＋人＋ to 〜〉の形で，「…に〜するように言う」という意味を表します。

代名詞なら目的格に

I'll tell him to call. 私は彼に電話するように言います。
(伝える) 目的語 〈to ＋動詞の原形〉

〈ask ＋人＋ to 〜〉は，「…に〜するように頼む」という意味になります。

▶ I'll ask her to wait.
　私は彼女に待ってくれるように頼みます。

命令文で言ったことを，次のように，〈tell[ask] ＋人＋ to 〜〉で表すことができます。

▶ "Come with me," Mike said to me.
　「ぼくといっしょに来て。」とマイクは私に言いました。
　→ Mike told me to come with him.
　　マイクは私にいっしょに来るように言いました。

▶ "Please wash the dishes," I said to Mari.
　「食器を洗ってください。」と私はマリに言いました。
　→ I asked Mari to wash the dishes.
　　私はマリに食器を洗うように頼みました。

**参考**

**ask のおもな意味**
① たずねる
② 頼む，求める

**ミス注意**

**to 〜の主語**
〈tell[ask]＋人＋ to 〜〉の文では，to の前の「人」を表す目的語が，to 〜 の意味上の主語になる。I'll ask him to wait. の文なら，「待つ」のは「私」ではなく「彼」であることに注意。

# want ＋人＋ to ～

〈**want ＋人＋ to ～**〉で「**…に～してほしい**」という意味を表します。

> | I want | you | to clean this room | 私はあなたにこの部屋
> |---|---|---| をそうじしてほしい。
> | (ほっする) | 目的語 | 〈to ＋動詞の原形〉

▶ **I wanted him to stay with me.**
私は彼に，私といっしょにいてほしかった。

**would like** を使って I'd[I would] like you to
～. とすると，want よりもていねいな言い方になります。

▶ **I'd like you to join us.**
私はあなたに私たちの仲間に加わってほしいのです。

ほかにも，次のような動詞が〈動詞＋人＋ to ～〉の形になります。

**advise … to ～** ▶「…に～するように忠告[助言]する」

▶ **I advised Jack to see a doctor.**
私はジャックに医者にみてもらうように忠告しました。

**allow … to ～** ▶「…が～するのを許す」

▶ **Father allowed me to go camping.**
父は私がキャンプに行くのを許してくれました。

**order … to ～** ▶「…に～するように命じる」

▶ **Mr. Beck ordered his students to stay in the classroom.**
ベック先生は生徒たちに教室にいるように命じました。

### くわしく

**I want you to ～.**
I want you to ～. は相手に何かをしてもらいたいときに使うので，相手に対する命令のように聞こえる。

### くわしく

**「…に～してほしい」**
wish … to ～や like … to ～も，want … to ～ と同じような意味を表す。
・We wish Nancy to be happy.(私たちはナンシーに幸せになってほしい。)
・I don't like him to speak like that.(私は彼にあんな言い方をしてもらいたくない。)

### 参考

**〈動詞＋人＋ to ～〉**
左の動詞以外にも，次のような言い方がある。
・expect … to ～
 (…が～することを期待する，～するだろうと思う)
・force … to ～
 (…に無理に～させる)
・teach … (how) to ～
 (…に～〈のしかた〉を教える)

第15章 接続詞

第16章 There is ～の文

第17章 不定詞の基本3用法・動名詞

第18章 比較

第19章 受動態

第20章 現在完了形

第21章 不定詞のいろいろな文型

---

**Practice**

解答は p.488

日本語を参考にして，〈動詞＋人＋ to ～〉の文をつくりなさい。

① I ＿＿＿＿＿＿＿＿＿＿ the window. （彼に窓を開けるように頼んだ）
② I'll ＿＿＿＿＿＿＿＿＿＿ here. （彼女にここに来るように言う）
③ We ＿＿＿＿＿＿＿＿＿＿ us. （トムに私たちを手伝ってほしい）
④ I'd ＿＿＿＿＿＿＿＿＿＿ here. （あなたにここに残っていただきたい）
⑤ Jim ＿＿＿＿＿＿＿＿＿＿ by bus. （私にバスで行くように助言した）

SECTION

# 4 not to 〜

〈to ＋動詞の原形〉の否定は，to の前に not を置く。

listen
121

## Aya promised <u>not to</u> be late again.

アヤはもう遅刻しないと約束しました。

## not to 〜

〈to ＋動詞の原形〉の部分を否定するときは，**to の すぐ前に not** をおいて〈**not to ＋動詞の原形**〉の形にします。

don't などは使わないので注意しましょう。

| He promised | | to call again | . |
|---|---|---|---|

彼はまた電話すると約束しました。

| He promised | not | to call again | . |
|---|---|---|---|

彼はもう電話しないと約束しました。

▸ **My new year's resolution is** not <u>to waste time</u>.

私の新年の決意は時間をむだにしないことです。

▸ **Please take care** not <u>to catch</u> **a cold.**

かぜをひかないように気をつけてください。

▸ **I told my sister** not <u>to wear</u> **my clothes.**

私は姉[妹]に，私の服を着ないように言いました。

参考

**〜しないために**

目的について「〜しないために→〜しないように」と言うときは，ふつう so as not to 〜 や in order not to 〜 を使って表す。

・I didn't use the bus today so as not <u>to meet him</u>.（彼に会わないように，今日はバスを使いませんでした。）

・I wrote his name <u>in order not to forget it</u>.（私は忘れないように彼の名前を書きました。）

第21章
SECTION
**5**

# 原形不定詞

「〜するのを見る」「〜させる」など，to を使わない不定詞がある。

listen
122

# I saw her go into the library this morning.

私は今朝，彼女が図書館に入っていくのを見ました。

## 「〜するのを見る」など

「…が〜するのを見る」は〈**see … 動詞の原形**〉で表します。

あとの動詞は**原形**を使います。過去形にしたり，3人称単数・現在形の s をつけたりはしないことに注意してください。

> I | saw | a man | walk into the gate | .
> 知覚動詞 　　　　　動詞の原形
> 　　　　　　私は男の人が門の中に歩いていくのを見ました。

see（見る）の ほ か，hear（聞 く），feel（感 じ る），watch（じっと見る）などの動詞もこの形で使います。

人間の知覚を表すこれらの動詞のことを**知覚動詞**といいます。

▶ **I heard my mother call my name.**
私は母が私の名前を呼ぶのを聞きました。

▶ **I felt the building shake.**
私は建物が揺れるのを感じました。

▶ **He watched me go out of the room.**
彼は私が部屋を出ていくのをじっと見ました。

---

参考

**原形不定詞とは**
これまでに学習した〈to ＋動詞の原形〉を to 不定詞と呼ぶことがある。これに対し，to を使わずに動詞の原形だけで使われる不定詞を原形不定詞という。主語の人称や現在・過去にかかわらず，いつも同じ形になる。

参考

**「〜しているのを見る」など**
原形のかわりに動詞の ing 形を使うと，「…が〜しているのを見る」などの意味を表せる。（→ p.328）
・I saw him walking alone.
（私は彼がひとりで歩いているのを見ました。）
また，原形のかわりに過去分詞を使うと，「…が〜されるのを聞く」などの意味を表せる。
・I heard my name called.
（私は自分の名前が呼ばれるのを聞きました。）

第15章 接続詞

第16章 There is 〜 の文

第17章 不定詞の基本3用法・動名詞

第18章 比較

第19章 受動態

第20章 現在完了形

第21章 不定詞のいろいろな文型

# 「〜させる」など

「…に〜させる」は〈**make … 動詞の原形**〉で表します。

あとの動詞は**原形**を使います。過去形にしたり，3人称単数・現在形のSをつけたりはしないことに注意してください。

He | made | me | wait | for a long time.
　　　使役動詞　　　動詞の原形

彼は私を長時間待たせました。

「人に〜させる」という意味を表すこれらの動詞のことを**使役動詞**といいます。

使役動詞には make のほか，「〜するのを許す」という意味合いの let，「〜してもらう」という意味合いの have などがあります。

▸ **Please let me go!**
私を離して[行かせて]ください！

▸ **Let me introduce myself.**
私に自己紹介させてください。

▸ **Mr. Jones had me read the textbook aloud.**
ジョーンズ先生は私に教科書を音読させました。

**くわしく**

**使役動詞の使い分け**

「無理やり，強制的に〜させる」と言うときは make を使う。

・Mr. Jones made me stay after school.（ジョーンズ先生は私を学校に居残りさせました。）

「希望通りに〜させる，〜するのを許す」と言うときは let を使う。

・My mother won't let me play games.（母が私にゲームをさせてくれません。）

「(そうするのが当然の努めなことを) 〜させる」と言うときは have を使う。

・I had the waiter bring some water.（私はウェイターに水を持ってきてもらいました。）

**ミス注意**

**let**

let の過去形は let で，原形と同じ形。

・He let me go there alone.

（彼は私にひとりでそこに行かせました。）

---

解答は p.488

**Practice**

**日本語を参考にして，知覚動詞・使役動詞の文をつくりなさい。**

① I saw Kumi ＿＿＿＿＿＿＿＿＿ into the house. （クミが家に入るのを見た）

② I heard Aya ＿＿＿＿＿＿＿＿＿ my name. （アヤが私の名前を呼ぶのを聞いた）

③ He made me ＿＿＿＿＿＿＿＿＿ him. （私に彼を手伝わせた）

④ Let me ＿＿＿＿＿＿＿＿＿. （私に試させてください）

# 第21章 SECTION 6 too … to ～ / enough to ～

「…すぎて～できない」「十分…なので～できる」の言い方。

listen 123

# I'm <u>too sleepy</u> to study.

勉強するにはあまりにも眠すぎます。

## too … to ～

〈**too ＋形容詞［副詞］＋ to ～**〉の形で，「（**あまりに**）**…すぎて～できない**」という意味を表します。

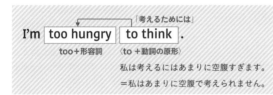

「考えるためには」

I'm | too hungry | to think |.
　　　　too＋形容詞　　〈to ＋動詞の原形〉
私は考えるにはあまりに空腹すぎます。
＝私はあまりに空腹で考えられません。

**so … that ― can't ～**（とても…なので―は～できない）で，同じような内容を表せることがあります。この that は省略されることもあります。

▶ **I'm so hungry (that) I can't think.**
私はとても空腹なので考えられません。

「～にとって」という意味の〈**for＋人**〉を to ～の前におくことがあります。

▶ **The bag was too expensive for her to buy.**
そのバッグは彼女にとって，買うには高すぎました。

上の文も，**so … that ― can't ～**で同じような内容を表せます。

▶ **The bag was so expensive (that) she couldn't buy it.** そのバッグはあまりにも高かったので彼女はそれを買えませんでした。

### くわしく

**too の意味と位置**
① 「～も（また）」…ふつう文末におかれる。
② 「あまりに（～すぎる）」…形容詞や副詞のすぐ前におく。

### 参考

〈**too ＋副詞＋ to～**〉**の文**
・I got up too late to have breakfast.（私はあまりにも遅く起きて朝食がとれませんでした。）

### くわしく

**文末の it**
左下の so … that ― can't ～ の文では，buy の目的語として it(= the bag)が必要。too … to ～の文では，文全体の主語(= the bag)と同じであれば，文末の目的語はつけない。

第15章 接続詞

第16章 There is ～. の文

第17章 不定詞の基本3用法・動名詞

第18章 比較

第19章 受動態

第20章 現在完了形

第21章 不定詞のいろいろな文型

# enough to ～

〈形容詞［副詞］＋ enough ＋ to ～〉の形で、「十分…なので～できる」という意味を表します。

「自制するのに」

He's | wise enough | to control himself |.

形容詞＋ enough  〈to ＋動詞の原形〉

彼は自制するのに十分賢い。＝彼は十分に賢いので自制できます。

「～にとって」という意味の〈for＋人〉を to ～の前におくことがあります。

▶ **It's warm enough for them to play outside.**
彼らにとって、外で遊ぶのに十分暖かい。

**so … that**（とても…なので）で、同じような内容を表せることがあります。

▶ **He was kind enough to help me.**
彼は私を手伝ってくれるほど親切でした
［彼は親切にも私を手伝ってくれました］。

▶ **He was so kind (that) he helped me.**
彼はとても親切だったので私を手伝ってくれました。

▶ **This book is easy enough for me to read.**
私にとってこの本は十分やさしいので読むことができます。

▶ **This book is so easy (that) I can read it.**
この本はとてもやさしいので私はそれを読むことができます。

## くわしく

**enough の意味と位置**

① 「必要なだけの、十分な」（形容詞）…名詞を修飾するときは、ふつう名詞の前におかれる。

・There are enough seats for everyone.
（みんながすわれるだけの席があります。）

② 「必要なだけ、十分に」（副詞）…形容詞や副詞を修飾するときは、そのあとにおかれる。

・This shirt is big enough for me.（このシャツは私によい大きさです。）

## 参考

〈副詞＋ enough to ～〉

・He threw the ball hard enough to put a hole in the wall.（彼は壁に穴があくほど十分に強くボールを投げました。）

---

解答は p.488

**Practice**

日本語を参考にして、too … to ～ / enough to ～の文をつくりなさい。

① It's ＿＿＿＿＿＿＿＿＿ go out today. （寒すぎて外出できない）

② It ＿＿＿＿＿＿＿＿＿ yesterday. （泳げるほど暑かった）

③ This tea ＿＿＿＿＿＿＿＿＿ drink. （熱すぎて私には飲めない）

④ This story is easy ＿＿＿＿＿＿＿＿＿. （簡単で彼にも読める）

⑤ The box is ＿＿＿＿＿＿＿＿＿ carry. （重すぎて彼女には運べない）

文 法

第15章 接続詞

第16章 There is ～.の文

第17章 不定詞の基本3用法・動名詞

第18章 比較

第19章 受動態

第20章 現在完了形

第21章 不定詞のいろいろな文型

# Common Mistakes

よくある間違い

次の英文は, 英作文テストで生徒が書いた「誤った英文」の例です。
先生になったつもりで, 誤りを見つけて正しい英文に直しましょう。

(1) クミはこのコンピューターの使い方を知りません。

**Kumi doesn't know how to uses this computer.**

(2) 私の父は私にスキーのしかたを教えてくれました。

**My father taught how to ski me.**

(3) ボブにとって, そんなに早く起きるのは大変です。

**It's hard to Bob get up so early.**

(4) 母は私に食器を洗うように言いました。

**My mother told me wash the dishes.**

(5) 彼女は私にこのドアを開けないように言いました。

**She told me to don't open this door.**

(1) **正しい英文 ▶** Kumi doesn't know how to use this computer.

「～のしかた」は〈how to ＋動詞の原形〉で表します。to のあとの動詞はいつも原形なので, 主語が3人称単数であっても s をつけたりはしません。

(2) **正しい英文 ▶** My father taught me how to ski.

「(人)に(物)を教える」は〈teach ＋人＋物〉の語順で表します。「私に～のしかたを教える」は teach me how to ～ の語順になります。

(3) **正しい英文 ▶** It's hard for Bob to get up so early.

「～にとって」は〈for ＋人〉で表します。〈for ＋人〉は, 〈to ＋動詞の原形〉の to の前に入れます。

(4) **正しい英文 ▶** My mother told me to wash the dishes.

「(人)に～するように言う」は〈tell ＋人＋ to ＋動詞の原形〉で表します。

(5) **正しい英文 ▶** She told me not to open this door.

〈to ＋動詞の原形〉の否定は, to の前に not をおきます。「～しないように」は not to ～ で表します。don't などは使いません。

# 完成問題 ✓CHECK ▶解答 p.488

**1** ( ) 内から適するものを選びなさい。

⑴ She told me ( wash / washing / to wash ) the dishes.

⑵ We were ( too / enough / so ) tired to walk anymore.

⑶ *A:* We are going to have a meeting in the cafeteria tomorrow.
　　 Please tell me ( what / where / when / which ) to start.

　　*B:* We should start the meeting at 3 p.m. 【兵庫県】

**2** ( ) 内の語を正しく並べかえなさい。

⑴ She's ( buy / to / enough / rich ) that dress.
　 She's ＿＿＿＿＿＿＿＿＿＿＿＿＿＿＿＿＿＿ that dress.

⑵ *A:* Could you help me? 【千葉県】

　　*B:* Sure.  What ( me / do / to / want / you ) do?

　　What ＿＿＿＿＿＿＿＿＿＿＿＿＿＿＿＿＿＿ do?

**3** ( ) 内の語を正しく並べかえなさい。 【岐阜県】

（昼休みの教室で）

*Miki:* My best friend, Tomoko, feels very sad because she couldn't play well in the basketball game last Sunday.  Is there anything I can do for her?

*John:* Well, do you know my friend Takashi?  He's good at playing basketball.

*Miki:* Oh, I didn't know he's a good basketball player.

*John:* You should ( give / to / him / her / ask ) some advice.

*Miki:* That's a good idea.  I'll do that.

　You should ＿＿＿＿＿＿＿＿＿＿＿＿＿＿＿＿ some advice.

# 第22章

# 名詞を修飾する句・節

この章では，動詞を使って名詞に説明を
プラスするいろいろな表現を学びます。
「本を読んでいる男性」
「彼によって書かれた本」
「私が読んだ本」
のように言えるようになります。

この章で学ぶ表現

⇒ the man reading a book

⇒ the book written by him

⇒ the book I read

The picture on the right is mine.
右側の写真は私のです。

I have a camera made in Germany.
私はドイツで作られたカメラを持っています。

第22章

SECTION

**1** 後ろから修飾する語句

〈前置詞＋語句〉などが名詞を後ろから修飾する。

listen
124

# The picture **on** **the right** is mine.

右側の写真は私のです。

## 名詞を後ろから修飾する句

英語では，〈**前置詞＋語句**〉などのまとまりが，前の名詞や代名詞を後ろから修飾することがあります（後置修飾）。

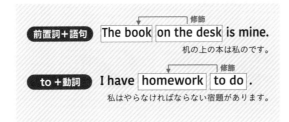

修飾
〈前置詞＋語句〉 The book on the desk is mine.
机の上の本は私のです。

修飾
〈to ＋動詞〉 I have homework to do .
私はやらなければならない宿題があります。

▸ **The girl with long hair is Lisa.**
髪の長い女の子がリサです。

▸ **I want something to eat.**
私は何か食べるものがほしい。

〈前置詞＋語句〉以外にも，**ing 形**や**過去分詞**，〈**主語＋動詞**〉のまとまりなどが，名詞や代名詞を後ろから修飾することがあります。

日本語 公園で走っている 少年
前から名詞を修飾

英　語 the boy running in the park
後ろから名詞を修飾

---

**用語解説**

**句**

２語以上のまとまり（フレーズ）で，〈主語＋動詞〉を含まないものを句という。また，〈主語＋動詞〉を含むものは節という。左の on the desk や to do は，名詞を修飾する形容詞と同じ働きをしているので形容詞句と呼ばれる。

**用語解説**

**後置修飾**

名詞や代名詞を，句や節が後ろから修飾する働きを後置修飾という。関係代名詞の節も後置修飾の一種（→ p.332）。

**くわしく**

**〈to ＋動詞の原形〉**

〈to ＋動詞の原形〉が後ろから名詞・代名詞を修飾するのは形容詞的用法の場合。
（→ p.249）

第22章 句・節　名詞を修飾する

第23章 関係代名詞

第24章 間接疑問・付加疑問・否定疑問文

第25章 感嘆文

第26章 話法

第27章 仮定法

# 名詞を修飾する ing 形

動詞の ing 形が,「〜している」の意味で名詞を修飾することがある。

listen 125

## The woman holding a baby is my sister.

赤ん坊を抱いている女性は私の姉です。

## ing 形のいろいろな働き

これまで学習したように,動詞の ing 形には次のような働きがあります。

・現在進行形をつくる (p.140)
▶ **Takeshi is singing an English song.**
タケシは英語の歌を歌っています。

・動名詞 (p.252)
▶ **Singing English songs is fun.**
英語の歌を歌うことはおもしろい。

このほかに動詞の ing 形には,形容詞と同じように名詞を修飾する働きがあります。

## 前から名詞を修飾する ing 形

動詞の ing 形(現在分詞)が,「〜**している**」の意味で,名詞を**前から**修飾することがあります。
これは,ing 形が1語で修飾する場合です。

▶ **Look at the sleeping baby.**
眠っている赤ちゃんを見て。

▶ **Put the spaghetti in boiling water.**
沸騰しているお湯にスパゲッティを入れてください。

▶ **I like the sound of falling rain.**
私は落ちてくる雨の音が好きです。

参照 p.140
進行形

参照 p.252
**動名詞の使い方**
名詞と同じように,文の中で目的語・主語・補語になる。また,前置詞の目的語にもなる。
・I'm good at singing.
（私は歌うのが得意です。）

**用語解説**

**現在分詞**
名前に「現在」とあるが,現在の文だけでなく過去の文や未来を表す文の中でも使われる。

**くわしく**

**形容詞になった ing 形**
名詞を修飾する ing 形のうち,形容詞として辞書にのっているものもある。これらは very などで強調することができる。
・interesting （おもしろい）
・exciting （わくわくさせる）
・boring （退屈させる）

# 後ろから名詞を修飾する ing 形

　ing 形が単独ではなく**ほかの語句をともなって**名詞を修飾する場合は，名詞を**後ろから**修飾します。「〜している」という意味です。

I know the girl | sitting under the tree |.

私は木の下にすわっている女の子を知っています。

▸ Who is the woman **standing** by the door?
ドアのそばに立っている女性はだれですか。

▸ Ann watched the man **cleaning** the street.
アンは通りをそうじしている男性を見ました。

▸ Can you see the birds **fying** over there?
あそこを飛んでいる鳥が見えますか。

　修飾する部分が，文の途中にくることもあります。

▸ The girl **listening** to music is Lisa.

音楽を聞いている女の子はリサです。

▸ The boy **reading** a book is George.
本を読んでいる男の子はジョージです。

▸ The people **waiting** outside wanted to get tickets.
外で待っていた人々はチケットを手に入れたいと思っていました。

listening to music をカッコに入れて考えよう！

くわしく

**進行形にならない動詞**
know のような進行形にならない動詞でも，名詞を修飾することはある。
・He came to the United States as a boy knowing no English.（彼はまったく英語を知らない少年として合衆国へ来ました。）

---

解答は p.489

**Practice**

日本語を参考にして，_____ に適する語を書きなさい。

① I often take pictures of _____ birds.　（飛んでいる鳥の写真）

② They're nice to all the _____ tourists.　（訪れる旅行客みんな）

③ Look at the man _____ the car.　（車を洗っている男の人）

④ Who is that man _____ math?　（数学を教えているあの男の人）

⑤ The girl _____ in front of me is Lucy.　（私の前に立っている女の子）

⑥ The dog _____ in the corner is cute.　（すみにすわっている犬）

第22章 SECTION

第22章 句・節 名詞を修飾する

第23章 関係代名詞

第24章 間接疑問・付加疑問文・否定疑問文

第25章 感嘆文

第26章 話法

第27章 仮定法

# 3 名詞を修飾する過去分詞

過去分詞が,「〜された」の意味で名詞を修飾することがある。

listen 126

# I have a camera made in Germany.

私はドイツで作られたカメラを持っています。

## 過去分詞のいろいろな働き

これまで学習したように,過去分詞には次のような働きがあります。

・受け身の文をつくる (p.276)
▶ Spanish is **spoken** in many countries.
スペイン語は多くの国で話されています。

・現在完了形の文をつくる (p.290)
▶ The bus has just **arrived**.
バスがちょうど到着したところです。

このほかに過去分詞には,形容詞と同じように名詞を修飾する働きがあります。

## 前から名詞を修飾する過去分詞

過去分詞が,「**〜された**」という受け身の意味で,名詞を**前から**修飾することがあります。

これは,過去分詞が1語で修飾する場合です。

▶ Don't touch the **broken** glass.
割れたガラスにさわらないで。

▶ My father bought a **used** car.
父は中古車(使われた車)を買いました。

▶ I like **boiled** eggs.
私はゆで卵(ゆでられた卵)が好きです。

---

参照 p.278
**過去分詞の形**
大部分の動詞は過去形と同じ形だが,不規則動詞には異なるものもある。

---

くわしく

**よく使われる過去分詞**
名詞を修飾する過去分詞のうち,よく使われるものは形容詞として辞書にのっているものもある。
・broken (こわれた,割れた,折れた)
・closed (閉じた)
・excited (興奮した)
・used (中古の,使用済みの)

## 後ろから名詞を修飾する過去分詞

　過去分詞が単独ではなく**ほかの語句をともなって**名詞を修飾する場合は，名詞を**後ろから**修飾します。「～された」という意味です。

I have a camera | made in Germany |.

　　　　　　　　私はドイツで作られたカメラを持っています。

▶ I met a boy called Ace.
私はエースと呼ばれる男の子と会いました。

▶ He showed me pictures taken 50 years ago.
彼は私に50年前に撮られた写真を見せてくれました。

▶ Can you read the sign written in Japanese?
日本語で書かれた看板を読めますか。

　修飾する部分が，文の途中にくることもあります。

▶ The fruits sold there are always fresh.

そこで売られている果物はいつも新鮮です。

▶ The computers used here are very old.
ここで使われているコンピューターはとても古いです。

▶ The picture taken by Alex became famous.
アレックスが撮ったその写真は有名になりました。

> sold there
> をカッコに入れ
> て考えよう！

解答は p.489

**Practice**

日本語を参考にして，＿＿＿に適する語を書きなさい。

① She looked out of the ＿＿＿＿＿＿ window. （閉まった窓）

② ＿＿＿＿＿＿ English is easier than written English. （口語の[話される]英語）

③ I like cakes ＿＿＿＿＿＿ by Mom. （母親が作るケーキ）

④ Keep all the e-mails ＿＿＿＿＿＿ to you. （あなたに送られてくるメール）

⑤ Those are brushes ＿＿＿＿＿＿ in art class. （美術の授業で使う絵筆）

⑥ The story ＿＿＿＿＿＿ by Tom was interesting. （トムによって語られた物語）

# 4 名詞を修飾する〈主語＋動詞〉

〈主語＋動詞〉が，名詞を後ろから修飾することがある。

listen
127

## The picture Alex took in Mexico won first prize.

アレックスがメキシコで撮った写真が優勝した。

## 名詞を修飾する〈主語＋動詞〉

〈主語＋動詞〉のまとまりが，名詞を**後ろから**修飾することがあります。

名詞　　　〈主語＋動詞〉
I saw pictures he took .

私は彼が撮った写真を見ました。

▶ **Look at the fish he caught.**
彼が釣った魚を見て。

▶ **I know the man you met.**
私はあなたが会った男の人を知っています。

▶ **This is the sandwich I made.**
これが私の作ったサンドイッチです。

〈主語＋動詞〉のあとにほかの語句をともなって修飾することもあります。

名詞　　　〈主語＋動詞〉
I saw pictures he took in Mexico .

私は彼がメキシコで撮った写真を見ました。

▶ **This is the book I read yesterday.**
これは私が昨日読んだ本です。

▶ **I like the shirt I bought last week.**
私は私が先週買ったシャツを気に入っています。

---

参考

**接触節**

このように名詞を後ろから修飾する節を接触節という。目的格の関係代名詞が省略された文（→ p.335）と同じ形。

参考

**節**

〈主語＋動詞〉を含むまとまりを節といい，文の中に出てくる節は次の３つの働きをする。

①名詞節…名詞と同じ働き。
・I know (that) you're busy.（あなたが忙しいのはわかっています。）
②形容詞節…形容詞と同じ働き。
・That's the room I use.（それは私が使う部屋です。）
③副詞節…副詞と同じ働き。
・I'll be here if it rains.（もし雨が降ったらここにいます。）

第22章 句・節 名詞を修飾する

第23章 関係代名詞

第24章 間接疑問文・付加疑問・否定疑問文

第25章 感嘆文

第26章 話法

第27章 仮定法

▸ **I'll give you anything you want.**
あなたがほしいものは何でもあげよう。

修飾する部分が，文の途中にくることもあります。

名詞　　　〈主語＋動詞〉
**The pictures  he took  became famous.**
彼が撮った写真は有名になりました。

▸ **The watch he gave me was expensive.**
彼が私にくれた時計は高価でした。

▸ **The man I saw looked busy.**
私が会った男の人は忙しそうでした。

▸ **The question she asked me was very difficult.**
彼女が私にたずねた質問はとても難しかった。

参考

**〈主語＋動詞〉で修飾できない語**

人名や地名のように，もともと1つしかないものは〈主語＋動詞〉で修飾できない。
× He's Mr. Sato I like.
（彼は私の好きな佐藤先生です。）

---

解答は p.489

**Practice**

**日本文に合うように，(　　)内の語を並べかえなさい。**

① これは私がほしいゲームです。
This is the game ( want, I ).

② あなたは彼が書いた手紙を読みましたか。
Have you read the ( he, wrote, letter )?

③ 私たちにできることがあります。
There is ( can, something, we ) do.

④ トムが作った昼食はおいしかった。
The lunch ( cooked, Tom ) was delicious.

⑤ 私が会った人だれもがそれを知っていました。
( I, met, everyone ) knew that.

⑥ 彼女が必要な地図はここで売られています。
The ( needs, map, she ) is sold here.

第22章 名詞を修飾する句・節

第23章 関係代名詞

第24章 間接疑問・否定疑問文・付加疑問

第25章 感嘆文

第26章 話法

第27章 仮定法

# Common Mistakes

よくある間違い

次の英文は，英作文テストで生徒が書いた「誤った英文」の例です。
先生になったつもりで，誤りを見つけて正しい英文に直しましょう。

---

⑴　朝食を食べている女の子はアヤです。

**The breakfast eating girl is Aya.**

⑵　私は中国で作られたカメラを持っています。

**I have a camera was made in China.**

⑶　あそこに立っている女性はジョーンズ先生です。

**The woman is standing over there is Ms. Jones.**

⑷　英語で書かれたメールが昨日来ました。

**An e-mail wrote in English came yesterday.**

⑸　それが私にできるすべてです。

**That's I can do all.**

---

⑴　**正しい英文 ▶** The girl eating breakfast is Aya.

「朝食を食べている女の子」は，the girl を eating breakfast が後ろから修飾する形で表します。日本語との語順のちがいに気をつけましょう。

⑵　**正しい英文 ▶** I have a camera made in China.

「中国で作られたカメラ」は a camera を made in China がすぐ後ろから修飾する形にします。受け身の文ではないので，camera のあとに be 動詞は不要です。

⑶　**正しい英文 ▶** The woman standing over there is Ms. Jones.

「あそこに立っている女性」は the woman を standing over there がすぐ後ろから修飾する形です。現在進行形の文ではないので，the woman のあとに be 動詞は不要です。

⑷　**正しい英文 ▶** An e-mail written in English came yesterday.

「英語で書かれたメール」は an e-mail を written in English がすぐ後ろから修飾する形にします。「書かれた」という意味なので過去分詞にします。

⑸　**正しい英文 ▶** That's all I can do.

「私にできるすべて」は，代名詞 all（すべてのこと）を後ろから I can do が修飾する形にします。

● **知覚動詞・使役動詞と使われる分詞**…see, hear などの**知覚動詞**(→ p.313)や, have, get などの**使役動詞**(→ p.314)の文でも, 分詞が使われます。

**〈知覚動詞＋目的語＋動詞〉**

◉〈**知覚動詞＋目的語＋動詞**〉で「…が〜するのを − する」の意味を表します。

▶ **I saw** Ken **eat** some cookies. …① 〈目的語のあとが動詞の原形〉

私はケンがクッキーを食べるのを見ました。

▶ **I saw** Ken **eating** some cookies. …② 〈目的語のあとが現在分詞〉

私はケンがクッキーを食べているのを見ました。

①のように動詞の原形(原形不定詞)を使うと, 動作の一部始終を見たということになり, その時点でケンが食べ終えたことを暗示しています。②のように現在分詞を用いると, 動作のある一時点を示し,「食べているところを見かけた」という意味になります。

◉知覚動詞は, 〈**知覚動詞＋目的語＋過去分詞**〉の形でも使われます。

▶ **I heard** my name **called**.

私は自分の名前が呼ばれるのを聞きました。

**〈have[get]＋目的語＋過去分詞〉**

◉〈**have [get]＋目的語＋動詞の原形(原形不定詞)**〉で,「…に〜させる」の意味を表しますが, 動詞の原形の代わりに**過去分詞**を使うと,「**〜してもらう**」「**〜される**」などの意味になります。

▶ **I had** my car **washed**.　私は車を洗ってもらいました。

▶ **I got** my hair **cut** yesterday .　私は昨日, 髪を切ってもらいました。

上の文は両方とも「〜してもらう」の意味(依頼・使役)ですが, get を用いるほうが口語的です。

● **分詞構文**

**形と意味**

◉ 分詞は,「時(〜のとき)」「条件(〜すると)」「理由(〜なので)」「付帯状況(〜しながら)」などの意味を表します。副詞の働きをし, 文の最初や最後, 文中で使われることがあります。これを**分詞構文**といいます。書き言葉でよく使われます。

▶ **Mother fell asleep, watching** TV.

母はテレビを見ながら寝入ってしまいました。

この文では, 現在分詞 watching 〜が「〜を見ながら」の意味(付帯状況)を表し, 副詞の働きをして前の動詞部分を修飾しています。

第22章 名詞を修飾する句・節

第23章 関係代名詞

第24章 間接疑問文・付加疑問・否定疑問文

第25章 感嘆文

第26章 話法

第27章 仮定法

## 基本用法

▶ **Eating** lunch, Ann heard a loud noise. 〈時…同時の動作〉

昼食を食べているとき，アンは大きな物音を聞きました。

▶ Tom walked toward us, **waving** his hand. 〈付帯状況〉

手を振りながらトムは私たちのほうへ歩きました。

▶ **Feeling** sick, Mike didn't go to school. 〈理由〉

気分が悪かったので，マイクは登校しませんでした。

▶ **Lying** In bed for hours, I couldn't sleep. 〈譲歩〉

数時間ベッドで横になっていても，私は眠れませんでした。

## 否定形

● 否定形は分詞の前に否定語(not や never など)をおいて表します。

▶ **Not believing** the man, I opposed his plan. 〈理由〉

その男の人が信じられず，私は彼の計画に反対しました。

## 異なる主語

● 分詞の意味上の主語が主節の主語と異なる場合は，分詞の前にその主語をおきます。(かたい表現で，口語ではあまり見られません。)

▶ **Mom being** too busy, I took care of my little brothers. 〈理由〉

母はあまりに忙しかったので，私が弟たちの世話をしました。

## Being の省略

● 受け身の動作・状態を表す〈Being ＋過去分詞〉の分詞構文では，Being が省略されるほうがふつうで，分詞構文は過去分詞で始まります。

▶ (Being) **Given** a camera by his father, he looked happy. 〈時〉または〈理由〉

父親からカメラをもらい，彼はうれしそうでした。

## 完了形

● 分詞構文の動作が主節よりも過去のときは，〈Having＋過去分詞〜，S＋V …．〉と完了形にして表します。

▶ **Having studied** all day, I feel tired. 〈理由〉

1日中勉強したので，私は疲れています。

## 慣用的な用法

● 分詞の意味上の主語が一般の人々を表す we などの場合，それを省略した慣用的な表現があります。これらは，熟語として覚えましょう。

▶ **Generally speaking**, computers are getting smaller.

一般的に言うと，コンピューターは小さくなりつつあります。

▶ **Speaking of** soccer, Brazil is one of the strongest countries.

サッカーと言えば，ブラジルが最強国の1つです。

▶ ほかの例：frankly speaking(率直に言えば)／judging from 〜 (〜から判断すると)／supposing(that) 〜 (もし〜なら)／weather permitting(天気がよければ)

# 完成問題 CHECK

解答 p.489

**1** 次の（ ）内の動詞を適する形に変えなさい。

⑴ The last train _____ for Tokyo is at 9:30. (leave)

⑵ Is there a picture _____ by Mr. King here? (paint)

⑶ Who is that girl _____ the guitar? (play)

⑷ The languages _____ in Canada are mainly English and French. (speak)

⑸ Our teacher said, "When I was young, I read a lot of books _____ in English." (write) 【山口県】

**2** （ ）内の語句を並べかえなさい。

⑴ She ( made / me / gave / a toy ) in France. 【栃木県】
She _____ in France.

⑵ A: Look at this picture. The girl ( is / under / sitting / the tree) my sister.
B: Oh, she really looks like you. 【愛媛県】
The girl _____ my sister.

⑶ A: Do you remember the first ( brother / word / said / younger / your ) ?
B: Yes.  It was "No." 【千葉県】
Do you remember the first _____ ?

⑷ A: Did you enjoy your vacation?
B: Yes! I went to Hokkaido. These are ( I / there / the / took / pictures ).
A: Oh, they're beautiful. 【山口県】
These are _____ .

# 関係代名詞

名詞にうしろから説明をプラスするときに使う
which, that, who を関係代名詞といい,
「この本を書いた男性」などと言うときに
使います。
この章では,関係代名詞を使った
いろいろな文の作り方について学びます。

この章で学ぶ表現

→ the man who wrote ～

→ the book which made ～

→ the book which I read ～

I have an uncle who lives in Tokyo.
私には,東京に住んでいるおじがいます。

第23章

SECTION

# 1 関係代名詞（主格）

〈関係代名詞＋動詞～〉の形で，前の名詞を修飾する。

listen
128

先行詞
# I have an uncle
関係代名詞
## who lives in Tokyo.

私には，東京に住んでいるおじがいます。

So I can come to Japan anytime.

## 関係代名詞の働き

　「私には東京に住んでいるおじがいます。」のような文を作るときに必要なのが**関係代名詞**です。

　関係代名詞を使うと，「私にはおじがいます。」という文と，「彼は東京に住んでいます。」という2つの文の内容を一度に言うことができます。

> I have an uncle. ┃ He ┃ lives in Tokyo.
> 　　　　　　　　　　　　　　　関係代名詞 who
> I have an uncle ┃ who ┃ lives in Tokyo.
> 　　先行詞
> 　　　　　　　　　　私には東京に住んでいるおじがいます。

　上の **who** が関係代名詞です。2つの文を結びつけて1つにし，前の an uncle について，「**どんな人かというと，その人は…**」のように説明を加える働きをしています。

　この文の an uncle のように，関係代名詞によって修飾される名詞を**先行詞**といいます。

参考

**名詞を後ろから修飾する語句**
関係代名詞のほかに，いろいろな語句が名詞を後ろから修飾する。
①〈前置詞＋語句〉
・The book on the desk is mine.（机の上の本は私のです。）
②〈to ＋動詞の原形〉
・I have work to do.
（私にはするべき仕事があります。）
③〈動詞の ing 形～〉
・Look at the boy standing there.
（そこに立っている少年を見なさい。）
④〈過去分詞～〉
・My father bought a car made in Germany.
（私の父はドイツ製の車を買いました。）
⑤〈主語＋動詞～〉
・The book I read yesterday was interesting.
（私が昨日読んだ本はおもしろかった。）

# 関係代名詞の種類

　関係代名詞には **who, which, that** などがあり，それらは先行詞や文中での働きによって使い分けます。

### (1) 先行詞による使い分け

　**who** は先行詞が「**人**」のとき，**which** は先行詞が「**物**」や「**動物**」のときに使います。**that** は先行詞がいずれの場合にも使えます。

### (2) 文中での働きによる使い分け

　I や he などの代名詞と同じように，文中での働きによって，**主格‒所有格‒目的格**があります。

　以上をまとめると，次のようになります。

| 先行詞 ＼ 格 | 主 格 | 所有格 | 目的格 |
|---|---|---|---|
| 人 | who | whose | who [whom] |
| 物・動物 | which | whose | which |
| 人・物・動物 | that | – | that |

参照 p.343
関係代名詞 whose の用法

● **関係代名詞の格**

① **主格**…関係代名詞の節で**主語**の働きをし，あとに**動詞**が続く。
　▸**a girl who likes dogs**　犬が好きな少女

② **所有格**…あとに**名詞**が続く。
　▸**a girl whose hair is short**　髪が短い少女

③ **目的格**…関係代名詞の節で**目的語**の働きをし，あとに〈**主語＋動詞 ～**〉が続く。
　▸**a picture which my mother took**
　　私の母が撮った写真

# 「人」の場合

　先行詞が「人」で，「どんな人かというと，その人は…」のように説明するとき（主格），関係代名詞は **who** を使います。

　who は who 以下の節で主語の働きをしています。

**ミス注意**

**先行詞と動詞の形**
主格の関係代名詞に続く動詞の形は，先行詞の人称・数に一致させる。
・I have a friend who
　　　　　　3人称単数
　speaks French.
　（私にはフランス語を話す友達がいます。）

第22章　名詞を修飾する句・節

第23章　関係代名詞

第24章　間接疑問文・付加疑問・否定疑問

第25章　感嘆文

第26章　話法

第27章　仮定法

私はサッカーがじょうずな少年を知っています。

▸ I saw a man who had long hair.
私は長い髪をした男の人を見ました。

▸ Kate has some friends who live in Japan.
ケイトには日本に住んでいる友人が何人かいます。

▸ The boys who are playing baseball look happy.
野球をしている少年たちは楽しそうです。

## 「物」の場合

先行詞が「物」や「動物」で,「どんな物かというと,それは…」のように説明するとき(主格),関係代名詞は that または which を使います。

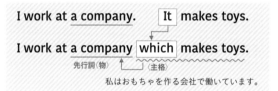

私はおもちゃを作る会社で働いています。

▸ Here's a bag that has a big ribbon.
ここに大きなリボンがついたかばんがあります。

▸ This is the book which made him famous.
これが彼を有名にした本です。

くわしく

主格の関係代名詞 that
先行詞が「人」の場合は who を使うのがふつうだが,まれに that を使うこともある。

参考

受け身・進行形で説明する文
受け身や進行形で先行詞を修飾するときは,関係代名詞を使わなくても同じ内容を表せることがある。

a cake that was made by Ann
〈関係代名詞+受け身〉
a cake made by Ann
〈過去分詞+語句〉
(アンによって作られたケーキ)
a boy who is watching TV
〈関係代名詞+進行形〉
a boy watching TV
〈ing 形+語句〉
(テレビを見ている少年)

---

**Practice**

解答は p.489

次の_____に,who か which のどちらかを入れなさい。

1 I have a friend _____ speaks English well.

2 This is a school _____ was built 100 years ago.

3 The man _____ is talking with our teacher is my father.

4 Emi has a bird _____ sings well.

第22章 句・節 名詞を修飾する

第23章 関係代名詞

第24章 間接疑問・否定疑問文・付加疑問

第25章 感嘆文

第26章 話法

第27章 仮定法

第23章
SECTION **2**

# 関係代名詞（目的格）

〈関係代名詞＋主語＋動詞 〜〉の形で，前の名詞を修飾する。

listen
129

## This is a picture that my friend took.

これは私の友達が撮った写真です。

## 目的格の関係代名詞の働き

**目的格**の関係代名詞は，あとに〈**主語＋動詞 〜**〉が続きます。関係代名詞はその動詞の**目的語**の働きをします。

目的格の関係代名詞はよく**省略されます**。

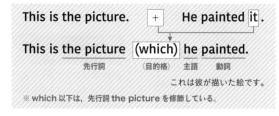

This is the picture. ＋ He painted it.

This is the picture (which) he painted.
先行詞　　　　〈目的格〉 主語　　動詞

これは彼が描いた絵です。

※ which 以下は，先行詞 the picture を修飾している。

## 「人」の場合

先行詞が「人」の場合は **that**，または **who** を使います。

この that または who はよく省略されます。

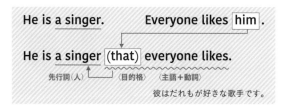

He is a singer. Everyone likes him.

He is a singer (that) everyone likes.
先行詞(人)　　　　〈目的格〉　〈主語＋動詞〉

彼はだれもが好きな歌手です。

**ミス注意**

**関係代名詞の節に目的語は不要**

目的格の関係代名詞にはく〈主語＋動詞〉が続くが，動詞のあとに目的語はつかない。

・This is the cake which I made ~~it~~. → it は不要
（これは私が作ったケーキです。）

**ミス注意**

**主格の関係代名詞は省略しない**

目的格の関係代名詞は省略できるが，主格の関係代名詞は省略できない。

× Ken is the boy ~~plays tennis well~~.

○ Ken is the boy who plays tennis well.
（ケンはテニスがじょうずな少年です。）

▶ He is the boy (**that**) I saw in the park this morning.
彼は私が今朝公園で見かけた少年です。

▶ Do you remember the woman (**that**) I was talking about?
私が話していた女の人を覚えていますか。

▶ The man (**that**) we know well is a famous doctor.
私たちがよく知っているその人は有名な医者です。

## 「物」の場合

先行詞が「物」「動物」の場合は **that**, または **which** を使います。

この **that** または **which** はどちらもよく省略されます。

Here's a picture.　　　　I took it in Kyoto.

Here's a picture (**which**) I took in Kyoto.
先行詞(物)　　〈目的格〉　〈主語＋動詞 ～〉

ここに私が京都で撮った写真があります。

▶ I can't find the pen (**which**) I bought last week.
私が先週買ったペンが見つかりません。

次の文は、〈先行詞＋関係代名詞の節〉が長い主語になっています。

▶ The computer (**that**) my father uses is made in America.
私の父が使っているコンピューターはアメリカ製です。

▶ The country (**that**) I want to visit is Canada.
私が訪れたい国はカナダです。

**参考**

**目的格の whom**
先行詞が「人」のとき, 主格の関係代名詞は who を使うが, この who の目的格は who または whom となる。ただし, whom は会話ではほとんど使われない。また, who よりも that が好まれる。

**参照** p.325
目的格の関係代名詞を省略した文は, 〈名詞＋形容詞節(接触節)〉の文と形の上では同じになる。

**くわしく**

**主格と目的格のちがい**
関係代名詞のすぐあとに動詞がきているものは主格。関係代名詞のあとが〈主語＋動詞〉なら目的格。
① 〈that[which, who]＋動詞～〉→主格
・Here's a bag that[which] is larger than mine.
（ここに私のより大きいかばんがあります。）
② 〈that[which]＋主語＋動詞～〉→目的格
・This is the bag that [which] I bought in Shibuya last week.
（これは私が先週渋谷で買ったかばんです。）

# 関係代名詞の節の位置

関係代名詞を含む文は，次の2つの形があります。これは，主格，目的格のいずれの場合もあてはまります。

\* ①は先行詞が目的語や補語などになる場合。
②は先行詞が主語になる場合。

次の英文は目的格の関係代名詞を使った場合の例です。

① **This is the camera that Lisa bought.**
これはリサが買ったカメラです。

② **The camera that Lisa bought is expensive.**
リサが買ったカメラは高価です。

---

● **いろいろな that**

これまでに習った that の意味と使い方をまとめてみましょう。

❶ **That is our school.**　　　あれは私たちの学校です。

指示代名詞。「あれ」の意味。(→ p.133)

❷ **That boy is Mike.**　　　あの少年はマイクです。

指示形容詞。「あの」の意味。(→ p.133)

❸ **Do you know that Ken is going to visit America next month?**　あなたはケンが来月アメリカを訪れることを知っていますか。

接続詞。「～ということ」の意味で名詞節を導く。(→ p.228)

❹ **This is a book that is selling well.**　これはよく売れている本です。

主格の関係代名詞。〈that ＋動詞～〉の形で前の名詞を修飾。(→ p.334)

❺ **He's the tallest boy that I've ever seen.**　彼は今まで私が会った中でいちばん背の高い少年です。

目的格の関係代名詞。〈that ＋主語＋動詞～〉の形で前の名詞を修飾。(→ p.335)

---

解答は p.489

**Practice**

**下線部の語が省略できるものを，ア～オから2つ選びなさい。**

ア　This is the pen which I use every day.

イ　Emi is a girl who is good at tennis.

ウ　The dinner that my father made last night was very good.

エ　They need ten people who can speak English.

オ　Jiro was the first student who caught the flu this year.

# 注意すべき関係代名詞

関係代名詞の節の中では，句動詞などの前置詞に注意する。

listen
130

# A man that my father works with visited me yesterday.

昨日，父がいっしょに働いている男性が私を訪ねてきました。

## 前置詞と関係代名詞

関係代名詞 which が，look for ～（～をさがす）など前置詞を使った語句（句動詞）の目的語になるときは，次の①②の言い方ができます。

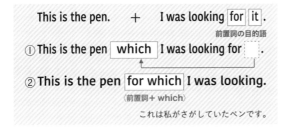

This is the pen.　＋　I was looking for it.
前置詞の目的語

① This is the pen which I was looking for .

② This is the pen for which I was looking.
〈前置詞＋which〉

これは私がさがしていたペンです。

①は，前置詞だけが最後におかれた形です。

②はかたい言い方で，前置詞を which の前におきます。②の which は省略できません。

① This is the pen which I was looking for.
この which は省略可能

③ This is the pen 　　　　 I was looking for.

①の文は which を省略して，③のようにすることもできます。③の文がもっともよく使われる形です。

関係代名詞が that の場合は，①の形にはできますが，②のように前置詞を that の前におくことはできません。

### 用語解説

**句動詞**

〈動詞＋前置詞〉または〈動詞＋副詞〉のまとまりで，1つの動詞と同じ働きをするもの。

・look for ～：～をさがす
・look after ～：～の世話をする
・talk about ～：～について話す
・listen to ～：～を聞く
・turn on ～：（明かりなどを）つける

## 先行詞に応じた使い分け

先行詞に応じた関係代名詞の使い分けで, 注意が必要な場合について見てみましょう。

● **that をよく使う場合**

次のような場合は, that がよく使われます。

①先行詞が -thing の語や all などの場合

▶ **Is there anything (that) I can do for you?**
私があなたにしてあげられることが何かありますか。

②先行詞を特定の語句が修飾する場合…the first などの序数, 形容詞の最上級, all(すべての), the same(同じ), the only(唯一の)など, 先行詞を限定する語句

▶ **The first place (that) we visited was an old temple.**
私たちが訪れた最初の場所は古いお寺でした。

▶ **This is the best movie (that) I have ever seen.**
これは私が今までに見た中で最高の映画です。

参考

**-thing の語**
・something：何か
・anything：何か, 何も, 何でも
・nothing：何も〜ない
・everything：すべてのもの

くわしく

**そのほかの特定の修飾語句**
the very(まさにその), every (あらゆる), no, much などが先行詞につく場合は, 関係代名詞は that を使うことが多い。
・This is the very book that I was looking for.
(これはまさに私がさがしていた本です。)

第22章 名詞を修飾する句・節

第23章 関係代名詞

第24章 間接疑問・付加疑問・否定疑問文

第25章 感嘆文

第26章 話法

第27章 仮定法

---

**Practice**

日本語を参考にして, _____ に適する語句を書きなさい。

解答は p.489

① the key that I was _____ (さがしていたかぎ)

② the hotel that you _____ (私に話してくれたホテル)

③ the house that I have _____ (住んだことのある家)

④ the music that I was _____ (私が聞いていた音楽)

# Common Mistakes

次の英文は，英作文テストで生徒が書いた「誤った英文」の例です。
先生になったつもりで，誤りを見つけて正しい英文に直しましょう。

---

(1)　私には京都に住んでいる友達がいます。

**I have a friend lives in Kyoto.**

(2)　これが彼女を有名にした写真です。

**This is the picture made her famous.**

(3)　私は野球が好きな少年を知っています。

**I know a boy who like baseball.**

(4)　これは私がよく訪れる公園です。

**This is the park which I often visit it.**

(5)　彼は私がよくいっしょにテニスをする少年です。

**He is a boy that I often play tennis.**

---

(1)　**正しい英文 ▶** I have a friend who lives in Kyoto.

主格の関係代名詞なので省略できません。先行詞に「どんな人かというと，その人は～」と説明を加えるときは〈関係代名詞 who ＋動詞～〉を続けます。

(2)　**正しい英文 ▶** This is the picture which[that] made her famous.

主格の関係代名詞なので省略できません。先行詞に「どんな物かというと，それは～」と説明を加えるときは〈which[that]＋動詞～〉を続けます。

(3)　**正しい英文 ▶** I know a boy who likes baseball.

主格の関係代名詞のあとの動詞は，先行詞の人称・数に応じた形にします。**a boy** は3人称単数なので，**like** には3単現の **s** が必要です。

(4)　**正しい英文 ▶** This is the park which I often visit.

visit it の it は目的格の関係代名詞 which として前に出ているので，動詞 visit のあとに目的語の it は不要です。

(5)　**正しい英文 ▶** He is a boy that I often play tennis with.

I often play tennis with him. の him が目的格の関係代名詞 that になっていると考えて，with が文末に必要です。

# 完成問題 CHECK ➤ 解答 p.490

第22章 名詞を修飾する句・節

第23章 関係代名詞

第24章 間接疑問・付加疑問・否定疑問文

第25章 感嘆文

第26章 話法

第27章 仮定法

## 1 （　）内から適するものを選びなさい。

(1) I have a brother ( which / who / he ) plays baseball well.

(2) The building ( which / who / it ) is across the street is a hospital.

(3) This is a bag ( who / that / what ) my sister gave me.

(4) She is a woman ( which / that / what ) I saw at the party.

(5) This is the tallest building ( who / that / what ) I have ever seen.

## 2 （　）内の語を並べかえなさい。

(1) *A:* Do you have any plans for this holiday?　　　　　　　　　【千葉県】

*B:* Yes. I'll go to an island ( is / for / that / its / famous ) beautiful beaches.

I'll go to an island ＿＿＿＿＿＿＿＿＿＿＿ beautiful beaches.

(2) *A:* Are you looking for something?　　　　　　　　　　　　　【富山県】

*B:* Yes. Which ( the / that / is / to / goes / bus ) Kanazawa?

*A:* You can use that green bus.

*B:* Thank you very much.

Which ＿＿＿＿＿＿＿＿＿＿＿ Kanazawa?

(3) *A:* I think I've seen that man before.　　　　　　　　　　　　【沖縄県】

*B:* Who are you talking about?

*A:* The ( care / man / is / who / taking ) of the dog over there.

*B:* Oh, he is Mr. Higa. He is my science teacher.

The ＿＿＿＿＿＿＿＿＿＿＿ of the dog over there.

## 3 絵の内容を説明する英文になるように，＿＿に適する語を入れなさい。

(1)

Soseki is the great author
＿＿＿＿＿ ＿＿＿＿＿ *Botchan.*

(2)

The whale is the biggest animal
＿＿＿＿＿ ＿＿＿＿＿ in the sea.

## 4 次の会話文を読んで，あとの問いに答えなさい。

*Bill* : Do you know that girl ①(stand) over there?

*Emi* : Yes.　She is Judy.　She's a high school student who　②(live)
near my house.　She came to Japan from America to study
Japanese culture.　She speaks Japanese very well.

(1)　①，②の（　）内の語を適する形（1語）に書きかえなさい。

①　＿＿＿＿＿　②　＿＿＿＿＿

(2)　本文の内容に合うように，次の文の＿＿に適する1語を書きなさい。

Judy is an American girl ＿＿＿＿＿ came to Japan to study
Japanese culture.

第22章 名詞を修飾する句・節

第23章 関係代名詞

第24章 否定疑問・付加疑問・間接疑問文

第25章 感嘆文

第26章 話法

第27章 仮定法

発展 *advanced*

## ❶ 関係代名詞 whose

**関係代名詞 whose**

● 関係代名詞 whose は，関係代名詞 who の**所有格**です。whose のあとには必ず**名詞**がきます。主格の関係代名詞 who の文と比較してみましょう。

▶ I have a friend **who** is a doctor.　→友達が医者

私には医者をしている友達がいます。

▶ I have a friend **whose father** is a doctor.　→友達の父親が医者

私にはお父さんが医者をしている友達がいます。

**whose の使い方**

● 〈whose＋名詞〉は主格にも目的格にもなります。

● 先行詞が「人」だけでなく，「物」や「動物」の場合にも使います。

▶ I have a cat **whose eyes** are blue.

私は目が青いねこを飼っています。〈主格〉

▶ The house **whose roof** you can just see is mine.

ちょうど屋根が見えている家が私の家です。〈目的格〉

▶ He is a writer **whose books** I often read.

彼は私がよく読む本の作家です。〈目的格〉

## ❷ 関係代名詞 what

**関係代名詞 what**

● 関係代名詞 what は，**先行詞を含む関係代名詞**で，「〜するもの[こと]」という意味を表します。the thing that[which]を1語で表したものと考えます。

「これは私が好きなものです。」は次のように表せます。

| 先行詞＋関係代名詞 | This is **the thing that** I like. |
| 関係代名詞 what | This is **what** I like. |

● 関係代名詞 what の節は文中で主語・目的語・補語になります。

▶ **What he says** is not true. …〈主語〉

彼が言うことはほんとうではありません。

▶ Do you believe **what she said**? …〈目的語〉

あなたは彼女の言ったことを信じますか。

▶ That's **what I want to know**. …〈補語〉

それが私が知りたいことです。

### ❸ 関係代名詞の非制限用法

**制限用法と非制限用法**

①関係代名詞の制限用法（これまでに学習した使い方）

He has a brother **who** lives in America now.

彼には今アメリカに住んでいる兄[弟]がいます。

②関係代名詞の非制限用法

He has a brother**,** **who** lives in America now.

彼には兄[弟]が1人いて，彼は今アメリカに住んでいます。

…関係代名詞の前にコンマがあるので，前の文でいったん区切って，**He has a brother.** という文に「そしてその兄[弟]は今アメリカに住んでいます。」という補足説明をつけ加えています。これを非制限用法といいます。

**who** や **which** には非制限用法がありますが，**that** は使えません。

### ❹ 関係副詞

**関係副詞の種類と用法**

●関係代名詞と同じように，**when, where, why, how** を使って先行詞に後ろから説明を加えることができます。これらを関係副詞といいます。

| 先行詞になる語句 | | 関係副詞 |
|---|---|---|
| 時 ▶ | **time, day** など | **when[that]** |
| 場所 ▶ | **place, town, city** など | **where** |
| 理由 ▶ | **the reason** | **why** |
| 方法 ▶ | (**the way**) | **how** |

関係副詞のあとは〈主語＋動詞〉の語順になります。

・I'll never forget the day **when** I first met you.

　私はあなたに初めて会った日をけっして忘れません。

・This is the place **where** I played tennis yesterday.

　ここが昨日私がテニスをした場所です。

・This is the reason **why** I came here.

　これが私がここに来た理由です。

上の例文は **the reason** か **why** のどちらかを省略することが多いです。

・This is why I came here.

・This is the reason I came here.

第**24**章

# 間接疑問文・付加疑問文・否定疑問文

この章では，「彼がだれだか知っています」
のように文の中で疑問詞を使う間接疑問文（かんせつ ぎ もんぶん）と，
「〜ですよね？」と最後につけ加える
付加疑問文（ふ か ぎ もんぶん），「〜ではないですか？」のように
質問する否定疑問文（ひ てい ぎ もんぶん）について学習します。

この章で学ぶ表現

➡ I know who he is.
➡ 〜, isn't it?
➡ Don't you 〜?

**Could you tell me where the station is?**
駅がどこにあるのか教えていただけますか。

**It's really beautiful, isn't it?**
本当に美しいですね。

第
24
章

SECTION

**1**

# 間接疑問文

疑問詞で始まる疑問文が別の文に入ると語順が変わる。

listen
131

## Could you tell me

疑問詞

## where the station is?

駅がどこにあるか教えていただけますか。

---

## 間接疑問文とは

　疑問詞で始まる疑問文が，別の文の一部となった形を**間接疑問（文）**といいます。

　例えば，What do you want? という疑問文が I don't know のあとに続くと，I don't know <u>what you want</u>. という語順になります。

> 疑問文 **What do you want?** 何がほしいですか。

> 間接疑問文 I don't know | what you want | .
> 　　　　　　　　　　　　〈疑問詞＋主語＋動詞〉
> あなたが何がほしいのか私は知りません。

## 間接疑問文の語順

　間接疑問文では，疑問詞のあとは**〈主語＋動詞～〉の語順**になります。疑問文の語順ではなく，ふつうの文と同じ語順になります。

❶ 〈疑問詞＋主語＋ be 動詞〉

> 疑問文 **Where is the station?** 駅はどこですか。

> 間接疑問文 Could you tell me | where the station is | ?
> 　　　　　　　　　　　　　　〈疑問詞＋主語＋ be 動詞〉
> 駅がどこにあるか教えていただけますか。

**くわしく**

**名詞節**
左の例文の what you want の部分は，動詞 know の目的語となっている。文中で名詞と同じ働きをするので名詞節という。

▶ **I wonder** what day it is today.
今日は何曜日かしら。

▶ **Do you know** whose eraser this is?
あなたはこれがだれの消しゴムか知っていますか。

❷ 〈疑問詞＋主語＋一般動詞〉

What does he like? 彼は何が好きですか。

3人称単数・現在形に

Do you know what he likes? あなたは彼が何が好きか知っていますか。
　　　　　疑問詞　　　主語 一般動詞

▶ **Do you know** where she lives?
あなたは彼女がどこに住んでいるか知っていますか。

❸ 〈疑問詞＋主語＋助動詞＋動詞〉

When will Eri come? エリはいつ来ますか。

I know when Eri will come. 私はエリがいつ来るのか知っています。
　　　　疑問詞　　主語 助動詞 動詞

▶ **I want to know** how long Amy will be here.
私はエイミーがここにどれくらいの間いるのか知りたい。

❹ **疑問詞が主語の場合**…〈疑問詞＋動詞〉の語順は変わらない。

Who lives here? だれがここに住んでいますか。

語順は変わらない

I can't say who lives here. 私はだれがここに住んでいるのか言えません。
　　　　　疑問詞 動詞

---

**くわしく**

**進行形の間接疑問文**

進行形の間接疑問は〈疑問詞＋主語＋be動詞＋ing形〉の語順になる。

・Do you know what Andy is doing now?
（あなたはアンディーが今, 何をしているか知っていますか。）

**ミス注意**

**do, does, did と動詞の形**

ふつうの疑問文で使う do, does, did は間接疑問文では使わない。

また, 動詞は3人称単数・現在形や過去形になることもある。

---

右側縦書き目次:

第**22**章　名詞を修飾する　句・節

第**23**章　関係代名詞

第**24**章　間接疑問・否定疑問文・付加疑問・

第**25**章　感嘆文

第**26**章　話法

第**27**章　仮定法

---

解答は p.490

**Practice**

（　　）内の疑問文を組み入れた間接疑問文をつくりなさい。

① Do you know ＿＿＿＿＿＿＿＿＿＿＿＿＿＿？ （ Who is that girl? ）

② I don't understand ＿＿＿＿＿＿＿＿＿＿. （ What do you mean? ）

③ Tell me ＿＿＿＿＿＿＿＿＿. （ What time is it? ）

④ I wonder ＿＿＿＿＿＿＿＿＿. （ Where did I leave my bag? ）

⑤ I'll ask her ＿＿＿＿＿＿＿＿. （ When will she go? ）

## ■ 時制の一致

● 主節の(助)動詞が**過去形**の場合は，原則として，名詞節である間接疑問の動詞や助動詞も**過去形**になります。これを，**時制の一致**といいます。

I don't know what this is . 私はこれが何か知りません。

is も過去形の was になる（時制の一致）

I didn't know what this was . 私はこれが何か知りませんでした。

▶ **I didn't know when he would come.** ※ would は will の過去形。

私は彼がいつ来るのか知りませんでした。

## ■ whether, if の間接疑問

● 疑問詞のない疑問文，つまり **Yes・No** で答えられる疑問文も間接疑問にすることができます。この場合は，「**～かどうか**」という意味を表す接続詞の **whether** か **if** を使います。

Does he ski? 彼はスキーをしますか。

3人称単数・現在形に

I don't know whether he skis (or not).

私は彼がスキーをするかどうか知りません。

▶ **Do you know if Roy will join us?** ※ if を使うときは or not はつけない。

あなたはロイが私たちに加わるかどうか知っていますか。

## ■ 疑問詞が文の最初に出る間接疑問

●「あれは何だと思いますか。」のような疑問文は，**Yes・No** ではなく「何」であると思うかを知りたいので，疑問詞を文の最初においてたずねます。**do you know** と **do you think** に続く間接疑問を比べてみましょう。

Do you know what that is? あれが何だか知っていますか。

▲この文には Yes・No で答えられる

What do you think that is? あれは何だと思いますか。

▲疑問詞で始まる問いには，Yes・No で答えられない

▶ **Where do you think she is from?**

あなたは彼女がどこの出身だと思いますか。

— I think she's from Korea. 韓国の出身だと思います。

▶ **Who do you think gets up the earliest in my family?**

あなたは私の家族でだれがいちばん早起きだと思いますか。

— I think you do. あなただと思います。

※上の文の who は，間接疑問の主語。

第24章
SECTION

# 2 付加疑問文

**「〜ですね」などと相手に確認するときは，2語の疑問形を文末につける。**

listen
132

否定の短縮形　主語(代名詞)

# It's really beautiful, isn't it?

ほんとうに美しいですね。

## 否定形の付加疑問文

　「〜ですね」のように，相手に確認したり，同意を求めたりするときには，**付加疑問文**を使います。2語の疑問形を使い，前にコンマ(,)を打ちます。

　上の文のように，**前の文が肯定文なら文末は否定形**になります。

❶ **一般動詞の文**…文末は，〈**〜, don't[doesn't, didn't]＋代名詞?**〉の形になります。

▶ **The children look happy, don't they?**
子どもたちは楽しそうですね。

❷ **助動詞の文**…文末は，〈**〜,「助動詞＋not」の短縮形＋代名詞?**〉の形になります。

**参考**

**付加疑問文の読み方**
単に念を押したり，同意を求めたりするときは文末を下げ調子に読む。
軽い質問で，Yes・Noの答えを期待するときは文末を上げ調子に読む。

**参考**

**right と OK**
right や OK も同じような意味で使うことがある。
・This is yours, right?
　（これはあなたのものですね。）

**くわしく**

**進行形や受け身の付加疑問文**
進行形も受け身も be 動詞を含む文なので，be 動詞の文と同じ形になる。
・He was studying, wasn't he?（彼は勉強していましたね。）

❸ 現在完了形…文末は,〈~, haven't[hasn't]＋ 代名詞?〉の形になります。

▶ You've already finished your homework, haven't you?
あなたはもう宿題を終えましたね。

## 肯定形の付加疑問文

前の文が**否定文**なら, 文末は**肯定形**になります。

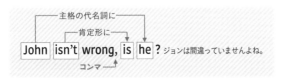

▶ You don't like carrots, do you?
あなたはニンジンが好きではありませんね。

▶ It won't rain tomorrow, will it?
明日, 雨は降りませんよね。

not 以外の否定語を含む文も, 文末は肯定形になります。

▶ Maki has never been abroad, has she?
マキは一度も海外へ行ったことがありませんね。

▶ You had nothing to eat, did you?
あなたは何も食べる物を持っていませんでしたね。

参考
**There is ~.の付加疑問文**
there を主語の代わりに使う。
・There is a park by your house, isn't there?
（あなたの家のそばに公園がありますね。）

参考
**命令文・Let's の付加疑問文**
命令文の付加疑問文は ~, will you? を, Let's ~. は ~, shall we? を使う。
・Go to the meeting for me, will you?（私の代わりに会合へ行ってくれますか。）
・Let's have a break, shall we?（休憩しましょうか。）

参考
**あいづち**
付加疑問文の文末の形はあいづちを打つときにも使われる。特に肯定形の do you? などが多い。
・I love dogs.
（私は犬が大好きです。）
 — Oh, do you?
（まあ, そうですか。）

よくある質問

**I am ~. の付加疑問文は どんな形になるのでしょうか。**

am not の短縮形がないので困りますが, aren't を代わりに使います。~, am I not? という言い方もありますが, 形式ばった表現で, 日常会話ではあまり使われません。
・I'm honest, **aren't I?** （私は正直でしょ。）
・I am the mayor of this city, **am I not?** （私がこの市の市長ではないのかね。）

第22章 名詞を修飾する 句・節

第23章 関係代名詞

第24章 間接疑問・付加疑問・否定疑問文

第25章 感嘆文

第26章 話法

第27章 仮定法

第24章
SECTION
**3**

# 否定疑問文

否定疑問文は，〈be 動詞［助動詞］＋ not〉の短縮形が主語の前にくる。

listen
133

## <u>Aren't</u> you on vacation?
## – No, I'm not.
## I'm studying here.

休暇で来ているのではないのですか。 ─ はい。ここで勉強中です。

## 否定疑問文とは

否定疑問文は「〜ではありませんか」などとたずねる文のことで，**否定の短縮形が主語の前**にきます。
確認や驚きなど，いろいろな意味で使われます。

❶ **確認（〜ではないですか？）**

▸ It's almost noon. Aren't you hungry?
そろそろお昼です。おなかはすいていませんか。

▸ It was so hot yesterday.
Isn't it much nicer today?
昨日はとても暑かったですね。今日ははるかに快適ではないですか。

❷ **驚き・怒り・非難**

▸ Don't you know him?
あなたは彼を知らないのですか。

▸ This is the library. Can't you be quiet?
ここは図書館ですよ。静かにできないのですか。

❸ **誘い・提案**

▸ Won't you have some more coffee?
コーヒーをもう少しいかがですか。

▸ Why don't you come with me?
私といっしょに来ませんか。

**くわしく**

**疑問詞で始まる否定疑問文**
否定疑問文の前に疑問詞がつくこともある。
・Why didn't you come to school yesterday?
（あなたは昨日なぜ学校に来なかったのですか。）
上の文は，学校に来なかった理由を相手にたずねているので，Why were you absent from school yesterday? とほぼ同じ意味である。

## ● 付加疑問・否定疑問文への答え方

英語の疑問文に対しては，**問いの形に関係なく，答えの内容が肯定なら Yes で，否定なら No で答える**のが原則です。

日本語の「はい」・「いいえ」と逆になることがあるので注意しましょう。

### 否定の付加疑問への応答

▸ **Ben is cool, isn't he?**　ベンはかっこいいですね。

— **Yes, he is.**　はい，かっこいいですね。

— **No, he isn't.**　いいえ，かっこよくありませんよ。

### 肯定の付加疑問への応答

▸ **Ellen didn't come to the party, did she?**

エレンはパーティーに来ませんでしたね。

— **Yes, she did.**　いいえ，来ました。

— **No, she didn't.**　はい，来ませんでした。

※英語では，× Yes, ～ didn't. や× No, ～ did. と言うことはできません。

### 否定疑問文への応答

▸ **Aren't you tired?**　あなたは疲れていないのですか。

— **Yes, I am.**　いいえ，疲れています。

— **No, I'm not.**　はい，疲れていません。

※命令文や **Let's ～.** の付加疑問への答え方は，付加疑問がついていない場合と同じです。

▸ **Open the window, will you?**　窓を開けてくれませんか。— **Sure.**　いいですよ。

▸ **Let's play tennis, shall we?**　テニスをしましょう。

— **No, let's not.**　いや，よしましょう。

---

**Practice**

解答は p.490

1〜5は付加疑問を，6，7は答えの文を完成しなさい。

1 Today is Maki's birthday, _____ _____ ?

2 Ms. Smith likes Japanese food, _____ ?

3 Your little sister can ski well, _____ _____ ?

4 You went to the stadium, _____ ?

5 Listen to me, _____ ?

6 You were on the baseball team last year, weren't you?

　　— _____ , I _____ .　（いいえ，入っていませんでした。）

7 Can't you practice soccer today?

　　— _____ , I _____ .　（いいえ，できます。）

文法

第22章 名詞を修飾する 句・節

第23章 関係代名詞

第24章 間接疑問・否定疑問文・付加疑問

第25章 感嘆文

第26章 話法

第27章 仮定法

よくある間違い

# Common Mistakes

次の英文は，英作文テストで生徒が書いた「誤った英文」の例です。
先生になったつもりで，誤りを見つけて正しい英文に直しましょう。

(1) 駅がどこにあるか教えていただけますか。

**Could you tell me where is the station?**

(2) あなたは彼が何歳だか知っていますか。

**Do you know how old is he?**

(3) 私は彼女がどこに住んでいるか知りません。

**I don't know where does she live.**

(4) マイクはあなたの写真を撮りましたよね。

**Mike took a picture of you, doesn't he?**

(5) あなたは忙しくありませんよね。— はい，忙しくありません。

**You're not busy, are you? — Yes, I'm not.**

(1) **正しい英文 ▶ Could you tell me where the station is?**

Could you tell me 〜? の文の中に組み込まれた間接疑問なので，〈疑問詞＋主語＋動詞〉の where the station is の語順になる。

(2) **正しい英文 ▶ Do you know how old he is?**

Do you know 〜? の文の中に組み込まれた間接疑問なので，〈how old ＋主語＋動詞〉の how old he is の語順になる。

(3) **正しい英文 ▶ I don't know where she lives.**

I don't know 〜. の文の中に組み込まれた間接疑問なので，〈疑問詞＋主語＋動詞〉の where she lives の語順になる。do や does は使わない。

(4) **正しい英文 ▶ Mike took a picture of you, didn't he?**

付加疑問。メインの文の動詞が took で過去形なので，付加疑問でも過去形の didn't を使う。

(5) **正しい英文 ▶ You're not busy, are you? — No, I'm not.**

英語では，否定の形で聞かれても，答え方は Are you busy? と聞かれたときと同じ。忙しければ Yes で，忙しくなければ No で答える。

# 完成問題 CHECK

解答 p.490

## 1 （　）内から適するものを選びなさい。

⑴ This is a pretty doll, ( is it / isn't it / isn't this )?

⑵ You got an e-mail from Kenji, ( did you / weren't you / didn't you )?

⑶ You don't eat raw eggs, ( do you / don't you / do they )?

⑷ I couldn't understand ( what he said / what did he say ).

## 2 （　）内の語句を正しく並べかえなさい。

⑴ *A:* Why were you so late?　　　　　　　　　　　　　　　【千葉県】

*B:* Because I didn't know ( I / take / bus / which / should ).

Because I didn't know ＿＿＿＿＿＿＿＿＿＿＿＿＿＿＿＿＿＿.

⑵ *Nick:* ( is / know / how much / do you /  this *tenugui*) ?　【静岡県】

*Yuta:* Let's see ... look, it's 800 yen.

＿＿＿＿＿＿＿＿＿＿＿＿＿＿＿＿＿＿＿＿＿＿＿＿＿＿＿ ?

## 3 次の会話文が成り立つように，＿＿に適する語を入れなさい。

⑴ *A :* Didn't you call Yukari last night?

*B :* ＿＿＿＿＿＿, I ＿＿＿＿＿＿.  I'll call her today.

⑵ *A :* Your parents aren't home, are they?

*B :* ＿＿＿＿＿＿, they ＿＿＿＿＿＿.  They're out now.

## 4 次の日本文を英語に直しなさい。

私はトムがどんな種類の音楽が好きか知っています。

＿＿＿＿＿＿＿＿＿＿＿＿＿＿＿＿＿＿＿＿＿＿＿＿＿＿＿＿＿＿＿＿

# 感嘆文

この章では「なんて美しいのでしょう！」
のように感動や驚きを表すときに使う
特別な文型，感嘆文の形を学びます。

➡ How beautiful!
➡ What a beautiful flower!

**What a beautiful picture!**
なんて美しい写真でしょう！

第25章

SECTION

# 1 感嘆文

How や What で始まり，感嘆符（！）で終わる形の文。

listen
134

## What a beautiful picture!

なんて美しい写真でしょう！

## 感嘆文

「なんて〜なのでしょう」のように**感嘆**の気持ちや，驚き，喜び，悲しみなどの**感情**を表す文を感嘆文といいます。

感嘆文は，**How** で始まるものと **What** で始まるものの2種類があります。また，どちらも文の終わりには感嘆符（！）がつきます。

## How 〜！の感嘆文

How を使った感嘆文は，〈**How＋形容詞［副詞］＋主語＋動詞！**〉の形で，「なんて〜なのでしょう」という驚きなどの気持ちを表します。

この How は，**形容詞［副詞］**の意味を強調しています。

> **This dog is very cute .** この犬はとてもかわいい。
> 〈very＋形容詞〉
> **How cute this dog is !** この犬はなんてかわいいのでしょう。
> 〈How＋形容詞〉 〈主語＋動詞〉 感嘆符

感嘆文の動詞部分は，一般動詞や進行形などいろいろな形になります。また，現在，過去，未来のいずれにもなります。

### ミス注意

**疑問文と感嘆文のちがい**
感嘆文は，疑問文と同じように疑問詞 how で始まるが，疑問詞のあとの主語と動詞の語順が異なる。
〈疑問文〉
→〈動詞＋主語〉？
・How tall is he?
（彼の身長はどのくらいですか。）
〈感嘆文〉
→〈主語＋動詞〉！
・How tall he is!
（彼はなんて背が高いのでしょう。）

また，感嘆文では〈主語＋動詞〉が**省略**されることがよくあります。

▶ **How beautiful（it is）!**
なんてきれいなのでしょう。→まあ，きれいなこと！

▶ **How exciting（the game is）!**
なんてわくわくする（試合な）のでしょう。

## What 〜! の感嘆文

「なんて〜なのでしょう」のように形容詞か副詞を強調するときには how を使いますが，「なんて〜な…なのでしょう」のように，〈**形容詞＋名詞**〉を強調するときには what を使います。

▶ **How beautiful!**
なんて美しいのだろう。

▶ **What a beautiful flower!**
なんて美しい花なのだろう。

What を使った感嘆文は，〈**What（a / an）＋形容詞＋名詞（＋主語＋動詞）!**〉の形になります。

**You are** a very kind boy . あなたはとても親切な少年です。
〈a＋very＋形容詞＋名詞〉
**What a kind boy** you are ! あなたはなんて親切な少年なのでしょう。
〈What＋a＋形容詞＋名詞〉〈主語＋動詞〉←感嘆符

a は，母音で始まる語の前なら an を使い，複数形や数えられない名詞の場合はつけません。
〈主語＋動詞〉はしばしば**省略**されます。

▶ **What a good idea!** なんてすばらしい考えなのでしょう。

▶ **What an old computer you have!**
あなたはなんて古いコンピューターを持っているのでしょう。

▶ **What a big hamburger you're eating!**
あなたはなんて大きいハンバーガーを食べているのでしょう。

---

参照 p.123
**how を使った疑問文**
・How do you get to school?
（あなたはどうやって学校へ行きますか。）
・How old is he?
（彼は何歳ですか。）
・How many CDs do you have?
（あなたは CD を何枚持っていますか。）

**くわしく**

**前置詞で終わる感嘆文**
次のように〈形容詞＋名詞〉が前置詞の目的語になる場合は，前置詞が文末にくる。
・What a big house you live in!
（あなたはなんて大きな家に住んでいるのでしょう。）

参照 p.378
**a, an の使い分け**

参照 p.374
**数えられない名詞**

**くわしく**

**形容詞がない形**
What 〜! の感嘆文で，形容詞が入らない場合もある。
・What a surprise!
（びっくりしたなあ！）

---

第22章 名詞を修飾する句・節

第23章 関係代名詞

第24章 間接疑問・否定疑問文・付加疑問

**第25章 感嘆文**

第26章 話法

第27章 仮定法

# 完成問題 CHECK　　解答 p.491

## 1　（　）内から適するものを選びなさい。

(1) ( How / What ) kind that girl is!

(2) What a big tree ( is that / that is )!

(3) What ( a / an ) interesting story!

## 2　日本文に合う英文になるように，＿＿＿に適する語を入れなさい。

(1) 彼はなんて高価なカメラを持っているのだろう。

＿＿＿＿＿＿＿ ＿＿＿＿＿＿ expensive camera he has!

(2) 彼はなんて幸福そうなのでしょう。

＿＿＿＿＿＿ happy ＿＿＿＿＿＿ ＿＿＿＿＿!

## 3　（　）内の語を正しく並べかえなさい。

(1) ( singer / a / what / good ) she is!

＿＿＿＿＿＿＿＿＿＿＿＿＿＿＿＿＿＿＿＿＿＿＿ she is!

(2) ( lucky / is / how / he )!

＿＿＿＿＿＿＿＿＿＿＿＿＿＿＿＿＿＿＿＿＿＿＿

(3) ( park / a / what / large )!

＿＿＿＿＿＿＿＿＿＿＿＿＿＿＿＿＿＿＿＿＿＿＿

## 4　次の日本文を英語に直しなさい。

(1) 彼はなんてじょうずに英語を話すのでしょう。

＿＿＿＿＿＿＿＿＿＿＿＿＿＿＿＿＿＿＿＿＿＿＿

(2) なんて暑い日なのだろう。

＿＿＿＿＿＿＿＿＿＿＿＿＿＿＿＿＿＿＿＿＿＿＿

第26章

# 話法

「彼は〜と言いました」のように，
人が言ったことや考えたことを
別の人に伝えるときの伝え方を
話法といいます。
この章では2種類の伝え方を整理しながら
それぞれの注意点について学びます。

この章で学ぶ表現

➡ He said he was 〜.
➡ He said, "I am 〜."

## "I'm happy," he said to me.

ぼくは幸せだ。

と彼は私に言いました。

## He told me that he was happy.

彼は幸せだと
私に言いました。

しあわせ〜

# 話法

話法には，直接話法と間接話法の2種類がある。

listen
135

## "I'm happy," he said to me.

「私は幸せです」と彼は私に言いました。

## He told me that he was happy.

彼は幸せだと私に言いました。

## 直接話法と間接話法

　話法とは，人が述べた言葉[発言]をほかの人に伝える方法のことで，2つの形があります。

　1つは，人の発言に手を加えずに引用符(" ")で囲んでそのまま直接伝える形で，これを**直接話法**と呼びます。もう1つは，人の発言を伝える人の立場から言いかえて間接的に伝える形で，これを**間接話法**と呼びます。

　例えば，ケンが「ぼくは今日，忙しい」と発言したことを，数日後に伝えるとき，2つの話法で表すとこのようになります。

> 直接話法 → "I'm busy," said Ken.
> 　　　　　　　　　　ケンは「ぼくは忙しい」と言いました。
> 　　　　　　Ken said, "I'm busy."

> 間接話法 → Ken said (that) he was busy.
> 　　　　　　　　　　　　ケンは忙しいと言いました。

　間接話法は伝える人の視点で発言を言いかえるので，I'm が he was となります。同じ内容でも，「**だれの立場で，どの時点で伝えるか**」というちがいから，主語の人称や動詞などが変化します。

**くわしく**

**発言の書き方**
「ケンは『ぼくは忙しい』と言いました」は，Ken said (ケンは言った)を先に言う場合は，そのあとにコンマ( , )を打って，そのあとに引用符(" ")で囲んで発言を書く。最後のピリオドは，引用符の内側に打つ。
・Ken said, "I'm busy."
イギリス英語の場合は，引用符が点が1つのもの(' ')を使い，最後のピリオドは引用符の外側に打つ。
・Ken said, 'I'm busy'.

## 話法の転換

　直接話法から間接話法に変える際には，①主節の動詞，②代名詞，③時制の変化に注意が必要です。

❶ **動詞**…直接話法で〈**say to＋人**〉の場合は〈**tell＋人**〉に変えます。

> ▶ " It's hot," he said to me.
> → He **told** me (that) it was hot.
> （彼は私に暑いと言いました。）

❷ **代名詞**…伝える人の立場に立って変化します。

> ▶ He said, " I'm hungry."
> → He said (that) **he** was hungry.
> （彼は空腹だと言いました。）

❸ **時制**…主節の動詞が過去形のときは，that 節の動詞の時制もふつう過去形にします（時制の一致）。

> ▶ Lisa said, "I like to sing."
> → Lisa said she **liked** to sing.
> リサは歌うことが好きだと言いました。

> ▶ Bob said, "I'm not sleeping."
> → Bob said he **wasn't** sleeping.
> ボブは，自分は眠っていないと言いました。

## 疑問文

　疑問文の場合，間接話法の動詞はふつう ask を使います。疑問詞つきの疑問文の場合，〈**ask＋人＋疑問詞＋主語＋動詞～**〉の形にします。

> ▶ **"What do you want?" Miki asked him.**
> → **Miki asked him what he wanted.**
> ミキは彼に何がほしいかをたずねました。

　疑問詞がつかない疑問文の場合は，接続詞 if か whether を使います。

> ▶ **"Do you know her?" Ken asked me.**
> → **Ken asked me if I knew her.**
> ケンは私に彼女を知っているかたずねました。

---

**参照** ▶p.348
**時制の一致**
主節の動詞が過去形のとき，従属節の動詞も過去形（または過去完了形）にする。

**くわしく**

**that 節の助動詞の変化**
・He said, "I can swim fast." → He said that he could swim fast.（彼は速く泳げると言いました。）
＊ must など，過去形がないものはそのまま使う。
・He said, "I must go home." → He said that he must go home.（彼は家に帰らなければならないと言いました。）

**ミス注意**

**do[does, did]は使わない**
間接話法では，疑問文で使われていた助動詞 do[does, did]は使わないので注意。
× Miki asked him what did he want.

**参考**

**命令文**
命令文を間接話法で表すときはふつう〈tell ＋人＋ to ＋動詞の原形〉を使う。
・"Stand up," Mr. Jones said to us.
→ Mr. Jones told us to stand up.（ジョーンズ先生は私たちに立つように言いました。）

第22章 名詞を修飾する 句・節

第23章 関係代名詞

第24章 間接疑問・否定疑問文・付加疑問

第25章 感嘆文

第26章 話法

第27章 仮定法

# 完成問題 ✓CHECK

解答 p.491

**1** 日本文に合うように，（　）内から適するものを選びなさい。

(1) トムは私に「あなたは疲れているようだね」と言いました。

"You ( look / looked ) tired," Tom ( says / said ) to me.

(2) ミドリは彼にあとで電話をするように頼みました。

Midori ( said / asked ) him ( called / to call ) her later.

(3) アンディーはその翌日は忙しいと言いました。

Andy ( said / told ) that he ( will / would ) be busy the next day.

**2** 話法を転換したとき，各組の文がほぼ同じ内容を表すように，＿＿に適する語
を入れなさい。

(1) "I'm going to visit Kobe next month," Bob said to me.

Bob _____ me that _____ _____ going to visit
Kobe the next month.

(2) Meg said, "I don't want to practice the piano today."

Meg said that _____ _____ want to practice the piano
that day.

(3) "Do you like this song?" Koji said to her.

Koji _____ her _____ _____ liked this song.

(4) She said to me, "What time is it?"

She _____ me what time _____ _____.

(5) "Be quiet," Mr. Suzuki said to them.

Mr. Suzuki _____ them _____ _____ quiet.

(6) "Will you bring me some water?" Lisa said to me.

Lisa _____ me _____ _____ _____ some
water.

# 第27章

# 仮定法

現実にはありえないことを
表すときに使うのが仮定法です。
この章では,「〜だったらいいのに」
「もし〜だったら…なのに」
のような言い方を学びます。

**I wish I could go with you.**
私もあなたといっしょに行けたらいいのに。

第27章 SECTION 1

# 仮定法過去

現在の事実とはちがうことを表すときに使う。

listen
136

## I wish I **could** go with you.

私もあなたといっしょに行けたらいいのに。

## 仮定法とは

　仮定法とは，**現実にはありえないこと**を表すときの言い方です。現在のことは**過去形**で言い，過去のことは**過去完了形**で言うのが仮定法です。

## 仮定法過去

　「もし（今）〜なら，…だろう」のように，**現在の事実とは反する仮定**や，**ありえないと思うこと**を言うときには，現在形の代わりに過去形を使います。これを**仮定法過去**といい，ふつう次のような形になります。

| If | 主語 | 過去形 | 〜, | 主語 | would<br>could<br>might | 動詞の<br>原形 | 〜. |
|----|------|--------|-----|------|-------------------------|----------------|-----|

　過去形を使っていても，過去の内容を表しているわけではありません。

▸ **If** you **went** there, you **could get** the CD.
　あなたがもしそこに行けば，その CD が買えるのに。

▸ **If** I **had** time, I **would go** with you.
　もし時間があれば，あなたといっしょに行くのですが。

▸ **If** I **were** you, I **wouldn't say** that.
　もし私があなただったら，そんなことは言わないでしょう。

**参考**

**仮定法と直説法**
事実とは異なることを仮定して述べる動詞の形を仮定法というのに対し，話し手が事実としてそのまま述べる動詞の形を直説法という。

**くわしく**

**If I were 〜.**
仮定法過去の文では，be 動詞は主語が何であってもwere を使うのが基本だが，主語が I または 3 人称単数のときは was も使われる。

**くわしく**

**If 〜の省略**
話し言葉では，If 〜の部分を省略し，would や could など助動詞の過去形だけで仮定を表すことも多い。
・I wouldn't say that.
　私だったらそんなことは言わないでしょう。

# I wish ～

〈**I wish＋主語＋過去形～.**〉は仮定法で，現在実現できない願望を表し，「**～であればいいのに**」という意味を表します。

▶ **I wish I were a little taller.**
私の背がもう少し高ければいいのに。

# as if ～

〈**as if＋主語＋過去形～**〉は仮定法で，「**まるで～のように**」の意味です。**as though** ～もほぼ同じ意味を表します。

▶ **Ben talks as if he knew everything.**
＝ **Ben talks as though he knew everything.**
ベンはまるで何でも知っているかのように話します。

## いろいろな仮定法

Without ～ と But for ～ は「もし～がなかったら」の意味で，仮定法の文の if の節の代わりをすることがあります。

If it were not for ～ も「もし～がなかったら」の意味を表します。

▶ **Without water, we could not live.**
＝ **If it were not for water, we could not live.**
＝ **But for water, we could not live.**
水がなければ，私たちは生きられません。

If only ～ は「～でありさえすれば」という意味を表します。

▶ **If only I had more time!**
もっと時間がありさえすればいいのですが！

**参考**

**実現可能なことは hope**
実現可能だと思っている願望は I hope (that) ～. で表す。
・I hope (that) he passes the test.（私は彼が合格することを望んでいます。）

**くわしく**

**as if[though]に続く動詞の形**
主節（左の例文では Ben talks）と同じ時を表すときは過去形を使い，主節よりも前の時を表すときは過去完了形を使う。(p.366)

**参考**

**Without ～**
Without ～ の例文は，if を使ってほぼ同じ内容を表すことができる。
・If there were no water, we could not live.（もし水がなかったら，私たちは生きられません。）
But for ～ は形式ばった言い方。

**くわしく**

**would だけの仮定法**
条件を表す if ～ などの節がなくても，〈主語＋would〉だけの仮定法も使われる。
・A kind person would not do that.（親切な人なら（＝もし親切な人だったとしたら），そんなことはしないでしょう。）

# 仮定法過去完了

過去の事実とはちがうことを表すときに使う。

listen
137

## If I hadn't come to Japan, I wouldn't have met her.

もし私が日本に来ていなかったら，私は彼女に会っていなかったでしょう。

「もし（あのとき）〜だったら，…だっただろう」のように，**過去の事実とは反する仮定**や，**ありえなかったと思うこと**を言うときには，過去形のかわりに過去完了形を使います。これを**仮定法過去完了**といい，ふつう次のような形になります。

参照 ▶ p.302
過去完了形は，過去のある時点よりさらに前のことを述べるときなどに使う。

| If | 主語 | had | 過去分詞 | 〜, | 主語 | would<br>could<br>might | have | 過去分詞 | 〜. |

**仮定法過去** ➡ If you practiced hard, you could win first prize.
┗━ 動詞の過去形　　　　　┗〈助動詞の過去形＋動詞の原形〉
もし熱心に練習すれば，あなたは優勝できるだろうに。

**仮定法過去完了** ➡ If you had practiced hard, you could have won first prize.
┗━ 過去完了形　　　　　┗〈助動詞の過去形＋have＋過去分詞〉
もし熱心に練習していたら，あなたは優勝できただろうに。

▶ If you had come, she would have been happy.
もしあなたが来ていたら，彼女は喜んだだろうに。

▶ If I had had a car, I would have picked you up.
もし車を持っていたら，あなたを迎えに行ったのですが。

I wish 〜 などの文でも仮定法過去完了が使われます。「〜であったらよかったのに」という意味です。

▶ I wish I had studied harder.
もっと熱心に勉強しておけばよかった。

### くわしく

**should have 〜**
〈should have ＋ 過去分詞〉は「〜すべきだった（が，しなかった）」の意味。過去のことに対する後悔を表すときによく使われる。
・I should have studied harder.
（もっと熱心に勉強しておけばよかった。）

第22章 名詞を修飾する 句・節

第23章 関係代名詞

第24章 間接疑問文・否定疑問・付加疑問

第25章 感嘆文

第26章 話法

第27章 仮定法

# Common Mistakes

よくある間違い

次の英文は，英作文テストで生徒が書いた「誤った英文」の例です。
先生になったつもりで，誤りを見つけて正しい英文に直しましょう。

(1) 私が男の子ならいいのに。

**I wish I am a boy.**

(2) もし私があなただったら，そんなことは言わないでしょう。

**I wouldn't say that if I am you.**

(3) もし弟がいたら，いっしょにサッカーをするでしょう。

**If I have a brother, I will play soccer with him.**

(4) 試合に負けた。もっと熱心に練習しておけばよかった。

**I lost the game. I wish I practice harder.**

(5) もし一生懸命勉強していたら，試験に受かったのに。

**If I study hard, I could pass the exam.**

(1) **正しい英文** ▶ I wish I were[was] a boy.
現実にはありえないことを言っているので，I wish 〜. の仮定法を使います。
現在のことなので仮定法過去で表し，be 動詞は were か was を使います。

(2) **正しい英文** ▶ I wouldn't say that if I were[was] you.
現実にはありえないことを仮定しているので，仮定法を使います。現在のこと
なので仮定法過去で表し，be 動詞は were か was を使います。

(3) **正しい英文** ▶ If I had a brother, I would play soccer with him.
現実にはありえないことを仮定しているので，仮定法を使います。現在のこと
なので仮定法過去で表し，動詞 have を過去形にします。will は would にしま
す。

(4) **正しい英文** ▶ I lost the game. I wish I had practiced harder.
現実とは反することを仮定しているので，仮定法を使います。過去のことなの
で仮定法過去完了で表し，practice を had practiced にします。

(5) **正しい英文** ▶ If I had studied hard, I could have passed the exam.
現実とは反することを仮定しているので，仮定法を使います。過去のことなの
で仮定法過去完了で表し，study を had studied にします。could pass は
could have passed にします。

# 完成問題 ✓CHECK ▶解答 p.491

## 1 （　）内から適するものを選びなさい。

(1) If Judy ( know / knows / knew ) my problem, she would help me.

(2) We can go camping if ( it will be / it's / it was ) sunny tomorrow.

(3) If I had worked harder, I might ( succeeded / have succeeded / had succeeded ).

(4) Mr. Smith lives as if he ( did / were / been ) a millionaire.

(5) ( Without / With / For ) her help, I would fail my exams.

## 2 日本文に合う英文になるように，＿＿＿に適する語を入れなさい。

(1) もっと熱心にテニスを練習しておけばよかったなあ。

I ＿＿＿＿＿＿ I ＿＿＿＿＿＿ ＿＿＿＿＿＿ tennis harder.

(2) もしもっとお金があれば，新しいコンピューターが買えるのですが。

If I ＿＿＿＿＿＿ more money, I ＿＿＿＿＿＿ ＿＿＿＿＿＿ a new computer.

(3) あなたがもっと注意深かったなら，その事故は起こらなかったでしょう。

If ＿＿＿＿＿＿ ＿＿＿＿＿＿ ＿＿＿＿＿＿ more careful, the accident wouldn't have happened.

(4) もし空気がなければ，私たちは生きられません。

If ＿＿＿＿＿＿ ＿＿＿＿＿＿ ＿＿＿＿＿＿ ＿＿＿＿＿＿ air, we could not live.

## 3 次の日本文を英語に直しなさい。

(1) もし私がそこにいれば，あなたのお手伝いができるのですが。

_____

(2) もし彼女のアドレスを知っていたら，彼女にメールを送っていたのですが。

_____

# 英語の
# 使い分け編

上級者向け

# 英語の使い分け

some English books と any English books は
どちらも「何冊かの英語の本」という意味を表しますが，
使い方が異なります。
ここでは，このような使い分けに注意が必要な文法や単語を，
品詞ごとに整理しながら学びます。

ここで学ぶ主な内容
→ 名詞の形の使い分け
→ some と any の使い分け
→ 「〜の間」の使い分け
→ go と come の使い分け
→ 現在形と現在進行形

Alex plays basketball every day.

Alex is playing basketball right now.

# 名詞の形の使い分け

英語では，冠詞や単数形・複数形などを使い分ける。

---

❶ **I have a cat.**　　私はねこを（1匹）飼っています。

❷ **The cat is very smart.**　そのねこはとても賢いです。

❸ **I really like cats.**　　私はほんとうにねこが好きです。

---

　「ねこ」「りんご」「本」…のように物や人の名前を表す言葉を**名詞**といいます。英語の名詞には，日本語の名詞とちがう点があります。

　日本語では，たとえば「ねこ」はいつでも「ねこ」という形ですが，英語では形を使い分ける必要があります。

> **日本語**「私は ねこ を飼っています。」　**英語** ×I have ~~cat~~.
> ↕「ねこ」のままでOK　　　　　　　　　　　　↑catのままではだめ
> 「私は ねこ が好きです。」　　　　　　　×I like ~~cat~~.

　上の2つの英文はどちらも間違いです。それは，名詞の「形」を正しく使っていないからです。

　英語では，どんな「ねこ」を表すかに応じて，a をつけたり，the をつけたり，cat を cats にしたり……と，いろいろな形を使い分ける必要があります。

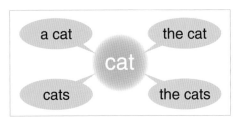

❶ **a cat** の **a** と，❷ **the cat** の **the** は**冠詞**といいます。英語では，このように名詞に冠詞をつけることがあります（➡p.376 ～ 379）。

❸ **cats** は cat の**複数形**という形です。名詞によっては，s をつけるだけで複数形になるものもあれば，そうでないものもあります（➡p.373）。

# 単数形と複数形

名詞が「2つ[2人]以上」のときは複数形にする。

❶ **Mr. Jones has a <u>son</u> and two <u>daughters</u>.**

ジョーンズ先生には息子が1人と娘が2人います。

❷ **<u>Smartphones</u> are useful.**

スマートフォンは便利です。

日本語では「1匹のねこ」も「2匹のねこ」も「ねこ」は同じ形ですが、英語では、2匹になると a cat → two cats のように名詞の cat が cats という形になります。

cat の形を**単数形**、cats の形を**複数形**といいます(複数形の作り方は ➡p.458)。

a cat (単数形)

two cats (複数形)

❶ 息子は1人なので**単数形**の son，娘は2人いるので**複数形**の daughters が使われています。名詞が2つ[2人]以上のときは複数形にします。

▶ There are **35 students** in our class.

私たちのクラスには 35 人の生徒がいます。

❷ の文は「スマートフォン(というもの)は便利だ」という意味を表しています。このように種類全体をまとめてさすときにも複数形を使います。

▶ I like **apples**.

私はりんごが好きです。

> likeのあとの数えられる名詞は複数形に

▶ **Koalas** usually don't drink water.

コアラはふつう水を飲みません。

● **a lot of / many**(たくさんの)，**some**(いくつかの)，**a few**(少数の)のように，数の多少を表す語句のあとでも複数形を使います。

▶ Emma has a lot of **books**. エマはたくさんの本を持っています。

● **people**(人々)のように，s をつけなくても複数の意味を表す名詞もあります。

▶ There are **20 people** in the room. 部屋には 20 人の人々がいます。

第1章

SECTION
3

# 数えられない名詞

**数えられない名詞にはaをつけず，複数形にしない。**

---

❶ **Can I have a glass of water?**
水を1杯もらってもいい？

❷ **Mr. Taylor has a lot of money.**
テイラーさんはたくさんのお金を持っています。

---

cat（ねこ）のような名詞は，a cat, two cats …のように数えることができます（**可算名詞**）。しかし，Japan（日本）のように**もともと１つしかないもの**や，water（水）のような**液体など**は数を数えることができません。

このように「１つ，２つ…」と**数えられない名詞（不可算名詞）**には，「１つの」を表す冠詞である a はつけません。また，複数形にもしません。

● **数えられない名詞の例**

| 地名・人名などの固有名詞 | ○Japan<br>×a Japan<br>×Japans | Japan（日本）<br>Mt. Fuji（富士山）<br>Sakura High School（さくら高校） | Tom（トム）<br>Ueno Station（上野駅） |
|---|---|---|---|
| 言語，教科，スポーツ名など | ○music<br>×a music<br>×musics | Japanese（日本語）<br>math（数学）<br>history（歴史）<br>baseball（野球） | English（英語）<br>science（理科）<br>music（音楽）<br>tennis（テニス） |
| 液体や素材・材料などを表すもの（物質名詞） | ○water<br>○some water<br>×a water<br>×some waters | water（水）<br>tea（お茶）<br>meat（肉）<br>paper（紙）<br>rain（雨） | milk（牛乳）<br>coffee（コーヒー）<br>beef（牛肉）<br>wood（木材）<br>snow（雪） |
| その他「1つ，2つ…」と数えず，それ全体としてとらえるもの | ○money<br>○some money<br>×a money<br>×some moneys | money（金）<br>work（仕事）<br>information（情報）<br>advice（アドバイス）<br>baggage（手荷物〔類〕） | time（時間）<br>homework（宿題）<br>news（ニュース）<br>fun（楽しいこと）<br>furniture（家具〔類〕） |

❶ **water**（水），**tea**（お茶）などの液体や，**paper**
（紙），**wood**（木材）などの素材・材料などを表す
名詞は「1つ，2つ…」と数えられないので，a
をつけず，複数形にしません。

このような名詞の量を具体的に言うときは，容器
などの単位を使って表します。

▸ **a glass of water**　　コップ1杯の水
　→ **two glasses of water**　　コップ2杯の水
▸ **a cup of tea**　　カップ1杯の紅茶
▸ **a bottle of milk**　　びん1本の牛乳
▸ **a slice of pizza**　　1切れのピザ
▸ **a piece of paper**　　1枚の紙

a paperとは
言わないので
注意！

❷ **money**（お金），**time**（時間），**homework**（宿題）
なども，英語では「1つ，2つ…」と数えないので，
a をつけず，複数形にしません。

▸ **a lot of money**（×**moneys**）　たくさんのお金
▸ **I don't have time.**
私には時間がありません。
▸ **I have a lot of homework today.**
今日はたくさんの宿題があります。

● 数えられない名詞でも，表す意味によって数えら
れる名詞になるものもあります。

▸ **three times a week**　週に3回
▸ **Picasso's works**　ピカソの作品

Questions
?

よくある質問

店でTwo coffees, please.と言うのは
正しいのですか。

　注文の場面に限っては，間違いではありません。液体は数えられない名詞なので，本来はs
をつけず，**two cups of coffee**のように容器を単位にして量を表します。しかし店で注文する
場合は，コーヒーを（当然容器に入った状態の）1つの「商品」と考えて，**a**をつけたり，複
数形にしたりすることがあります。

# 4 aとtheの使い分け

aは「不特定の1つ」。theはどれを指すかわかっているときに使う。

---

❶ **I have a cat. The cat is cute.**

私は1匹のねこを飼っています。そのねこはかわいいです。

❷ **Please open the door.**

ドアを開けてください。

---

❶ **a[an]** は「**(ある)1つの**」の意味で，数えられる名詞の単数形の前につけます。

**the** は「**(あなたもどれなのかわかっている)その**」のような意味で，話している人どうしで「**どれのことを言っているのか**」**1つに決まっているとき**，名詞の前につけます。

**用語解説**

**不定冠詞と定冠詞**

a, anは名詞を特定しないので不定冠詞といい，theは名詞が特定のものであることを表すので定冠詞という。

*I like cats.*

世界中のありとあらゆるねこたち(不特定)

「私はねこ(というもの)が好きです。」

*I have a cat.*

世界中のねこのうちのどれか1匹(不特定)

「私は(ある1匹の)ねこを飼っています。」

*The cat is cute.*

今言った，話し手の飼っているねこ(特定)

「(私の飼っている)そのねこはかわいい。」

❷ 一度話の中に出てきたものだけでなく，状況からお互いに「どれのことを言っているのか」1つに決まっている場合にも the を使います。

*Please open the door.*

ああ，そのドアね。

目の前のそのドアに決まっている

「ドアを開けてください。」

*Mom is in the kitchen.*

ウチの台所だね。

自分の家の台所に決まっている

「お母さんは台所にいるよ。」

*I go to the library on Mondays.*

ああ，あの図書館ね。

いつも行くあの図書館に決まっている

「ぼくは毎週月曜日に図書館に行くんだ。」

● もともと１つしかないものも、「どれなのか」は当然１つに決まっているので the を使います。

▸ **The sun rises in the east.**

太陽は東からのぼります。

→「太陽」は１つしかない。

▸ **Do you know the name of this flower?**

この花の名前を知っていますか。

→「この花の名前」は１つしかない。

▸ **When does the first train leave?**

始発電車はいつ出発しますか。

→「１番目の電車」は１つしかない。

▸ **Emi is the tallest girl in our class.**

エミは私たちのクラスでいちばん背の高い女の子です。

→「クラスでいちばん背の高い女の子」は１人しかいない。

● どれかに特定せずに、「**いくつかある中の（どれでも）１つ**」と言うときは a を使います。

▸ **I want a new bike.**

〈あらゆる新しい自転車の中の、どれでも１台の〉新しい自転車がほしい。

→ **the new bike** とすると、今までに話に出てきて、聞き手もどれなのかわかっている「例の新しい自転車」がほしい、という意味になる。

▸ **Yumi is a student going to Sakura Junior High School.**

ユミはさくら中学に通っている〈何人もいる生徒の中の、ある１人の〉生徒です。

→ **the student** とすると、今までに「さくら中学のある生徒」を話題にしていて、「ユミがその〈例の〉生徒です」という意味になる。

---

**くわしく**

**theのいろいろな使い方**

「（楽器を）演奏する」と言うとき、楽器名にふつうtheをつける。

・play the piano
（ピアノを弾く）

〈the＋形容詞〉で「～の人々」の意味を表すことがある。

・the rich（金持ちの人々）
・the young（若者たち）

参照 p.378

発音が母音で始まる語の前では a の代わりにanを使う。

**用語解説**

**限定詞**

英語の名詞の前につける次の語をまとめて限定詞または決定詞と呼ぶことがある。このグループの語は２つ続けて使うことができないため、×a my book や ×this your cat などとは言えない。

・冠詞 … a, an, the
・指示代名詞 … this, that, these, those など
・「～の」を表す代名詞や名詞の所有格 … my, your, his, Ken's など
・数や量を表す語句 … one, two, three, some, no など

---

第1章 名詞と冠詞

第2章 代名詞・形容詞・副詞

第3章 前置詞・接続詞

第4章 動詞・助動詞

# 第一章

## SECTION 5 aとanの使い分け

あとにくる語の発音が母音で始まるときはanを使う。

---

❶ **Aya bought a tomato at a grocery store.**
アヤは食料品店でトマトを1つ買いました。

❷ **She forgot to buy an onion.**
彼女はたまねぎを買い忘れました。

---

❶ a は「**(ある不特定の)1つの**」という意味で，数えられる名詞の単数形の前につけます。

▷ **I have a dog.** 私は犬を飼っています。

▷ **My mother bought a new car.**
私の母は新しい車を買いました。

❷ あとにくる語の発音が**母音**(a, i, u, e, o に近い音)から始まるときは，a の代わりに **an** を使います。

▷ **He picked an apple from the tree.**
彼は木からりんごを1つもぎ取りました。

▷ **Sarah found an old watch in the box.**
サラはその箱の中に古い時計を見つけました。

● a と an のどちらを使うかは，あとにくる語の**発音**で決まります。つづりが a, i, u, e, o 以外の文字から始まっていても，**発音が母音から始まる単語には an** がつきます。

▷ **We played tennis for an hour.**
私たちは1時間テニスをしました。

▷ **Alex is an honest man.**
アレックスは正直な男性です。

▷ **My father bought an LED light bulb.**
父はLED電球を買いました。

**参考**

**anを使う理由**
a は弱い母音のみの語なので，a のすぐあとにほかの母音が続くと発音しにくいため。

> あとの形容詞 old が母音で始まる

> h で始まっていても，発音は母音で始まる

**ミス注意**

**略語の冠詞**
a/anは読み方で使い分ける。
・an LED [éli:di:] (母音始まり)
・a UFO [jù:efóu] (子音始まり)

第1章
SECTION

# 6 冠詞の有無の使い分け

**数えられる名詞でもaもtheもつけないことがある。**

❶ **Aya goes to school by bus.**
アヤはバスで学校に行きます。

❷ **She watches TV every day.**
彼女は毎日テレビを見ます。

　数えられる名詞の単数形には冠詞(a, an または the)をつけますが，その名詞の**本来の目的**を表す場合など，特別に a や the をつけないこともあります。

● 「登校する」という意味のときは，school に a も the もつけません。
▸ **I usually walk to school.**
　私はふだん歩いて学校に行きます。

● by で交通手段を表す場合，乗り物の名前には a も the もつけません。
▸ **by bus** バスで
▸ **by train** 電車で

● (特に限定しない，いつもの)「朝食」「昼食」「夕食」には a も the もつけません。
▸ **have breakfast** 朝食を食べる
▸ **after lunch** 昼食後に

● (「テレビ番組」をさすときの)テレビには a も the もつけません。
▸ **watch TV** テレビを見る
▸ **on TV** テレビで

### くわしく

**aもtheもつけないもの**

ほかに次の場合も a や the はつけないで使われる。
・「通勤する・職場に行く」という意味でのwork
go to work（通勤する）
・「自分の家」という意味でのhome
at home（家で）
・「寝る場所」という意味でのbed
go to bed（寝る）
in bed（〈ベッドで〉寝ている）

### 発展

**a や the をつける場合**

schoolなどを建物として考える場合や，lunchなどに形容詞がつく場合，TV を物として考える場合には a や the をつける。
・There is a big school near my house.（私の家の近くに大きな学校があります。）
・I had a big lunch.（私はたっぷりの昼食を食べました。）
・I bought a new TV.（私は新しいテレビを買いました。）

# someとanyの使い分け

肯定文ではsomeを，否定文・疑問文ではふつうanyを使う。

❶ **I have <u>some</u> English books.**
私は英語の本を何冊か持っています。

❷ **I don't have <u>any</u> French books.**
私はフランス語の本は1冊も持っていません。

❶ **some** は「いくつかの」「いくらかの」という意味です。数えられる名詞の複数形にも，数えられない名詞にも使われます。

▶ There are **some** apples in the basket.
かごの中にはいくつかのりんごがあります。

▶ I want **some** water.
いくらかのお水がほしいです。

❷ **疑問文**で「いくらかの」，**否定文**で「少しも（〜ない）」と言うときは，ふつう some ではなく **any** を使います。

▶ There are **some** books in the box.
箱の中に本が何冊か入っています。

▶ Are there **any** books in the box?
箱の中に本は〈1冊でも〉入っていますか。

▶ There aren't **any** books in the box.
箱の中に本は〈1冊も〉入っていません。

● 疑問文でも，**物をすすめるとき**など，相手に Yes の答えを期待しているときには，any ではなく **some** を使います。

▶ Would you like **some** juice?
ジュースはいかがですか。

**くわしく**

**someをつけるか，つけないか**
someは，a[an] や two などで具体的な数を示すかわりに，ばく然と「いくらかの（多くはない）数量がある」ことを表す。

・I have some apples here.
（私はここに〈いくつかの〉りんごを持っています。）

数量に限りがないときにはsomeはつけない。

・I like apples.（私はりんごが好きです。）

**くわしく**

**肯定文のany**
anyを肯定文で使うと「どんな〜でも」の意味になる。あとの名詞はふつう単数形にする。

・Takeshi can do any sport.
（タケシはどんなスポーツもできます。）

・I can answer any question.
（私はどんな質問にも答えることができます。）

# something, anythingの使い分け

**someとany同様に使い分ける。**

❶ **I have something to tell you.**

私はあなたに話すことがあります。

❷ **I don't have anything to do today.**

私は今日，何もすることがありません。

❶ **something** は「何か」という意味です。あとに〈to
＋動詞の原形〉を続けて something to 〜（何か〜
するもの）という形でよく使われます。

▶ **You should take something to wear.**

何か着るものを持って行ったほうがいいですよ。

▶ **I want something to eat right now.**

何か今すぐに食べられるものがほしいです。

❷ **疑問文**で「何か」，**否定文**で「何も（〜ない）」と言
うときは，ふつう something ではなく **anything**
を使います。

▶ **I have something to do today.**

私は今日，することがあります。

▶ **Do you have anything to do today?**

あなたは今日，何かすることがありますか。

▶ **I don't have anything to do today.**

私は今日，何もすることがありません。

● 疑問文でも，**物をすすめるとき**など，相手に Yes
の答えを期待しているときには，anything ではな
く **something** を使います。

▶ **Would you like something to drink?**

何か飲み物はいかがですか。

**くわしく**

**someone, anyone**

「だれか」の意味の someone /
somebodyと anyone / anybody
も，somethingとanythingと同
じ関係にある。

・Someone called my name.
（だれかが私の名前を呼び
ました。）

・Did anyone call my name?
（だれか私の名前を呼びま
したか。）

**発展**

**nothing**

not 〜 anything は nothing
（何も〜ない）1 語で同じ内
容を表すことがある。

・I have nothing to do today.
（私は今日，何もすること
がありません。）

# 「たくさんの」の使い分け

数えられる名詞にはmany，数えられない名詞にはmuchを使う。

❶ **I didn't take many pictures.**
私はたくさんの写真は撮りませんでした。

❷ **I didn't have much time.**
私にはあまり時間がありませんでした。

❶ **many** は**数えられる名詞**について「たくさんの，多数の」という意味で使います。あとの名詞は複数形にします。

▸ **Did Alex take many pictures?**
アレックスはたくさんの写真を撮りましたか。

▸ **I don't have many friends.**
私にはたくさんの友達はいません。

❷ **much** は**数えられない名詞**について「たくさんの，多量の」という意味で使います。

▸ **Do they have much money?**
彼らはたくさんのお金を持っていますか。

▸ **I don't have much pain right now.**
今はそれほど痛みはありません。

● **a lot of** 〜 は数えられる名詞にも，数えられない名詞にも，どちらにも使うことができます。

▸ **A lot of people came to the concert.**
たくさんの人たちがコンサートに来ました。

▸ **We need a lot of water.**
私たちはたくさんの水が必要です。

---

**くわしく**

**many, much と a lot of**
many と much は肯定文でも使われるが，否定文や疑問文で使われることが多い。肯定文では a lot of のほうがよく使われる。

**参照** p.124
数えられる名詞の数について「いくつ」とたずねるときは How manyを，値段や数えられない名詞の量について「いくら」とたずねるときは How much を使う。

**参考**

**a lot**
a lot は副詞的に「たくさん，かなり」の意味で使われる。
・We talked a lot.
（私たちはたくさん話しました。）

第2章 SECTION 4

使い分け

第1章 名詞と冠詞

第2章 代名詞・形容詞・副詞

第3章 前置詞・接続詞

第4章 動詞・助動詞

# 「少しの」の使い分け

数えられる名詞にはa few，数えられない名詞にはa littleを使う。

❶ **I have a few friends in Australia.**

私にはオーストラリアに少し友達がいます。

❷ **I can speak a little Chinese.**

私は少し中国語を話せます。

---

❶ **a few は数えられる名詞**について「少しの，少数の」という意味で使います。あとの名詞は複数形にします。

▶ I took a few pictures there.

私はそこで少し写真を撮りました。

▶ I'll be back in a few minutes.

私は数分で戻ります。

❷ **a little は数えられない名詞**について「少しの，少量の」という意味で使います。

▶ She drinks a little water before going to bed.

彼女は寝る前に少量の水を飲みます。

▶ I have a little extra money.

私は少し余分なお金を持っています。

● a がつかない **few，little** は「少ししかない」「ほとんどない」という否定的な意味になります。

▶ I have a few friends. 私には友達が少しいます。

▶ I have few friends. 私には友達が少ししかいません。

▶ There is a little water in the glass.

コップには少し水が入っています。

▶ There is little water in the glass.

コップにはほとんど水が入っていません。

**くわしく**

**a few と a little**

「たくさんの」の a lot of は数えられる名詞にも数えられない名詞にも使えるが、「少しの」の意味でこのような表現はない。数えられる名詞なら a few、数えられない名詞なら a little を使い分ける。

**参考**

**「小さい」の little**

little には「小さい」「かわいい」という意味もある。

・a little dog（小犬）

・my little sister（私の妹）

**参考**

**副詞の a little**

a little は「少し」「ちょっと」という意味の副詞としても使われる。

・I was a little late.

（私は少し遅刻しました。）

# 第2章 SECTION 5 「すべての」の使い分け

ひとまとまりと考えるか，別々のものを1つ1つさすかで使い分ける。

❶ **Aya had all the cookies.**

アヤはクッキーを全部食べました。

❷ **Every student knows her.**

どの生徒も彼女を知っています。

❶ **all** は「**すべての**」という意味です。あとに数えられる名詞がくる場合，名詞は**複数形**にします。全体を **1 つのまとまり**としてさすイメージです。

▶ **Takeshi read all the books here.**

タケシはここにある本をすべて読みました。

❷ **every** は「**どの～も**」という意味です。あとの名詞は**単数形**にします。all に対し，every は全体を**別々のものの集まり**としてとらえ，「どれもこれも」と言うときに使います。

▶ **We have to write a report every day.**

私たちは毎日レポートを書かなければなりません。

▶ **Every school has their own school rules.**

どの学校にも，その学校ごとの校則があります。

● **each** は「**それぞれ**」という意味です。あとにくる名詞は**単数形**にします。every よりも 1 つ 1 つを別々にさす感じが強くなります。

▶ **I have a present for each of you.**

あなたたち一人一人に，私からプレゼントがあります。

▶ **Each time we visit him, he prepares a great meal.**

私たちが訪ねるたびに，彼は素敵な食事を用意します。

**参考**

**代名詞の all と each**

all と each は代名詞としても使われる。

・I'll tell you all about myself.（私についてのすべてのことをお話しします。）

・Each of the flowers has a name.（それらの花にはそれぞれ名前がある。）

all the apples

every apple

each apple

第2章
SECTION

# 6 other, anotherの使い分け

another は〈an＋other〉と考える。

❶ **Aya has two dogs. One is gray and <u>the other</u> is black.**

アヤは犬を2匹飼っています。1匹は灰色で，もう1匹は黒です。

❷ **She wants <u>another</u> one.**

彼女はもう1匹ほしがっています。

❶ **other** は「ほかの(もの)」という意味です。ある
  ものが2つあるときの「残りのもう1つ」と言う
  ときには **the other** を使います。

  ▶ **Mr. Jones has two brothers.**
    **One is a firefighter, and the other is a vet.**

  ジョーンズ先生には2人の兄弟がいます。

  1人は消防士で，もう1人は獣医師です。

one

**the other**
(2つのうち残りの1つ)

❷ **another** は「ほかの(1つのもの)」という意味
  です。それまでに話していた1つに対して「(不特
  定の)別の1つ」と言うときに使います。

  ▶ **I ate an apple. I want another one.**

  私はりんご1つを食べました。もう1つほしいです。

one

**another**
(別の1つ)

● 「ほかの複数のいくつか」をさすときは，**others**
  または **the others** が使われます。

  ▶ **Some people like rock, and others like jazz.**

  ロックが好きな人も，ジャズが好きな人もいます。

  ▶ **There was a box of cream puffs. Jasmine**
    **ate two of them, and Cody ate the others.**

  シュークリームが1箱ありました。ジャスミンがそのうち
  の2つを食べ，コーディーが残りを全部食べました。

some

**others**
(ほかのいくつか)

some

**the others**
(残り全部)

第1章 名詞と冠詞

第2章 代名詞・形容詞・副詞

第3章 前置詞・接続詞

第4章 動詞・助動詞

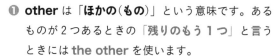

# 「たぶん」の使い分け

どのくらいありえそうだと考えているかに応じて使い分ける。

---

❶ **It will probably rain tomorrow.**

明日はおそらく雨が降るでしょう。

❷ **Is Alex coming? — Maybe.**

アレックスは来ますか。 — もしかすると。

---

　probably（たぶん，おそらく）や possibly（ひょっとすると）は可能性を表す副詞です。話し手が，どのくらいありそうだと思っているかによって使い分けます。

| | |
|---|---|
| probably （たぶん，おそらく） | 90%くらい |
| likely （たぶん，おそらく） | |
| maybe, perhaps （もしかすると） | |
| possibly （ひょっとすると） | |

**くわしく**

**maybe などの文中の位置**

可能性を表す副詞はふつう一般動詞の前，またはbe動詞・助動詞のあとにおく。ただしmaybe と perhaps は文の最初におくのがふつう。

❶ **probably**（たぶん）は，話し手がかなりの可能性でありえると思っているときに使われます。

▸ **Takeshi is punctual, so he will probably not be late.**

タケシは時間を守るので，たぶん遅刻しないでしょう。

❷ **maybe**（もしかすると）は，五分五分か，それ以下の可能性を表します。

▸ **Can you come tomorrow? – Maybe.**

明日，来られますか。 — もしかすると〈来るかもしれないが，来ないかもしれない〉。

● **possibly**（ひょっとすると）は，可能性が低いことを表します。

▸ **The weather forecast says it's going to be sunny, but it will possibly rain.**

天気予報は晴れると言っていますが，ひょっとすると雨が降るかもしれません。

## 第2章 SECTION 8 「〜も」の使い分け

肯定文か否定文かに注意して使い分ける。

**❶ I think so, too.**
私もそう思います。

**❷ Jasmine can't swim.**
**Cody can't swim, either.**
ジャスミンは泳げません。コーディーも泳げません。

❶ **too** は「〜も（また）」という意味を表します。肯定文に使われ，ふつう文の最後で使われます。また，too の前にコンマを置くこともあります。

▶ **I have a dog, too.** 私も犬を飼っています。

▶ **I like sushi. — Me, too.**
私は寿司が好きです。— 私も好きです。

● **also** も「〜も（また）」という意味を表します。ふつう一般動詞の前，または be 動詞・助動詞のあとで使われます。

▶ **Takeshi plays tennis. He also plays golf.**
タケシはテニスをします。彼はまたゴルフもします。

❷ **否定文**で「〜もまた（〜ない）」と言うときは，too の代わりに **either** を使います。

▶ **I don't have any brothers or sisters.**
**Aya doesn't have any, either.**
私にはきょうだいがいません。アヤにもいません。

**くわしく**

〈too＋形容詞〉
tooには「あまりに〜すぎる」の意味もある。形容詞やほかの副詞を強める働きをする。

・This bag is too big.
（このかばんは大きすぎます。）

# 「～の間」の使い分け

どのような期間をさすかで使い分ける。

---

❶ **I was there for an hour.**

私は1時間の間そこにいました。

❷ **Alex stayed in Mexico during the summer.**

アレックスは夏の間メキシコに滞在しました。

---

❶ 時間や期間の長さについて，「～**分間**」「～**時間**」「～**日間**」など具体的な数字を使って言うときには **for** を使います。

▶ **Aya waited for him for an hour.**

アヤは彼を1時間待ちました。

▶ **It has been raining for two days.**

2日間の間，ずっと雨が降り続けています。

❷ 「**夏の間**」など特定の期間の「間」と言うときには **during** を使います。

▶ **Aya did her homework during the recess.**

アヤは休み時間の間に宿題をしました。

▶ **Takeshi stayed in Okinawa during the winter.**

タケシは冬の間，沖縄に滞在しました。

● **while** は後ろに〈主語＋動詞〉をともなって，「…が～する間に」という意味を表します。

▶ **Mr. Jones came to see you while you were out.**

あなたが外出している間に，ジョーンズ先生があなたに会いに来ましたよ。

---

**くわしく**

**duringとin**

during は夏休みなどの期間について「その間ずっと」の意味で使われる。

・He traveled around Asia during the summer vacation.
（彼は夏休みの間，アジア中を旅行しました。）

during の代わりに in を使う場合もあり，そのときは「ある期間のうちの一時点」という意味合いになる。

・She changed her hairstyle in the summer vacation.
（彼女は夏休みの間に髪型を変えました。）… 美容院に行って髪型を変えたのは夏休み中のある1日のこと。

---

**くわしく**

**whileに続く文**

while は「～する間に」の意味なので，あとには状態を表す文や進行形の文がくることが多い。

# 第3章 SECTION 2 「から・まで」の使い分け

単に「〜から」なのか，「〜から今まで」なのかで使い分ける。

❶ **This store is open from 10 a.m. to 8 p.m.**

このお店は午前10時から午後8時まで開いています。

❷ **This store has been here since 1990.**

このお店は1990年からここにあります。

❶ 「**〜から…まで**」と言うときには **from 〜 to** …で表します。

▸ **Please read from page 10 to page 12.**

10ページから12ページまで読んでください。

❷ 現在完了形の文などで，時を表して「**〜から（今まで）**」と言うときには **since** を使います。

▸ **Alex has been practicing basketball since 8 a.m.**

アレックスは朝8時から今までずっとバスケットボールの練習をしています。

● 期間の終わりを表す「**〜まで**」は，次のように **until** と **by** を使い分けます。

・「**〜までずっと**」のように，その時まで動作や状態がずっと続いていることを表すときには **until** を使います。

▸ **Aya waited for Cody until 1 p.m.**

アヤはコーディーを午後1時まで待ちました。

・「**〜までに**」のように期限を表すときには **by** を使います。

▸ **I'll be back by 1 p.m.**

私は午後1時までには戻ってきます。

# goとcomeの使い分け

話し手のいるところから離れるか近づくかで使い分ける。

---

❶ **What are you doing?**
**– I'm going to the restaurant.**

何をしているの？ーレストランに行くところです。

❷ **Dinner is ready, Ted. – I'm coming.**

夕食の用意ができたよ，テッド。ー今，行きます。

---

❶ **go** は「**行く**」という意味です。話し手がいるところから離れるときに使います。

▸ **I want to go home.**　私は家に帰りたいです。

▸ **Please don't go.**　どうか行かないで。

❷ **come** は「**来る**」という意味です。話し手がいるところに近づくときに使います。また，**相手のところへ**「**行く**」と言うときは，相手を中心に考えて **come** を使います。

▸ **I can't come to your birthday party tomorrow.**

私は明日，あなたの誕生日パーティーには行けません。

● **go** と **come** は，副詞と組み合わせていろいろな意味を表します。

| | | | |
|---|---|---|---|
| □ **go back** | 戻っていく | □ **come back** | 戻ってくる |
| □ **go out** | 外出する | □ **come out** | 出てくる |
| □ **go on** | 先に進む，続ける | □ **come in** | 入ってくる |

● **here**（ここに），**there**（そこに），**home**（家に）は副詞なので，**go・come** といっしょに使うときに前置詞の to はつけません。

▸ **I'll go home now.**　私は今，家に帰ります。

▸ **Come here.**　こっちに来て。

go

come

**くわしく**

**go, come のいろいろな表現**

・Come and see me again.
　（また会いに来てください。）

・Her dream has come true.
　（彼女の夢が実現した。）

・Go ahead.
　（〈許可を求められて〉どうぞ。）

・Come on.
　（〈相手をうながして〉さあ行こう。〈励まして〉がんばれ。）

# 2 takeとbringの使い分け

goとcomeと同様に話し手から離れるか近づくかで使い分ける。

❶ **You should <u>take</u> an umbrella with you.**

かさを持っていったほうがいいですよ。

❷ **I want to see the photo.**
**— OK. I'll <u>bring</u> it to you later.**

その写真が見たいです。―わかりました。あとであなたのところに持っていきます。

---

**take** と **bring** の関係も，go と come の関係と同様に考えます。

❶ **take** は「**持っていく**」「**連れていく**」という意味です。話し手がいるところから物を持って離れる，または人を連れて離れるイメージです。

▶ **It looks like rain. You should take an umbrella with you.**

雨になりそう。かさを持っていったほうがいいよ。

▶ **He took his son to the movie theater.**

彼は息子を映画館に連れていきました。

❷ **bring** は「**持ってくる**」「**連れてくる**」という意味です。話し手がいるところに物を持って近づく，または人を連れて近づくイメージです。また，**相手のところへ「持っていく」「連れていく」と言うときは，相手を中心に考えて bring を使います。**

▶ **I'll bring it to you.**

それをあなたのところに持っていきます。

▶ **Everyone is welcome to this party.**
**Bring your son next time.**

このパーティーはだれでも歓迎します。

次回は息子さんを連れてきてください。

参照 p. 400
**takeのいろいろな使い方**

**くわしく**

**take, bringの語形変化**

take — 過去形 took
　　 — 過去分詞 taken
bring — 過去形 brought
　　 — 過去分詞 brought

第4章

SECTION

# 3 「見る」の使い分け

「目を向ける」は look，「じっと見る」は watch，「目に入る」は see。

---

## ❶ Look at the board.

黒板を見なさい。

## ❷ I watched TV all day yesterday.

私は昨日1日中テレビを見ていました。

## ❸ Can you see the bird over there?

向こうにいる鳥が見えますか。

---

日本語の「見る」は，英語では **look, watch, see** を使い分ける必要があります。

| 目を向ける | じっと見る | 目に入る |
| --- | --- | --- |
| look at the picture | watch TV | see stars |

❶ 「**（何かを見ようとして）目を向ける**」と言うときには look at を使います。

▸ What are you looking at?

あなたは何を見ているのですか。

▸ She looked at me and smiled.

彼女は私を見てほほえみました。

❷ 「**（動きのあるものを）しばらくの間じっと見る**」と言うときには watch を使います。

▸ I like to watch baseball.

私は野球を見るのが好きです。

❸ 「**（自然に）目に入る，見える**」と言うときには see を使います。

▸ I've never seen a panda before.

私は今までにパンダを見たことがありません。

---

**ミス注意**

**seeは進行形にしない**

seeは「目に入る」という状態を表すので進行形にしない。

**参考**

**watchの代わりのsee**

スポーツなどを「見る」と言うときは本来watchを使うが，seeが使われる場合もある。

・see a soccer game
（サッカーの試合を見る）

映画は，映画館で見るときは see a movie，家で見るときは watch a movie と言うことが多い。

---

# 4 「聞く」の使い分け

「耳をかたむける」は listen, 「耳に入る」は hear, 「たずねる」は ask。

## ❶ Listen to me carefully.

私の言うことを注意して聞いてください。

## ❷ Can you hear me?

私の言うことが聞こえていますか。

## ❸ He asked her for her phone number.

彼は彼女に電話番号を聞きました。

日本語の「聞く」は，英語では **listen, hear, ask** を使い分ける必要があります。

耳をかたむける listen to him　　耳に入る hear a noise　　たずねる ask him

❶ 「**耳をかたむける**」と言うときには listen to を使います。

▶ She is listening to music.

　彼女は音楽を聞いています。

❷ 「**（自然に）耳に入る，聞こえる**」と言うときには hear を使います。

▶ I heard a strange noise last night.

　昨夜，変な物音が聞こえました。

▶ I listened carefully, but I couldn't hear anything.

　注意深く耳をかたむけましたが，何も聞こえませんでした。

❸ 「**たずねる**」と言うときには ask を使います。

▶ Can I ask a question?

　1つ聞いても［質問しても］いいですか。

**ミス注意**

**hearは進行形にしない**

hearは「耳に入る」という状態を表すので進行形にしない。

**くわしく**

**hearのいろいろな表現**

・hear of[about] 〜
　（〜について聞く）

・I hear (that) 〜.
　（〈聞くところによると〉〜
　だそうです。）

# 「話す・言う」の使い分け

「会話する」は speak・talk，「言う」は say，「伝える」は tell。

---

❶ **Please speak a little more slowly.**
もう少しゆっくり話してください。

❷ **We talked about our dreams.**
私たちは自分たちの夢について話し合いました。

❸ **He said something, but I couldn't hear him.**
彼は何か言いましたが，私には聞こえませんでした。

❹ **Takeshi told me an interesting story.**
タケシはおもしろい話を私にしてくれました。

---

● 「**話す，会話する**」と言うときには speak か talk を使います。

▶ **A man talked[spoke] to me at the bus stop.**
バス停で男性が私に話しかけてきました。

❶ 相手のあるなしにかかわらず，「話す」という動作に重点があるときには speak を使います。

▶ **He speaks English.** 彼は英語を話します。

❷ 「相手と話す」「おしゃべりする」と言うときは talk がよく使われます。

▶ **Stop talking.** おしゃべりをやめて。

❸ 「(**考えや言葉を**)**言う，述べる**」と言うときには say を使います。

▶ **Mr. Jones said, "Stand up."**
ジョーンズ先生は「立ちなさい」と言いました。

❹ 「(**情報を**)**伝える**」は tell を使います。

▶ **Tell me about your hobbies.**
あなたの趣味について私に話して。

---

### くわしく 🔍

**sayの目的語**
sayの目的語に「人」はこない。相手を表す場合は〈to＋人〉を使う。

・He said nothing to me.（彼は私に何も言いませんでした。）

×He said me nothing.

参照 p. 218
**SVOOの文**
tell は SVOO の文型をつくることもできる。

・Emma told me the story.（エマが私にその話をしてくれました。）

参照 p. 310
**〈tell＋人＋to 〜〉**
〈tell＋人＋to＋動詞の原形〉で「(人)に〜するように言う」の意味を表す。

・He told me to come.（彼は私に来るように言いました。）

# 第4章

## SECTION 6 「教える」の使い分け

「指導する」は teach，「伝える」は tell，「見せて教える」は show。

---

❶ **Mr. Jones teaches us English.**

ジョーンズ先生は私たちに英語を教えています。

❷ **Could you tell me the way to the station?**

駅へ行く道を教えていただけますか。

❸ **He showed me how to use the computer.**

彼は私にコンピューターの使い方を教えてくれました。

---

teach，tell，show はどれも SVOO の文型（→ p.217）をつくることができます。また，〈疑問詞＋to ～〉（→ p.306）を目的語にとることもあります。

❶ 「（**学問や技術を**）**指導する**」と言うときには teach を使います。

▸ Ms. Wang **taught** me how to play the piano.

ワンさんが私にピアノの弾き方を教えてくれました。

❷ 「（**相手に何かを**）**伝える**」と言うときには **tell** を使います。

▸ Please **tell** me your e-mail address.

あなたのメールアドレスを教えてください。

▸ Aya **told** me her secrets.

アヤは私に秘密を教えてくれました。

❸ 「（**実際に見せて**）**教える**」と言うときには「見せる」という意味の **show** を使います。

▸ I **showed** him how to swim.

私は彼に泳ぎ方を（自分が実際にやって見せることで）教えました。

### くわしく

**「道順を教える」の言い方**

「道順を教える」と言うときはふつうtellを使う。showは地図で示したり，実際に連れていったりすることを表す。teachは「学問などを指導する」という意味なので，道順や住所・名前などを「教える」と言うときには使わない。

・Please tell me the way to the station.（駅へ行く道を教えてください。）

× Please ~~teach~~ me the way to the station.

# 7 haveのいろいろな使い方

「持っている」「食べる」「経験する」などの意味を表す。

---

❶ **Cody has a sister.**
コーディーには姉がいます。

❷ **I had a chance to study abroad last year.**
私は去年，海外留学をする機会がありました。

❸ **We had a good time at the party.**
私たちはパーティーで楽しい時を過ごしました。

❹ **I'm having lunch with Cody.**
私はコーディーと昼食を食べているところです。

---

have の基本的な意味は「〜を持っている」で，**状態**を表します。そこから，「〜がいる，ある」などの意味になります。

この意味の have は進行形にできません。

● 所有している ▸ **I have a digital camera.**
　　　　　　　　私はデジタルカメラを持っています。

● きょうだいがいる ▸ **Do you have any brothers?**
　　　　　　　　あなたには兄弟がいますか。

● 飼っている ▸ **Aya has two dogs.**
　　　　　　　　アヤは犬を2匹飼っています。

● 考えがある ▸ **I have a good idea.**
　　　　　　　　私にはよい考えがあります。

● 性質がある ▸ **Sayaka has long hair.**
　　　　　　　　サヤカは長い髪をしています。

● 要素を含む ▸ **An hour has sixty minutes.**
　　　　　　　　1時間は60分です。

持っている

**くわしく**

**haveの語形変化**
ing形: having
過去形・過去分詞: had

**参考**

**hold, carry**
haveは「持っている」という状態を表す語。「（手に）持つ」という動作に重点を置いて言う場合には別の動詞を使う。
・Please hold my bag.（私のかばんを持ってください。）
・Please carry my bag.（私のかばんを持って〈運んで〉ください。）
× Please ~~have~~ my bag.とは言わない。

have は「〜を経験する」「〜を受ける」「〜を開催する」などの意味も表します。

● 病気にかかる ▶ **Emma has a bad cold.**
エマはひどいかぜをひいています。

● 事故にあう ▶ **I had a car accident last year.**
私は去年，自動車事故にあいました。

● もらう ▶ **Can I have this?**
これをもらってもいい？

● 受ける ▶ **We had a math test yesterday.**
私たちは昨日，数学のテストがありました。

● 機会がある ▶ **I'll have a chance to talk to him.**
私は彼と話す機会があるでしょう。

● 開催する ▶ **They are going to have a party.**
彼らはパーティーを開くつもりです。

have が「〜を食べる，飲む」や「〜（な時）を過ごす」のように**動作**を表す場合は進行形にできます。

● 食べる，飲む ▶ **We are having lunch right now.**
私たちは今，昼食を食べています。

● 過ごす ▶ **I'm having a great time here.**
私はここですばらしい時を過ごしています。

---

**参照** p. 204
**have to 〜**
have to 〜で「〜しなければならない」という意味を表します。
・I have to go now.（私はもう行かなければなりません。）

**参照** p. 290
〈**have＋過去分詞**〉
haveは助動詞としても使われ，〈have＋過去分詞〉で現在完了形を表します。
・I have never been to Hawaii.（私はハワイに行ったことがありません。）

**参照** p. 314
「**〜してもらう**」の**have**
haveは使役動詞として「…に〜してもらう」「…に〜させる」の意味も表します。

### くわしく

〈**have＋O＋C**〉
〈have＋目的語＋過去分詞〉で「…を〜してもらう」「…を〜される」の意味を表します。
・Can I have this delivered?（これを配達してもらえますか。）
・I had my passport stolen.（私はパスポートを盗まれました。）

---

**Questions**

よくある質問
**I've got 〜.という表現を見たことがありますが，どういう意味ですか？**

話し言葉では，「持っている」の意味でhaveの代わりにhave gotが使われることがあります。多くの場合，I've got（＝I have got），He's got（＝He has got）のような短縮形で使われ，疑問文はHave you got 〜? の形になります。
・I've got a bad cold.（私はひどいかぜをひいています。）
・Have you got a smartphone?（スマホを持っていますか。）

# 第4章
SECTION
## 8 getのいろいろな使い方

「〜を手に入れる」「〜という状態になる」などの意味を表す。

---

**❶ Where did you get your watch?**

あなたの時計はどこで買ったのですか。

**❷ I was surprised. John got married.**

私は驚きました。ジョンが結婚しました。

**❸ It was getting dark, so Emma went home.**

暗くなってきていたので，エマは家に帰りました。

**❹ I got off the train at Shibuya.**

私は渋谷で電車を降りました。

---

**get** の基本的な意味は「〜を手に入れる」で，**動作**を表します。そこから，「買う」「受け取る」「取ってくる」などの意味になります。

● 買う ▸ **Alex got new shoes.**

アレックスは新しいくつを買いました。

● 獲得する ▸ **I got a high score on the exam.**

私はテストで高得点を取りました。

● 受け取る ▸ **Cody got a letter from Aya.**

コーディーはアヤから手紙を受け取りました。

● 持ってくる ▸ **Wait. I'll get my dictionary.**

待って。辞書を持ってきます。

● 理解する ▸ **I got it.**

〈相手の発言を受けて〉わかりました。

手に入れる

**くわしく**

**getの語形変化**

ing形: getting
過去形: got
過去分詞: gotten または got
gottenはアメリカ英語で使われる。ただしアメリカ英語でも「持っている」と言うときは have got の形を使う。

get は，〈**get ＋**「**〜に**」**＋**「**〜を**」〉の語順で SVOO の文型（→ p. 217）をつくることもあります。

▸ My father **got** me this bike.

父は私にこの自転車を買ってくれました。

▸ I'll **get** you something to drink.

私があなたに飲み物を持って［買って］きてあげましょう。

get は，〈**get ＋形容詞**〉〈**get ＋過去分詞**〉の形で「**（ある状態）になる**」という意味を表します。

▸ get **angry**　怒る　　　▸ get **tired**　　疲れる
▸ get **hurt**　けがをする　▸ get **lost**　　道に迷う
▸ get **ready**　準備する　　▸ get **excited**　興奮する
▸ It's **getting** cold outside.

外は寒くなってきています。

▸ Your English is **getting** better.

あなたの英語はよくなってきています。

get のあとに副詞や前置詞が続くこともあります。「**（ある状態）にある**」「**（ある場所）に着く**」の意味を表します。

〈**get ＋副詞**〉の例

| | | | |
|---|---|---|---|
| □ get up | 起きる | □ get together | 集まる |
| □ get back | 戻る | □ get there | そこに着く |
| □ get out | 外に出る | □ get home | 家に着く |

〈**get ＋前置詞**〉の例

| | |
|---|---|
| □ get on ～ | （電車・バス）に乗りこむ |
| □ get off ～ | （電車・バス）から降りる |
| □ get in ～ | ～の中に入る，（自動車）に乗りこむ |
| □ get out of ～ | ～から外に出る，（自動車）から降りる |
| □ get to ～ | ～に着く，達する |

▸ I **got off** the bus at the third stop.

私は 3 番目の停留所でバスを降りました。

---

**くわしく**

**getのSVOOの文**

〈get＋人＋物〉は〈get＋物＋for＋人〉の形でも同じ内容を表せる。

・I got him a book.
　= I got a book for him.
（私は彼に本を買ってあげました。）

参照 p. 216

**SVCの文**

「〜の状態になる」という意味の 〈get＋形容詞〉〈get＋過去分詞〉はSVCの文型をつくる。このとき S＝C の関係になる。

**くわしく**

**〈get＋副詞〉，〈get＋前置詞〉**

この形で使われる get は「〜の状態になる」という意味が基本で，get のあとに形容詞がくる場合と同じ。get upは「upの状態になる→起きる」，get in the carは「in the carの状態になる→車に乗る」と考えるとわかりやすい。

第4章

SECTION

9

# takeのいろいろな使い方

「〜を取る」「〜を持っていく」「(時間が) かかる」などの意味を表す。

---

❶ **You don't have to take off your shoes.**

くつを脱ぐ必要はありません。

❷ **I usually take the bus to school.**

私はふつうバスに乗って学校に行きます。

❸ **How long does it take to walk there?**

そこまで歩くとどのくらい時間がかかりますか。

---

❶ **take** の基本的な意味は「〜を取る」「〜を持って いく, 連れていく」です。

▶ Cody **took** my hand.

コーディーは私の手を取りました。

▶ I **took** off my hat.　私は帽子を取りました。

▶ I'll **take** this one.

〈買い物で客が〉これをください[買います]。

❷ 「(乗り物)に乗っていく」や「(ある動作)をする」 と言うときにも使うことがあります。

▶ **take** a bus[train, taxi]

バス[電車, タクシー]に乗っていく

▶ **take** a bath[shower]　ふろに入る[シャワーを浴びる]

▶ **take** a walk　　　　　散歩をする

▶ **take** a look　　　　　見てみる

❸ 「(時間などが)かかる, 必要とする」の意味も表 します。〈It takes ＋時間の長さ＋ to 〜.〉(〜 するのに…時間がかかる)の形でよく使われます。

▶ It **took** an hour to finish this book.

この本を読み切るのに1時間かかりました。

---

**くわしく**

**takeの語形変化**

ing形:　　taking
過去形:　　took
過去分詞:　taken

参照 p. 391

**takeとbringの使い分け**

**くわしく**

**takeのいろいろな表現**

・take a picture[photo]
　(写真を撮る)
・take a trip
　(旅行をする)
・take a rest
　(休けいする)
・take medicine
　(薬を飲む)
・take care of 〜
　(〜の世話をする)

# 10 makeのいろいろな使い方

「〜を作る」「〜を…の状態にする」などの意味を表す。

---

❶ **My mother <u>made</u> some cookies for me.**

母は私にクッキーを作ってくれました。

❷ **Everybody <u>makes</u> mistakes.**

だれでもみんな間違えます。

❸ **That news <u>made</u> me sad.**

その知らせは私を悲しくさせました。

---

❶ **make** の基本的な意味は「〜を作る」です。

▶ **Aya made a lot of friends.**

アヤはたくさんの友達を作りました。

▶ **They make a lot of money.**

彼らはたくさんのお金をかせいでいます。

❷ 「**(ある動作)をする**」の意味でも使われます。

▶ **make a mistake**　　間違える

▶ **make a speech**　　スピーチをする

▶ **make a promise**　　約束する

❸ 〈**make A B**〉で「**A を B にする**」の意味を表し，SVOC の文型(→ p. 221)をつくることもあります。

▶ **His letter made Aya happy.**

彼の手紙はアヤを幸せにしました。

▶ **What made you sad?**

何があなたを悲しませたのですか。

● **make it** は「**成功する**」「**間に合う**」の意味です。

▶ **I made it!**　　やった！

▶ **Did you make it to the airport?**

空港には間に合いましたか。

---

**くわしく**

**makeの語形変化**

ing形:　　making
過去形・過去分詞: made

参照 p. 218

**SVOOの文**

makeはSVOOの文型をつくることもできる。

・My mother made a dress for me.

＝My mother made me a dress.（母は私にドレスを作ってくれました。）

参照 p. 314

**使役を表すmake**

〈make … 動詞の原形〉で，「…に〜させる」という意味を表す。

・He made me laugh.（彼は私を笑わせました。）

---

# 11 動詞の熟語（句動詞）

動詞と前置詞や副詞で，1つの動詞のような働きをする。

---

❶ **This is the book I was <u>looking for</u>.**

これは私がさがしていた本です。

❷ **I can't sleep!  Can you <u>turn down</u> the TV?**

眠れません！　テレビの音を小さくしてくれますか。

— **Oh, I'm sorry.  I'll <u>turn</u> it <u>off</u>.**

— ああ，ごめんなさい。消します。

---

① 動詞の中には，決まった**前置詞**と結びついて，1つの動詞と同じ働きをするものがあります。

〈**動詞＋前置詞**〉の例

| | | | |
|---|---|---|---|
| □ look at | 〜を見る | □ look for | 〜をさがす |
| □ listen to | 〜を聞く | □ arrive at[in] | 〜に到着する |
| □ talk to | 〜と話す | □ talk about | 〜について話す |
| □ wait for | 〜を待つ | □ stay with | 〜のところに滞在する |

▶ Cody's father **arrived at** Narita last night.

コーディーのお父さんは昨夜，成田に着きました。

● 疑問詞で始まる疑問文，関係代名詞の文，不定詞の形容詞的用法の文などでも look at などの〈**動詞＋前置詞**〉のかたまりはそのままで，**前置詞が文末に残る形**になります。

▶ What are you **looking at**?

あなたは何を見ているのですか。

▶ She is the girl I was **talking about**.

彼女が，私が話していた女の子です。

▶ He has a lot of friends to **talk to**.

彼は話をする友達がたくさんいます。

---

**用語解説**

**句動詞**

2語または3語のまとまりで，1つの動詞と同じ働きをするものを句動詞という。

**くわしく**

**いろいろな〈動詞＋前置詞〉**

・get on　　〜に乗る
・get off　　〜から降りる
・get to　　〜に着く
・speak to　〜と話す
・think about[of]
　　〜のことを考える
・laugh at　〜を笑う
・look after 〜の世話をする
・smile at
　　〜にほほえみかける

**くわしく**

**3語の熟語**

・take care of
　　〜の世話をする
・take part in 〜に参加する
・put up with
　　〜をがまんする
・look forward to
　　〜を楽しみに待つ

❷ 動詞に in / out, up / down などの**副詞**を続けて,〈動詞＋副詞〉の形で使われる熟語があります。副詞が,もとの動詞に意味を付け加えています。

He | came .
自動詞
（彼が来ました。）

He | came | in .
自動詞 | 副詞
（彼が入ってきました。）

## 〈自動詞＋副詞〉の例

| □ get up | 起きる | □ go back | 戻っていく |
| □ go out | 外出する | □ grow up | 成長する, 大人になる |
| □ stand up | 立ち上がる | □ sit down | すわる |

## 〈他動詞＋副詞〉の例（目的語をとる）

| □ put on | ～を身につける | □ take off | ～を脱ぐ |
| □ turn on | ～（のスイッチ）を入れる | □ turn off | ～（のスイッチ）を消す |
| □ turn up | ～（の音量）を上げる | □ turn down | ～（の音量）を下げる |
| □ call back | ～に電話をかけ直す | □ get back | ～を取り戻す |

目的語は,他動詞のすぐあとにおくことも,〈他動詞＋副詞〉のあとにおくこともできます。

▶ **She put on her hat. = She put her hat on.**

　彼女は帽子をかぶりました。

▶ **He turned on the lights.**

　**= He turned the lights on.**

　彼は明かりをつけました。

ただし,目的語が**代名詞**(me, you, him, her, it, them など)のときは〈動詞＋代名詞＋副詞〉の語順になります。

▶ **Call me back later.** (×Call ~~back me~~ later.)

　あとで私に折り返し電話をください。

▶ **Turn it off.** (×Turn ~~off it~~.)

　それ（のスイッチ）を消してください。

▶ **I'll pick you up.** (×I'll pick ~~up you~~.)

　あなたを車で迎えに行きます。

**くわしく**

**意味を推測しにくい熟語**

熟語の中には,もとの語からは意味を推測しにくいものもあります。

・go on 　　続く
・give up 　あきらめる
・put off 　～を延期する
・carry out 　～を実行する
・bring up 　～を育てる

**くわしく**

**いろいろな〈他動詞＋副詞〉**

・cut down 　～を切り倒す
・pick up 　～を拾い上げる,車で迎えに行く
・see off 　～を見送る
・try on 　～を試着する
・write down 　～を書き留める

# 現在形と現在進行形

ふだんの習慣なら現在形，今している最中なら現在進行形。

❶ **Alex plays basketball every day.**

アレックスは毎日バスケットボールをします。

❷ **Alex is playing basketball right now.**

アレックスは今，バスケットボールをしているところです。

❶ **現在形**は，ふだんの習慣や，いつも**繰り返ししている動作**を表します。「現在」形といっても，今している最中のことを表すわけではありません。

> **What do you usually do after school?**
> — **I usually watch TV.**

放課後はふつう何をしますか。— ふつうはテレビを見ます。

参照 p. 80
**一般動詞の文**
参照 p. 140
**現在進行形の文**

今テレビを
見ているわけで
はない!

日本語で「**～しています**」と言うときでも，進行形ではなく現在形が適切な場合もあります。(→ p.144)

> **I go to Sakura Junior High School.**

私はさくら中学校に通っています(さくら中学校の生徒です)。

> **My mother works at a hospital.**

母は病院で働いています(ふだん勤務しています)。

❷ **現在進行形(be 動詞＋ing 形)**は，**今している最中**であることを言うときに使います。

> **What are you doing right now?**
> — **I'm making dinner.**

今，何をしていますか。— 夕食を作っています。

**くわしく**

**進行形との意味合いのちがい**
職業などは現在形で表すのがふつうだが，左の「母は病院で働いています」を進行形を使って My mother is working at a hospital. と表すこともできる。その場合，「一時的に病院で働いている」という意味合いになることがある。

# 13 過去形と現在完了形

過去とつながりのある現在の状態を伝えるなら現在完了形。

---

❶ **My mother worked hard yesterday.**

母は昨日，一生懸命働きました。

❷ **My mother has worked here since 2015.**

母は2015年からここで働いています。

---

❶ **過去形**は，過去にした動作や，過去の状態を表します。yesterday（昨日）や last month（先月）などの**過去を表す語句**を使う場合は過去形で表します。

▶ I **lost** my keys yesterday.

私は昨日，かぎをなくしました。

過去形は「今の状態」は表さない！

▶ The game **began** an hour ago.

試合は1時間前に始まりました。

▶ I **was** in Thailand last month.

私は先月，タイにいました。

❷ **現在完了形**は，過去とつながりのある**現在の状態**を表します。yesterday や last month などで過去の一時点のことを言いたいときには使えません。

▶ I **have lost** my keys.

私はかぎをなくしました。〈今もなくしている〉

現在完了形は「今の状態」を表す！

▶ The game **has began**.

試合は始まっています。〈今も試合中〉

▶ I **have been** in Thailand since last month.

私は先月からタイにいます。〈今も滞在中。現在の状態を表す文。since last month は状態が始まった時点を表す。〉

参照 p. 178
**過去の文**

参照 p. 290
**現在完了形の文**
現在完了形は完了・経験・継続を表す。

・The train has arrived.（電車は到着しています。）〈完了〉

・I have never played tennis.（私はこれまで一度もテニスをしたことがありません。）〈経験〉

・I have been here since yesterday.（私は昨日からここにいます。）〈継続〉

# SECTION 14 現在形と過去形

that節の文で主節が過去形なら，that節の動詞も過去形にする。

---

❶ **I think that Aya will come.**

私はアヤは来るだろうと思います。

❷ **I thought that Aya would come.**

私はアヤは来るだろうと思いました。

❸ **Emma said, "I want to go to Nara."**

エマは「奈良に行きたい」と言いました。

❹ **Emma said she wanted to go to Nara.**

エマは奈良に行きたいと言っていました。

---

　**接続詞 that** の文では，that 以下の動詞を現在形にするか，過去形にするか注意が必要です。主節の動詞（think, know, say など）が**過去形**のときは，**that 以下の動詞・助動詞も過去形**にするのが原則です（時制の一致）。

▶ **I thought she was a police officer.**

　私は，彼女は警察官だと思いました。

　〈「以前警察官だったと思った」という意味ではない〉

▶ **I thought he would run away.**

　私は，彼は逃げるだろうと思いました。

　〈would は助動詞 will の過去形〉

▶ **She said she was a police officer.**

　彼女は自分が警察官だと言いました。

　〈「以前警察官でした」と言ったのではない〉

　引用符（" "）で発言を直接伝えるときには過去形にしません。

▶ **She said, " I am a police officer."**

　彼女は，「私は警察官です」と言いました。

参照 p. 228
**接続詞that**
I think や I know などにほかの〈主語＋動詞〉をつなげて，think や know などの目的語にする。この that はよく省略される。

参照 p. 229
**時制の一致**

参照 p. 360
**話法**
人が述べたことをほかの人に伝えるときには直接話法と間接話法がある。
・Ken said, "I'm busy."
　（ケンは「ぼくは忙しい」と言いました。）〈直接話法〉
・Ken said that he was busy.
　（ケンは忙しいと言いました。）〈間接話法〉

参照 p. 346
**間接疑問文**
間接疑問文でも，主節と時制を一致させる。

# 15 can, couldとbe able to

『できた』は意味によってcouldやbe able toを使い分ける。

❶ **I was able to pass the exam.**

私はその試験に合格できました。

❷ **I couldn't find my keys.**

私はかぎを見つけられませんでした。

「～**できる**」は現在の文ではふつう **can** を使いますが，「～**できた**」と言うときには注意が必要です。

❶ 過去の**1回限りのこと**について，実際に「**できた**」と伝えるときは **be able to** を使います。また，「可能だった」ことを特に強調する必要がなければ，単に**過去形**で表すのが適切なこともあります。

▸ **I was able to win the game yesterday.**

昨日，試合に勝つことができました。

▸ **I won the game yesterday.**

昨日，試合に勝ちました。

**could** は「**できる可能性[能力]があった**」という意味で，1回限り「できた」ということを表すときには使いません。

▸ **Takeshi could swim when he was only three.**

タケシはわずか3歳のときに泳ぐことができました。

❷ 「～**できなかった**」と言うときは，1回限りのことについても **couldn't** で表すことができます。

▸ **I couldn't win the game yesterday.**

昨日，試合に勝つことができませんでした。

参照 p. 110
**canの文**

くわしく

**be able to と can, could**
be able to は，「（実際に）～することができる」ことを強調する，can よりもかたい言い方。could は can の過去形で「可能だった，能力があった」という意味だが，could には実際にその動作を「できた（なしとげた）」という意味はない。

くわしく

**「～できるだろう」**
未来のことについて「～できるだろう」と言う場合，助動詞 will と can を2つ並べて使うことができないので，will able to を使う。
・You will be able to speak English better.（あなたはもっとじょうずに英語を話せるようになるでしょう。）
× You ~~will can~~ speak ～. とは言わない。

# 16 未来の表現の使い分け

will や be going to を使い分ける。

---

❶ **Can you come tomorrow?**
**– I'm not sure.  I'll call you later.**

明日は来られる？ ─ よくわからない。あとで電話します。

❷ **Can you come tomorrow?**
**– Sorry.  I'm going to visit my uncle.**

明日は来られる？ ─ ごめん。おじを訪ねる予定です。

---

未来を表す言い方はいくつかあり，それぞれに意味のちがいがあります。

❶ **今その場で決めたことや，そのときの話し手の意思・決心**などを言うときは will を使います。

▶ **I need some help tomorrow.**
**– OK, I'll help you.**

私は明日，助けが必要です。─ よし，私が手伝いましょう。

▶ **This is too heavy! – I'll carry it for you.**

これは重すぎます！ ─ 私が運んであげましょう。

一方，話し手の意思や予定などと関係なく，単純に未来に起きると思うことや，**予測・予想**を言うときも will を使います。

▶ **I'll be fifteen next month.**

私は来月，15歳になります。

▶ **Hurry up.  You'll be late.**

急いで。遅刻しますよ。

▶ **Alex will call me when he arrives at the airport.**

アレックスが空港に着いたら私に電話をくれるでしょう。

参照 ▶ p. 196
**willを使った未来の文**

> 話し手が
> その場で決めた
> 感じ。

**発展**

**未来進行形**
未来のある時点で「～しているだろう」という意味の未来進行形という形があり，〈will be＋動詞のing形〉で表す。
・We'll be watching TV at home tonight.
（私たちは今夜，家でテレビを見ているでしょう。）
・I'll be waiting for you in front of the library.
（図書館の前であなたを待っています。）

**❷** 「〜**するつもりです**」のように**前もって心に決めていた予定**を言うときは be going to を使います。

▸ **Are you free this weekend?**
　**— I'm going to meet Emma on Sunday.**

今週末は暇ですか。 — 日曜日にエマに会うつもりです。

将来起こる出来事を予想するときにも使います。特に，**今の状況をもとに判断**しているときは be going to がよく使われます。

▸ **Look at that little girl.　She is going to sleep.**

あの小さな女の子を見て。眠りそうです。

● 「〜**することになっている**」のような意味合いで，することが決まっている確実な予定を言うときは**現在進行形**で未来を表すことがあります。ふつう tomorrow（明日）などの**未来を表す語句**といっしょに使います。

▸ **I'm having lunch with Aya tomorrow.**

私は明日，アヤと昼食を食べます。

▸ **Are you coming to soccer practice tomorrow morning?**

あなたは明日の朝のサッカーの練習に来ますか。

▸ **Cody is leaving Japan next month.**

コーディーは来月，日本を去ります。

● 電車の出発時間のように決められている予定を言うときは**現在形**で未来を表すことがあります。ふつう未来を表す語句といっしょに使います。

▸ **Our train leaves at 8 a.m. tomorrow.**

私たちの電車は明日午前8時に出発します。

▸ **What time does the game begin?**

試合は何時に始まりますか。

---

参照 p. 192
**be going to**

> 前もって
> 決まっていた
> 感じ。

**発展**

**plan to 〜**
自分の計画している予定を言うとき，plan（計画する）という動詞を使って plan to 〜と言うことがある。
・I plan to study in the U.S. someday.（私はいつかアメリカで勉強する予定です。）

参照 p. 146
**未来を表す現在進行形**

**くわしく**

**未来を表す語句**（→p.192）
・tomorrow（明日）
tomorrow morning
（明日の朝）
・next 〜
（次の〜，今度の〜）
next Sunday
（今度の日曜日）
next week（来週）
next month（来月）
・その他
soon（すぐに）
in five minutes（5分後に）
someday（いつか）
in 2050（2050年に）

---

# 17 mustとhave toの使い分け

話し手の意思か，客観的な事情かで使い分ける。

---

## ❶ You <u>must</u> study harder, Aya.
もっと熱心に勉強しなければならないよ，アヤ。

## ❷ You <u>have to</u> be quiet in the library.
図書館では静かにしなければいけません。

---

must と have to はどちらも「～しなければならない」と言うときに使われますが，意味にちがいがあります。

❶ **話し手自身**が「～しなければならない」と思っていることを表すときには **must** を使います。話し手の主観的な判断を表します。

▸ I want to win the game next month.
I **must** practice every day.
私は来月の試合に勝ちたい。毎日練習しなければ。

❷ **周りの客観的な状況**のせいで「～しなければならない」と言いたいときには **have to** を使います。

▸ The new coach likes to practice a lot.
I **have to** practice every day.
新しいコーチはたくさん練習するのが好きです。
毎日練習しなければなりません。

● 否定形の意味のちがいに注意しましょう。must not は「～**してはいけない**」，don't have to は「～**する必要はない**」という意味です。

▸ You **must not come.** あなたは来てはいけません。

▸ You **don't have to** come.
あなたは来る必要はありません[来なくていいです]。

参照 p. 204
**have to, must**

**くわしく**

**have toのほうが使われる**
話し手の意思を表す must よりも have to のほうが客観的でやわらかい感じになるので，会話では have to のほうがよく使われる。

**くわしく**

**過去と未来の表し方**
must には過去形がないので，「～しなければならなかった」と言うときは have to の過去形 had to で表す。
・I must go to the hospital.
（私は病院に行かなければ。）
・I had to go to the hospital.
（私は病院に行かなければなりませんでした。）
未来のことについて「～しなければならないだろう」と言う場合，助動詞 will と must を2つ並べて使うことができないので，will have to を使う。
・I will have to go to the hospital.
（私は病院に行かなければならないでしょう。）

# 18 shouldとhad better

**「〜したほうがよい」はshould。強い警告はhad betterを使う。**

❶ **You should read this book.**

この本を読んだほうがいいですよ。

❷ **You'd better go to bed now.**

きみはもう寝ないとだめだ。

should と had better はどちらも「〜すべきだ」と言うときに使われますが，意味にちがいがあります。

❶ 「〜したほうがよい」という提案・アドバイスや，「〜すべきだ」という義務を表すときには **should** を使います。

▸ **You should be a teacher in the future.**

あなたは将来，先生になるべきです。

▸ **I think I should lose weight.**

私は体重を減らしたほうがいいと思っています。

Maybe you should 〜. のようにすると，提案・アドバイスの調子をやわらげることができます。

▸ **Maybe you should practice every day.**

あなたは毎日練習したほうがいいかもしれません。

❷ **had better** も「〜すべきだ」「〜しないとだめだ」の意味を表しますが，「そうしたほうが身のためだ」という警告的な響きのある強い言い方になります。

▸ **You had better practice every day.**

きみは毎日練習しなしないとだめだ。

---

**参照** p. 206
**should**

**発展**

**ought to**

〈ought to＋動詞の原形〉の形で，「〜すべきである」という意味を表す。should よりも強い言い方。

・You ought to go now.
（あなたはもう行くべきです。）

**くわしく**

**had betterの形**

had better はあとに動詞の原形を続ける。You had better → You'd better のように短縮形を使うことも多い。

**くわしく**

**had betterの否定**

had better を否定して「〜すべきでない」「〜してはだめだ」と言うときはhad better not という語順になる。

・You had better not eat this.
（これは食べないほうが身のためです。）

---

第4章

SECTION

# 19 条件のifと仮定法

現実に起こりそうもない場合は仮定法を使う。

---

**❶ If I see Aya later, I'll give her this handout.**

もしあとでアヤに会ったら，彼女にこのプリントを渡します。

**❷ If I met Michael Jackson, I would give him this letter.**

もしマイケル・ジャクソンに会ったら，彼にこの手紙を渡すのに。

---

if は「もし〜ならば」と言うときに使われますが，話し手の気持ちによって動詞の形を使い分けます。

❶ if で現実にありえる**条件**を言うことがあります。条件を表す if 節の中では，ふつう**未来のことでも現在形**で表します。

▶ If it rains tomorrow, I'll stay home.

　もし明日雨が降れば，私は家にいるでしょう。

▶ If I have time, I'll call her tonight.

　もし時間があれば，今夜彼女に電話します。

❷ if で**事実とは反する仮定**や，**ありえないと思うこと**を言うことがあります。このとき，現在形の代わりに**過去形**を使います（**仮定法**）。

▶ If I were you, I wouldn't try it.

　もし私があなたならば，私はそれは試しません。

▶ If I had time, I would call her right now.

　もし時間があれば，今すぐ彼女に電話するのですが。

**参照** ▶ p. 232
**条件を表すif**

**参考**

**条件を表す when**

if よりも確実に起こることについて「〜したときは」と言うときには when を使う。条件を表す when 節の中では，未来のことでも現在形で表す。

・Let's start the party when Aya comes.
（アヤが来たらパーティーを始めましょう。）

**参照** ▶ p. 364
**仮定法過去**
現在の事実と反する仮定を言うとき，過去形を使う。

**参照** ▶ p. 366
**仮定法過去完了**
過去の事実と反する仮定を言うとき，過去完了形を使う。

# コミュニケ
# ーション編

# コミュニケーション

依頼するときや提案するときなどに
よく使われる表現があります。
ここでは，コミュニケーションでよく使われる表現を，
伝えたい内容や場面ごとに整理しながら学びます。

Shall I help you?
お手伝いしましょうか。

I'm sorry I'm late.
遅刻してすみませんでした。

ここで学ぶ主な表現

→ 依頼する・許可を求める
→ 提案する・誘う
→ 気持ちを伝える・たずねる
→ 確認・つなぎ言葉など

**Would you like to come with me?**
私といっしょにいらっしゃいませんか。

**Could you tell me how to get to Ueno?**
上野への行き方を教えていただけますか。

# 依頼する

依頼は Can［Could］you 〜? / Will［Would］you 〜? などで表す。

## Can you hold the door for me? — Sure.

私のためにドアをおさえていてくれますか。 — もちろん，いいですよ。

## Could you explain that again?
## — All right.

もう一度説明していただけませんか。 — いいですよ。

## Will you come with me, please?
## — Certainly.

私といっしょに来てくれますか。 — もちろん，いいですよ。

## Would you tell me more about it?

それについて私にもっと教えてくださいませんか。

## — I'm sorry, but I have to go.

ごめんなさい，私は行かなければならないのです。

## ていねいな依頼の文

だれかに何かを頼みたいときに，命令文（→ p.102）に please をつけて「〜してください」と言うこともできますが，これはあくまでも「命令」する文なので，ていねいにお願いしたいときには使いません。

▸ **Please help** me, Aya. — OK, Mr. Jones.
アヤ，私を手伝ってください。
— いいですよ，ジョーンズ先生。

ていねいにお願いするときは，ふつう命令文ではなく助動詞の疑問文を使います。

参照 p.112
**can の依頼・許可の文**

参照 p.198
**依頼の Will you 〜?**

参照 p.209
**could, would**

| Can<br>Will<br>Could<br>Would | you | help<br>come<br>など動詞の原形 | 〜? |
|---|---|---|---|

● **Can you 〜？**（あなたは〜できますか）で**可能**かどうかをたずねたり，**Will you 〜？**（あなたは〜しますか）で相手の**意思**をたずねたりすることで，ていねいに何かを頼むことができます。

▸ **Can you help me?**　　私を手伝ってくれますか。

▸ **Will you come here?**　　こちらに来てくれますか。

● 助動詞の過去形（can → **could**，will → **would**）を使うと，「もしよろしかったら」のような遠回しな感じが加わり，**よりていねいな言い方**になります。

▸ **Could you help me?**
私を手伝ってくださいませんか。

▸ **Would you come here?**
こちらに来ていただけませんか。

**can と will**
Can you 〜? は友達どうしなどで使われる気軽な言い方で，目上の人には使わない。Will you 〜? も言い方によっては命令している感じになることもあるため，目上の人には Could[Would] you 〜? を使うのがよい。

━━━━━━━━━━━━━━━━━━━━━━━━▶ ていねいな言い方

**Please＋命令文.**
（〜してください。）

「命令」文なので，相手にやってもらうことが前提になっている。（断りにくい。）

**Can[Will] you 〜？**
（〜してくれますか？）

疑問文の形をとることで，相手に断る余地を与えている。

**Could[Would] you 〜？**
（〜してくださいませんか？）

助動詞の過去形を使うことで，遠回しな（＝ていねいな）言い方になる。

● Can[Could] you 〜？ / Will[Would] you 〜？ の文に **please** をつけて，さらにていねいな言い方にすることもできます。please は動詞の前か，コンマをつけて文の最後におきます。

▸ **Can you carry this bag for me, please?**
このかばんを持ってもらえますか。

▸ **Would you please wait here?**
どうかここでお待ちいただけませんか。

参照 p.103
**please がついた命令文**

参考

**for me**
左の1つ目の例文のように依頼の文に for me（私のために）をつけると，よりていねいな感じになる。

第1章 依頼する・許可を求める

第2章 提案する・誘う

第3章 気持ちを伝える・たずねる

第4章 確認・つなぎ言葉など

第5章 場面別表現

第6章 形式別表現

# 応じ方

依頼を受けて「いいですよ」と承諾したり,「だめです」と断ったりするときには,Yes / No の代わりに特有の表現がよく使われます。

## ●依頼を受け入れる言い方

□ **Sure.** もちろん。　□ **Certainly.** もちろんです。
□ **OK[Okay].** いいですよ。　□ **All right.** いいですよ。
□ **No problem.** かまいません。　　　　　　など

▶ **Will you stand up, please?** 立ってもらえますか。
— **OK.** いいですよ。

> Yes, I will.
> とはふつう
> 言わない！

▶ **Would you do me a favor?**
お願いがあるのですが。
— **Sure. What is it?** いいですよ。何ですか。

▶ **Can you pass me the salt, please?**
私のほうに塩を回してもらえますか。
— **Certainly. Here you are.** もちろんです。はい,どうぞ。

●依頼を断るときは,**I'm sorry.** などと謝ったあとに,できない**理由を述べる**のがふつうです。

▶ **Can you help me with these math problems?**
これらの数学の問題〈を解くの〉を手伝ってくれる?
— **Sorry, I can't. They're too difficult.**
ごめん,できないよ。それらは難しすぎるから。

▶ **Could you tell me your e-mail address?**
メールアドレスを教えていただけませんか。
— **I'm sorry, but I don't have one.**
すみませんが,アドレスを持っていないのです。

●依頼を断るときには,**I'm afraid ~.**(残念ですが~)という表現もよく使われます。I'm afraid のあとには〈主語+動詞〉を続けます。

▶ **Will you come along?**
いっしょに来てくれますか。
— **I'm afraid I can't. I have to go home.**
残念ですが無理です。家に帰らなければならないのです。

**くわしく**

**do ~ a favor**
favor は「親切な行い」の意味。Would[Could] you do me a favor? は人にお願いをするときの決まった言い方。

**くわしく**

**afraid**
afraid は形容詞で,「恐れて」の意味。I'm afraid (that) ~. は「残念ですが~」の意味で,相手に言いにくいことを切り出すときの決まった言い方。

第１章
許可を求める・依頼する

第2章
誘う・提案する

第3章
気持ちを伝える・たずねる

第4章
確認・つなぎ言葉など

第5章
場面別表現

第6章
形式別表現

# 2 許可を求める

**「〜してもいいですか」は Can［May］I〜? などで表す。**

listen 139

## Can I borrow your pen? – Sure.

きみのペンを使ってもいい？ ― もちろん。

## Could I use your computer? – Go ahead.

あなたのコンピューターを使ってもよろしいですか。 ― どうぞ。

## May I see your ticket? – Sure.

切符を見せていただけますか。 ― いいですよ。

## Do you mind if I open the window?

私が窓を開けたとしたら，おいやでしょうか→窓を開けてもよろしいですか。

## – No, not at all. Go ahead.

いいえ，まったくかまいませんよ。どうぞ。

## Can I 〜? / May I 〜?

「〜してもいいですか」と**許可**を求めるときには，助動詞 **can** または **may** を使います。

参照 ▶ p.112
**can の依頼・許可の文**
参照 ▶ p.207
**may, might**

| Can<br>Could<br>May | I | use<br>go<br>など動詞の原形 | 〜? |
|---|---|---|---|

● **Can I 〜?** は「私は〜できますか」と可能性を問うことによって許可を求める言い方です。友達どうしなどでよく使われます。過去形を使って **Could I 〜?** とすると**よりていねいな言い方**になります。

▸ **Can I use the bathroom?**　　　　トイレを使ってもいいですか。
▸ **Could I have some water, please?**　水をいただいてもよろしいですか。

● **May I 〜?**(私が〜してもよろしいですか)は Can I 〜? よりもていねいな表現になります。目上の人に許可を求めるときには May I 〜? を使います。

▸ **May I come in?**　〈部屋に〉入ってもよろしいですか。

## 応じ方

　許可を求められて「いいですよ」と承諾したり，「だめです」と断ったりするときには，Yes / No の代わりに特有の表現がよく使われます。

▸ **Can I have some more cookies?**
　— **Sure.　Go ahead.**
　　もう少しクッキーをもらってもいいですか。— ええ。どうぞ。

依頼には
Sure.
などで応じる!

▸ **Could I see the menu? — Certainly.**
　　メニューを見せていただけますか。— かしこまりました。

●断るときは，謝ったあとにできない理由を述べるのがふつうです。

**会話のコツ**

承諾するときには，Sure. / OK. / All right. などで了解を示すだけではなく，Go ahead. / No problem. などと相手の行為をうながす言葉をそえるとよい。

▸ **May I take a picture?**
　　写真を撮ってもいいですか。

　— **I'm afraid not.　You can't take pictures in the museum.**
　　すみませんが，だめです。美術館内は写真撮影できません。

# Do you mind ～?

　**Do you mind ～?** は文字通りには「私が～したら，あなたはいやですか［気にしますか］」の意味です。非常にていねいに許可を求めることができます。mind のあとには動名詞か if 節を続けます。

　許可を与える場合は No で答え，「いやではありませんよ［気にしませんよ］」という意思を伝えます。（断る場合には，ふつう Yes は使いません。）

**参考**

**Would you mind ～?**
助動詞 will の過去形 would を使って Would you mind if ～? とすると，遠回しな感じが加わり，さらにていねいな言い方になる

▸ **Do you mind if I turn on the TV?**
　　私がテレビをつけたら，あなたは気にしますか
　　→テレビをつけてもよろしいでしょうか。

　— **Not at all.　Go ahead.**
　　　いいえ，まったくかまいませんよ。どうぞ。

「いいですよ」
なら No で
応じる!

　— **I'm sorry, but I'm studying right now.**
　　　すみませんが，今，勉強しています。

第一章
SECTION
# 3 希望を伝える

I'd like 〜. や I'd like to 〜. などの言い方がある。

listen
140

## I'd like some tea, please.
私はお茶をいただきたいのですが。
## I'd like to buy these shoes.
この靴を買いたいのですが。

## 〈I'd like ＋名詞 .〉の形

I'd like 〜. は，「私は〜がほしいのですが」のように，自分のほしいものを**ひかえめに伝える**言い方です。直接的な I want 〜. よりもていねいな言い方です。

▸ **I'd like a glass of water.**
水を1杯ほしいのですが。

▸ **I'd like this one, please.**
これをください。

▸ **I'd like a hamburger and an orange juice, please.**
ハンバーガーを1つとオレンジジュースを1つください。

**くわしく**

**過去形は遠回しに伝える**
I'd like 〜. の I'd は I would の短縮形で，would は助動詞 will の過去形。助動詞の過去形を使うことによって，自分の気持ちを遠回しに伝えている。

## 〈I'd like to ＋動詞の原形〜.〉の形

I'd like to 〜. は，「私は〜したいのですが」のように，自分のしたいことを**ひかえめに伝える**言い方です。直接的な I want to 〜. よりもていねいな言い方です。

▸ **I'd like to buy a ticket.**
切符を買いたいのですが。

▸ **I'd like to stay here longer.**
ここにもう少し長く滞在したいのですが。

▸ **Excuse me. I'd like to go to the subway station.**
すみません。地下鉄の駅に行きたいのですが。

▸ **Today, I'd like to talk about myself.**
今日は私自身のことについてお話ししたいと思います。

参照 p.209
**Would you like 〜?**

**参考**

**I'd like you to 〜.**
I'd like you to 〜. は，I want you to 〜.(→ p.311) のていねいな言い方。

第2章
SECTION

# 1 申し出る

I'll 〜. / Shall I 〜? / Let me 〜. などの言い方がある。

listen
141

## This box is too heavy.
## — Oh, I'll give you a hand.

この箱は重すぎます。 — ああ，手を貸しましょう。

## It's hot.  Shall I open the window?
## — Yes, please.

暑いですね。窓を開けましょうか。— はい，お願いします。

## Let me do it for you.

それを〈あなたのために〉私にやらせてください。

## 気軽に申し出るとき

気軽に何かを申し出るときは，I will 〜.（私が〜しましょう）や I can 〜.（私が〜できます）などを使うことができます。

▸ **I'll open the door for you.**
私がドアを開けてあげましょう。

▸ **I can give it to you.**
それをきみにあげてもいいよ。

▸ **You can keep the book.**
その本を持っていていいよ。

● 手伝いを申し出るときは，手伝ってほしいかどうかを相手にたずねる言い方がよく使われます。

▸ **Do you want any help?**
何か手助けがほしいですか → 何かお手伝いしましょうか。

▸ **Do you need a hand?**
手が必要ですか → （荷物などを）持ちましょうか。／
手を貸しましょうか。

参照 p.102
命令文でも申し出を表すことができる。
・Use my pen.（私のペンを使ってください。）

**くわしく**

**help**
help は「助ける，手伝う」という意味の動詞のほか，「助け」という意味の名詞としても使われる。この意味の help は数えられない名詞。

422

## Shall[Should] I 〜? と応じ方

「私が〜しましょうか」と相手に申し出るときは, Shall I 〜? や Should I 〜? を使います。

▸ **Shall I help you?**
お手伝いしましょうか。

▸ **Shall I take a message?**
〈電話で〉伝言を預かりましょうか。

▸ **Should I carry these boxes?**
これらの箱を運びましょうか。

● Shall[Should] I 〜? に答えるときには, shall や should は使わず, 次のように応じます。

| | |
|---|---|
| ☐ **Yes, please.** | はい, お願いします。 |
| ☐ **Thank you.** | ありがとう。 |
| ☐ **No, thank you.** | いいえ, 結構です。 |
| ☐ **It's OK, thanks.** | 結構です, ありがとう。 |

▸ **Shall I bring you some water?**
水をお持ちしましょうか。
— **Yes, please.** はい, お願いします。
　× ~~Yes, you shall.~~
— **No, thank you.** いいえ, 結構です。
　× ~~No, you shall not.~~

## Let me 〜.

**Let me 〜.** は「私に〜させてください」の意味で, **申し出**を表すこともあります。Let me のあとには動詞の原形を続けます。

▸ **This computer doesn't work.**
このコンピューターは動きません。
— **Let me check it.**
　私にチェックさせてください → チェックしてあげましょう。

▸ **I can't open this box.** この箱を開けることができません。
— **Let me try.**
　私にやらせてみてください → 私がやってみましょう。

---

参照 p.208
**shall**

参考

**Do you want me to 〜?**
Do you want me to 〜?(あなたは私に〜してほしいですか)で申し出を表すことがある。Shall I 〜? よりもくだけた言い方で, 友達などに対して「(私が) 〜しようか?」のような軽い提案や申し出として使う。
・Do you want me to turn off the TV?(テレビを消してほしいですか→消そうか?)

参照 p.314
**let**
let は使役動詞で, 〈let + 人 + 動詞の原形〉で「(人)に〜させる」の意味を表す。Let me 〜. は命令文の形で, 申し出以外にも使われる。
・Let me see the picture.(写真を見せてください。)

第1章 依頼する・許可を求める

第2章 提案する・誘う

第3章 気持ちを伝える・たずねる

第4章 確認・つなぎ言葉など

第5章 場面別表現

第6章 形式別表現

# 2 提案する・誘う

Let's 〜. / Shall we 〜? / How about 〜? などの言い方がある。

## **Shall we** go now? − OK.

もう行きましょうか。― そうですね。

## **How about going** to the movies?
## − Sounds great.

映画を見に行くのはどうですか。― いいですね。

## We're having a party. **Why don't you** join us?

私たちはパーティーを開きます。参加しませんか。

## − Well, I don't know. I'm busy tomorrow.

うーん，どうでしょう。明日は忙しいのです。

## **Would you like to** come with me?
## − I'd love to.

私といっしょにいらっしゃいませんか。― 喜んで。

## 提案・誘いのいろいろな表現

　「〜しましょう」と提案したり誘ったりするときは，Let's 〜.(→ p.106)のほかにもいろいろな表現が使われます。

● **Do you want to 〜?** は「あなたは〜したいですか」の意味ですが，「〜しませんか」という**誘い**を表すことがあります。友達どうしなどで使われます。

▸ I'm going shopping tomorrow.　Do you want to come?
明日買い物に行くんだ。来ない？

● **Shall we 〜?** は「(私たちで) 〜しましょうか」と相手の意向をたずねることによって，誘いや提案を表します。

▸ It's getting dark.　Shall we go in?
暗くなってきました。中に入りましょうか。

▸ **Shall we** have lunch here?
ここで昼食を食べましょうか。

shall we は，Let's 〜. の文の**付加疑問文**(→ p.349)
としても使われます。

▸ **Let's take a walk, shall we?**
散歩をしませんか。

● **How about 〜?** は，「〜はどうですか」と意
見・感想をたずねる形で，何かを提案する言い方
です。about のあとには名詞か動名詞(動詞の ing
形)がきます。

▸ **How about tomorrow?**
　　　　　　　名詞
明日はどうですか。

▸ **How about asking your mother?**
　　　　　　　動名詞
お母さんに頼んでみたらどうですか。

● **Why don't you 〜?** は直訳すると「あなたは
なぜ〜しないのですか」という意味ですが，多く
の場合「〜してはどうですか」「〜しなさいよ」と
いう提案を表します。同じように，**Why don't
we 〜?**「(私たちが) 〜するのはどうですか」と
言う場合もあります。

▸ **Why don't you come?  It'll be fun.**
なぜ来ないの？ → おいでよ。楽しいわよ。

▸ **Why don't we play tennis after school?**
放課後，いっしょにテニスをしない？

● **Would you like to 〜?** は「あなたは〜したい
ですか」の意味で，Do you want to 〜? よりも
遠回しに希望をたずねる言い方です。相手の意向
をたずねる形で，**ていねいに誘う**ことができます。

▸ **Would you like to come to our party?**
私たちのパーティーにいらっしゃいませんか。

▸ **Would you like to have lunch with us today?**
今日，私たちといっしょに昼食を食べませんか。

---

参考

**What about 〜?**
How about 〜? とほぼ同じ
意味で，What about 〜? が
使われることもある。

参考

**why を使ったほかの提案の
表現**
Why don't I 〜? で「(私が)〜
しましょうか」の意味。
・Why don't I give you a
　ride to the station? （駅
　まで車に乗せていきましょ
　うか。）
〈Why not ＋動詞の原形〜?〉
で「〜してはどうか」の意味。
・Why not give some
　flowers to Mom?(母さん
　に花をあげるのはどうか
　な。)

---

第1章 依頼する・許可を求める

第2章 提案する・誘う

第3章 気持ちを伝える・たずねる

第4章 確認・つなぎ言葉など

第5章 場面別表現

第6章 形式別表現

## 同意するとき

　提案や誘いに対して「いいですよ」のように同意するときには，単純に Yes と答えるのではなく，積極的に同意する気持ちを表す表現がよく使われます。

### ●提案・誘いに同意する言い方

- [ ] **Yes, let's.**　　　　　　ええ，そうしましょう。
- [ ] **I'd love to.**　　　　　　ぜひそうしたいです。
- [ ] **I'd like[love] that.**　　それはいいですね。
- [ ] **I think so, too.**　　　　私もそう思います。
- [ ] **That sounds nice[great]. / Sounds nice[great].**
　それはすてきに聞こえます→いいですね。
- [ ] **That's a good[great] idea. / Good[Great] idea.**
　それはいい考えですね。
- [ ] **That would be great.**　それはすばらしいでしょうね。
- [ ] **Why not?**　どうしてそうしないの?→もちろん，そうするよ。

▶ **How about going to the beach?**
　— **That sounds nice.**
　海辺へ行くのはどう? — いいねえ。

## 断るとき

　提案や誘いを断るときは，はっきり断る以外に，はっきりした言い方を避けて遠回しに断る表現もあります。

### ●提案・誘いを断る言い方

- [ ] **No, let's not.**　　　　　いいえ，やめておきましょう。
- [ ] **I'm sorry, but I can't. / I'm afraid I can't.**
　ごめん，できないよ。／残念だけど，できないよ。
- [ ] **I'd rather not.**　　　　やめておきます。
- [ ] **I'm afraid not.**　　　　残念ながら，できません。
- [ ] **I don't think it's a very good idea.**
　あまりいい考えではないと思います。
- [ ] **Well, I don't know.**　　さあ，どうだろうね。
- [ ] **Maybe next time.**　　　また今度ね。

▶ **Why don't you join us?**
　— **Sorry, but I have to go now.**
　私たちに加わらない? — ごめん，もう行かなくちゃいけないの。

**参照** p.209
would は will の過去形だが，will よりも遠回しでていねいな響きがある。
I'd は I would の短縮形。

**参照** p.216
sound は「〜に聞こえる」の意味で SVC の文型をつくる。

### くわしく

**Why not?**
Why not? は反語的に同意を表す表現。反語とは，言いたいこととは反対の内容を疑問形で表す表現法のこと。

**発展**

**would rather 〜**
〈would rather + 動詞の原形〉で，「〜するほうがよい[ましだ]」の意味を表す。
・I'd rather stay home than go out today.（私は今日は外出するよりも家にいたい。）

# 物をすすめる

Would you like 〜? / Do you want 〜? などの言い方がある。

listen
143

## Would you like some cookies?
## — Yes, please. Thank you.

クッキーはいかがですか。— はい，お願いします。ありがとう。

## Please help yourself. — Thank you.

自分で取って食べてください。— ありがとう。

## 物をすすめる言い方

「〜はいかがですか」と食べ物などをていねいにすすめるときは，**Would you like 〜?** を使います。Would you like 〜? は，Do you want 〜? よりもていねいな言い方です。

▸ **Would you like** something to drink?
何かお飲み物はいかがですか。
— **Yes, please.**　はい，お願いします。
— **No, thank you.**　いいえ，結構です。

▸ **Do you want** some juice?　ジュースはいる？
└─友達どうしなどで使われる

● **How about 〜?** は，「〜はどうですか」の意味を表します。

▸ **How about** some tea?　紅茶はどうですか。
— **Sounds nice.**　いいですね。
— **Sorry, I don't drink tea.**
すみませんが，紅茶は飲みません。

● **Help yourself to 〜.** は，「〜を自分で自由に取って食べて[飲んで]ください」という意味です。

▸ **Help yourself to** some cake.
ケーキをご自由にお食べください。

**参照** p.102
命令文を使って Have some tea.（お茶をどうぞ。）のように言うこともできる。

**参照** p.209
would を使うと遠回しでていねいな言い方になる。

**参照** p.380
**すすめる文の some と any**
何かをすすめるときには，疑問文でも any[anything]ではなく some[something]を使う。some だと Yes の答えを期待していることが相手に伝わり，「おすすめ」している感じになる。

**発展**

**help A to B**
〈help A to B〉で，「A に B を給仕する」の意味を表す。
・Mike helped me to some tomato soup.（マイクは私にトマトスープをよそってくれました。）

# 意見・感想をたずねる,伝える

How is［was］ ～? / How do you like ～? などの言い方がある。

listen
144

## How was your school trip? – It was fun.

修学旅行はどうでしたか。 ― 楽しかったです。

## How did you like the book?
## – I really enjoyed it.

その本は気に入りましたか。 ― ほんとうに楽しみました。

## What was the concert like?
## – It was so loud.

コンサートはどんなふうでしたか。 ― とてもうるさかったです。

---

## 意見・感想のたずね方

ものや出来事などについての感想や意見をたずねる
ときは, **How is［was］ ～?** などの表現を使います。

□ **How is ～?**　　　～はどんなですか, どうですか。
□ **What is ～ like?**　～はどんなふうですか。
□ **How do you like ～?**
　　～はどのくらい好きですか → ～はどうですか, 気に入りましたか。
□ **What do you think about ～?**
　　～についてどう思いますか。

参照 p.123
**how の疑問文**

この like は
「～のような」の
意味の前置詞!

## 意見・感想の答え方

感想を答えるときは, good, great などの**形容詞**
や, like, enjoy などの**動詞**を使います。

▶ **How was the movie?**　映画はどうだった?
　— **It was exciting.**　わくわくしたよ。
　— **It was boring.**　　退屈だったよ。
　— **It was interesting**, but it was too long.
　　おもしろかったけど, 長すぎました。

参照 p.99
**動詞からできた形容詞**

▶ **How was the party?** パーティーはどうだった？

 — **It was wonderful.** すばらしかったです。

 — **I had a really good time.**
　とても楽しい時を過ごしました。

▶ **How do you like this song?** この歌はどう，気に入った？

 — **I like it a lot.** とても気に入ったよ。

 — **Well, I don't know. I don't like it very much.**
　うーん，どうかなあ。私はあんまり好きじゃないです。

● **What do you like about ～?**（～のどういう
ところが好きですか）に対しては，**好きな点**を具体
的に答えます。

▶ **What do you like about your job?**
あなたのお仕事のどこが好きですか。

 — **I can meet a lot of people.**
　　大勢の人に会えるところです。

● **What do you think about ～?** に対しては，
I think (that) ～ . などの形で，**自分の考え**を具体
的に答えます。

▶ **What do you think about my idea?**
私の考えをどう思う？

 — **It's a good idea, but I think it would take
too much time.**
　　いい考えだけど，時間がかかりすぎると思います。

● **What is ～ like?** や **What is it like ～?**（～
はどんなふうですか，どうですか）に対しては，**具
体的な様子**を答えます。

▶ **What's your new house like?**
あなたの新しい家はどんなですか。

 — **It's small, but it's comfortable.**
　　小さいけれど快適です。

▶ **What's it like living [to live] here?**
ここに住んでみてどうですか。 ← 動名詞か不定詞がくる

 — **I like it here.** ここは居心地がいいです。

**くわしく**

**いろいろな形容詞**
good 以外にもいろいろな形
容詞が使われる。
・nice（すてきな）
・great（すごい）
・wonderful
（すばらしい）
・exciting
（わくわくする）
・interesting
（おもしろい，興味深い）

参照 ▶ p.228
**接続詞 that**

think のあとに
that が省略
されている。

**くわしく**

**前置詞の like**
What is ～ like? の like は
動詞ではなく前置詞で，「～
のような」「～に似た」とい
う意味。

参照 ▶ p.308
What is it like ～? の it は
形式上の主語で，「それは」
という意味はない。

第1章 許可を求める・依頼する

第2章 提案する・誘う

第3章 気持ちを伝える・たずねる

第4章 確認・つなぎ言葉など

第5章 場面別表現

第6章 形式別表現

# 感謝する

いろいろな感謝の表し方・応じ方がある。

listen
145

## Thank you for everything.
## – You're welcome.

いろいろとありがとう。 — どういたしまして。

## It's very kind of you. – My pleasure.

ご親切にありがとう。 — どういたしまして。

## 感謝を表す表現

「～をありがとう」は **Thank you for** ～. の形で表し，for のあとには名詞か動名詞を続けます。

· **Thank you for** the present.

　プレゼントをありがとう。

· **Thank you** so much **for** helping me.

　手伝ってくれてどうもありがとう。

● **It's ～ of you.** は「あなたは～だ」の意味で，感謝の気持ちを表すときに使うこともあります。

· **It's** nice[kind] **of you** to help me.

　私を手伝ってくれるなんてあなたは親切ですね
　→手伝ってくれてご親切にありがとう。

## 応じ方

「どういたしまして」などと応じるときには，次のような表現を使います。

> □ **You're welcome.**　　　どういたしまして。
> □ **No problem.**　問題ないですよ。お安いご用です。
> □ **Not at all.**　　なんでもないことです。
> □ **Don't mention it.**　　　どういたしまして。
> □ **It's my pleasure. / My pleasure.**
> 　どういたしまして，こちらこそ。

参照 ▶ p.253

**動名詞**

動詞の ing 形は「～すること」の意味になる。

**会話のコツ**

話し言葉では，Thank you. よりも気軽な表現として Thanks. もよく使われる。

参照 ▶ p.309

**It ... of ― to ～.**
で使われる形容詞

**くわしく**

**My pleasure.**

pleasure は本来，「喜び，楽しみ」の意味。My pleasure. で「私にとって喜びです」→「どういたしまして，こちらこそ」の意味になる。

## 第3章
SECTION

# 3 謝罪する

いろいろな謝罪の表し方・応じ方がある。

**listen 146**

# I'm sorry I'm late.
# – That's all right.

遅刻してすみませんでした。— だいじょうぶですよ。

## 謝罪を表す表現

「～してごめんなさい」と言うときには，**I'm sorry** のあとに **that** の節を続けた形で表すことができます。この **that** はよく省略されます。

▶ **I'm sorry (that) I left your book at home.**
あなたの本を家に忘れてきてしまってごめんなさい。

● I'm sorry のあとに for や about を続けて「～をごめんなさい」と言うこともできます。for や about のあとには名詞か動名詞を続けます。

▶ **I'm sorry about yesterday.**
昨日はごめんなさい。

▶ **I'm sorry for breaking the vase.**
花びんを割ってしまってすみません。

## 応じ方

謝罪の言葉に対して「いいんですよ」などと応じるときには，次のような表現を使います。

□ **That's all right. / All right.**
いいんですよ。

□ **It's OK. / That's OK.** いいんですよ。

□ **No problem.** 問題ないですよ。

□ **Don't worry about it.** 心配しないでください。

□ **Forget (about) it.**
忘れてしまってください → なんでもないことです。

---

**会話のコツ**

話し言葉では，I'm sorry. よりも気軽な表現として Sorry. もよく使われる。

**参考**

**Forgive me.**
**Excuse me.**

I'm sorry. は自分の非を認めて謝罪するときに使う表現。それよりも重い過失を謝罪するときは Forgive me. を使う。人の体に触れてしまったときなどに軽く謝る場合には，ふつう Excuse me. が使われる。

**参考**

**I'm sorry to ～.**

I'm sorry to ～. はこれからすることに対して「すみませんが」と言うときに使われる。

・I'm sorry to say this, but I didn't like your paintings.（これを言うのは申し訳ないのですが，あなたの絵は気に入りませんでした。）

---

第1章 依頼する・許可を求める

第2章 提案する・誘う

第3章 気持ちを伝える・たずねる

第4章 確認・つなぎ言葉など

第5章 場面別表現

第6章 形式別表現

第3章

SECTION

# 4 体調をたずねる・気づかうなど

体調を言うときは，I have 〜. / I feel 〜. などで表す。

listen
147

## What's wrong?
## — I don't feel very well. I think I have a cold.

どうしたの？ ― あまり気分がよくありません。かぜをひいたようです。

## What's the matter?
## — I have a headache.

どうしたのですか。― 頭が痛いのです。

## How do you feel now?
## — I feel much better.

今の気分はどうですか。― 前よりだいぶよくなりました。

## Take care of yourself. お大事に。

## 体調のたずね方

体調についてたずねるときには，次のような表現を使います。

- ☐ **What's wrong (with you)?** どうしたのですか。
- ☐ **What's the matter (with you)?**
  どうしたのですか。
- ☐ **How do you feel?** 気分はどうですか。
- ☐ **Are you OK[all right]?** だいじょうぶですか。

▶ **You look pale.  What's wrong?**
きみは顔色が悪いですよ。どうしたのですか。

— **I have the chills.  I think I have a fever.**
私は寒けがします。熱があるようです。

▶ **Are you all right, Charlie?**
だいじょうぶですか，チャーリー。

— **Yes, I think I'm OK.**
はい，だいじょうぶだと思います。

 くわしく

**feel は how,
think は what**

feel（感じる）と think（思う）は似た意味の動詞だが，「どう感じますか[思いますか]」とたずねるとき，feel には how を，think には what を使う。

・How do you feel about it?（それについてどう感じますか。）
・What do you think about it?（それについてどう思いますか。）

432

# 体調を告げるときの表現

　体調について言うときには，**I have ～.** を使ってどこが悪いのかを表すことができます。

参照 p.396
**have のいろいろな使い方**

・**I have a headache.**
頭痛がします。

・**I have a stomachache.**
おなかが痛いです。

・**I have a cold.**
かぜをひいています。

・**I have a fever.**
熱があります。

・**I have a runny nose.**
鼻水が出ます。

・**I have a sore throat.**
のどが痛いです。

●また，**hurt**（痛む，傷つける）などの動詞を使って，次のように言うこともできます。

▷ **I hurt my arm.**　　　腕をけがしました。
▷ **My knee hurts.**　　　ひざが痛みます。
▷ **I broke my leg.**　　　足を骨折しました。
▷ **I sprained my ankle.**　足首をくじいてしまいました。

●「気分」や「症状」などについて言うときには，動詞 **feel** をよく使います。

▷ **I feel good today.**　　今日は気分がいいです。
▷ **I feel sick.**　　　　　はきけがします。

# 体調を気づかうときの表現

　相手の体調を気づかうときには，次のような表現をよく使います。

□ **That's too bad.**　　　　　　お気の毒に。
□ **Please take care of yourself.**　お大事に。
□ **I hope you get better soon.**
　早くよくなるといいですね。

参考

**ache の意味**
ache は「ずきずきする痛み」の意味。～ache の形で「～痛」の意味になる。
・headache（頭痛）
・stomachache（腹痛）
・toothache（歯痛）
・backache（腰痛）

参考

**I feel ～. の言い方**
・I feel chilly.
（寒けがします。）
・I feel dizzy.
（めまいがします。）

第1章 依頼する・許可を求める
第2章 提案する・誘う
第3章 気持ちを伝える・たずねる
第4章 確認・つなぎ言葉など
第5章 場面別表現
第6章 形式別表現

第4章
SECTION
1

# 聞き返す・確認する

I beg your pardon? / I'm sorry? などの言い方がある。

listen
148

## I beg your pardon?

何とおっしゃいましたか。

## He once said that, didn't he?

彼はかつてそう言いましたよね。

## That's just his opinion, right?

それは彼の意見にすぎませんよね。

## You mean we have to go now?

つまり，私たちはもう行かなければならないということですか。

## Do I have to go now?

私はもう行かなければなりませんか。

## 聞き返すときの表現

　相手の言ったことが聞き取れなかったときは，次のような表現を使って聞き返します。次の4つの文は，「もう1度言ってください」という意味を表します。

- ·I beg your pardon?(↗)　· Pardon?(↗)
- ·Excuse me?(↗)　· I'm sorry?(↗)

●ていねいに言うときには，次のような表現を使います。

参照 p.416
依頼する

▸ Could you say that again, please?(↗)
　それをもう1度言っていただけますか。

●聞き取れなかった部分を**疑問詞**つきの疑問文を使ってたずねることで，聞き返すこともできます。

▸ Let's meet at 4:25.　4時25分に会いましょう。
　— I'm sorry, what time did you say?(↗)
　　すみません，何時とおっしゃいましたか。

時間の部分が
聞き取れなかっ
たとき。

# 確認するときの表現

　相手の言ったことについて確認したいときや，意味を明らかにしたいときには，次のような表現を使います。

●**付加疑問文**は，軽く確認するときや念を押すときに使います。

▸ **You're a baseball fan, aren't you?**
あなたは野球ファンですよね。

●くだけた会話では，付加疑問文の代わりに，〈〜, **right?**〉を文の最後につけることもあります。

▸ **He has lived here for more than ten years, right?**
彼はここに10年以上住んでいるのですよね。

●動詞 **mean**（意味する，意図する）を使って相手の意味することを確認することがあります。

▸ **You mean we have to do it again?**
私たちはもう1度それをしなければならないということですか。

●自分のことについては，I を主語にした疑問文で相手に確認することができます。

▸ **Am I right?**
私〈の言ったこと〉は正しいですか。

▸ **Do I have to get there by 10:00?**
私は10時までにそこに着かなければなりませんか。

▸ **Do I need to buy a ticket?**
切符を買わなければなりませんか。

▸ **Should I help her?**
彼女を手伝ったほうがいいですか。

**参考**

**そのほかの確認する表現**
確認する表現には，ほかに次のようなものもある。
・Are you sure?
（確かですか。）
・Is that so?
（そうですか。）

**参照** p.349
**付加疑問文**
前の動詞を受けた2語の疑問形を文末につける形。次のような形になる。
・You are 〜, aren't you?
・You like 〜, don't you?
・You said 〜, didn't you?

Do you mean 〜? の形でたずねてもよい。

**参照** p.204
**have to**

**参照** p.206
**should**

# 2 あいづち・つなぎ言葉など

あいづちやつなぎ言葉は，会話をスムーズに進めるために使われる。

listen 149

## I'm here to see Alex. — Oh, I see.

私はアレックスに会うためにここにいるのです。 — ああ，わかりました。

## I saw him at the station. — Oh, did you?

彼を駅で見かけましたよ。— へえ，そうですか。

## Well, that's a difficult question.

うーん，それは難しい質問ですね。

## Let me see. I can't remember the name.

ええと。名前を思い出せません。

## I saw her by the bridge, you know, the bridge next to the post office.

橋のそばで彼女を見かけましたよ，ほら，郵便局の隣の橋のことです。

## Here you are. — Thank you.

はい，どうぞ。— ありがとう。

## あいづちの打ち方

ふだんの会話の中では，相手の言ったことに対してあいづちを打つことはよくありますね。代表的なあいづちには，次のようなものがあります。

### ●いろいろなあいづち

| | | | |
|---|---|---|---|
| ☐ I see. | わかりました。 | ☐ I got it. | わかった。 |
| ☐ I understand. | わかりました。 | ☐ I think so. | そう思います。 |
| ☐ That's right. | そのとおり。 | ☐ That's true. | ほんとうにそうですね。 |
| ☐ Exactly. | そのとおり。 | ☐ Go on. | 話を続けて。 |
| ☐ Are you sure? | 確かですか。 | ☐ Really? | ほんとう？ |
| ☐ Uh-huh. | うんうん。 | ☐ Is that right? | ほんとうですか。 |
| ☐ Wow. | わあ。 | ☐ Are you kidding? | 冗談でしょう？ |
| ☐ Oh, yeah? | ほんとうなの？ | ☐ Mm-hm. | うんうん。 |

Did you? のように〈(助)動詞＋代名詞？〉の形で「そうなんですか？」とあいづちを打つ場合もあります。付加疑問文と同じように、一般動詞は do / does / did で，be 動詞は bc 動詞で受けます。

| 相手の発言 | My sister | bought | a bag at this store. |

私の姉[妹]はこの店でかばんを買いました。

| あいづちの文 | Oh, | did | she ? |

へえ，そうなんですか。

| 相手の発言 | My uncle | was | a teacher. |

私のおじは教師でした。

| あいづちの文 | Oh, | was | he ? |

へえ，そうなんですか。

## 言葉のつなぎ方

すぐに答えられなかったり，何かを考えたりするときのつなぎ言葉には，次のようなものがあります。

□ Well ... ええと…　□ You know, ... ね／ほら…
□ Let's see ... ええと…　□ Let me see ... ええと…
□ I mean ... つまり…

▸ **Well, I don't know.** そうですねえ，わかりません。

▸ **Let me see, how about this plan?**
ええと，では，この計画はどうですか。

▸ **I like the actor in that movie, you know, the one who plays the police officer.** 私，あの映画に出ている俳優が好きよ，ほら，警官を演じているあの俳優よ。

## 物を手渡すときの表現

「はい，どうぞ」と相手に物を手渡すときには，**Here you are.** や **Here it is.** を使います。もらう側はお礼を述べるのがふつうです。

▸ **Here you are. — Thank you.**
はい，どうぞ。—ありがとう。

---

参照 p.349
**付加疑問文**
「ですよね？」と念を押す言い方で，〈否定の短縮形＋主語〉の形を付加疑問文という。
・You are a high school student, aren't you?（あなたは高校生ですよね。）

**参考**
**「〜もそうです」**
相手の発言に対して，「〜もそうです」と応じるときは so を使って〈So ＋(助)動詞＋主語.〉の形を使う。
・I like music.
— So do I.
（私は音楽が好きです。 — 私もです。）

**くわしく**
**I mean 〜.**
mean は「意味する」という意味の動詞。I mean 〜. は「私が意味するのは(つまり)〜です」の意味で，言いたいことを明確に伝えるときに使う。

**くわしく**
**Here you are. と Here it is.**
Here you are. は不特定のものについて使う。
・Do you have a pen?
— Here you are.
（ペンを持っていますか。—はい，どうぞ。）
Here it is. は渡す物に重点を置いた表現で，特定のものを受けてしか使わない。
・Where's my pen?
— Here it is.
（私のペンはどこですか。—ここにあるよ，はい。）

第1章 許可を求める・依頼する
第2章 誘う・提案する
第3章 気持ちを伝える・たずねる
第4章 確認・つなぎ言葉など
第5章 場面別表現
第6章 形式別表現

# 電話

電話の会話て使われる決まった表現を学習します。

listen
150

## May I speak to Sam, please?
## — Sure. Hold on, please.

サムはいますか。 — はい。お待ちください。

## Sam is out right now.
## — Can I leave a message?

サムは今，外出しています。 — 伝言をお願いできますか。

## 電話での会話

電話では，自分の名前は I'm 〜. ではなく This is 〜. で名乗るなど，いくつか特有の表現があります。

▶ Hello? — Hello. This is Aya. May I speak to Cody?
もしもし？ — もしもし。アヤです。コーディーはいますか。

●電話でよく使われるきまった表現

□ Speaking. / It's me.　　　私です。
□ May I have your name, please?
　どちらさまですか。
□ You have the wrong number.
　番号がちがっていますよ。
□ Just a minute[moment], please. /
　Hold on, please.
　少しお待ちください。
□ Hang on, please.
　切らずにそのままお待ちください。
□ Shall I take a message?
　伝言をお聞きしましょうか。
□ I'll call back later.　　　あとでかけ直します。
□ Thank you for calling.　お電話ありがとう。

くわしく

**電話での This is 〜.**
電話で自分の名前を名乗るときは，ふつう I'm 〜. ではなく，This is 〜. や This is 〜 speaking. と言う。

参考

**hang up**
hang up は「電話を切る」の意味。旧式のかべ掛け式電話に受話器を掛けて(hang)切ったことからくる。
・I've got to hang up.
　(もう電話を切るね。)

# 第5章 SECTION 2 道案内

道をたずねたり，案内したりするときの表現を学習します。

listen 151

## Excuse me.
## Could you tell me the way to the station?
## — Sure. Go down this street
##    for two blocks.

すみません。駅までの道を教えていただけますか。

— はい。この通りをまっすぐ２区画行ってください。

## 道案内の会話

● **道をたずねるとき**は，次のような表現を使います。

□ **Could you tell me the way to ~?**
〜への行き方を教えていただけますか。

□ **How can I get to ~?**
〜へはどうやって行けばよいですか。

□ **I'm looking for ~.** 〜をさがしているのですが。

● **道を教えるとき**は，次のような表現を使います。

□ **Go straight this way.** この道をまっすぐ行きます。
□ **Go along ~.** 〜に沿って進んでください。
□ **Go down this street[road] for ~ block(s).**
この通り[道]に沿って〜区画行きます。
□ **Turn right[left] at ~.** 〜で右[左]に曲がります。

その他，道案内に特有の表現があります。

□ **You'll see it on your right[left].**
右側[左側]にありますよ。
□ **I'm a stranger here.** このあたりはよく知りません。
□ **How long does it take to ~?**
— **It's a ten-minute walk from here.**
〜までどのくらいかかりますか。— ここから歩いて10分です。

参照 p.135
How long does it take? の it は時間を表す文の主語で，「それは」の意味はない。

参考

〈by＋交通手段〉
交通手段を表すときは〈by＋交通手段〉の形。交通手段の前には the や a などの冠詞はつかない。
・by car（車で）
・by bus（バスで）
・by train（電車で）

参考

位置を表す表現
・in front of ~
（〜の目の前に）
・across from ~
（〜の向かい側に）
・next to ~
（〜の隣に）
・at the corner of ~
（〜の角に）

# 3 電車・バスなどの案内

乗り物での行き方をたずねたり，案内したりするときの表現を学習します。

listen
152

## Could you tell me how to get to Ueno?
## — Take the Chuo Line to Akihabara
##    and change to the Yamanote Line.

上野への行き方を教えていただけますか。
— 中央線で秋葉原に行って山手線に乗りかえてください。

## Does this train go to Ueno?

この電車は上野に行きますか。

## 乗り物の案内

●**交通機関についてたずねるとき**は，次のような表現を使います。

> □ **Which train[bus] goes to ~?**
>   どの電車[バス]が～へ行きますか。
> □ **Does this train[bus] go to ~?**
>   この電車[バス]は～へ行きますか。
> □ **Where should I get off?**
>   どこで降りればいいですか。
> □ **Where do I have to change trains [buses] to go to ~?**
>   ～へ行くにはどこで電車[バス]を乗りかえればいいですか。

●**交通機関の案内をするとき**の表現です。

> □ **Take the train[bus] for ~.**
>   ～行きの電車[バス]に乗ってください。
> □ **Get off at the second[third] stop.**
>   2[3]つ目の駅[バス停]で降りてください。
> □ **Change trains[buses] at ~.**
>   ～で電車[バス]を乗りかえてください。

### 参考

**適切さを表す right**

right の基本的な意味は「正しい」だが，「適切な」の意味でも使われる。

・Is this the right train for Ueno?(上野へはこの電車でいいのですか。)

# 第5章 SECTION 4 空港

入国審査での係官との会話で使われる表現を学習します。

listen 153

## What's the purpose of your visit?
## — Sightseeing.

滞在の目的は何ですか。 — 観光です。

## How long are you going to stay?
## — For a week.

どのくらい滞在しますか。 — 1週間です。

## 空港での会話

●**外国の空港に到着したときの入国審査**では，次のような質問をされることがあります。

☐ **Show me your passport, please. /**
**May I see your passport, please? /**
**Passport, please.** パスポートを見せてください。
  — **Here you are.** はい，どうぞ。
☐ **What's the purpose of your visit[stay]?**
  訪問[滞在]の目的は何ですか。
  — **Sightseeing**　　　　観光です。
☐ **How long are you going to stay? /**
**How long do you plan to stay?**
  どのくらい滞在する予定ですか。
  — **For five days.**　　　5日間です。
☐ **What's your occupation?**　職業は何ですか。
  — **Student.**　　　　学生です。
  — **Office worker.**　　会社員です。
☐ **Where will you be staying?**
  滞在先はどちらですか。
  — **At the ABC Hotel.**　ABCホテルです。

**参考**

**税関で聞かれる質問**
税関では，申告するものがあるかどうかなどについてたずねられる。

・(Do you have) anything to declare? — No, nothing.
（何か申告するものはありますか。 — いいえ，ありません。）
・What do you have in your suitcase? — Clothes.
（スーツケースには何が入っていますか。 — 衣類です。）

第1章 依頼する・許可を求める

第2章 提案する・誘う

第3章 気持ちを伝える・たずねる

第4章 確認・つなぎ言葉など

**第5章 場面別表現**

第6章 形式別表現

# 注文

レストランなどで注文したり，会計したりするときの表現を学習します。

listen
154

## Are you ready to order?
## — I'll have today's spaghetti, please.

ご注文はお決まりですか。— 本日のスパゲッティをお願いします。

## May I have the check, please?

お会計をお願いできますか。

## Keep the change.

おつりは取っておいてください。

## レストランなどでの会話

●**レストランやファストフード店での注文のとき**は，次のような表現が使われます。

☐ **What would you like to have? /**
**May I take your order?**

何になさいますか。／ご注文をうかがってもよろしいですか。

— **I'd like an orange juice.**

オレンジジュースをお願いします。

— **I'll have a hamburger.**

ハンバーガーをお願いします。

☐ **For here or to go?**

こちらでお召し上がりですか，お持ち帰りですか。

— **For here.** ここで。 **/ To go.** 持ち帰りで。

●**会計のとき**は，次のような表現が使われます。

☐ **May[Can] I have the check, please?**

お会計をお願いします。

☐ **Here's your change.** おつりです。

☐ **Keep the change.** おつりは取っておいてください。

**参考**

**店員とのいろいろなやりとり**

・Do you have mineral water?（ミネラルウォーターはありますか。）
・Can I order, please?（注文してもいいですか。）
・Can I see the menu?（メニューを見せてもらえますか。）
・What's today's special?（今日のおすすめは何ですか。）
・I don't think I ordered this.（これは注文していないと思います。）

# 食事

食卓での会話で使われる表現を学習します。

listen
155

## Everything looks delicious.

全部おいしそうですね。

## Please help yourself.

どうぞ自分で取って食べてください。

## Can you pass me the salt?

塩を取ってもらえますか。

## 食卓での会話

●出してくれた**料理をほめるとき**には，次のような表現を使うことができます。

| □ It looks good. | おいしそう。 |
|---|---|
| □ It smells good. | おいしそうなにおい。 |
| □ It tastes good. | おいしい。 |

●そのほか，次のような表現が使われます。

| □ **Dinner is ready.** | 夕食の用意ができました。 |
|---|---|
| □ **Help yourself.** | |
| 自分で自由に取って食べてください。 | |
| □ **Can you pass me the pepper?** | |
| こしょうを取ってもらえますか。 | |
| □ **I'm hungry.** | おなかがすいています。 |
| □ **I'm full.** | おなかがいっぱいです。 |
| □ **I have a poor appetite.** | |
| あまり食欲がないのです。 | |
| □ **Can I have some more?** | |
| もう少し食べてもいいですか。 | |
| □ **May I have another helping?** | |
| おかわりをいただけますか。 | |

**くわしく**

「味」を表す語句
・sweet（甘い）
・salty（塩からい）
・hot（からい）
・sour（すっぱい）
・bitter（苦い）
「おいしい」を表す言葉には，delicious, good, nice, tasty などがある。

**参考**

**いただきます，ごちそうさま**
英語では，食事の前後に「いただきます」「ごちそうさま」のように決まったあいさつをする習慣はない。しかし食事をごちそうになった場合などは，次のように感謝を伝えるのが礼儀。
・Everything was delicious. Thank you very much.（全部おいしかったです。ありがとうございました。）

第1章 依頼する・許可を求める
第2章 提案する・誘う
第3章 気持ちを伝える・たずねる
第4章 確認・つなぎ言葉など
第5章 場面別表現
第6章 形式別表現

第5章

SECTION

**7**

# 買い物

店で買い物をするときに使われる表現を学習します。

listen
156

## May I help you?
## — Yes.  I'm looking for a travel bag.

何かおさがしですか。— はい，お願いします。旅行かばんをさがしています。

## How about this one?

こちらはいかがですか。

## Do you have a smaller one?

もっと小さいのはありますか。

## 買い物の会話

●**店で買い物をするときのやりとり**では，次のような表現が使われます。

- □ May I help you?
  〈店員が客に〉お手伝いしましょうか→何かおさがしですか。
- □ Do you have this in red?
  これの赤いのはありますか。
- □ Do you have anything smaller[larger]?
  もっと小さい[大きい]物はありますか。
- □ Will you show me another ~?
  別の～を見せていただけますか。
- □ May I try this on?　　　試着してもいいですか。
- □ I'll take it.　　　これをいただきます。
- □ Could you wrap it up?　包んでいただけますか。

●**色・サイズ・形を表す語句**

- □ bright / dark / vivid / pale
  明るい／暗い[濃い]／鮮やかな／淡い
- □ small / medium / large　　　小／中／大
- □ round / square　　　　　丸い／四角い

**くわしく**

**May I help you? への応じ方**

特にさがしているものがないときには，I'm just looking. Thank you.（見ているだけです。ありがとう。）と答える。

**参考**

**「値段」を表す語**

「値段」を表す言葉には，expensive（高い），reasonable（手ごろな），cheap（安い）などがある。

# 8 訪問・招待

訪問するときや迎え入れるときに使われる表現を学習します。

listen
157

# Welcome!
# Thank you for coming today.

ようこそ！ 今日は来てくれてありがとう。

# May I use the bathroom?

お手洗いをお借りしてもよろしいですか。

# This is for you.  I hope you like it.

（プレゼントなどを渡しながら）これをどうぞ。気に入っていただけるといいのですが。

## 家での会話

● **相手の家を訪問するときや，自分の家に来た人を迎え入れるとき**には，次のような表現が使われます。

□ **Please come in.**
　 どうぞ入ってください。
□ **Thank you for coming today.**
　 今日は来てくれてありがとう。
□ **Thank you for inviting me today.**
　 今日は招待してくれてありがとう。

● そのほか，次のような表現も使われます。

□ **Is there anything you want to eat?**
　 何か食べたいものはありますか。
□ **Can I help you with anything?**
　 何かお手伝いしましょうか。
□ **May I use the bathroom?**
　 お手洗いをお借りしてもよろしいですか。
□ **Here.  This is for you.**
　 （おみやげを渡しながら）これ，どうぞ。

**くわしく**

**家でのいろいろなやりとり**
・Please make yourself at home. （どうぞ，くつろいでください。）
・What would you like to drink? （飲み物は何がよろしいですか。）
　— Can I have some water? （水をもらえますか。）
・You have a beautiful house. （きれいなおうちですね。）

第1章 依頼する・許可を求める

第2章 提案する・誘う

第3章 気持ちを伝える・たずねる

第4章 確認・つなぎ言葉など

第5章 場面別表現

第6章 形式別表現

# 1 メール

メールの書き方や，よく使われる表現を学習します。

---

## **Thank you for** your e-mail.

メールありがとう。

## **I have attached** some pictures.

写真を何枚か添付しました。

## **I'm looking forward to** seeing you.

お会いするのを楽しみにしています。

---

## メールの形式

電子メールは，実際の手紙によるやりとりと比べると，形式的なあいさつなどを省略して簡潔に書かれることが多いです。

### ●電子メールの例

From: cody@pfctcourse.com
To: aya-macaron@gakken.ne.jp
Cc:
Subject: Re: How are you doing?

Aya,

Thank you for your e-mail.
I'm doing great in the U.S.
I have attached some pictures.
What are you going to do
this summer vacation?

Cody

〈意味〉アヤ，メールありがとう。ぼくはアメリカで元気にしています。写真を添付しました。夏休みは何をしますか。コーディー

**参考**

**「メール」の言い方**
電子メールは e-mail, email または単純に mail で表す。mail は本来数えられない名詞だが，数えられる名詞としてもよく使われる。
・send an e-mail to him
（彼に電子メールを送る）
携帯電話やスマートフォンのメールは text message または text と言って区別する。text は「メールを送る」の意味の動詞としても使われる。
・send a text message to him [text him]
（彼に携帯メールを送る）

**くわしく**

**Dear 〜 など**
メールでも，ていねいに書きたいときは手紙と同じように Dear 〜 で始め，Sincerely などで結ぶ（→ p.448）。

## ●メールの用語

☐ **From:** 差出人　☐ **To:** 宛先
☐ **Cc:** 同時に送信する宛先
☐ **Subject:** 件名，題名
☐ **Re:** 件名欄で「〜に対する返事」の意味を表す
☐ **attachment** 添付ファイル

# メールでよく使われる表現

## ●あいさつ，書き出し

☐ **Thank you for your e-mail.**
メールありがとう。
☐ **How are you doing?** お元気ですか。
☐ **I haven't seen you for a while.**
**How have you been?**
しばらく会っていませんね。お元気でしたか。
☐ **It was so good to hear from you again.**
またあなたからメールをいただけてうれしかったです。
☐ **This is my first e-mail to you.**
初めてメールします。
☐ **I'm sorry I didn't answer you sooner.**
お返事が遅れてすみません。

## ●結びの言葉など

☐ **I'll e-mail you again.**
またメールします。
☐ **I'm looking forward to your reply.**
お返事をお待ちしています。
☐ **Please say hello to everyone.**
みなさんによろしくお伝えください。
☐ **Please take care of yourself.**
お体に気をつけてください。
☐ **Take care!**
では，体に気をつけて！

**参考**

**CC, BCC**
CC は carbon copy（複写紙のコピー）の略で，宛先以外に同じ内容のメールを送る送信先のこと。BCC は blind（見えない）carbon copy の略で，BCC 欄に入れた宛先は相手には表示されない。

**参考**

**メールやチャットの略語**
メールやチャットなどでは次のような略語が使われることがある。くだけた言い方であり，正式な文章では使わない。
・Thanx, THX
　（Thanks…ありがとう）
・CU, Cya
　（See you…じゃあね）
・BTW
　（by the way…ところで）
・FYI
　（for your information
　…ご参考までに）
・ASAP
　（as soon as possible
　…できるだけ早く）
・LOL
　（laughing out loud
　…爆笑，（笑））

**参考**

**英語の顔文字**
英語のメールやチャットでは日本と同様の 😀😂 のような絵文字（emoji）のほか，次のような横向きの顔文字（emoticon）が使われることがある。
　:）　　笑顔
　XD　　大きな笑顔
　;）　　ウインク
　:（　　悲しい

# 2 手紙

手紙の書き方や，手紙特有の表現を学びます。

---

## Dear Ms. Smith,

親愛なるスミス様,

## Sincerely yours,

敬具

---

## 手紙の形式

紙の手紙は，一般的には電子メールよりも構成や形式を守って書かれます。

### ●手紙文の例

> June 30th, 2021
>
> Dear Cody,
>
> How are you doing?
> In Tokyo, it's getting hotter every day.
> Summer is here!
>
> In August, my parents are going to visit New York for vacation.
> They say I can go with them.
> Why don't we meet in New York on August 10th or 11th?
>
> I'm excited to see you soon!
>
> Sincerely yours,
> Aya
>
> P.S.  I have enclosed some pictures.

> **参考**
>
> **郵便に関する言葉**
> ・mail　　　　（郵便物）
> ・mailbox　　（ポスト）
> ・letter　　　（手紙）
> ・postcard　　（絵はがき）
> ・stamp　　　（切手）
> ・envelope　　（封筒）
> ・package, parcel（小包）

〈意味〉
2021 年 6 月 30 日
親愛なるコーディー,
元気ですか。東京は毎日暑くなってきています。夏が来ました！
8 月に両親が休暇でニューヨークを訪れる予定です。私もいっしょに行っていいと言ってくれています。8 月 10 日か 11 日にニューヨークで会いませんか。
もうすぐあなたに会えるのでわくわくしています！
それでは，アヤ。
追伸　写真を何枚か同封しました。

## ●手紙文の一般的な構成

```
                                      日付
宛名
┌─────────────────────────────────┐
│           あいさつ              │
├─────────────────────────────────┤
│            本文                 │
└─────────────────────────────────┘
                                      結語
                            署名(手書き)
（追伸)
```

# 手紙でよく使われる表現

□ **Dear ～,**　　拝啓，親愛なる～様
□ **Sincerely, / Sincerely yours,**
　（一般的な結語として）敬具
□ **Best wishes, / Best regards, /**
　**Yours, / Your friend, / Love,**
　（親しい相手への結語として）敬具
□ **P.S.**　　追伸(本文で書き忘れたことなどを書く)

## 封筒の書き方

　宛先や差出人は通常，次のように表記します。住所の表記が日本語と異なり，〈**番地→通りや町村名→都市名→州や都道府県名→郵便番号**〉の順になることに注意しましょう。

From （差出人)
Suzuki Aya

2-11-8, Nishi-Gotanda
Shinagawa-ku, Tokyo
141-8413 JAPAN

To.（宛名)
Mr. Cody Smith
400 West 120th Street,
New York,
NY 10027 USA

VIA AIR MAIL （航空便)

---

**くわしく**

**日付の書き方**

アメリカとイギリスで順序が異なる。アメリカ式では次のように〈月→日，年〉で表す。
・June 30th, 2021
イギリス式では次のように〈日→月，年で表す〉
・30th June, 2021

**くわしく**

**相手の名前の書き方**

手紙の最初に Dear ～, で相手の名前を書く。
親しい相手の場合はファーストネームを使う。
・Dear Cody,
通常は Dear のあとに〈Mr. または Ms. ＋ファミリーネーム〉を使う。
・Dear Mr. Jones,
医師や教授の場合は Mr./Ms. を使わずに，Dr.(医師・博士号所持者)，Professor(教授)の敬称を使う。
・Dear Dr. Grey,
　（親愛なるグレイ医師)
・Dear Professor Cooper,
　（親愛なるクーバー教授)
会社宛てなど，相手の名前がわからない場合は次のような表現が使われる。
・Dear Sir or Madam,
　（ご担当者様へ)

---

第1章　依頼する・許可を求める

第2章　提案する・誘う

第3章　気持ちを伝える・たずねる

第4章　確認・つなぎ言葉など

第5章　場面別表現

第6章　形式別表現

# 作文・レポート

自分の意見や主張についてライティングするときのポイントです。

## I think we should use more smartphones to study English.

私たちは英語の勉強にもっとスマートフォンを使うべきだと思います。

## I have three reasons.

3つ理由があります。

## First, 〜. Second, 〜. Third, 〜.

1つ目は〜。2つ目は〜。3つ目は〜。

## 英作文でよく使われる表現

短い英作文では次のような表現がよく使われます。

### ●好み・興味・関心に関する表現

- □ **I like** 〜**(ing)**. 私は〜(すること)が好きです。
- □ **My favorite** … **is** 〜. 私のいちばん好きな…は〜です。

▸ **My favorite season is winter. I like skiing.**
私のいちばん好きな季節は冬です。私はスキーが好きです。

### ●将来に関する表現

- □ **I want to** 〜. 私は〜をしたいです。
- □ **I want to be** 〜. 私は〜になりたいです。
- □ **I'm interested in** 〜. 私は〜に興味があります。

▸ **I want to study abroad because I'm interested in foreign cultures.**
私は外国の文化に興味があるので、海外で勉強したいです。

▸ **I want to be a nurse in the future. I want to help sick people.**
私は将来、看護師になりたいです。私は病気の人たちを助けたいです。

**参考**

**英作文のテーマ**

英語のライティングの基礎的な練習として、次のようなテーマについて、英語で自分の意見を書けるようにしておくとよい。その際、必ずその意見の理由を述べるようにすること。

・Which season do you like best? Why?（好きな季節）

・What do you like to do in your free time?（好きなこと・趣味）

・What's your best memory in junior high school?（中学校生活の思い出）

・What do you want to do in high school?（高校でやりたいこと）

・What do you want to be in the future?（将来なりたいもの）

# レポートの構成

あるテーマについて，自分の意見や主張を述べるレポートを書くときには，**結論（意見や主張）**を最初に述べ，その根拠となる理由をそのあとに述べます。

●短いレポートは，一般的に次のような構成になります。

| 自分の意見・主張 |
|:---:|
| 理由1 |
| 理由2 |
| ⋮ |

●ある程度長いレポートは，いくつかの段落に分けて次のような構成になります。

| 段落①　自分の意見・主張（総論） |
|:---:|
| 段落②　理由や主張1<br>＋その補足や例示 |
| 段落③　理由や主張2<br>＋その補足や例示 |
| ⋮ |
| 最終段落　自分の意見・主張（改めて述べる） |

# レポートでよく使われる表現

●導入でよく使う表現

□ **I think** (**that**) ～. 私は～と思います。
□ **I don't think** (**that**) ～. 私は～とは思いません。
□ **I have three reasons** (**for this**).
　（これには）3つ理由があります。
□ **These are my reasons.** これらが私の理由です。

●理由などを挙げるときの表現

□ **First,** ～. 1つ目は～。
□ **Second,** ～. 2つ目は～。
□ **Third,** ～. 3つ目は～。

## くわしく

**意見・主張を先に述べる**

英語のレポートでは，もっとも言いたいことを先に述べるのがふつう。複数の段落に分かれる場合は，それぞれの段落でもっとも言いたいことを表す文が段落の最初に来る。

## 参考

**レポートの構成例**

<u>I think</u> we should use smartphones to study English more. <u>I have three reasons for this.</u>

<u>First,</u> you can use a lot of apps for English learning.（このあと，必要に応じ補足説明の文〈略〉）

<u>Second,</u> you can learn pronunciation easily.（補足）

<u>Third,</u> you can study English anywhere.（補足）

I think smartphones can greatly improve our learning. We should use smartphones to study English more.

〈意味〉

私は英語の勉強にもっとスマホを使うべきだと思います。これには3つ理由があります。

1つ目は，たくさんの英語学習アプリを使えるからです。

2つ目は，発音を簡単に学べるからです。

3つ目は，どこでも英語を勉強できるからです。

スマホは私たちの学びを大きく改善すると思います。私たちは英語学習にもっとスマホを使うべきです。

第1章 許可を求める・依頼する
第2章 提案する・誘う
第3章 気持ちを伝える・たずねる
第4章 確認・つなぎ言葉など
第5章 場面別表現
第6章 形式別表現

# スピーチ・プレゼンテーション

口頭で発表したり，資料を見せて説明したりするときの表現です。

## Today, I'd like to talk about my dreams.

今日は私の夢についてお話ししたいと思います。

## Let me introduce myself first.

まずは自己紹介をさせてください。

## Thank you very much for listening.

お聞きいただいてありがとうございました。

## スピーチのポイント

### ●聞きやすいように配慮する

　英語でのスピーチは，発音や文法のまちがいを心配したり，自信がなかったりして，つい小さな声になりがちです。**聴衆がはっきりと聞き取れて理解できる**ように，意識して大きな声で話すようにしましょう。

### ●意味のまとまりを意識して話す

　英語を一定の調子で平板に読むのではなく，**意味のまとまり**を意識しながら，適切な抑揚をつけて話しましょう。

### ●熱意をもって伝える

　伝える内容に応じて，熱意が伝わるような変化のある話し方を心がけましょう。語句と語句の間や，文と文の間に**適切なポーズ**（間）を入れるとよい場合もあります。

### ●アイコンタクト

　聴衆の**目を見ながら話す**ようにしましょう。表情や身振りもスピーチの印象を左右します。

**くわしく**

**スピーチのいろいろなポイント**
英語のスピーチでは，左に挙げたもののほかに，次のようなポイントがある。いずれも，スピーチの内容を聞き手によりよく伝わるようにするのが目的。

・スピーチの導入部で，聞き手の興味・注意を引きつけるような話をする。

・論理的で，話の内容に一貫性があるように構成する。

・具体例などを適切に入れて，わかりやすさに配慮する。

・主張の根拠となるデータなどを適切に示す。

・長くなりすぎないようにする（決められた時間を守る）。

## よく使われる表現

●**導入部**では，次のような表現が使われます。「これから何についての話をするのか」という情報は，最初に伝えるようにします。

> ☐ **Good afternoon, everyone. I'm ~.**
> こんにちは，みなさん。私は～です。
>
> ☐ **Let me introduce myself first.**
> 最初に自己紹介をさせてください。
>
> ☐ **Today, I'd like to talk about ~.**
> 今日は～についてお話ししたいと思います。
>
> ☐ **I'd like to tell you about ~.**
> ～についてお話ししたいと思います。
>
> ☐ **My presentation today is about ~.**
> 今日の私のプレゼンテーションは～についてです。

●そのほか，スピーチやプレゼンテーションでは，次のような表現も使われます。

> ☐ **Please look at this picture[graph].**
> この写真[グラフ]を見てください。
>
> ☐ **This graph shows ~.**
> このグラフは～を示しています。
>
> ☐ **Let me show you some examples.**
> いくつか例をお見せしましょう。
>
> ☐ **Did you know that ~?**
> ～であることを知っていましたか。
>
> ☐ **Have you ever heard of ~?**
> みなさんは今まで～について聞いたことがありますか。
>
> ☐ **You may say that ~, but ….**
> みなさんは～と言うかもしれません，しかし…。

●**最後**にはお礼を述べます。プレゼンテーションの場合は，終了後に質問を受け付けます。

> ☐ **Thank you very much for listening.**
> お聞きいただいてありがとうございました。
>
> ☐ **Do you have any questions?**
> 何か質問はありますか。

---

**参考**

**聞き手への呼びかけ**

英語では，あいさつで相手の名前を呼びかけることが多いが，スピーチのように多くの人に話す場でも聞き手への呼びかけを行うのがふつう。学校のクラスのような場ではeveryone で呼びかける。

・Hello, everyone.（こんにちは，みなさん。）

改まった場で，大人の聞き手に向かって呼びかける場合はladies and gentlemen を使う。

・Ladies and gentlemen, thank you for coming today.（みなさま，本日はお越しいただきありがとうございます。）

**参考**

**いろいろな接続の表現**

話題を変えるときや例を述べるときなど，次のような表現が使われる。

・By the way, ～.
（ところで，～。）

・For example, ～.
（例えば，～。）

・However, ～.
（しかしながら，～。）

・On one hand, ～. On the other hand ～.
（一方では～。もう一方では～。）

---

第1章 依頼する・許可を求める

第2章 提案する・誘う

第3章 気持ちを伝える・たずねる

第4章 確認・つなぎ言葉など

第5章 場面別表現

第6章 形式別表現

第6章

SECTION

5

# ディスカッション

意見をやりとりするときに使う表現やポイントです。

---

## **What do you think about this?**

あなたはこれについてどう思いますか。

## **I agree with you.**

あなたの意見に賛成です。

## **I don't think so.**

私はそう思いません。

---

## ディスカッションのポイント

### ●自分の意見を出す

　自分の意見は間違っているのではないか，英語を間違えるかもしれない，などの不安から，だまってばかりいると，ディスカッションに参加したことになりません。おそれずに**自分の意見を述べる**ことが大切です。テーマに対して賛成・反対などの立場を明確にし，まずは意見をはっきりと述べましょう。

### ●理由を示す

　自分の意見を述べたら，そう考える**理由・根拠を示す**ようにしましょう。お互いが説得力のある理由・根拠を示すことで，有意義な議論となります。

### ●注意点

　有意義で建設的なディスカッションにするために，下記の点に注意しましょう。

・**相手の話を聞く**…一方的に話してはいけません。

・**脱線しない**…テーマを忘れないようにしましょう。

・**感情的にならない**…冷静に議論しましょう。人格や個性を否定するような発言はやめましょう。

---

**参考**

**ディスカッションとディベート**
discussion（ディスカッション，議論）は，あるテーマについて，グループとして共通の結論を出すための話し合い。参加者それぞれが意見やアイディア・判断材料を出し合う。
debate（ディベート，討論）は賛否両論あるテーマについて，対立する2チームに分かれ，お互いがそれぞれの立場で主張・意見を言い合う活動。自らの主張に説得力をもたせるため，根拠・証拠をもとに論理を組み立てていく。

---

## よく使われる表現

### ●自分の意見を述べる

- □ **I think** (**that**) 〜. 私は〜と思います。
- □ **I believe** (**that**) 〜. 私は〜と信じます。
- □ **Personally, I think** (**that**) 〜.
  私は個人的には〜と思います。
- □ **In my opinion,** 〜. / **In my view,** 〜.
  私の意見では，〜。

### ●賛成・同意する

- □ **I think so, too.** 私もそう思います。
- □ **I agree.** 賛成です。
- □ **I agree with** (**his idea**).
  私は(彼の考え)に賛成します。
- □ **I also think** (**that**) 〜. 私も〜と思います。
- □ **I totally agree with you.**
  私は全面的にあなたに賛成です。
- □ **I'm for** (**his idea**).
  私は(彼の考え)に賛成です。

### ●反対する

- □ **I don't think so.** 私はそう思いません。
- □ **I disagree.** 反対です。
- □ **I disagree with** (**his idea**).
  私は(彼の考え)に反対します。
- □ **I have a different opinion.**
  私はちがう意見です。
- □ **I'm against** (**his idea**).
  私は(彼の考え)に反対です。

### ●譲歩する

- □ **That's true, but** 〜.
  その通りなのですが，〜。
- □ **I see your point, but I still think** (**that**) 〜.
  言いたいことはわかりますが，やはり私は〜と思います。
- □ **I see what you mean, but** 〜.
  おっしゃる意味はわかりますが，〜。

**くわしく**

**ディスカッションの進行**
司会役など，議論の進行には次のような表現が使われる。

- ・Takeshi, could you start, please?（タケシ，〈話を〉始めていただけますか。）
- ・What do you think?（あなたはどう思いますか。）
- ・Do you have any questions?（質問はありますか。）
- ・May I interrupt?（〈相手の話をさえぎって〉ちょっといいですか。）
- ・Please go on.（お話を続けてください。）

**参考**

**確認する表現**

- ・Do you mean (that) 〜?（〜という意味ですか。）
- ・What you're saying is (that) 〜, right?（あなたが言おうとしているのは〜ですね。）
- ・What I'm trying to say is (that) 〜.（私が言おうとしているのは〜です。）

第1章 許可を求める・依頼する

第2章 提案する・誘う

第3章 気持ちを伝える・たずねる

第4章 確認・つなぎ言葉など

第5章 場面別表現

第6章 形式別表現

# Common Mistakes

次の英文は，英作文テストで生徒が書いた「誤った英文」の例です。
先生になったつもりで，誤りを見つけて正しい英文に直しましょう。

---

(1) 公園に子どもが5人いました。

**There were five childs in the park.**

(2) 今日は昨日よりも暑い。

**Today is hoter than yesterday.**

(3) もう少しゆっくりと話してくれますか。

**Can you speak a little slowlier?**

(4) 雨が降り始めたので，私たちはテニスをやめました。

**We stoped playing tennis because it begined to rain.**

(5) このアイディアは彼女のです。

**This idea is she's.**

---

(1) **正しい英文 ▶** There were five children in the park.

child の複数形は，s や es をつけずに不規則に変化します。

(2) **正しい英文 ▶** Today is hotter than yesterday. / It's hotter today than yesterday.

hot や big の比較級は，語尾の1字を重ねて er をつけてつくります。また，この文は天候・寒暖を表す主語 it を使って表すこともできます。

(3) **正しい英文 ▶** Can you speak a little more slowly?

〈形容詞＋ ly〉の副詞の比較級は，more を前においてつくります。

(4) **正しい英文 ▶** We stopped playing tennis because it began to rain.

stop のように〈子音字＋アクセントのある母音字＋子音字〉で終わる語の過去形は，子音字を重ねて ed をつけてつくります。また，begin は不規則動詞で，過去形は began となります。

(5) **正しい英文 ▶** This idea is hers.

she's は she is の短縮形です。「彼女のもの」と1語で言うときは，hers という所有代名詞を使います。

語形変化については，次の資料編にまとめられています。どの語がどのような変化をするかをしっかりと確認しておきましょう。

# 資料編

# 規則変化の共通ルール

名詞・動詞・形容詞などの語形変化をまとめて確認しよう。

　名詞を複数形にするときには，単数形の語尾にsやesをつけます。また，一般動詞の3人称単数現在形も，原形の語尾にsやesをつけます。このsやesのつけ方のルールは，**名詞でも動詞でも同じ**なのです。

　ここでは，こうした語形変化を，**もとの語の語尾**で分類し，**共通するルール**としてまとめました。過去形・過去分詞，ing形，比較変化もあわせて確認しましょう。

## ❶ ふつうの語　語尾に s をつけます。

| 名詞 | 複数形 | □book（本）→ book**s** | □girl（少女）→ girl**s** |
|---|---|---|---|
| | | □ball（ボール）→ ball**s** | □door（ドア）→ door**s** |
| 動詞 | 3単現 | □like（好きだ）→ like**s** | □play（〈スポーツを〉する）→ play**s** |
| | | □read（読む）→ read**s** | □walk（歩く）→ walk**s** |

## ❷ 語尾が o, s, x, ch, sh で終わる語　語尾に es をつけます。

| 名詞 | 複数形 | □bus（バス）→ bus**es** | □box（箱）→ box**es** |
|---|---|---|---|
| | | □dish（皿）→ dish**es** | □tomato（トマト）→ tomato**es** |
| 動詞 | 3単現 | □go（行く）→ go**es** | □teach（教える）→ teach**es** |
| | | □finish（終える）→ finish**es** | □cross（渡る）→ cross**es** |

※語尾が -o で終わる名詞には，s をつけるものもある。
　piano（ピアノ）→ pianos　radio（ラジオ）→ radios　photo（写真）→ photos

## ❸ 語尾が f, fe で終わる語　f, fe を ves に変えます。

| 名詞 | 複数形 | □leaf（葉）→ lea**ves** | □life（生命）→ li**ves** |
|---|---|---|---|
| | | □knife（ナイフ）→ kni**ves** | □wife（妻）→ wi**ves** |

**例外**　roof（屋根）→ roof**s**

## ❹ 語尾が〈子音字＋ y〉で終わる語　y を i に変えて es, ed, er, est をつけます。

| 名詞 | 複数形 | □city（都市）→ cities　　□story（物語）→ stories<br>□country（国）→ countries □library（図書館）→ libraries |
|---|---|---|
| 動詞 | 3単現 | □study（勉強する）→ studies □try（試してみる）→ tries<br>□fly（飛ぶ）→ flies　　□carry（運ぶ）→ carries |
| 動詞 | 過去形・過去分詞 | □study（勉強する）→ studied □try（試してみる）→ tried<br>□worry（心配する）→ worried □carry（運ぶ）→ carried |
| 形容詞・副詞 | 比較級・最上級 | □happy（幸せな）→ happier, happiest<br>□easy（簡単な）→ easier, easiest<br>□early（早く）→ earlier, earliest |

※語尾が y でも〈母音字＋ y〉の場合は，y はそのままで，s，ed などをつける。
　名詞：boy（少年）→ boys（複数形）
　動詞：stay（滞在する）→ stays（3単現），stayed（過去形・過去分詞）

## ❺ 語尾が〈子音字＋アクセントのある母音字＋子音字〉で終わる語
最後の子音字を重ねて ing, ed, er, est をつけます。

| 動詞 | ing形 | □run（走る）→ running　　□sit（すわる）→ sitting<br>□swim（泳ぐ）→ swimming □plan（計画する）→ planning |
|---|---|---|
| 動詞 | 過去形・過去分詞 | □stop（止まる）→ stopped □plan（計画する）→ planned<br>□drop（落とす）→ dropped |
| 形容詞・副詞 | 比較級・最上級 | □big（大きい）→ bigger, biggest<br>□hot（暑い，熱い）→ hotter, hottest<br>□sad（悲しい）→ sadder, saddest |

※母音字にアクセントがない場合や母音字が 2 つの場合は，子音字を重ねる必要はない。
　visit（訪ねる）→ visiting, visited　cook（料理する）→ cooking, cooked

## ❻ 語尾が e で終わる語　ing 形は e をとって ing を，過去形・過去分詞は d だけを，比較級・最上級は r, st だけをつけます。

| 動詞 | ing形 | □make（作る）→ making □come（来る）→ coming<br>□write（書く）→ writing □use（使う）→ using |
|---|---|---|
| 動詞 | 過去形・過去分詞 | □hope（願う）→ hoped □live（生きる）→ lived<br>□arrive（到着する）→ arrived □like（好きだ）→ liked |
| 形容詞・副詞 | 比較級・最上級 | □large（大きい）→ larger, largest<br>□nice（すてきな）→ nicer, nicest<br>□late（遅い, 遅く）→ later, latest |

第一章

SECTION

# 2 名詞の語形変化

s, esの発音や不規則に変化する語を確認しよう。

## 語尾のs, esの発音

複数形のsやesの発音は，単数形の語尾の発音によって原則として次の3通りに
なります。

| 単数形の語尾の発音 | s, es の発音 | 例 | |
|---|---|---|---|
| [p, t, k, f, θ]<br>（無声音） | [s] | caps[kæps]<br>books[buks]<br>cats[kæts] | maps[mæps]<br>weeks[wiːks]<br>minutes[mínits] |
| [s, z, tʃ, dʒ, ʃ, ʒ] | [iz] | classes[klǽsiz]<br>boxes[báksiz]<br>watches[wátʃiz] | places[pléisiz]<br>dishes[díʃiz]<br>languages[lǽŋgwidʒiz] |
| 上以外のとき<br>（有声音） | [z] | girls[gəːrlz]<br>beds[bedz] | dogs[dɔ(ː)gz]<br>countries[kʌ́ntriz] |

## 不規則に変化する語

sやesをつけずに，1語1語不規則に変化する語があります。多くの語は，母音
の部分が変化します。

| ☐ man | 男性 | ▶ men | ☐ woman | 女性 | ▶ women |
|---|---|---|---|---|---|
| ☐ foot | 足, フィート | ▶ feet | ☐ tooth | 歯 | ▶ teeth |
| ☐ mouse | ねずみ | ▶ mice | ☐ child | 子ども | ▶ children |

## 単数形と複数形が同じ形の語

次の語は，a fish → two fishのように，単数形と複数形が同じ形になります。

| ☐ fish | 魚 | ☐ sheep | ひつじ | ☐ deer | シカ |
|---|---|---|---|---|---|
| ☐ Japanese | 日本人 | ☐ Chinese | 中国人 | ☐ yen | 円 |

# 3 形容詞・副詞の語形変化

形容詞・副詞の語形変化を確認しよう。

## ～er - ～est か more ～ - most ～か

ふつうは原級の語尾にそのままer，estをつけてつくりますが，2音節の語の大部分と3音節以上の語，〈形容詞＋ly〉の副詞は，more，mostを前においてつくります（→p.263）。

**1音節の語**
- □ long 　　長い　　▶ 比較級 **longer** 　　最上級 **longest**

**2音節の語**
- □ easy 　　簡単な　　▶ 比較級 **easier** 　　最上級 **easiest**
- □ famous 　有名な　　▶ 比較級 **more famous** 　最上級 **most famous**

**3音節以上の語**
- □ beautiful 美しい　　▶ 比較級 **more beautiful** 　最上級 **most beautiful**

**〈形容詞＋ly〉の副詞**
- □ slowly 　ゆっくりと　▶ 比較級 **more slowly** 　最上級 **most slowly**

## 不規則変化をする語

不規則変化する語は，数が多くありません。このまま覚えておきましょう（→p.263）。

| 原　級 | | 比較級 | 最上級 |
|---|---|---|---|
| □ **good** | よい | better | best |
| □ **well** | じょうずに | | |
| □ **many** | 多数の | more | most |
| □ **much** | 多量の | | |
| □ **bad** | 悪い | worse | worst |
| □ **badly** | ひどく | | |
| □ **ill** | 病気の，悪く | | |
| □ **little** | 少量の | less | least |

## 比較変化をしない語

程度の差が考えられないような語や，それ自体最上級の意味を持つような語は，ふつう比較変化をしません。

| | | | | | |
|---|---|---|---|---|---|
| □ **only** | 唯一の | □ **whole** | 全体の | □ **favorite** | 大好きな |
| □ **perfect** | 完全な | □ **main** | 主要な | □ **actually** | 実際に |

# 動詞の語形変化

第 1 章
SECTION 4

不規則動詞の種類を確認しよう。

## 不規則動詞

### (1) 原形・過去形・過去分詞が異なる形（ABC 型）

| 原形 | 過去形 | 過去分詞 |
|---|---|---|
| □ be（〜である） | was, were | been |
| □ do（する） | did | done |
| □ go（行く） | went | gone |
| □ see（見える） | saw | seen |
| □ sing（歌う） | sang | sung |
| □ begin（始まる） | began | begun |
| □ swim（泳ぐ） | swam | swum |
| □ drink（飲む） | drank | drunk |
| □ give（与える） | gave | given |
| □ speak（話す） | spoke | spoken |
| □ break（壊す） | broke | broken |
| □ know（知っている） | knew | known |
| □ grow（成長する） | grew | grown |
| □ fly（飛ぶ） | flew | flown |
| □ fall（落ちる） | fell | fallen |
| □ take（取る） | took | taken |
| □ eat（食べる） | ate | eaten |
| □ drive（運転する） | drove | driven |
| □ write（書く） | wrote | written |
| □ ride（乗る） | rode | ridden |
| □ show（見せる） | showed | shown / showed |
| □ get（得る） | got | gotten / got |

### (2) 原形と過去分詞が同じ形（ABA 型）

| 原形 | 過去形 | 過去分詞 |
|---|---|---|
| □ become（〜になる） | became | become |
| □ come（来る） | came | come |
| □ run（走る） | ran | run |

## ⑶ 過去形と過去分詞が同じ形（ABB 型）

| 原形 | 過去形 | 過去分詞 |
| --- | --- | --- |
| □ sit（すわる） | sat | sat |
| □ win（勝つ） | won | won |
| □ meet（会う） | met | met |
| □ keep（保つ） | kept | kept |
| □ feel（感じる） | felt | felt |
| □ lose（失う） | lost | lost |
| □ send（送る） | sent | sent |
| □ lend（貸す） | lent | lent |
| □ build（建てる） | built | built |
| □ leave（去る） | left | left |
| □ catch（とらえる） | caught | caught |
| □ teach（教える） | taught | taught |
| □ buy（買う） | bought | bought |
| □ think（思う） | thought | thought |
| □ have（持っている） | had | had |
| □ tell（話す） | told | told |
| □ sell（売る） | sold | sold |
| □ make（作る） | made | made |
| □ say（言う） | said | said |
| □ hear（聞こえる） | heard | heard |
| □ find（見つける） | found | found |
| □ stand（立つ） | stood | stood |
| □ understand（理解する） | understood | understood |
| □ read（読む） | read（発音は [red]） | read（発音は [red]） |

## ⑷ 原形・過去形・過去分詞がすべて同じ形（AAA 型）

| 原形 | 過去形 | 過去分詞 |
| --- | --- | --- |
| □ cut（切る） | cut | cut |
| □ let（〈人〉に～させる） | let | let |
| □ put（置く） | put | put |
| □ set（すえる） | set | set |
| □ shut（閉める） | shut | shut |
| □ cost（〈費用が〉かかる） | cost | cost |

# 代名詞の語形変化

代名詞のさまざまな形を確認しよう。

## 人称代名詞

I, you, he, she, it, we, they などを人称代名詞といいます。人称代名詞は，次のように文中での働きによって形を使い分けます（→p.130）。

☐ 主格 　▶ 　**文の主語**になるときに使う。ふつう，あとに動詞が続く。
☐ 所有格 ▶ 　名詞の前で「**～の**」の意味を表すときに使う。
☐ 目的格 ▶ 　「**～を**」「**～に**」の意味で，**動詞や前置詞の目的語**になるときに使う。

| 数＼格＼人称 | 単数 | | | 複数 | | |
|---|---|---|---|---|---|---|
| | 主格（～は） | 所有格（～の） | 目的格（～を） | 主格（～は） | 所有格（～の） | 目的格（～を） |
| 1人称 | **I**(私は) | **my**(私の) | **me**(私を) | **we**(私たちは) | **our**(私たちの) | **us**(私たちを) |
| 2人称 | **you**(あなたは) | **your**(あなたの) | **you**(あなたを) | **you**(あなたたちは) | **your**(あなたたちの) | **you**(あなたたちを) |
| 3人称 | **he**(彼は)<br>**she**(彼女は)<br>**it**(それは) | **his**(彼の)<br>**her**(彼女の)<br>**its**(それの) | **him**(彼を)<br>**her**(彼女を)<br>**it**(それを) | **they**(彼らは，彼女らは，それらは) | **their**(彼らの，彼女らの，それらの) | **them**(彼らを，彼女らを，それらを) |

## 所有代名詞

所有代名詞は「**～のもの**」という意味を表し，1語で〈所有格＋(前に出た)名詞〉の働きをします（→p.132）。

| 数＼人称 | 単数 | 複数 |
|---|---|---|
| 1人称 | **mine**(私のもの) | **ours**(私たちのもの) |
| 2人称 | **yours**(あなたのもの) | **yours**(あなたたちのもの) |
| 3人称 | **his**(彼のもの)<br>**hers**(彼女のもの) | **theirs**(彼らのもの，彼女たちのもの) |

# 再帰代名詞

　**-self**（複数形は**-selves**）の形で「**～自身**」という意味を表す代名詞を再帰代名詞といいます。（辞書などでは，myselfやyourselfなどを代表してoneselfと表記されます。）

| 数＼人称 | 単数 | 複数 |
|---|---|---|
| 1人称 | **myself** （私自身） | **ourselves** （私たち自身） |
| 2人称 | **yourself** （あなた自身） | **yourselves** （あなたたち自身） |
| 3人称 | **himself** （彼自身） | **themselves**〔彼ら自身，彼女たち自身，それら自身〕 |
| | **herself** （彼女自身） | |
| | **itself** （それ自身） | |

❶ 再帰代名詞は，動詞の目的語が主語自身であるときに使います。

| Ken | knows | himself | well. | （ケンは自分自身のことをよく知っています。）
‖
動詞の目的語　　主語のKen自身をさす

　主語が複数の場合は，-selvesの形を使います。
　　・**You have to wash yourselves.**
　　（あなたがたは体を洗わなければいけませんよ。）

❷ 再帰代名詞には，主語などを強調する働きもあります。
　　・**I did it myself.** 　（私自身が[自分で]それをしました。）

❸ 熟語などの決まった表現の中で使われる場合もあります。
　　・**My grandmother lives there by herself.**
　　（私の祖母はそこに1人で住んでいます。）

**くわしく**

**oneselfを使った表現**
・by oneself（1人で）
・for oneself（独力で）
・say to oneself
　（心の中で思う）
・help oneself to …
　（…を自由に取る［食べる]）
・make oneself at home
　（くつろぐ）

# 数の言い方

数を表す「基数」と，順序を表す「序数」がある。

---

## There are twenty-eight students in this class.

（このクラスには生徒が28人います。）

## February is the second month of the year.

（2月は1年で2番目の月です。）

## It's November (the) fifteenth. （11月15日です。）

---

## 基数と序数

数や順序を表すものを**数詞**と言います。数詞には，**基数**と**序数**があります。

(1) 基数…「1つ，2つ…」と**個数**を表す語。
  ・**three** apples （3つのりんご）　・**thirty-five** students （35人の生徒）

(2) 序数…「第1，第2…」と**順序**を表す語。ふつうtheをつけて使います。
  ・the **first** time （1回目）　・the **second** intersection （2つ目の交差点）

● 基数と序数　　　　　　　　　　　　　　※赤字の語は，つづりに注意。

|   | 基 数 | 序 数 |    | 基 数 | 序 数 |
|---|-------|-------|----|-------|-------|
| 1 | one | first | 11 | eleven | eleventh |
| 2 | two | second | 12 | twelve | twelfth |
| 3 | three | third | 13 | thirteen | thirteenth |
| 4 | four | fourth | 14 | fourteen | fourteenth |
| 5 | five | fifth | 15 | fifteen | fifteenth |
| 6 | six | sixth | 16 | sixteen | sixteenth |
| 7 | seven | seventh | 17 | seventeen | seventeenth |
| 8 | eight | eighth | 18 | eighteen | eighteenth |
| 9 | nine | ninth | 19 | nineteen | nineteenth |
| 10 | ten | tenth | 20 | twenty | twentieth |

| | 基　数 | 序　数 | | 基　数 |
|---|---|---|---|---|
| 21 | twenty-one | twenty-first | 30 | thirty |
| 22 | twenty-two | twenty-second | 40 | forty |
| 23 | twenty-three | twenty-third | 50 | fifty |
| 24 | twenty-four | twenty-fourth | 60 | sixty |
| 25 | twenty-five | twenty-fifth | 70 | seventy |
| 26 | twenty-six | twenty-sixth | 80 | eighty |
| 27 | twenty-seven | twenty-seventh | 90 | ninety |
| 28 | twenty-eight | twenty-eighth | 100 | hundred |
| 29 | twenty-nine | twenty-ninth | | |

● 31 から 99 までは，21 〜 29 と同じつくり方です。

　・**31→thirty-one**　　・**99→ninety-nine**

● 100 からは **hundred** を使います。

　・**101→one** hundred （**and**） **one**
　　　　　　　　└andは入れても入れなくてもよい

　・**543→five** hundred （**and**） **forty-three**
　　　　　　└単数形のまま

● 1,000，10,000，100,000 は，3 けた目のコンマ（,）が **thousand** の位になるので，それを基準にして言います。

　　　**1,000→one** thousand　　（1×1,000）

　　　**2,940→two** thousand **nine hundred** （**and**）
　　　　　　**forty**　　（2×1,000 ＋ 9×100 ＋ 40）

　　**10,000→ten** thousand　　（10×1,000）

　**100,000→one hundred** thousand　（100×1,000）

　**123,456→one hundred twenty-three**
　　　　　　**thousand four hundred** （**and**）
　　　　　　**fifty-six**　　（123×1,000＋4×100＋56）

**ミス注意**

**21以上の数**
21以上の数は，10の位と1の位の間に必ずハイフン（-）を入れる。

**くわしく**

**21以降の序数のつくり方**
21以降は1の位だけを序数にすればよい。
・35（thirty-five）
　→ thirty-fifth
30のように1の位がゼロの場合は，基数の語尾の-yを-ieth にかえる。
・30（thirty）
　→ thirtieth

**ミス注意**

**hundredは複数形にしない**
前に数詞があっても，
×hundredsと複数形にしない。
thousandも同様。
・200
　○two hundred
　×two hundreds
・2,000
　○two thousand
　×two thousands

## 時刻の言い方

　時刻は，〈時＋分〉の順に数字を並べます。「～時です」とちょうどの時刻を言うときは，o'clockを使うこともあります。

- ・7：00→seven（o'clock）
- ・11：20→eleven twenty
- ・8：45 a.m.→eight forty-five a.m.
- ・3：15 p.m.→three fifteen p.m.

## 日付の言い方

　日付は，ふつうMay 1（5月1日）のように表します。日付は1のように書かれていても，ふつうthe firstのように**序数**で読みます（theは省略されることもあります）。

- ・October 5 → October（the）fifth
- ・June 23　→ June（the）twenty-third

● 年号や世紀は，次のように読みます。

- ・1994年 → nineteen ninety-four
  └ 19・94のように2けたずつ区切って読む
- ・2000年 →（the year）two thousand
- ・2020年 → twenty twenty,（the year）two thousand（and）twenty
- ・21世紀　→ the twenty-first century
  └ 世紀は序数で表す

## いろいろな単位や数式の読み方

　**dollar**（ドル）や**meter**（メートル）などの単位は，数が2以上の場合は複数形になります。

金額
- ・$1　　→ one dollar
- ・$70　　→ seventy dollars
- ・$3.59 → three dollars（and）fifty-nine cents

  （簡単に**three fifty-nine**と読むこともある）
- ・¥380 → three hundred（and）eighty yen

**ミス注意**

**a.m. / p.m.**
a.m. / p.m.はふつう小文字で書き，必ず数字のあとにおく。
○ l0 a.m.　×a.m. l0

**くわしく**

**12時の言い方**
「正午」はnoon，「夜中の12時」はmidnightと言う。

**発展**

**アメリカ式とイギリス式**
「2020年6月5日」はアメリカ式では「月・日・年」の順でJune 5, 2020
と書くが，
イギリス式では「日・月・年」の順で
5 June, 2020
と書く。

**ミス注意**

**yenの複数形**
dollar（ドル）の複数形はdollarsだが，yenの複数形はyenのまま。

| 長さ | ·1cm | → one centimeter |
| | ·5m | → five meters |
| | ·10km | → ten kilometers |
| 面積 | ·5m² | → five square meters |
| | ·10km² | → ten square kilometers |
| | ·1ha | → one hectare |
| 体積 | ·5cm³, 5cc | → five cubic centimeters |
| | ·10m³ | → ten cubic meters |
| | ·2L | → two liters |
| 温度 | ·25℃ | → twenty-five degrees Celsius [centigrade] |

電話番号 · 03-3726-8241
　　　　 → zero[ou] three, three seven
　　　　 two six, eight two four one

小数 · 21.35 →twenty-one point three five
　　　　　　 └ 小数点以下の数字は 1つずつ読む
 · 0.4 →zero point four

分数　　分子を先に読み，分母を序数で読みます。

· $\frac{1}{3}$ →a[one] third 　· $\frac{2}{5}$ →two fifths
　　　　　　　　　　　　　　　└ 分子が2以上の ときは，分母の 序数を複数形にする

2 分 の 1 はhalf[hæf], 4 分 の 1 はquarter [kwɔ́ːrtər] という語を使います。

· $\frac{1}{2}$ → a[one] half 　· $\frac{1}{4}$ →a[one] quarter

· $\frac{3}{4}$ →three quarters

数式 · 2+5=7 　→ Two plus five is[equals] seven.
　　　　　　　またはTwo and five is[equals] seven.
 · 10−4=6 → Ten minus four is[equals] six.
　　　　　　　またはFour from ten is[equals] six.
 · 3×5=15 → Three times five is[equals] fifteen.
　　　　　　　またはThree multiplied by five is[equals] fifteen.
 · 16÷8=2 → Sixteen divided by eight is[equals] two.
　　　　　　　またはEight into sixteen is[equals] two.

**発展**

**square, cubic**
square [skweər] は 「平方(2乗)の」，cubic[kjúːbik] は「立方(3乗)の」の意味。

**発展**

**華氏（かし）**
アメリカではセ氏（℃）では なく華氏（℉）を使うことが 多 い。100℉はone hundred degrees Fahrenheit [fǽrənhait] と読み，約37.8℃。

**くわしく**

**電話番号の読み方**
電話番号は，数字を頭から1 つ ず つ 読 む。番 号 の 0 (zero) は冒頭以外では [ou] と読むことが多い。

**くわしく**

**分母を序数で読む理由**
序数には「～分の1」の意味 があるため。例えば3分の1は 「third（3分の1）が1つ」 と考えてa third，3分の2は 「thirdが 2 つ」 と考えてtwo thirdsとなる。

第1章　いろいろな 語形変化

第2章　数の言い方

第3章　動詞の使い方

# 文型

**どの文型でどんな動詞が使われるかを再確認しよう。**

　動詞は文を形づくり，読解のキーワードになります。動詞の意味や用法がわからなければ，英文の意味は読み取れません。どの動詞がどの文型をつくるかは，だいたい決まっています。「**補語をとる**」「**目的語をとる**」などの**動詞ごとのルール**を覚えておけば，意味もつかみやすくなります。ここで，各文型でよく使われる動詞と用例をまとめておきましょう。

**❶ SV**　〈主語(S)＋動詞(V)〉の形。ふつう修飾語句がつきます。

| be動詞<br>(〜にいる，ある) | ・We **are** in the library.　(私たちは図書館にいます。)<br>　▶be動詞のあとに場所を表す語句があれば「〜にいる，ある」の意味。 |
|---|---|
| 一般動詞 | ・Andy **swims** well.　(アンディはじょうずに泳ぎます。)<br>　▶動詞のあとに名詞がこない形。<br>　**動詞** ほかにrun, come, goなどの自動詞がある。 |

**❷ SVC**　〈主語(S)＋動詞(V)＋補語(C)〉の形。S＝Cの関係です。

| be動詞<br>(〜である) | ・Alice **is American.**　　　　　　　　　　　※黒の太字は補語<br>(アリスはアメリカ人です。)<br>　▶be動詞のあとに名詞か形容詞があれば「〜である」の意味。 |
|---|---|
| look＋形容詞<br>(〜に見える) | ・You always **look happy.**　(あなたはいつも楽しそうに見えます。)<br>　▶〈look like＋名詞〉は，「〜のように見える」の意味。 |
| get＋形容詞<br>(〜になる) | ・I **got nervous** before the test.<br>(私はテストを前に心配になりました。)<br>　**動詞** ほかにfeel, sound, tasteなども補語に形容詞をとる。 |
| become＋<br>名詞・形容詞<br>(〜になる) | ・My friend **became an English teacher.**<br>(私の友達は英語の先生になりました。)<br>　▶famous, popularなどの形容詞も補語になる。 |

❸ **SVO** 〈主語(S)＋動詞(V)＋目的語(O)〉の形。「…を〜する」の意味で，多く
の動詞がこの文型をつくります。目的語には，**句**や**節**もきます。

| SV＋<br>名詞・代名詞 | ・We often **play baseball** on Sundays.　　※黒の太字は目的語<br>（私たちは日曜日によく野球をします。）<br>・Yuki **has something** in her hand.<br>（ユキは手に何かを持っています。） |
|---|---|
| SV＋動名詞 … | ・I **enjoyed playing soccer with my friends** yesterday.<br>（私は昨日，友達とサッカーをして楽しみました。）<br>・He **finished writing the report** an hour ago.<br>（彼は1時間前にレポートを書き終えました。）<br>　動詞 ほかにstop, like, start, beginなどがある。 |
| SV＋不定詞 … | ・I **want to visit Hawaii** someday.<br>（私はいつかハワイを訪れたい。）<br>・The students **began to sing** together.<br>（生徒たちはいっしょに歌い始めました。）<br>　動詞 ほかにhope, wish, like, startなどがある。 |
| SV＋(that＋)<br>主語＋動詞 … | ・Everyone **thinks that your idea is interesting**.<br>（だれもがあなたの考えはおもしろいと思っています。）<br>・I **hope it will be sunny tomorrow**.<br>（明日晴れればいいなと思います。）<br>▶thatは省略されることが多い。<br>　動詞 ほかにknow, say, learn, hearなどがある。 |
| SV＋疑問詞<br>＋不定詞 … | ・Do you **know how to use this cellphone**?<br>（あなたはこの携帯電話の使い方を知っていますか。）<br>・I can't **decide which sweater to buy**.<br>（私はどちらのセーターを買えばよいか決められません。）<br>▶〈疑問詞＋名詞〉のあとに不定詞が続くこともある。<br>　動詞 ほかにlearn, teach, askなどがある。 |
| SV＋間接疑問 | ・I don't **know who that woman is**.<br>（私はあの女性がだれか知りません。）<br>▶間接疑問は〈疑問詞＋主語＋動詞〉の語順に注意。<br>・I **wonder where she went**.<br>（彼女はどこへ行ったのかしら。）<br>　動詞 ほかにremember, ask, tellなどがある。 |

**❹ SVOO** 〈主語(S)＋動詞(V)＋間接目的語(O)＋直接目的語(O)〉の形。「(人)に(物事)を〜する」という意味を表します。直接目的語には，〈疑問詞＋不定詞〉，that節，間接疑問もきます。

| | |
|---|---|
| **SVO＋名詞** | ・I'll **give** you **this pen**. ※下線部は間接目的語，黒の太字は直接目的語<br>（あなたにこのペンをあげましょう。）<br>・Please **show** me **your notebook.**<br>（私にあなたのノートを見せてください。）<br>動詞 ほかにsend, lend, tell, teach, ask, make, buy, cookなどがある。<br>▶SVOOの文は，toかforを使って2つの目的語の順序を入れかえて<br>〈SVO＋to[for] 〜〉の文にできる（→p.218）。 |
| **SVO＋疑問詞**<br>**＋不定詞…** | ・My father **taught** me **how to ski**.<br>（父は私にスキーのしかたを教えてくれました。）<br>動詞 ほかにtell, show, askなどがある。 |
| **SVO＋（that＋）**<br>**主語＋動詞…** | ・Mika **told** us **that her mother was sick**.<br>（ミカは私たちにお母さんが病気であることを話しました。）<br>動詞 ほかにteach, showなどがある。 |
| **SVO＋**<br>**間接疑問** | ・I **asked** Bob **when he came**.<br>（私はボブにいつ来たのかをたずねました。）<br>動詞 ほかにtell, showなどがある。 |

**❺ SVOC** 〈主語(S)＋動詞(V)＋目的語(O)＋補語(C)〉の形で，O＝Cの関係になります。callやnameは補語にふつう名詞を，makeは補語に名詞と形容詞の両方をとります。

| | |
|---|---|
| **SVO＋名詞** | ・We **call** him **Toshi**. ※下線部は目的語，黒の太字は補語<br>（私たちは彼をトシと呼びます。）<br>・My parents **named** our new dog **Blackie.**<br>（私の両親は私たちの新しい犬をブラッキーと名づけました。）<br>・Our team **made** Yuki **captain**.<br>（私たちのチームはユキをキャプテンにしました。） |
| **SVO＋形容詞** | ・The letter **made** me **sad**.<br>（その手紙は私を悲しませました。）<br>動詞 ほかにkeep, find, leaveなどがある。 |

**❻ いろいろな文型をつくる動詞**　動詞によっては，いろいろな文型で使われるものがあります。あとに続く語句に注意して，どの文型なのかを見きわめましょう。

| make<br>・SVO（～を作る）<br>・SVOO（…に～を作ってあげる）<br>・SVOC（～を…にする） | ・Betty **makes** breakfast every morning.　SVO<br>　（ベティーは毎朝，朝食を作ります。）<br>・My grandma **made** me a doll.　SVOO<br>　（おばあちゃんは私に人形を作ってくれました。）<br>・His music **makes** people happy.　SVOC<br>　（彼の音楽は人々を楽しませてくれます。） |
|---|---|
| get<br>・SV（到着する）<br>・SVC（～になる）<br>・SVO（～を得る）<br>・SVOO（…に～を買ってあげる） | ・The train **got** to the station at 6:45.　SV<br>　（その電車は6時45分に駅に着きました。）<br>・You will **get** well soon.　SVC<br>　（あなたはじきによくなるでしょう。）<br>・I **got** a present from my aunt.　SVO<br>　（私はおばからプレゼントをもらいました。）<br>・Mr. Hill **got** his daughter a new bike.　SVOO<br>　（ヒルさんは娘に新しい自転車を買ってあげました。） |
| call<br>・SV（呼ぶ，電話をかける）<br>・SVO（～を呼ぶ，～に電話をかける）<br>・SVOC（～を…と呼ぶ） | ・Mother **called** from downstairs.　SV<br>　（母が階下から呼びました。）<br>・I **called** Billy last night.　SVO<br>　（私は昨夜，ビリーに電話をかけました。）<br>・They **call** the Underground the Tube in London.<br>　（ロンドンでは地下鉄をチューブと呼びます。）　SVOC |
| teach<br>・SV（教える）<br>・SVO（～を教える）<br>・SVOO（…に～を教える） | ・She **teaches** at a college in Tokyo.　SV<br>　（彼女は東京の大学で教えています。）<br>・My father **taught** science for twenty years.　SVO<br>　（私の父は20年間，理科を教えました。）<br>・Ms. King **teaches** us English.　SVOO<br>　（キング先生は私たちに英語を教えています。） |
| cook<br>・SV（料理する）<br>・SVO（～を料理する）<br>・SVOO（…に〈料理〉を作ってあげる） | ・My father sometimes **cooks** on Sunday.　SV<br>　（私の父はときどき日曜日に料理します。）<br>・Judy **cooked** dinner last night.　SVO<br>　（ジュディーは昨夜，夕食を作りました。）<br>・She'll **cook** us Italian food this evening.　SVOO<br>　（彼女は今晩，私たちにイタリア料理を作ってくれるでしょう。） |

# 動詞の形

どんなときにどんな動詞の形を使えばよいかを再確認しよう。

英語では，「時」に応じて動詞の形を使い分けます。現在のことを表すときは**現在形**を，過去のことを表すときは**過去形**を使います。さらに，それぞれに「**進行**」と「**完了**」が組み合わさって，下の表のように使い分けます。

| | 単　純 | 進　行 | 完　了 |
|---|---|---|---|
| 現在 | (現在形)<br>He **plays** tennis.<br>（彼はテニスをします。） | (現在進行形)<br>He **is playing** tennis.<br>（彼はテニスをしています。） | (現在完了形)<br>He **has played** tennis.<br>（彼はテニスをしたところです。） |
| 過去 | (過去形)<br>He **played** tennis.<br>（彼はテニスをしました。） | (過去進行形)<br>He **was playing** tennis.<br>（彼はテニスをしていました。） | (過去完了形)<br>He **had played** tennis.<br>（彼はテニスをしたところでした。） |

未来のことを表すときは，動詞は**原形**のままで，その前に**am〔are, is〕going to**か**will**をおきます。「時」に応じた**適切な動詞の形**を確かめていきましょう。

**❶ 現在形の文**　おもに**現在の状態・現在の習慣や反復動作・一般的な事実や真理**を表す場合に使います（→文法編　第1章・第2章）。

**❷ 現在進行形の文**　〈am〔are, is〕＋動詞の ing 形〉の形です。**現在進行中の動作**を表す場合に使います（→文法編　第8章）。

**❸ 過去形の文**　**過去の状態・過去の動作**を表す場合に使います（→文法編　第11章）。

**❹ 過去進行形の文**　〈was〔were〕＋動詞の ing 形〉の形です。**過去の進行中の動作**を表す場合に使います（→文法編　第8章）。

**❺ 未来を表す文**　〈am〔are, is〕going to＋動詞の原形〉と〈will ＋動詞の原形〉の2種類の形が代表的です。そのときの場面に応じて使い分けましょう（→文法編　第12章）。
**am〔are, is〕going to**　主語がすでに決めている予定・現状をもとに起こりそうな予測を表す場合に使います。
**will**　主語がその場で決めたこと・未来の予測や予想を表す場合に使います。

**❻ 現在完了形の文**　〈have〔has〕＋過去分詞〉の形で，「**継続**」「**経験**」「**完了・結果**」の3つの用法があります（→文法編　第20章）。

# 解答と解説

解答の表記について
● 例は解答の一例です。
● [ ]は，直前の語句の言い換えを表します。
　(例)she's not[she isn't] → she's not でも，she isn't でも正解であることを表します。
● ( )は，省略できることを表します。
　(例)I'm fifteen(years old). → I'm fifteen. でも，I'm fifteen years old. でも正解であることを表します。

## 文法編

### 第1章　be動詞

→ p.71 Practice
①is　②are　③is　④is　⑤is, is　⑥are

解説　①③④⑤いずれも I, you 以外の単数の主語。⑥ Ken and I は複数の主語。

→ p.75 Practice
①Are you, am
②Is, she's not[she isn't]
③Is that, it is
④Are these, they're not[they aren't]

解説　②your mother は単数の主語。答えの文では she で受ける。③答えの文の主語は it を使う。④these は答えの文では they で受ける。

→ p.76 Practice
①I'm not　②This isn't　③isn't

解説　be動詞のあとに not をおく。①am not，②this is の短縮形はない。③主語は単数なので be動詞は is で，is not の短縮形を使う。

→ p.77 完成問題
１ (1)He's　(2)are　(3)are　(4)are

解説　(1)1人の男性は he で受ける。He's は He is の短縮形。(2)(3)A and B の形の主語は複数なので are を使う。(4)these(これらは)は複数の主語。

２ (1)ウ　(2)ア　(3)エ

解説　(1)Jim and Ted は複数の主語なので，代

名詞 they を使って答えているものを選ぶ。(2)Is that 〜？は it で受ける。(3)What's 〜？には It's 〜. で答える。

３ (1)Kyoto is an old city.
(2)Is Mr. Sato a music teacher?
(3)Her parents aren't[are not] in Japan.
(4)What's[What is] your favorite sport?
(5)I'm[I am] not a good singer.

解説　(1)Kyoto is 〜. の形に。old city には an をつける。(2)疑問文は be動詞を主語の前に出す。(3)否定文は be動詞のあとに not。「彼女の両親」は her parents で複数。(4)「何？」とたずねるときは，what で始める。(5)「歌がじょうず」は「じょうずな歌手」と考える。

４ (1)This is my sister(,)Eri.
(2)Yes, she is.
(3)It's[It is]a Japanese toy.

解説　(1)人を紹介するときも This is 〜. を使う。(2)問いの your mother は，答えの文では she で受ける。(3)What's 〜？には It's[It is] 〜. で答える。

５ 例(1)I'm[I am]fifteen(years old).
(2)I'm[I am]a junior high school student.
(3)I'm[I am]from Tokyo.
(4)I'm[I am]a soccer fan.

解説　「私は〜です」は I'm[I am] 〜. で表す。(1)years old は省略してもよい。「〜の出身」は〈be動詞＋ from ＋地名〉で表せる。

## 第2章　一般動詞

➡ p.82 **Practice**
① have　② play　③ live　④ walk　⑤ study

**解説** ② play the piano で「ピアノを弾く」。
④ walk to school で「学校に歩いて行く」。
⑤ study English で「英語を勉強する」。

➡ p.84 **Practice**
① live　② speaks　③ likes　④ get　⑤ play

**解説** ②③3人称単数の主語。④⑤複数の主語。

➡ p.86 **Practice**
① likes　② does　③ studies　④ stays
⑤ has　⑥ teaches　⑦ uses　⑧ tries
⑨ comes　⑩ plays　⑪ watches　⑫ goes
⑬ cries　⑭ washes　⑮ carries

**解説** ②⑥⑪⑫⑭語尾に es をつける。
③⑧⑬⑮ y を i に変えて es。⑤ have は不規則
に変化する。

➡ p.90 **Practice**
① Do, like, do　② Does, play, doesn't
③ Do, read,  do　④ does, likes

**解説** 主語が3人称単数のときは does, それ以
外のときは do を使う。疑問文では主語に関係な
く動詞は原形になる。③「あなたの友人たちは
マンガを読みますか」の質問。④「彼女は何色
が好きですか」の質問。

➡ p.92 **Practice**
① don't know　② doesn't have[eat]
③ doesn't watch　④ don't use

**解説** 主語が3人称単数のときは〈doesn't ＋動
詞の原形〉, それ以外のときは〈don't ＋動詞の原
形〉の形。②「食べる」は have でも eat でもよ
い。

➡ p.94 **完成** 問題
**1** (1) likes　(2) is　(3) has

**解説** (1) 3 人称単数・現在形に。　(2) be 動詞の
文。(3) 3 人称単数・現在形に。「私たちの市も毎年,
地震の訓練があると聞いています。」の意味。

**2** (1) works　(2) play　(3) are

**解説** (1) 3 人称単数・現在形に。　(2) 主語は複数
なので, 語尾に s はつけない。 (3) この cooks は
動詞ではなく cook（料理人, 料理をする人）とい
う名詞の複数形。「私の母と姉はよい料理人です」
と考える。

**3** (1) Yes, she does.
　　(2) Yes, they do.
　　(3) He plays golf.
　　(4) She teaches English[She is an
English teacher/She is a teacher].

**解説** (1)(2) Does ～? には does, Do ～? には
do を使って答える。 (3)「竹田さんは週末は何を
していますか」。していることを具体的に答える。
(4)「エミの母親の仕事は何ですか」。職業を答える。

## 第3章　形容詞

➡ p.100 **完成** 問題
**1** (1) hot　(2) big　(3) surprising
　　(4) quiet　(5) popular

**解説** (1)「今日はとても暑い。泳ぎに行きたいで
す」。 (2)「この T シャツは私には大きすぎます。
もっと小さいのを見せてもらえますか」。 (3)「彼
の話は私には驚くべきものでした」の文に。
surprising が適当。surprised では「彼の話は
私に驚いた」となり, 意味が通らない。 (4)「ジョ
ン, 静かにして。見て。あの赤ちゃんが眠ってい
ます。」 (5)「人気のある」は popular。

**2** (1) Three young women came to see
you.
　　(2) This village is famous for its old
temples.

**解説** (1)「3 人の若い女性」は three young
women の語順になる。 (2)「～で有名だ」は be

famous for ～。

**3** 例 (1) This is an interesting book.
 (2) The game was very exciting.

解説 (1)「(知的に)おもしろい，興味をそそられる」は interesting を使う。 (2)「(人を)わくわくさせる」は exciting を使う。

文 法 編

**第4章 命令文**

→ p.108 完成 問題
**1** (1) stand (2) Be (3) don't
 (4) Don't be

解説 (1)命令文は動詞の原形を用いる。Hiroki は呼びかけの語。 (2) be 動詞の命令文は Be ～．の形。 (3)ていねいな否定の命令文は, Please のあとに don't をおく。 (4) afraid(こわがって)は動詞ではなく形容詞なので，be 動詞が必要。

**2** (1) Use (2) don't be late
 (3) Don't talk[speak]

解説 (1)動詞の原形で始める。 (2) don't のあとに原形の be を続ける。 (3)「話しかける」は talk[speak] to ～。

**3** 例 (1) Please open the door.
 (2) Please be quiet.
 (3) Please don't take pictures.

解説 please は文末においてもよい。そのときは, please の前にコンマをつける。 (2) Be ～．の命令文に。 (3) Don't ～．の命令文に。「写真を撮る」は take a picture / take pictures。

文 法 編

**第5章 can を使った文**
**第6章 疑問詞で始まる疑問文**

→ p.116 Practice
① What color does he like?
② What day is it today?

③ What time do you go to bed?
④ What kind of movies do you like?
⑤ What is in your pocket?

解説 ①〈What ＋名詞〉のあとに一般動詞の疑問文の語順(does he like)を続ける。 ③「何時に～しますか」は What time do[does] ～? ④「どんな種類の～」とたずねるときは What kind of ～? ⑤この what は文の主語の働き。

→ p.128 完成 問題
**1** (1) ride (2) Can

解説 (1) can のあとの動詞は原形。 (2)「～してくれませんか」という依頼は Can you ～? で表せる。

**2** ア

解説 (　)のあとに Ken が「母が車で体育館まで送ってくれます。」と答えているので，「どうやってそこに行くのですか。」と手段をたずねているアが適切。

**3** 例 (1) Where are you from?
 (2) How old are you?
 (3) What (kind of) sports do you like?
 (4) What do you (usually) do on Sunday(s)?

解説 (1) Where do you come from? としてもよい。 (2)「年齢」は How old ～? でたずねる。 (3) What's your favorite sport? などとしてもよい。 (4)「日曜日には何をしますか」とたずねればよい。「日曜日には」は on Sunday(s)。

文 法 編

**第7章 代名詞**

→ p.131 Practice
① them ② her ③ our

解説 ①動詞の目的語なので，目的格に。 ②③どちらも所有格に。「彼女の」は her,「私たちの」は our。

→ p.137 完成問題

**1** (1) We (2) them (3) mine (4) They're
(5) This (6) one (7) ours (8) his

解説 (1) Mike and I なので We で受ける。
(2) some of のあとの代名詞は目的格にする。
(3) your bike(あなたの自転車)と比べているので
mine(私のもの)に。 (4) shoes は複数なので
These are 〜. を使う。these は they で受ける。
(5)電話で自分の名前を名乗るときは，This is
〜. を使う。 (6)前に出た名詞と同じ種類の物を
さすときは one。 (7)後ろに名詞がこないので，
1語で「私たちのもの」の意味を表す所有代名詞
ours が適当。 (8)後ろに名詞がこないので，1語
で「彼のもの」の意味を表す所有代名詞 his が適
当。

**2** (1) him (2) her (3) their
(4) them (5) its

解説 (1) Mr. Jones は男性なので，him(彼を)
を使う。(2) Emma は女性なので，her(彼女を)
を使う。(3) My parents(私の両親)は複数なの
で，「彼らの」は their。(4) My uncle and aunt
(私のおじとおば)は，them(彼らを)で表す。

**3** (1) they (2) mine (3) it[yours / that]
(4) his (5) hers

解説 (1)「彼女らは」なので，they。 (2)「私の
もの」なので，mine。 (3)前に出た名詞と同じ物
をさすときは it。yours(あなたのもの)や that(そ
れ)を使ってもよい。 (4)「私は彼の歌をいくつか
知っています。」の文に。 (5)「赤いのが彼女のも
のです」。1語で「彼女のもの」を表す所有代名
詞 hers に。

**4** (1) The small one is mine.
(2) I have something interesting for
you.
(3) Would you like something cold to
drink?

解説 (1) one に形容詞がつくときは，〈冠詞＋形
容詞＋ one〉の語順になる。 (2)(3) -thing の形の
代名詞を修飾するとき，形容詞はそのあとにおく。

**5** 例 (1) What time is it now? — It's
three forty-five.
(2) My brother didn't have anything to
do yesterday.

解説 (1)時間を表す文の主語には it を使う。
(2) My brother had nothing to do yesterday.
としてもよい。

文 法 編

**第8章 進行形**

→ p.140 **Practice**
1 I am[I'm] reading
2 Ken and I are playing
3 We are[We're] eating
4 George is talking
5 My parents are sleeping

解説 現在進行形は，〈am[are, is]＋動詞の ing
形〉。be 動詞は主語に合わせて使い分ける。

→ p.141 **Practice**
1 staying 2 writing 3 running
4 taking 5 sitting 6 having
7 swimming 8 using 9 dying

解説 ふつうは動詞の語尾に ing をつける。
2 4 6 8 e で終わる語は e をとってから ing を
つける。 3 5 7 〈短母音＋子音字〉で終わる語は
語尾を重ねて ing をつける。 9 ie で終わる語
は，ie を y に変えて ing をつける。

→ p.143 **Practice**
1 Are you studying 2 Is it raining
3 Are they playing
4 is your mother doing
5 are you eating 6 are they looking for

解説 現在進行形の疑問文は，〈Are[Is, Am]＋
主語＋動詞の ing 形 〜?〉の形。疑問詞がある
ときは，疑問詞のあとに疑問文の形を続ける。

→ p.147 **Practice**
1 I was using 2 My mother was cooking
3 We were talking

**解説** 過去進行形は〈was[were]＋動詞の ing 形〉の形。主語が I や 3 人称単数のときは was, you や複数のときは were を使う。

**→ p.149 Practice**

1 Were you watching
2 Was Tom making　3 Were they running
4 was Yumi reading

**解説** 過去進行形の疑問文は，〈Was[Were]＋主語＋動詞の ing 形 〜?〉の形。疑問詞があるときは，疑問詞のあとに疑問文の形を続ける。

**→ p.151 完成問題**

1 ⑴ are　⑵ Is, is　⑶ isn't

**解説** いずれも現在進行形の文。⑴主語が複数なので are。⑵疑問文は be 動詞を主語の前に出し，答えの文でも be 動詞を使う。⑶否定文は be 動詞のあとに not。ここでは, is not の短縮形。

2 ⑴ What is your sister doing
　⑵ playing baseball with

**解説** ⑴「何をしているのですか」なので what で文を始め，is your sister doing 〜? の語順にする。⑵be 動詞 is のあとに playing を続ける。

3 ⑴ is watching　⑵ Do, have
　⑶ does, do　⑷ doesn't want

**解説** ⑴今行われている動作を表すときには進行形を使う。⑵⑷have（持っている），want（ほしがっている）は状態を表す動詞なので進行形にしない。⑶「父は警察官です」と「職業」を答えていることに注意。「ふだんしていること」を表すのは現在形なので，What does your father do?（あなたのお父さんは何をしていますか→お仕事は何ですか。）とする。

4 ⑴ are swimming　⑵ Do, know, do
　⑶ are running　⑷ Is, studying, isn't
　⑸ was sitting

**解説** ⑴⑶現在進行形に。〈子音字＋アクセントのある母音字＋子音字〉で終わる語は，最後の子

音字を重ねて ing をつける。⑵一般動詞の疑問文に。⑷現在進行形の疑問文に。be 動詞を主語の前に出す。⑸過去進行形に。

5 例 Mr. Sato is reading a newspaper.
　Miyuki is watching TV.
　Mika is sleeping[relaxing].

**解説** 例は「佐藤さんは新聞を読んでいます」「ミユキはテレビを見ています」「ミカは眠っています[くつろいでいます]」

6 例 ⑴ What are you looking for?
　⑵ Who is taking a bath?

**解説** ⑴「〜をさがす」は look for 〜。⑵「ふろに入る」は take a bath。この Who は文の主語。

文法編

## 第9章　副詞 well, usually など

**→ p.161 完成問題**

1 ⑴ fast　⑵ ago　⑶ often　⑷ never
　⑸ carefully　⑹ well

**解説** ⑵現在から見て「〜前に」は ago。⑷「けっして〜しない」は never。

2 ⑴ usually, late　⑵ never, here
　⑶ every day　⑷ don't, very[so] much
　⑸ slowly

**解説** ⑴頻度を表す副詞はふつう一般動詞の前におかれる。⑵「一度も〜ない」は never。⑷「あまり〜でない」は not 〜 very[so]。

3 ⑴ My brother always gets up early
　⑵ is not always busy
　⑶ Not all students have
　⑷ don't think I can do it

**解説** ⑴「いつも」は always。ふつう一般動詞の前におく。⑵「いつも〜というわけではない」は not always 〜。⑶「すべての〜が…というわけではない」は not all 〜。⑷「できるとは思わない。」のように think を否定する文に。

▶4 (1) I always get up at six.
(2) She was here an hour ago.

解説 (1)「いつも」は always。ふつう一般動詞の前におく。(2)「ここに」は here。「1 時間前に」は an[one] hour ago。

▶5 (1) She is always very busy.
例 (2) My father came[got] (back) home early yesterday.

解説 (1)「いつも」は always。be 動詞のあとにおく。「とても」は very。(2)「家に」は home。home の前に to は不要。「早く」は early。

文 法 編

## 第10章 前置詞 in, on, at など

→ p.168 Practice
① in ② on ③ at ④ at ⑤ in

解説 ②「日曜日の朝に」と曜日がついているので on。 ④「7 時に」と時刻を表しているので at。

→ p.175 完成問題
▶1 (1) to, in (2) in (3) in (4) with, on
(5) about, until (6) among (7) from
(8) under (9) between (10) after

解説 (1)「～月に」は in。 (4)「～曜日に」は on。 (5)継続を表して「～までずっと」は until。 (6)「(3 人以上)の間で」は among。 (7)「～から…を作る」と言うとき，材料の質が変化するときはふつう from を使う。

▶2 (1) in, for (2) from, to (3) of, for
(4) along[down], with, before

解説 (1)(3) for は時間について「～の間」のほかに，「～に賛成して」の意味もある。 (2)「～から…まで」は from ～ to …。場所にも時間にも使う。 (4)「～に沿って」は along[down]。

▶3 例 (1) Let's meet in front of the library at ten tomorrow.

(2) He sat between Mike and Jim.

解説 (1)場所について「～の前に」は in front of ～。副詞句は「場所」→「時」の順に並べる。 (2)「A と B の間に」は between A and B。

▶4 例 I usually take a bath for about thirty minutes.

解説 How long ～? は(時間の)長さをたずねる文。解答例は「私はたいてい 30 分間おふろに入ります」。時間の長さは for ～で表す。

文 法 編

## 第11章 過去の文

→ p.181 Practice
① helped ② used ③ studied ④ stayed
⑤ lived ⑥ enjoyed ⑦ went ⑧ got
⑨ saw

→ p.183 Practice
① Did you play ② Did Jiro clean
③ did Yuki go
④ She did not[didn't] cook

解説 一般動詞の過去の疑問文は〈Did ＋主語＋動詞の原形 ～?〉，否定文は〈主語＋ did not ＋動詞の原形 ～.〉の形。

→ p.184 Practice
① was ② were ③ was

解説 主語が I や 3 人称単数のときは was，you や複数のときは were を使う。

→ p.186 Practice
① Were / wasn't ② Were / were
③ Where was / was ④ wasn't

解説 ①問いの文の主語は you なので，are の過去形の were で始める。答えの文の主語は I なので am の過去形の was を使う。was not の短縮形は wasn't。 ②主語が they で複数なので were を使う。 ③疑問詞 where を文の最初に。

→ p.189 完成問題

**1** (1) went　(2) is　(3) get　(4) Are　(5) have
　(6) watched　(7) listened

解説 (1)「今日」のことであっても，今の時点よりも前の出来事であれば過去形を使う。　(2)「準備ができました」と過去形のような日本文になっているが，「今，準備ができている状態にある」という意味で言っているので現在形を使う。Dinner was ready. だと「（過去のある時点では）夕食の準備ができていた」の意味になる。　(3)現在の習慣的な動作なので，現在形を使う。　(4)今の状態をたずねているので，現在形を使う。Were you hungry? だと，「（過去のある時点では）おなかがすいていましたか」という意味。　(5)〈used to ＋動詞の原形〉で「以前は〜だった」の意味。　(6) last night（昨夜）があるので過去形を選ぶ。　(7)「聞きました」とあるので過去形を選ぶ。

**2** (1) had　(2) took　(3) didn't　(4) were

解説 (1)(2) have，take は不規則動詞。過去形はそれぞれ had，took となる。　(3)一般動詞の過去の否定文は，動詞の原形の前に didn't をおく。　(4) are の過去形 were を入れる。

**3** (1) was　(2) didn't

解説 (1)答えの文では主語が I なので，was を使う。　(2) Did 〜? には did を使って答える。

**4** 例 (1) I listened to music in my[the] room
　(2) I played soccer with my friend(s)
　(3) I watched TV

解説 昨日の出来事は動詞を過去形にして表す。(1)「音楽を聞く」は listen to music。　(2)「サッカーをする」は play soccer。　(3)「テレビを見る」は watch TV。

**5** 例 (1) I talked with a student from Australia.
　(2) I was happy because I could understand his English.

解説 (1)英語を使ってしたことを伝える。文章は

過去形で表す。　(2) I was happy because 〜 . を使うと「〜だったので私はうれしかった。」のように，そのときの気持ちとその理由を伝えることができる。

文法編

## 第12章　未来の文

→ p.195 Practice

**1** is, play　**2** Are, going / am　**3** not going

解説 **1**主語が3人称単数なので，be 動詞は is を使う。　**2**③ be going to 〜 の疑問文は be 動詞を主語の前に出し，否定文は be 動詞のあとに not をおく。

→ p.201 完成問題

**1** (1) are　(2) call　(3) is going　(4) Is
　(5) isn't　(6) Will

解説 (1)主語が複数なので are。　(2) will のあとは動詞の原形。　(3) be going to 〜 の形に。(4)主語が3人称単数なので be 動詞は is。　(5) be going to の否定文は be 動詞のあとに not。短縮形の isn't を選ぶ。　(6) Will you 〜? で「〜してくれますか」という依頼を表す。

**2** (1) will be　(2) are going to　(3) won't
　(4) not going to　(5) When is, going
　(6) I'll call

解説 (1) be 動詞の原形は be。　(2)主語が複数なので be 動詞は are。　(3) will not の短縮形は won't。　(4) be going to の否定文は be 動詞のあとに not をおく。　(5)疑問詞は文の最初におく。　(6) I will の短縮形は I'll。「電話する」は call。

**3** (1) No, not　(2) she will
　(3) How long is　(4) How are you

解説 (1)サッカーではなく野球をすると言っているので，No の答え。　(2) Will 〜? には Yes, 〜 will. か No, 〜 won't[will not]. で答える。(3)「トムはどのくらい滞在する予定ですか」とたずねる文に。　(4)「そこへはどうやって行きます

か」とたずねる文に。

4 ⑴ What movie are you going to
⑵例① They are going to see a movie.
② They are going to meet at the station.

解説 ⑴「何の映画を見るつもりですか」とたずねる文に。〈what＋名詞〉で始める。 ⑵①「ジェーンとユキは日曜日に何をするつもりですか」。be going to ～ を使って「彼らは映画を見るつもりです。」と答える。 ②「彼らはどこで会うつもりですか」。ジェーンの最後の発言から、駅で会うことがわかる。

文 法 編
## 第13章 助動詞 must, have to など

➡ p.211 完成 問題
1 ⑴ may ⑵ do ⑶ should ⑷ May
⑸ must ⑹ leave ⑺ do

解説 ⑴「～かもしれない」は may。否定は may not。 ⑵ have[has] to のあとの動詞は原形。 ⑶「～したほうがよい」は should。 ⑷「～してもよろしいですか」は May I ～? で表す。 ⑸「～にちがいない」は must で表せる。 ⑹⑺助動詞のあとの動詞は原形を使う。

2 ⑴ had to ⑵ Does ⑶ shouldn't

解説 ⑴ have to の過去形は had to。 ⑵主語が3人称単数のときは does を使う。 ⑶ should の否定形は shouldn't。「1日中家にいるべきではありません」という文に。

3 ⑴ア ⑵ウ ⑶イ

解説 ⑴「オレンジジュースはいかがですか」「はい，お願いします」。 ⑵「私はもう寝なければいけませんか」「いいえ，その必要はありません」。 ⑶「入ってもよろしいですか」「もちろん」。

4 ⑴ don't have[need] ⑵ couldn't find
⑶ Could[Would] you

解説 ⑴不必要を表すときは have to ～ の否定形を使う。 ⑵ can の過去形 couldn't を使う。 ⑶「～していただけますか」とていねいに依頼するときは Could you ～? を使う。

5 例 ⑴ May I use your dictionary?
⑵ You don't have[need] to hurry.
⑶ Shall I help you?
⑷ I'd[I would] like some water, please.

解説 ⑴許可を求めるときは May I ～? を使う。 ⑵「～する必要はありません」は don't have[need] to ～。 ⑶「～しましょうか」は Shall I ～? で表す。 ⑷「私は～がほしい」とていねいに伝える I'd like ～ . を使う。

文 法 編
## 第14章 いろいろな文型

➡ p.216 Practice
1 became a doctor 2 looks young
3 getting cold 4 feel warm
5 sounds difficult[hard]

解説 1補語に名詞をとる。 2345補語に形容詞をとる。

➡ p.219 Practice
1 give you this book
2 show me your notebook
3 teach my sister math
4 ask you his address
5 told them the story

解説 〈動詞＋間接目的語(人)＋直接目的語(物)〉の語順で表す。

➡ p.222 Practice
1 call her Chako
2 named his son Mike
3 makes me sad
4 keep the room warm
5 found science important

解説 〈動詞＋目的語＋補語〉の語順で表す。12補語は名詞。 345補語は形容詞。

→p.223 [完成]問題

**1** (1) look　(2) tell　(3) for　(4) become
(5) it to Ann

[解説] (1)〈look ＋形容詞〉で「〜に見える」。
(2) SVOO の文型がつくれるのは tell。　(3) get のときは for を使う。　(4) did があるので，「〜になる」はここでは一般動詞の become。　(5)直接目的語が it のときは，〈SVO ＋ to 〜〉で表す。

**2** (1) make, happy[glad]　(2) to Bob
(3) teaches us　(4) do, call

[解説] (1)「あなたのプレゼントは母親を喜ばせるだろう」。〈make ＋人＋補語〉で表す。　(2)〈SVO ＋ to[for] 〜〉の文に書きかえる。send のときは to を使う。　(3)「青木先生は私たちの音楽の先生だ」→「青木先生は私たちに音楽を教えている」。(4)「この魚は英語では何と呼びますか」。「A を B と呼ぶ」は call を使う。

**3** (1) lend me some money
(2) will find the movie exciting
(3) show me your new bike

[解説] (1)〈lend ＋人＋物〉で「(人)に(物)を貸す」。
(2)〈find ＋目的語＋補語〉で「〜が…だとわかる」。
(3)〈show ＋人＋物〉で「(人)に(物)を見せる」。

**4** (1) news made me happy
(2) ideas to make him happy
(3) She taught me English

[解説] (1)「そのニュースは私を喜ばせました」という文に。　(2)「何か彼を喜ばせるアイデアがありますか」という文に。　(3)「去年，彼女は私に英語を教えてくれました」という文に。

**5** 例 (1) Hiroko looks like her father.
(2) I asked him his name.
(3) Her word(s) made me angry.

[解説] (1)「父親似です」は「父親のように見える」と考える。〈look like ＋名詞〉で表す。　(2)「(人)に(物)をたずねる」は〈ask ＋人＋物〉で表す。
(3)「彼女の言葉が私を怒らせた」と考える。〈made ＋人＋補語〉で表す。

---

文 法 編

## 第15章　接続詞

→p.236 [完成]問題

**1** (1) and　(2) while　(3) until　(4) or

[解説] (1) both A and B で「A も B も両方とも」。　(2)「ホワイトさんが外出している間に男性が訪ねてきた」。　(3)「私は6時までテニスの練習をするつもりだ」。　(4)〈命令文，or ….〉で「〜しなさい，そうしないと…」の意味。

**2** (1) only, but　(2) don't, will
(3) so, couldn't

[解説] (1)「A だけでなく B もまた」は not only A but (also) B で表す。　(2)「〜でないと思う」は，ふつう think のほうを否定する。　(3)「とても…なので〜」は so … that 〜で表す。

**3** (1) says he wants to study painting
(2) can help each other when
(3) busy that I couldn't visit

[解説] (1)「マサオはパリで絵の勉強をしたいと言っている」。says のあとに接続詞 that が省略されている。　(2)「困ったことがあるときは，私たちはお互いを助け合えます」。　(3)「とても忙しかったので，祖母を訪ねることができませんでした」。

---

文 法 編

## 第16章　There is 〜 . の文

→p.239 Practice

**1** is　**2** are　**3** is　**4** was　**5** were
**6** will be

[解説] 〈There is[was] ＋単数名詞 〜.〉，〈There are[were] ＋複数名詞 〜.〉で表す。　**3** 数えられない名詞は単数扱い。　**6** 未来の文では will be を使う。

→p.241 Practice

**1** Is there / there is

② Was there / there wasn't　③ many cups

解説 ①②疑問文は Is[Are] there ～ か, Was[Were]there ～ . で表す。②の snow は数えられない名詞。答えの文でも there を使う。②は過去の文。　③ How many のあとは複数名詞。

文法編

## 第17章　不定詞の基本3用法・動名詞

→ p.245 Practice

① to study English　② to play tennis
③ To do my homework
④ to read the letter　⑤ to know that[it]

解説 〈to＋動詞の原形〉は「～するために、～しに」の意味で副詞と同じ働きをする。　③ Why ～? の問いに To ～ . の形で目的を答えることもある。　④⑤感情を表す形容詞のあとに to ～ がおかれて、感情の原因や理由を表すこともある。

→ p.248 Practice

① want to practice　② likes to walk
③ began[started] to move
④ tried to open　⑤ to live

解説 〈to＋動詞の原形〉は「～すること」の意味で名詞と同じ働きをする。　① want to ～ で「～したい」。　② like to ～ で「～するのが好きだ」。　③ begin[start] to ～ で「～し始める」。④ try to ～ で「～しようと（努力）する」。⑤名詞的用法の不定詞は、文の補語になる。

→ p.251 Practice

① things to do　② places to visit
③ to give you　④ time to leave home
⑤ something to eat
⑥ anything interesting to read

解説 〈to＋動詞の原形〉は前の名詞を修飾して、形容詞と同じ働きをする。　⑤ to ～ は名詞だけではなく、代名詞も修飾する。　⑥〈代名詞＋形容詞＋ to ～〉の語順に注意。

→ p.254 Practice

① finished carrying　② likes skiing
③ Getting up early　④ playing tennis
⑤ in studying

解説 ① finish は目的語に動名詞のみをとる。② is fond of skiing でもよい。　③④動名詞は文の主語や補語になる。　③は主語で、④は補語。⑤前置詞のあとの動詞は動名詞に。

→ p.256 Practice

① enjoyed swimming
② promised to meet[see]
③ stopped using　④ tried to touch
⑤ remember playing

解説 ①③ enjoy, stop は目的語に動名詞のみをとる。　② promise to ～ で「～すると約束する」の意味。　④「～しようとする」は try to ～。⑤「～したことを覚えている」は remember ～ ing。

→ p.259 完成問題

1 ⑴ to play　⑵ to　⑶ is　⑷ talking
　　⑸ Learning

解説 ⑴「ゲームをするためにコンピューターを買った」の文。　⑵あとが動詞の原形なので、to。「再利用することは何回も物を使うことだ」。⑶動名詞の主語は単数扱い。　⑷ enjoy のあとは動名詞。⑸「学ぶこと」は動名詞で表す。

2 ⑴ Studying　⑵ receive　⑶ came
　　⑷ sending
　　⑸ practicing

解説 ⑴1語なので動名詞。主語になっている。⑵ to に続く動詞は原形。　⑶ last night（昨夜）があるので過去形。　⑷前置詞のあとは動名詞。⑸「でも私たちはたくさん練習しなくては彼らのように踊ることはできません」。前置詞 without（～なしに）のあとなので動名詞にする。

3 ⑴ Why　⑵ something to

解説 ⑴ To ～ .（～するため）と目的を答えていることから、「なぜ？」とたずねる文に。　⑵「何

か飲み物はいかがですか」の文に。〈something to ＋動詞の原形〉で「〜するための何か」。

**4** (1) Don't be afraid of making mistakes.
(2) have something to give
(3) Taking care of them isn't easy
(4) want something hot to drink

**解説** (1)「まちがえることを恐れてはいけません」という文に。 (2)「私はあなたにあげるものが(何か)あります」という文に。 (3)「彼らの世話をすることは簡単ではありませんが，彼らとの生活を楽しんでいます」という文。take care of 〜 で「〜の世話をする」。 (4)「あなたは何か熱い飲み物がほしいですか」という文。something を修飾する形容詞は something のすぐあとにおく。

**5** **例** 病院を選んだ場合：I'd like to go to a hospital. I want to take care of sick people who need some help when they walk or eat lunch.

**解説** 例は「私は病院に行きたいです。歩くときや昼食を食べるときに助けが必要な病気の人々の手助けをしたいです」という意味。「〜したい」は want [would like] to 〜で表す。

## 文法編

### 第18章　比較

**→ p.263 Practice**
① younger − youngest　② larger − largest
③ earlier − earliest　④ hotter − hottest
⑤ more beautiful − most beautiful
⑥ better − best

**解説** 比較級は -er，最上級は -est の形。 ③ y を i に変えて er，est。 ④子音字を重ねて er，est。 ⑤前に more，most をつける。 ⑥不規則に変化する。

**→ p.266 Practice**
① longer than　② more interesting than
③ better, than　④ more slowly
⑤ higher, or　⑥ better than

**解説** ①「1月は2月よりも長い」。 ②「この動画はその動画よりもおもしろい」。 ③「あなたは私よりも歌がじょうずだ」。 ④「もっとゆっくり歩いてください」。 ⑤「富士山とモンブランでは，どちらのほうが高いですか」。 ⑥「私は母よりもじょうずに料理できる」。

**→ p.268 Practice**
① the shortest of　② the youngest of
③ the most interesting of
④ the most popular in　⑤ (the) earliest in

**解説** ①「2月はすべての月の中でもっとも短い」。 ②「キョウヘイは3人の中でいちばん年下だ」。 ③「この話は4つの中でもっともおもしろい」。 ④「あなたの学校ではどの部活動がもっとも人気がありますか」。 ⑤「あなたの家族ではだれがもっとも早く起きますか」。

**→ p.270 Practice**
① as old as　② as important as
③ as fast as　④ as much, as　⑤ as large as
⑥ as well as

**解説** ①「マイクは私の兄[弟]と同じ年齢だ」。 ②「遊ぶことは勉強することと同じくらい重要だ」。 ③「あの鳥はハヤブサと同じくらい速く飛ぶ」。 ④「彼はあなたと同じくらいたくさんのお金を持っている」。 ⑤「オーストラリアはカナダほど大きくない」。 ⑥「私はミカほどじょうずに英語を話せない」。

**→ p.273 完成問題**
**1** (1) the　(2) more　(3) large　(4) of

**解説** (1)最上級の前には the をつける。 (2)比較級に。前に more。 (3)as と as の間は原級に。 (4)〈of ＋複数を表す語句〉。

**2** (1) bigger　(2) busiest　(3) better
(4) countries　(5) youngest

**解説** (1)1字重ねて er。 (2)y を i に変えて est。 (3)不規則に変化する。well − better − best。 (4)複数形に。〈one of the ＋最上級＋複数名詞〉で「もっとも〜な…の1つ」。 (5)「私は3人の中でいちばん年下です」。

3 (1) No, it isn't[it's not].
(2) The Tone is (longer than the Ishikari).
(3) The Shinano is (the longest of the four).

解説 (1)「木曽川は石狩川よりも長いですか」「いいえ、ちがいます」。 (2)「利根川と石狩川では、どちらのほうが長いですか」「利根川(のほうが石狩川よりも長い)です」。 (3)「４つの中でどの川がいちばん長いですか」「信濃川(が４つの中でいちばん長い)です」。

4 (1) idea is not as good
(2) can not run as fast
(3) dogs are more popular than

解説 (1)「彼女の考えは私ほどはよくない」という文に。 (2)「でも彼はケイスケほど速くは走れません」という文に。 (3)「でも日本では犬のほうがねこよりも人気があります」という文に。

5 (1) later than usual (2) twice as high

解説 (1)「いつもより」は than usual。 (2)「２倍」は twice。

6 例(1) Which[What] season do you like (the) best?
(2) Which is more interesting to you, English or math?
(3) Who gets up (the) earliest in your family?

解説 (1) like ~ (the) best を使う。 (2)〈Which is + 比較級、A or B?〉の形。 (3)「早く」は early を使う。疑問詞の who が主語の疑問文。

文法編

### 第19章 受動態

→ p.277 Practice
① made ② played ③ are ④ was
⑤ loved ⑥ cooked

解説 受け身の文は〈be 動詞＋過去分詞〉。

① 「これらのコンピューターは中国製だ」。 ②「バスケットボールは 10 人の選手でプレーされる」。 ③「カナダでは英語とフランス語が使われている」。 ④「そのバスは先週洗われた」。 ⑤「私は祖父母に愛された」。 ⑥「私たちの学校の昼食は専門の料理人によって作られる」。

→ p.278 Practice
① opened ② spoken ③ visited ④ given
⑤ run ⑥ built ⑦ put ⑧ studied
⑨ made ⑩ come ⑪ heard ⑫ broken

解説 不規則動詞に注意。変化形は１語１語覚えるようにする。

→ p.280 Practice
① Is, is ② Were, weren't ③ was
④ What ⑤ wasn't

解説 受け身の疑問文は be 動詞を主語の前に出し、否定文は be 動詞のあとに not をおいてつくる。 ①「ハンドボールは 14 人の選手でプレーされますか。—はい、そうです」。 ②「そのメールは英語で書かれていましたか。—いいえ、ちがいます」。 ③「この塔はいつ建てられましたか。—1950 年です」。 ④「あなたの国では何語が話されていますか」。 ⑤「彼の車は昨日はここに駐車されていませんでした」。

→ p.283 Practice
① will be ② taken care
③ surprised at[by]

解説 ① will のあとに原形の be を続ける。 ② take care of(~の世話をする)を１つの動詞と考える。 ③「~に驚く」は be surprised at[by] ~。

→ p.287 完成問題
1 (1) broken (2) Were (3) to (4) isn't
(5) talking (6) left (7) made

解説 (1)「そのコップは思いがけず割れた」。過去分詞を選ぶ。 (2)受け身の疑問文は be 動詞を主語の前に出す。 (3) be known to ~ で「~に知られている」。 (4)受け身の否定文は be 動詞のあとに not。anymore は「もはや(~ない)」。

(5)「彼女は何について話しているのですか」。現
在進行形の疑問文。 (6)「その犬はあなたの家に
おいていかれたのですか」。受け身の疑問文。
(7)「メープルシロップはカエデの木の樹液から作
られます」という文に。

**2** (1) is called[named], is played[used]
   (2) was introduced, played by[between]

**解説** (1)「これは日本のドラムである。日本語で
は『たいこ』と呼ばれている。日本の祭りで演奏
される」。 (2)「このゲームは『碁』である。その
昔，中国から日本に伝えられた。2人の競技者で
行われる」。

**3** (1) language is spoken in your
   (2) It was built about 500 years ago.
   (3) is loved by many
   (4) is taken care of by

**解説** (1)「あなたの国では何語が話されています
か」。 What language のあとに〈be 動詞＋過去
分詞〉の形を続ける。 (2)「それはおよそ 500 年
前に建てられました」。 (3) is loved のあとに by
many people を続ける。 (4) take care of を1
つの動詞として扱い，そのあとに by を続ける。

**4** 例 (1) Who was invited to your new
   house?
   (2) Our plan wasn't understood by our
   teachers.

**解説** (1)疑問詞が主語の疑問文。Who のあとは
ふつうの文と語順が同じ。 (2)過去の受け身の否
定文。understand(理解する)の過去分詞は
understood。

**文法編**

## 第20章 現在完了形

→ p.293 **Practice**
1 have 2 cleaned 3 finished

**解説** 「～したところだ」は現在完了形で表す。
〈have[has]＋過去分詞〉で「完了」の意味を表す。
3 done でもよい。have done で「～を終えた

ところだ」。

→ p.295 **Practice**
1 stayed 2 has 3 been
4 seen[met], have, once
5 Has, hasn't 6 never

**解説** 〈have[has]＋過去分詞〉は「経験」の意味
も表す。 3 We've は We have の短縮形。
4答えの文でも have を使う。 5疑問文は主語
が3人称単数なので，Has を主語の前に。 6「一
度も～ない」は never を使う。

→ p.298 **Practice**
1 been 2 known 3 lived 4 worked
5 Have, have 6 long, Since 7 not

**解説** 現在完了形は〈have[has]＋過去分詞〉の
形。 4この He's は He has の短縮形。 5疑問
文は Have[Has]を主語の前に。答えの文でも
have[has]を使う。 6答えの文は時の起点を答
えるので，When(～のとき)ではなく，Since(～
して以来)を使う。 7否定文は have[has]のあ
とに not。

→ p.303 **完成問題**
1 (1) taken (2) did (3) for (4) yet
   (5) worked, have

**解説** (1)「私はアンディーを2回学校へ連れて
いったことがある」。過去分詞を選ぶ。
(2)When ～? の文では，過去完了形は使えない。
過去の文に。 (3) for two hours で「2時間」。
(4)否定文では yet。「まだ(～ない)」の意味。
(5)Have ～? には have を使って答える。

2 (1) has lived[been], since
   (2) has, finished

**解説** (1)「彼女はそれ以来そこに住んでいる」の
文に。現在完了形(継続)で表す。 (2)「彼はちょ
うどそれを洗い終わったところだ」の文に。現在
完了形(完了)で表す。

3 (1) Has, lived (2) have never tried
   (3) haven't heard, yet

**解説** (1)疑問文は主語の前に Have[Has] を出す。主語が 3 人称単数のときは Has。 (2) not の代わりに never を使う。 (3)「まだ」は yet で文の最後におく。hear from ～ で「～から手紙をもらう」。

4 (1) No, yet (2) No, haven't

**解説** (1)「完了」を表す疑問文に対しては，No, not yet.（いいえ，まだです。）と答えることもある。 (2)続く文から，No の答え。have not の短縮形 haven't を使う。

5 (1) I've known Ken for two years.
(2) Has he ever helped you?
(3) have been friends since

**解説** (1)現在完了形は〈主語＋ have[has] ＋過去分詞 ～.〉の語順。I've は I have の短縮形。(2)現在完了形の疑問文は have[has] を主語の前に出す。ever は過去分詞の前におく。 (3)継続を表す現在完了形の文。We have been ～ . の語順にする。

6 例 (1) He has never been to Tokyo.
(2) They have already answered my question(s).

**解説** (1)「一度も～したことがない」なので，never を使った現在完了形の否定文に。「～へ行ったことがある」は have been to ～で表す。(2)「すでに～してしまった」なので，「完了」を表す現在完了形の文に。「すでに」は already を過去分詞の前におく。

7 例 I've never heard of it.

**解説** 「私はそれについて聞いたことがない」と考え，現在完了形の経験用法で表す。

文法編

## 第21章 不定詞のいろいろな文型

→ p.307 Practice
1 how to use 2 what to give
3 when to visit 4 how to write

5 where to sit

**解説** 1 4 「～のしかた」は how to ～。 2 「何を～したらよいか」は what to ～。 3 「いつ～したらよいか」は when to ～。 5 「どこに～したらよいか」は where to ～。

→ p.309 Practice
1 It is[It's] interesting to study
2 It is[It's] important to be
3 easy for me to swim
4 It was difficult[hard] for Mike to
5 Is it fun for you to play

**解説** 2 kind は形容詞なので be 動詞が必要。原形の be を使う。 3 4 5 不定詞の意味上の主語は〈for ＋人〉で表し，不定詞の前におく。

→ p.311 Practice
1 asked him to open 2 tell her to come
3 want Tom to help 4 like you to stay
5 advised me to go

**解説** 〈動詞＋人＋ to ＋動詞の原形 ～〉に。「人」が代名詞のときは目的格を使う。

→ p.314 Practice
1 go 2 call 3 help 4 try

**解説** 知覚動詞・使役動詞の文。知覚動詞・使役動詞のあとにくる動詞は原形を使う。

→ p.316 Practice
1 too cold to 2 was hot enough to swim
3 is too hot for me to
4 enough for him to read
5 too heavy for her to

**解説** 1 「（あまりに）…すぎて～できない」は too … to ～。 2 「（十分）…なので～できる」は〈形容詞＋ enough to ～〉。 3 4 5 to ～ の意味上の主語を表すときは，to ～ の前に〈for ＋人〉をおく。

→ p.318 完成問題
1 (1) to wash (2) too (3) when

**解説** (1)「彼女は私に食器を洗うように言いました」。〈tell＋人＋to ～〉で「人に～するように言う」。(2) too … to ～ で「(あまりに)…すぎて～できない」。(3)「いつ始めればよいか教えてください」という文に。when to ～ で「いつ～したらよいか」。

**2** (1) rich enough to buy
(2) do you want me to

**解説** (1)「彼女はあのドレスを買えるくらい裕福です」という文に。(2)「あなたは私に何をしてほしいですか(→何をしましょうか)」という文に。〈want＋人＋to ～〉で「人に～してほしい」という意味。

**3** ask him to give her

**解説** 「あなたは彼に，彼女へアドバイスをしてくれるように頼むべきです」という文にする。〈ask＋人＋to ～〉で「人に～するように頼む」という意味。

文 法 編
## 第22章 名詞を修飾する句・節

→ p.322 **Practice**
① flying ② visiting ③ washing
④ teaching ⑤ standing ⑥ sitting

**解説** ①②前から名詞を修飾する単独の現在分詞。③～⑥〈現在分詞＋語句〉は後ろから名詞を修飾する。

→ p.324 **Practice**
① closed ② Spoken ③ made ④ sent
⑤ used ⑥ told

**解説** ①②単独の過去分詞は前から名詞を修飾する。③～⑥〈過去分詞＋語句〉は後ろから名詞を修飾する。

→ p.326 **Practice**
① I want ② letter he wrote
③ something we can ④ Tom cooked
⑤ Everyone I met ⑥ map she needs

**解説** 〈名詞＋主語＋動詞〉の語順にする。③⑤〈主語＋動詞〉が something, everyone などの代名詞を修飾することもある。

→ p.330 **完成問題**
**1** (1) leaving (2) painted (3) playing
(4) spoken (5) written

**解説** (1)「東京行きの最終電車」。「東京に向けて出発している」と考えて現在分詞に。(2)「キングさんによって描かれた絵」。(3)「ギターを弾いている女の子」。(4)「カナダでおもに話されている言語」。(5)「私が若いときは，私は英語で書かれた本をたくさん読んだ」。

**2** (1) gave me a toy made
(2) sitting under the tree is
(3) word your younger brother said
(4) the pictures I took there

**解説** (1)「彼女はフランスで作られたおもちゃを私にくれました」。(2)「木の下にすわっている女の子は私の姉[妹]です」。(3)「あなたの弟が言った最初の言葉を覚えていますか」。(4)「これらは私がそこで撮った写真です」。

文 法 編
## 第23章 関係代名詞

→ p.334 **Practice**
① who ② which ③ who ④ which

**解説** 主格の関係代名詞。先行詞が「人」のときは who, 先行詞が「物」「動物」のときは which を使う。

→ p.337 **Practice**
ア，ウ

**解説** 省略できるのは目的格の関係代名詞。

→ p.339 **Practice**
① looking for ② told me about
③ lived in ④ listening to

**解説** 文の最後に前置詞が残る形に注意する。

→ p.341 完成問題

**1** (1) who (2) which (3) that (4) that
(5) that

解説 関係代名詞の文。先行詞が「人」か「物」かを判断し，動詞が続いていれば主格，〈主語＋動詞〉が続いていれば目的格を選ぶ。

**2** (1) that is famous for its
(2) is the bus that goes to
(3) man who is taking care

解説 (1)「私は美しい浜辺で有名な島に行きます」という文。 (2)「金沢に行くのはどのバスですか」という文。 (3)「あそこで犬の世話をしている男性です」という文に。

**3** (1) who wrote (2) that lives

解説 (1)「漱石は『坊っちゃん』を書いた偉大な作家だ」。関係代名詞は that でもよいが，ふつうは who を使う。 (2)「クジラは海に生息するもっとも大きな動物だ」。先行詞に形容詞の最上級がつくときは，that を使うことが多い。

**4** (1)① standing ② lives (2) who

解説 (1)① 現在分詞が前の名詞(that girl)を修飾する形に。 ② 先行詞が 3 人称単数なので，関係代名詞(who)に続く動詞は 3 単現に。 (2)「ジュディーは日本文化を勉強するために日本に来たアメリカ人の女の子だ」。

文法編

**第24章 間接疑問・付加疑問・否定疑問文**

→ p.347 Practice

1 who that girl is 2 what you mean
3 what time it is 4 where I left my bag
5 when she will go

解説 1〈疑問詞＋主語＋be 動詞〉の語順に。
24 間接疑問文では do, did は使わない。
3〈what time ＋主語＋動詞〉の語順に。 5助動詞を主語のあとに。

→ p.352 Practice

1 isn't it 2 doesn't she 3 can't she
4 didn't you 5 will you 6 No, wasn't
7 Yes, can

解説 1〈be 動詞の否定の短縮形＋主語〉に。
2主語が 3 人称単数で現在の文なので，doesn't を使う。 3〈助動詞の否定の短縮形＋主語〉に。
4一般動詞の過去の文なので，didn't を使う。
5〈命令文 , will you?〉となる。 67答えの内容が肯定なら Yes で，否定なら No で答える。

→ p.354 完成問題

**1** (1) isn't it (2) didn't you (3) do you
(4) what he said

解説 (1)(2)付加疑問は，be 動詞の文では〈be 動詞の否定の短縮形＋主語?〉，一般動詞の文では〈don't[doesn't, didn't] ＋主語?〉となる。 (3)前が否定文なので，付加疑問は肯定形に。 (4)間接疑問文では did は使わない

**2** (1) which bus I should take
(2) Do you know how much this
*tenugui* is

解説 (1)「なぜなら私はどのバスに乗ればよいかわからなかったからです」という文に。 (2)「この手ぬぐいがいくらだか知っていますか」という文に。

**3** (1) No, didn't (2) No, aren't

解説 (1)昨夜はユカリに電話をしなかったので，否定の答えに。 (2)両親は家にいないので，否定の答えに。

**4** 例 I know what kind of music Tom likes.

解説 I know と What kind of music does Tom like? を組み合わせる。what kind of music のあとは〈主語＋動詞〉の語順に。

文 法 編

## 第25章　感嘆文

→ p.358 完成 問題

**1** (1) How　(2) that is　(3) an

解説 (1)形容詞のあとが〈主語＋be動詞〉なので
How。 (2)〈What a＋形容詞＋名詞〉のあとは
〈主語＋be動詞〉の語順になる。
(3) interesting は母音で始まる語なので an。

**2** (1) What an　(2) How, he looks

解説 (1)形容詞のあとに名詞が続いているので
What。expensive は母音で始まる語なので an
を使う。 (2)〈How＋形容詞〉の形。He looks
happy.（彼は幸せそうに見えます。）という文が感
嘆文になったと考える。

**3** (1) What a good singer
(2) How lucky he is!
(3) What a large park!

解説 (1)(3)〈What a＋形容詞＋名詞〉の語順。
(2)〈How＋形容詞＋主語＋be動詞〉の語順。

**4** 例 (1) How well he speaks English!
［What a good English speaker he is!］
(2) What a hot day (it is)!

解説 (1)「じょうずに」は well（副詞），または
「じょうずな」という意味の good（形容詞）を使っ
て表せる。 (2)「暑い日」は a hot day。

文 法 編

## 第26章　話法

→ p.362 完成 問題

**1** (1) look, said　(2) asked, to call
(3) said, would

解説 (1)直接話法では，相手の言った言葉をその
まま引用符（" "）でかこむ。 (2)「(人)に～する
ように頼む」は〈ask＋人＋to＋動詞の原形〉。
(3)主節の動詞が過去なので，that 節の助動詞も

時制を一致させて過去形にする。

**2** (1) told, he was　(2) she didn't
(3) asked, if［whether］she
(4) asked, it was　(5) told, to be
(6) asked, to bring her

解説 直接話法→間接話法に書きかえる。 (1)主
語の I は he に，be going to ～の be は過去形
の was にする。 (2)時制を主節にそろえて現在の
文は，過去形に。
(3)疑問詞のない疑問文は，〈if［whether］＋主語
＋動詞 ～〉に。 (4)疑問詞のある疑問文は，〈疑問
詞＋主語＋動詞 ～〉に。語順に注意。 (5)ふつう
の命令文は，〈tell＋人＋to＋動詞の原形〉に。
(6) Will you ～?（依頼）の文は，〈ask＋人＋to
＋動詞の原形〉に。

文 法 編

## 第27章　仮定法

→ p.368 完成 問題

**1** (1) knew　(2) it's　(3) have succeeded
(4) were　(5) Without

解説 (1)「もしジュディーが私の問題を知ってい
れば，手伝ってくれるだろう」。 (2)この if は「も
し～なら」と条件を表している。 (3)「もっと熱
心に働いていたら，私は成功したかもしれない」。
(4)「スミスさんはまるで大金持ちであるかのよう
に生活している」。 (5)「彼女の助けがなければ，
私は試験に失敗していただろう」。

**2** (1) wish, had practiced
(2) had, could buy［get］
(3) you had been　(4) it were not for

解説 (1)「～であったらなあ」は〈I wish＋仮定
法過去〉で表す。 (2)「もしもっとお金があれば」
を仮定法で表すには If I had more money とす
る。 (3)仮定法過去完了。〈had＋過去分詞〉の形。
be動詞の過去分詞は been。 (4)「もし～がなけ
れば」は if it were not for ～で表す。

**3** 例 (1) If I were［was］there, I could
help you.

⑵ If I had known her （e-mail）
address, I would have sent her an
e-mail.

**解説** ⑴仮定法過去の文。〈If ＋主語＋過去形 〜，
主語＋助動詞の過去形＋動詞の原形 〜 .〉の形。
⑵仮定法過去完了の文。〈If ＋主語＋過去完了，
主語＋助動詞の過去形＋ have ＋過去分詞 〜 .〉
の形。

# さくいん

## 英語さくいん

A
B
C
D
E
F
G
H
I
J
K
L
M
N
O
P
Q
R
S
T
U
V
W
X
Y
Z

I

A B C D E F G H I J K L M N O P Q R **S** **T** U V W X Y Z

A
B
C
D
E
F
G
H
I
J
K
L
M
N
O
P
Q
R
S
T
U
V
**W**
X
Y
Z

A
B
C
D
E
F
G
H
I
J
K
L
M
N
O
P
Q
R
S
T
U
V
W
X
Y
Z

# 日本語さくいん

## ま

あ
か
さ
た
な
は
ま
や
ら
わ

| 監修 | 太田洋（東京家政大学教授）　久保野雅史（神奈川大学教授） |
| --- | --- |
| 編集協力 | ㈱エデュデザイン<br>小縣宏行, 甲野藤文宏, 村西厚子, 森田桂子, 脇田聡, 渡辺泰葉, 山﨑瑠香 |
| 英文校閲 | Joseph Tabolt |
| カバーデザイン | 寄藤文平＋古屋郁美［文平銀座］ |
| カバーイラスト | 寄藤文平［文平銀座］ |
| 本文デザイン | 武本勝利, 峠之内綾［ライカンスロープデザインラボ］ |
| イラスト | 金子典生, 高山千草, chao, よしもとのりこ |
| DTP | ㈱明昌堂　データ管理コード:23-2031-2437(CC19) |
| 録音 | ㈶英語教育協議会(ELEC) |
| ナレーション | Karen Haedrich, Dominic Allen |

この本は下記のように環境に配慮して製作しました。
● 製版フィルムを使用しないCTP方式で印刷しました。　● 環境に配慮して作られた紙を使用しています。

## ▌家で勉強しよう。学研のドリル・参考書

> 家で勉強しよう 🔍

**URL** https://ieben.gakken.jp/
**Twitter** @gakken_ieben

あなたの学びをサポート！

## ▌読者アンケートのお願い

本書に関するアンケートにご協力ください。左のコードかURLからアクセスし, 以下のアンケート番号を入力してご回答ください。当事業部に届いたものの中から抽選で年間200名様に, 記念品として図書カード500円分をお送りします。

https://ieben.gakken.jp/qr/wakaru_sankou/

アンケート番号:304815